Précis du
plurilinguisme
et du
pluriculturalisme

多元语言和
多元文化教育思想
引论

[法] Geneviève ZARATE
[法] Danielle LÉVY 　　　编著
[法] Claire KRAMSCH
　　　傅　荣　　　　　　等译
[法] Agnès PERNET-LIU　　审读

外语教学与研究出版社
北京

京权图字：01-2016-3251

Original French Edition © Geneviève Zarate, Danielle Lévy, Claire Kramsch
Translated by Fu Rong

图书在版编目（CIP）数据

多元语言和多元文化教育思想引论 ／（法）扎拉特，（法）莱维，（法）克拉姆契编著；傅荣等译. —— 北京：外语教学与研究出版社，2016.5（2018.10 重印）
　ISBN 978-7-5135-7608-6

　Ⅰ.①多… Ⅱ.①扎… ②莱… ③克… ④傅… Ⅲ.①外语教学－教育思想－研究 Ⅳ.①H09

中国版本图书馆 CIP 数据核字 (2016) 第 119786 号

出 版 人　蔡剑峰
项目策划　邹皛白
责任编辑　李　莉
装帧设计　锋尚设计
出版发行　外语教学与研究出版社
社　　址　北京市西三环北路 19 号（100089）
网　　址　http://www.fltrp.com
印　　刷　北京九州迅驰传媒文化有限公司
开　　本　730×980　1/16
印　　张　29
版　　次　2016 年 6 月第 1 版 2018 年 10 月第 5 次印刷
书　　号　ISBN 978-7-5135-7608-6
定　　价　68.00 元

购书咨询：(010)88819326　电子邮箱：club@fltrp.com
外研书店：https://waiyants.tmall.com
凡印刷、装订质量问题，请联系我社印制部
联系电话：(010)61207896　电子邮箱：zhijian@fltrp.com
凡侵权、盗版书籍线索，请联系我社法律事务部
举报电话：(010)88817519　电子邮箱：banquan@fltrp.com
法律顾问：立方律师事务所　刘旭东律师
　　　　　中咨律师事务所　殷　斌律师
物料号：276080001

《多元语言和多元文化教育思想引论》
中文版译者名单

译　者：	车　琳	戴冬梅	傅楠欣
（以拼音为序）	傅　荣	金小燕	李晓光
	罗定蓉	谈　佳	田　园
	王吉会	王　鲲	王　梅
	谢锦辉	徐　艳	叶　莎
	余春红	张迎旋	赵　阳

全书统稿和审校：傅　荣

全书审读：Agnès PERNET-LIU

译 序

2008年，我邀请法国国立东方语言文化学院（Institut national des Langues et Civilisations orientales, INALCO）的著名跨文化教学法专家热纳维耶芙·扎拉特（Geneviève Zarate）教授来我系（注：北京外国语大学法语系）讲学。那是我久闻其大名之后第一次和她相识相见——尽管她的力作之一《论外国文化教学》（*Enseigner une culture étrangère*, Paris, Hachette, 1986）早已成为我们从事法语教学和研究的必读必引书目。为了表示感谢，扎拉特教授赠予我这本她当年新出的《多元语言和多元文化教育思想引论》（*Précis du Plurilinguisme et du Pluriculturalisme*, Paris, Édition des Archives contemporaines, 2008，以下简称《引论》），并说现在已经有了英文版本。我很快通读了该书的前言和结语，立即为之所吸引，同时萌生了将这部专著译成中文的冲动，以便让更多的中国同行了解世界外语学界，特别是欧洲外语学界最新的研究成果，分享其中的思想、理念和方法。可惜这终究是一个冲动，经不起日常繁杂而紧张的行政和教学工作的双重干扰，只得束之高阁。不过，这也像一粒种子一样，落在土壤里，终有一天会生根、发芽，长出果实。这一等就到了2012年，适逢中法两国共同举办"语言年"（Les Années croisées linguistiques Chine-France）。我意识到，北外法语系作为中国法语教学和研究的"排头兵"，理应积极参与，有所贡献，遂正式提出翻译《引论》的计划。令我非常感动的是，法语系的领导和同事都毫不犹豫地欣然接受了这一艰巨的译事，并将之列为法语系的一项重要科研项目，给予全力支持，这在译作不算成果的当下中国学界，更加难能可贵。所以，我在此首先要真诚地感谢参加本书翻译的我系现任领导和12位老师，以及6位博士研究生，是你们的积极参与赋予了我勇气、信心和力量。令我特别欣喜的是，外语教学与研究出版社综合语种出版分社的彭冬林社长和邹晶白副社长自始至终热情而坚定地支持了我们的这一计划，没有你们的助力助推，没有本书编辑李莉细致入微的辛勤劳动，本书译本不会如此顺利并及时付梓。令我十分高兴的是，法国驻华大使馆文化教育合作处的教育合作专员毛飞（Philippe Mogentale）先生和文迪（Didier Hetet）先生对我们的翻译计划高度重视，主动提出将之纳入2012"中国法语年"的活动项目之中，并为此在2012年9月资助召开了"《多元语言和多元文化教育思想引论》汉语翻译研讨会"。本书的主编之一扎拉特教授，法国教育部汉语总督学、著名汉学家白乐桑（Joël Bellassen）教授，以及本书的部分作者亲临会场，与本书的全体译者进行了深入具体的讨论，为保证本书高质量的翻译奠定了坚实的基础。令我倍感欣慰的是，我系法国教师刘安蓓（Agnès Pernet-Liu）博士参与了本书的审读，她的语言能力（指对其母语法语、外语英语和汉语的准确理解与准确表达）、文化能力（包括对法国和中国社会文化的融会贯通），以及专业能力（特别是对语言学、社会语言学、外语教学法、跨文化研究等相关专业概念及术语的熟悉与把握）在我们的这次译事合作中得到了充分的展示，为提高本书的翻译水平做出了特殊贡献。

《多元语言和多元文化教育思想引论》是一部围绕同一主题，涉及不同学科的学术作品集。这一主题恰如其书名所示，即：多元语言和多元文化教育。该书最大的特点是具有国际性和跨学科性，展示了广阔的学术视野和多维的观察角度，因而信息丰富，观点纷呈，思想活跃，兼具广度和深度，读后令人耳目一新。这首先是因为本书的90位作者——来自欧亚非和拉美的68个单位或机构——均是不同领域中多元语言和多元文化教育问题的专家与学者，他们的学科背景涉及哲学、社会学、政治学、语言学、认知科学、人类学、文学、心理学、历史学、地理学和外语教学法。其次是因为此书将21世纪的语言与文化教学置于欧洲一体化和世界全球化的背景下，开展对多元语言和多元文化教育的历史与现实的反思，讨论了近十年来外语教学和教育领域出现的诸多热点议题，如多语言多文化（multilinguisme et multiculturalisme）、多元语言和多元文化能力（plurilinguisme et pluriculturalisme）、学习者与社会人（apprenant/acteur social）、人员流动性（mobilité）、语言与身份认同（langue et identité）、话语及其社会和文化表征（discours, ses représentations sociales et culturelles）、语言政策（politiques linguistiques）、学习策略（stratégies d'apprentissage），等等。所以本书主编称此书"将教学实践、现场观察和理论分析融为一体，是一部激发人们思考的工具书"。不过，我们也注意到，作者人数众多和议题广泛既是优势，同时也会存在一些固有的缺憾，比如，本书的整体系统性略显不够，有些论述相对单薄，体例不完全统一，等等。

　　翻译这样的学术作品集，译者面临严峻挑战，其中的艰辛非践行而不能体认。如果说初译因为"人多势众"颇有"速战速决"的气势的话，那么，从审校到最终定稿则颇多艰辛，它花费了将近一年半的光阴，除了要通览全书，以获得对本著作思想体系和话语方式的整体理解与把握外，最棘手的是要确立和统一书中各类专名和专业术语的中文翻译。前面说过，本书内容丰富，语言、文学、翻译、历史、政治、社会、绘画、传播无所不包，很多人名、地名、典故、概念、术语等对欧美人而言可能耳熟能详，但对译者来说，要将它们准确地表达成地道的汉语，绝非易事。当然，每当绞尽脑汁，终于找到比较满意的解决方案时，心中的喜悦无以言表。这里不妨略举二三例，与广大读者分享。

　　首先是书名的翻译。孔子曰："名不正则言不顺。"所以我们在书名的翻译上颇费工夫。起初，我们将之翻译为"多语言和多文化思想概论"，但对照原文的plurilinguisme和pluriculturalisme，总觉得不到位，因为法语里还有一对不同的词multilinguisme和multiculturalisme，也表示"多语言"和"多文化"的意思。实际上这两对词的含义在法语里是有区别的。《欧洲语言共同参考框架》（2001）（以下简称《欧框》）对此做了专门说明，以解释两者的不同。multilinguisme多指算术上的叠加，比如，学校可开设多语种教学，或者在某一特定的学制下规定多学几门外语等。plurilinguisme是《欧框》的核心概念，指的是一个理念、一种能力、一种素质。它强调一个人每学一种语言以及学习语言的每一次经历都在促进他的交际能力建构。在这样的交际能力里，学会的各种语言会相互关联、相互作用。另外，本书主编在其总序里也援引《欧框》的相关论述，指出plurilinguisme和pluriculturalisme指个人的态度与能力，multilinguisme和multiculturalisme指社会事实。由此可见，法语的此"多语言多文化"非彼"多语言多文化",而我们前面的中文翻译却没有能够体现出这两者的区别。经过反复斟酌,特别是通过与本书主编的多次讨论,同时借鉴《欧框》的中文译本,我们将multilinguisme理解为"多语制",将plurilinguisme理解为"多元语言",而且在很多时候,尤其在外语教学语境下,甚至可译作"多元语言能力"。

关于Précis的中文译名,我们曾经考虑过"纲要"、"概论"等词语,但是译完全书之后发现,它既非中文意义上的"提纲"或"概要",也不完全是汉语里所指的"概括的论述"(概论),而更多地像是一部对"什么是多元语言和多元文化"以及"怎样进行多元语言和多元文化教育"做基本介绍的著作,比较符合"引论"的用意。所以,我们在最终定稿时,将书名正式译为《多元语言和多元文化教育思想引论》,应该说是比较准确和贴切的,正如本书主编之一扎拉特教授所言,"尽可能地言简意赅,深入浅出,理论联系实际,以便引发更多人的思考和讨论,实乃本书之初衷"。

第二个译例是对书中contrepoint的理解和处理。本书每一章均以此题目结尾。该词原是音乐术语,意为"对位法"或"对位法作品",用在本书显然是一种隐喻。有同事译者提议译作"反方观点"或者"争论",不过细读本题目下的内容便不难发现,原作者并非提出完全相反的观点或结论,更不是要争论什么,而在于提出新的不同的观察视角和思考维度。有鉴于此,我们想到了中国人家喻户晓的四字成语"百家争鸣",遂取"争鸣"二字,应该是既忠实于原文的形式和内容,又似比原文更精彩,可谓达到了许渊冲老先生所说的"精确"之标准。

第三个译例显示了文字和文化上的差异。本书作者多次使用bricolage一词,这是法国著名的社会人类学家和哲学家克洛德·列维—斯特劳斯(Claude Lévi-Strauss)1962年在其著作《野性的思维》(*La Pensée sauvage*)中的一个术语,旨在解释具象思维和抽象思维的另外一种神话思维的特质,在于懂得借助时机来表达。而该词的本义为"干零活,在家里修修弄弄;临时修理,稍加修理"。这其实是法语里一个很有典型意义的"大众共有"文化词。因为法国人,尤其是男性,喜欢利用周末和节假日在家里做些修修补补但往往很有创意的临时活计,为此,几乎每个家庭都配有相应的成套工具，他们的车库或地下室有如车间和小作坊。在本书中，该词引申泛指那些虽然动作不大，但有新意的小改进、小措施，甚至小发明等努力尝试。所以，我们在翻译entre construction et déconstruction : bricolages linguistiques这句话时，运用增译策略，添加了法语原文已经有但文字没有表达出来的内容——大多为文化缺损的内容，译为"建构与解构：有创意的语言'修补'"，同时在页脚予以说明。这类适度添加有助于我国读者理解法语原文的相关文化背景，因为这类"大众共有"生活文化早已植根于以法语为母语的法国读者和作者的心中，他们看见相关文字，就能自然联想到相关背景，而对以汉语为母语的中国读者来说，若不添加适当信息，则可能引起不解和困惑。

另外，有一个技术处理的问题需要简单说明：书中方框里的内容均为案例或研究的原始素材，为体现其真实性和语言的多样性，原著以这些材料的本来面貌照录不误，包括使用的各种语言文本（法语、英语、意大利语、西班牙语、德语、希腊语、保加利亚语、土耳其语等）、文献、图片等。对此，我们的中文版也基本不动原文，但文本为法语的则根据其相关性译成了汉语，同时特别注意保持原文的话语风格。

无论如何，本书的翻译带给译者太多的思索和启示，不仅是对译文的准确性反复斟酌，更是被书中阐释的多重话题深深吸引。这种状态一直持续到译著结束之后的今天，并且还将持续下去，因为我们知道，翻译没有最好，只有更好；因为我们还知道，"学而不思则罔，思而不学则殆"。

这部学术作品集不是纯理论性的著作，也非传道授业的教科书，因此读者朋友既可以从头至尾按序通读全书，更可以按需从中选择"悦"读，从而进入多元语言和多元文化研究的学术园地。

最后，我要特别感谢我的妻子张丹默默无闻的奉献，没有她的鼓励、理解和支持，我不可能全身心地投入到这50余万字的艰难译事中。

傅　荣
2016年5月
比利时列日大学

本书组织编写情况简介

本书的三位主编克莱尔·克拉姆契（Claire Kramsch）、达妮埃尔·莱维（Danielle Lévy）和热纳维耶芙·扎拉特（Geneviève Zarate）紧密合作，全程参与了整部著作的编撰工作。为了获得资助，她们向各自所在的单位提出了立项申请，同时吸引年轻学者和同事加入这个项目。扎拉特教授先后获得其所在的法国国立东方语言文化学院（INALCO）和刚成立不久的"教学法视域下的语言和身份多样性研究中心"（PLIDAM, JE 2502）的批准立项。2005年2月，克拉姆契教授在其所在的美国加利福尼亚大学伯克利分校组织召开了一次跨学科的研讨会。莱维教授则率领马切拉塔大学的法语教学法学会、社会发展研究中心和阿特内奥语言研究中心（CLA）参加本项目，并于2006年7月组织召开了一次工作会议。

其他同事也都不同程度地动用了他们各自的学术资源网络投入本项目的研究。比如，2007年，阿琳娜·戈阿尔–拉登科维奇（Aline Gohard-Radenkovic）教授在其所在的弗里堡大学承办了一次关于本项目的工作会议。玛丽–克里斯蒂娜·科克–埃斯卡勒（Marie-Christine Kok-Escalle）则代表法国对外法语和第二语言法语发展史国际协会（SIHFLES）参与了本专著的出版。

克拉姆契教授、莱维教授和扎拉特教授任本项目的学术指导，扎拉特教授同时任本书的总主编。

目录

001 | 总序
　　　　克莱尔·克拉姆契 / 达妮埃尔·莱维 / 热纳维耶芙·扎拉特

第一章　从学习者到话语者/社会人
理查德·克恩 / 安东尼·利迪科特

014 | 引言：从学习者到话语者/社会人
　　　　理查德·克恩 / 安东尼·利迪科特

022 | 正调与反调：通过他者的语言表达自我
　　　　克莱尔·克拉姆契

026 | 从学习者到社会人：在作为习得场所的互动中使用的类型法
　　　　古德龙·齐格勒

030 | 话语族群：外语学习者的挑战与策略
　　　　森田奈绪子

035 | 语言知识库：破除自我中心和身份认同的表达
　　　　塞莱斯特·金真格

040 | 传播模式：口头和书面在语言和归属感间的中介作用
　　　　纪尧姆·让蒂

044 | 社会人/语言使用者的培养：教学起帮助作用还是阻碍作用
　　　　利斯·塞尔居

049 | 争鸣
　　　　热纳维耶芙·扎拉特

053 | 参考书目

第二章　自我与语言
达妮埃尔·莱维 / 阿德尔海德·胡

060 | 引言：自我与语言
　　　达妮埃尔·莱维

076 | 反思Erasmus交流经历：思考并建构社会人
　　　马蒂尔德·安克蒂尔 / 米里埃尔·莫利涅

081 | 母语、第二语言和国语：在叙述自我经历中不断变换的概念
　　　埃迪特·科尼尼 / 弗兰切斯卡·维托讷

087 | 外语教师从入职培训阶段的反思到继续教育时的自主思考
　　　马达莱娜·德卡洛 / 露西拉·洛普廖雷

092 | 一个移民作家的自传经历：想象与语言教育之间
　　　保拉·普奇尼

097 | 文学、自我与历史：跨文化教学的拓展
　　　罗伯特·克劳肖

101 | 作家与身份认同：以身世叙述作品作为社会工作者的干预工具
　　　莉莉亚娜·拉希迪

105 | 语言多元化与主观性：多语言儿童的"语言画像"
　　　汉斯·于尔根-克鲁姆

109 | 争鸣
　　　赫伯特·克里斯特 / 阿德尔海德·胡

115 | 参考书目

第三章　流动与经历
阿琳娜·戈阿尔-拉登科维奇 / 伊丽莎白·墨菲-勒热纳

124 | 引言：流动与经历
　　　阿琳娜·戈阿尔-拉登科维奇 / 伊丽莎白·墨菲-勒热纳

133 | 个人和集体的流动经历与政府机构的观点：欧洲青少年间的校际交流
　　　克洛迪娜·布鲁瓦 / 安娜·特里昂塔菲卢

138 | 政府机构的逻辑与大学生的校际交流经历：大学的国际流动性
　　　帕提西娅·科勒 / 伊莎贝尔·拉勒芒 / 布丽吉特·勒佩

143 | 国际流动：企业中懂得跨文化能力及关系的经理人
　　　帕查瑞拉特·亚纳帕萨尔 / 贝尔纳·费尔南德斯

148 | 移民身份的重新定义：群体分类与个人策略
　　　莫罗·佩雷西尼 / 保拉·吉拉尔迪

152 | 跨国移居：在背井离乡和定居异乡之间
　　　乔治·阿拉奥 / 瓦莱里奥-马西莫·德安杰利斯

156 | 适应人口高度流动的策略：无土迁移者之经历
　　　卡特琳娜·贝尔热

160 | 流动或静止：未来教师面对语言文化多样性的矛盾心理
　　　塔尼亚·奥盖 / 阿琳娜·戈阿尔-拉登科维奇

164 | 争鸣
　　　马克-亨利·苏莱

167 | 参考书目

第四章　归属感与社会关系构建
热纳维耶芙·扎拉特 / 萨米尔·马尔祖基

174 ｜ 引言：归属感与社会关系构建
　　　热纳维耶芙·扎拉特

183 ｜ 统一性与多样性：公民身份和人权教育
　　　卡拉-阿韦尔索·朱利亚尼

187 ｜ 根据宗教划分人的族群归属：文化界限对话语的影响
　　　纳扎里奥·皮耶尔多米尼奇

191 ｜ "本族语"教师和"非本族语"教师：语言市场上相互竞争的两个职业群体
　　　马蒂娜·德里夫里-普拉尔

195 ｜ 融入与排斥：在国外一所中学里的身份定位
　　　阿里安娜·贝内纳蒂

199 ｜ 中介-翻译：在有争论的环境中他的位置
　　　玛丽·弗里纳-尼科洛夫

204 ｜ 发现自己是外国人：与另一种学校文化传统的冲突
　　　多米尼克·沙博诺

208 ｜ 归属感与排外情绪：学会描述和分析仇恨言论
　　　斯塔夫鲁拉·卡茨基

212 ｜ 争鸣
　　　阿尔坦·格卡尔普

217 ｜ 参考书目

第五章　图像、话语和文化意识表征
路易丝·莫雷 / 达妮埃尔·隆代伊

222 | 引言：图像、话语和文化意识表征
路易丝·莫雷 / 达妮埃尔·隆代伊

230 | 国家形象广告与文化多元化：对一国族群文化意识表征的多形态分析
阿曼达·麦克唐纳

236 | 距离感与亲近感之间：学习者与外国文化间定型关系的演变
姬田麻利子

241 | 参照性插图与象征性插图：词典中的族群文化意识表征建构
基娅拉·莫利纳里

247 | 语码间转换：文学作品改编为连环画
卡罗勒·巴约尔 / 米凯莱·托西

250 | 音乐——电影中的文化标志：民族形象的超越
罗杰·希尔曼

257 | 视觉身份认同：绘画创作中本土性与跨国性的价值
路易丝·莫雷

264 | 争鸣
玛蒂尔德·卡拉里-加利

269 | 参考书目

第六章　关于语言及其社会意识表征的论说
达妮埃尔·穆尔 / 贝尔纳·皮

274 | 引言：关于语言及其社会意识表征的论说
达妮埃尔·穆尔 / 贝尔纳·皮

285 | 奠基性的话语与语言意识形态：社会和学校的语言规划
皮埃尔·马蒂内 / 克里斯托夫·波特芬

293 | 多元语言空间：城市话语
克洛迪娜·布鲁瓦 / 贝尔纳·皮

299 | 意识表征与双语共存：族群的想象与社会语言学的意识表征
卡门·阿伦-加拉瓦托 / 亨利·布瓦耶 / 克洛迪娜·布鲁瓦

307 | 语言与身份认同：学习者、家长和教师的观点
迪亚娜·达格奈斯 / 琼·贝农 / 凯伦·图希 / 邦尼·诺顿

313 | 通常的观点：教师和学生对外语学习中语言接触之认识
玛蒂娜·马基约-拉鲁 / 马里内特·马泰

319 | 课堂话语和关于课堂的话语：教师的意识表征及教学实践
马加里达·坎布拉 / 马里萨·卡瓦利

326 | 争鸣
克莱尔·克拉姆契

331 | 参考书目

第七章　机构与权力
约瑟夫·罗比安科 / 达尼埃尔·韦罗尼克

338 | 引言：机构与权力
约瑟夫·罗比安科 / 达尼埃尔·韦罗尼克

347 | 跨国语言空间的机制化：社会语言学的现实和语言政策
达尼埃尔·韦罗尼克

353 | 作为机制的翻译：遗产与实践
约瑟夫·罗比安科

358 | 全球化和语言的悖论：英语的角色
徐碧美

363 | 团结与权力：国家语言的合法化
安杰拉·钦科塔

367 | 学生与学校的语言政策：少数族群语言/国家语言
洛朗·皮雷恩 / 陈明草

373 | 通过学校提升欧洲所有语言的价值：对现行和未来政策的检视
乔安娜·麦克帕克

379 | 争鸣
萨米尔·马尔祖基

383 | 参考书目

第八章　历史、教学实践及模式
玛丽-克里斯蒂娜·科克-埃斯卡勒 / 若埃尔·白乐桑

388 | 引言：历史、教学实践及模式
　　　玛丽-克里斯蒂娜·科克-埃斯卡勒

397 | 多样性的语言还是通用语言：夸美纽斯与"破除"巴别塔魔咒
　　　哈维尔-苏索·洛佩斯

402 | 通过范例教和学：16—19世纪国际交流的多语工具
　　　玛丽亚·科隆博-蒂梅利 / 纳迪亚·米内尔娃

410 | 现代性教育：妇女与外语的教/学
　　　安娜·曼迪奇

414 | 用学术的方法学习一种殊远语言：培养文人和笔语能力
　　　贝尔纳·安雄

419 | 通用性与文明的教化使命：语言传播的霸权模式
　　　埃弗利娜·阿尔戈 / 克洛德·科尔捷

425 | 语言的政治工具化：字母的拉丁化
　　　哈尼菲·居文

431 | 争鸣
　　　威廉·弗里霍夫

437 | 参考书目

442 | 总论
　　　克莱尔·克拉姆契 / 达妮埃尔·莱维 / 热纳维耶芙·扎拉特

总　序

克莱尔·克拉姆契
美国加利福尼亚大学伯克利分校

达妮埃尔·莱维
意大利马切拉塔大学

热纳维耶芙·扎拉特
法国国立东方语言文化学院

傅荣　译

语言和文化多样性之定义

本书围绕语言和文化多样性的主题，将语言定义为一种"行动或权力的工具"（Bourdieu P., 1977, « L'économie des échanges linguistiques », in *Langue française*, n° 34, mai），意在揭示在和外国人交往中可观察到的社会与语言行为的复杂性。在本书中，语言和文化多样性不单纯指现有语言的共存，更是首先指语言这一特殊的社会活动，它是价值观国际传播的产物，它是人类一直以来寻求民族身份认同的原动力所在，它还是颠倒意义，甚至生造意义的载体。这些颠倒和生造的意义常常被一场普遍以为有效的交际所掩盖。

语言和文化多样性在本书中的含义包括：

——它是一个复杂的系统，这与传统的教学法理念相反，传统的教学法更愿意将事物简单化，使之明白易懂；

——它是一个结构紧密的关系系统，对这一系统的描写不能简约成计数的运作；

——它是一个建构的社会历史客体，可从空间–时间的多个维度同时考察。比如，可从日常的互动层面探究语言和文化的多样性，或者从机构的象征性权力的视角讨论语言和文化的多样性，但仅从一个角度考察还不全面。

国际化的平台

外语教学界正经历翻天覆地的变化。十多年来，欧洲正在成为一个特殊的地缘政治实体，一个由其成员国组成的日益壮大的整体。语言在这一政治、经济和社会一体化组织中发挥的作用已明确写进欧洲的一些正式文件里，这促使人们以共同的视角看待语言和文化的多样性。比如，1992年，欧洲理事会通过了《欧洲地方语言或少数民族语言宪章》；1995年，欧盟委员会发表《教和学，迈向认知型社会》白皮书，认定欧洲公民的语言能力应该是掌握3门欧洲联盟的语言；2001年，欧洲理事会颁布《欧洲语言共同参考框架》和《欧洲语言学习档案手册》。这些官方文献等于正式确认了语言在建构欧洲身份认同的进程中所扮演的角色。虽然说不是每一个欧洲国家都以同样积极的态度参与欧洲语言和文化多样性这一共同项目中，但人们对外语教学法的认知有了新的尺度，即欧洲尺度。在此视域下，每一种欧洲语言赖以生存的语言、文化和地理圈都在发生变化，这样的语言、文化和地理圈又直接影响着每个国家对国际区域的感知。

但是，如果说柏林墙的垮塌改变了欧洲国家之间、语言之间和公民之间的地缘政治关系的话，那么，与此同时，国际经济秩序则创立了一种全球化的贸易观，并强制性地普及了新的语言和社会先决条件。这催生了新的外语观，也催生了新的对外关系理念。让我们先倾听一下社会展望学（prospective）的呼声吧：在这个21世纪，"旅行将成为大学教育和职业教育的一个重要组成部分；必须不断地展现自己旅行者的素质，这样才能保持'可使用'状态……。总之，在未来的25年间，将有大约5000万人生活在他们家乡以外的地方，或者是远离其父母家乡的地方（Attali J., 2006, *Une brève histoire de l'avenir*, Paris, Fayard, 185&203）"。对21世纪中叶这一景象的预测驱使人们现在同时重新审视欧洲、亚洲、非洲和美洲的语言交流经济史。这一历史早在语言于今天发生翻天覆地变化之前就已经是一部多语言和多文化的历史，期间经历了军事征服、宗教或意识形态传播的热忱、奴隶制、殖民影响，以及商务往来和文化交流等。我们从现在开始，设想那遥远的未来，并且极有可能低估历史的种种意外，这是否有点乌托邦的空想？师资培养工作者应该重视这些可信的足以预测未来的感性认识，因为他们承担着培养一批又一批教师的重任，而这些人又将在全球化这一特殊背景下工作到本世纪中叶。全球化给我们带来的是其社会生活各个方面发生着迅速而彻底的深刻变化，没有准备好的青年人很可能会被时代所抛弃。

欧洲正是基于上述考虑，汇聚社会各界之力量，开展了对语言问题的横向与纵向反思。例如，E. 鲁莱（E. Roulet）在其著作《母语与第二语言：走向教学一体化》（*Langue maternelle et langues secondes. Vers une pédagogie intégrée*, Coll. LAL, Crédif-Hatier，1980）中提出母语教学与外语教学的相互借鉴；E. 霍金斯（E. Hawkins）的专著《语感，一种入门》（*Awareness of Language, an Introduction*, Cambridge University Press，1987）和C. 詹姆斯（C. James）以及P. 加勒特（P. Garrett）的《课堂上的语感训练》（*Language Awareness in the Classroom*, London, Longman, 1991）等，主张重视对元语言活动或语感的研究；M. 康德利耶（M. Candelier）的《在小学阶段激发孩子的语言兴趣：对一项欧洲创新计划的总结》（*L'Éveil aux langues à l'école primaire. Evlang : bilan d'une innovation européenne*, De Boeck université，2003）、C. 佩尔戈（C. Perregaux）的《会说两种话的孩子：双语教育对阅读学习的影响》（*Les Enfants à deux voix, des effets du bilinguisme sur l'apprentissage de la lecture*, Coll. Exploration, Berne, Peter Lang, 1994）和D. 莫尔（D. Moore）的《语言多元化与学校》（*Plurilinguisme et École*, Coll. LAL, Crédif-Hatier, 2006）等则探究了外语学前教育中如何激发孩子的语言学习兴趣问题；他们的研究成果使孩子这一学习群体意识到了在多语言环境下与语言应用相关的言语及其社会意识表征。另外，有学者提出了方法论能力的概念和相似语言间相互理解的概念，这两个概念重在培养学习者在相似语言间阅读和听力的能力，并已在罗曼语族间的相互理解方面，以及罗曼语族与日耳曼语族间的相互理解方面展现出了有效的教学效果。此类研究成果有：《听力理解》（*Écouter pour comprendre*, Coll. DVD-Rom méthodologiques, CRAPEL, Université de Nancy

2）、《Eu-Rom4》（教材）、《Euromania》（教材）、《Galatea和Galanet课程教学大纲》、《ICE课程》（欧洲语言间的相互理解与交际课程教学大纲）等。

本书不是对多元语言和多元文化教育的总结，而是就此在全欧洲和欧洲以外的地方展开进一步的讨论。本书汇集了目前现有的对多元语言和多元文化研究的部分成果，但通过其专门的编排构架，特意留下了开放性的思考空间。以章节为单位，每一个主题讨论的最后都有一个该章节作者以外的学者提出"争鸣"，目的在于再次掀起讨论的热潮，回应章节主持人的见解，评价提出的建议，或者直接讲述另一个地区的情形，而与该章的主要内容有所不同。网上开展的讨论是本书的延续，有些部分是互动的（参见本书第442页的"总论"），这是另一种形式的思考，似乎永无止境。

概念性的矩阵结构：8个纵向主条目，51个横向小条目

这部《多元语言和多元文化教育思想引论》以上述国际变化为背景，中心内容为语言的教与学问题。但它既不是一部教材，也不是一本规定性的著作，更不是一部凡人善举之大全，要求大家跟着重复、效仿和广为传播。这是一部激发人们思考的工具书，在一个创新的概念框架指导下，将教学实践、现场观察和理论分析融为一体，适应于当今以多样性为特征的国际环境。本书有如一个统一的矩阵，能够生成对语言功用的独创看法。这些创见建构于对相异性的解读，势必将转化为在师资培训、教学大纲设计和培养目标设定等方面的诸多创举。这一新的形势当然也会影响到国家的语言政策。目前，各国都在努力寻求相应的工具，以便建立本国在语言政策方面的决策机制，使之比在地缘政治稳定和意识形态停滞时期更能接受现在的这样一种开放的局面。

这部《多元语言和多元文化教育思想引论》邀请读者游历欧洲、美洲、大洋洲和亚洲，并两次逸航非洲。但这又不是一次教育环球旅行，也不是为了推广语言，更不是一部世界语言百科全书。本书的目的不是为了清点统计，那必须完整齐全。相反，本书站在全球化的视角，重点探讨语言和文化发展的动力，以及不断补充完善的发展路径。

这部《多元语言和多元文化教育思想引论》的结构分为两个层次：

首先全书分为8个章节，有如一张更新过的教学法大事记，构成本书的主线。这8个概念性的核心章节由不同的作者合作完成，形成一种多学科研究语言的方法，并且贯通语言和文化的各个方面：从学习者到话语者/社会人；自我与语言；流动与经历；归属感与社会关系的构建；图像、话语和文化意识表征（représentation）；关于语言及其社会意识表征的论说；机构与权力；历史、教学实践及模式，等等。另一个层次是每个章节里的横向小条目，其中包括观点评注、深度阐述、个案研究和对一个或几个概念理论联系实际的分析，总计达51条之多。读者由此可以重温教学法领域那些熟悉的学科性基础概念，如心理语言学知识、会话话语分析理论等，还有国家的或跨国的地理、历史及区域知识，如瑞士、乍得、意大利、法国等，当然还包括明确的教学法研究分类，如学员、评估、翻译等。每一个横向的小条目又包含3方面的内容：首先介绍一个或几个相互关联的概念，而后提供实际应用这些概念的节选案例和研究素材，最后是点评，阐述概念与案例和研究素材间的内在联系。这些案例和素材在本书中很好辨认，因为它们被置于方框内，阅读也不难，便于读者通过具体的事例进入本书的内容。

多学科的框架

这部《多元语言和多元文化教育思想引论》考问跨语言文化的功用，这是学校分类法倾向于回避的问题。跨语言文化作为杂交体，避免了语言、历史、地理和公民教育等学科间的条块分割。这些学科是有助于在学校培养学生走向社会的能力，而非为了限定学生几种模式。当然，这些模式如果是建立在宽容的基础上，并且能够体现一种平和的社会关系的视角，从道德上讲是无可指责的。正是在此条件下教学法的解读可以使学校避免社会中心论的危险，即将体制化的语言教学视作唯一目标。本书运用教育学的理论工具分析人的成长道路，其中的就学读书本身只是一段期限，而且也仅仅是人生的一个阶段。

只要在一个跨学科的概念性框架下，我们便能对语言、文化及身份认同之间的关系的复杂性进行观察和鉴别。所谓跨学科的概念性框架，指的是借鉴各个不同领域的学科知识，创建能够运用于同一领域的综合学科，或者通过修改借用传统上应用于其他学科的某个概念。所以，早在2003年的第一次研习班上，以及随后于2004、2005和2006年举行的研讨会上，就有来自不同学科领域的专家学者应邀在一起，他们从各自不同的视角就本书的主题提出了自己的观点和看法，比如：在一个多速发展的地球上，个体与集体的关系，由此产生的交流和冲突，以及它们对人的培训与教育的影响，等等。这些在本书中均有所体现。编写计划逐步确立了本书内在的紧密结构，明确了本书采用的这种跨学科研究的创新方法，以及本书从中获益的语言和文化教学法研究的那些前期成果。这样，人类学家、心理学家、历史学家、地理学家，甚至数学家都参与了本书的酝酿、策划和编写，他们以自己学科特有的方式讨论多元语言和多元文化这一共同的主题，涉及的学科包括认知科学和人文及社会科学，提出的诸如社会人、空间、历史和历史学等概念，后来分别体现在本书的章节标题或横向小条目标题中，并得到讨论。本书展开讨论的还有那些横向的概念（concept transversal），如复杂性、多元性、资源、意识表征等，以及那些行动或动作，如模仿、谈判、口译、笔译、适应、仿效、拒绝，等等，不一而足。对从事教学法研究的我们来说，不论及上述内容，便不可能理解语言和文化教学法的各个范畴，不可能把握语言和文化教学法业已拓宽的立身之地。比如，倘若我们懂得考问教学法的历史，那就应该接受教学中心发生转移、教学法出现交替和教学研究深化的后果，这些都是教学法这一学科可能发生的变化。

《多元语言和多元文化教育思想引论》：全球教师和教师兼学者集体智慧的产物

对教学法的上述考问成为本书的起源。毫无疑问，如果当时没有一个国际团队的参与，就不会有今天这样一个关于语言教学和学习的创新视角。我们这支国际团队初建于2003年，那是在法国国立东方语言文化学院举办的一次由该学院学术委员会资助的研习班期间。法国国立东方语言文化学院、美国加利福尼亚大学的伯克利语言中心和意大利马切拉塔大学的政治、教育及语言文化博士生院共同组织了那次研习班。在法国–伯克利项目基金会（2004—2005）和法国国立东方语言文化学院学术委员会的支持下，2004年3月我们又在巴黎第三大学组织了第二期研习班，并部分地对公众开放。2005年2月，上述最早的合作方（伯克利语言中心、东方语言文化学院、马切拉塔大学）再度联手，开展法国–伯克利基金会二期项目，在伯克利举行了题为"多语言多文化环境下的语言教育"国际研讨会。本书的总体框架在这次研讨会上得以最终确定。2005年5月，法国对外法语和第二语言法语发展史国际协会（SIHFLES）参与法国国立东方语言文化学院举行的研讨会，决定加入本专著的出版事项。2006年7月3—5日，我们在巴黎大学又召开了一次国际研讨会，主题为"'大语种','小语种'与多元语言和多元文化教学法：模式与经验"。这之后，我们的研究团队得以扩大，其中包括本书每一个章节的统稿人，并于同年7月在意大利的马切拉塔大学聚会，最终敲定了本书的出版架构。2007年2月，瑞士弗里堡大学及其语言教学与研究中心举办了本项目的最后一次研习班，大家在一起评议审定了本书的书稿。在此期间，我们成立了正式的研究中心，名为"教学法视域下的语言和身份多样性研究：习得，中介"，法语简称PLIDAM，隶属法国国立东方语言文化学院。多伦多大学的莫妮卡·赫勒（Monica Heller）直到2005年都是研究中心的成员，在此，我们感谢她为本项目的设计和完成做出的贡献。

  本项目还陆续得到了其他机构或项目的资助，其中包括：加拿大驻法国大使馆（法–加合作项目，2004年）、巴黎第三大学ERADLEC研究中心（后更名为DILTEC），法国国立东方语言文化学院和巴黎第三大学共同推出的旨在建立"巴黎地区大学间信息交流与科研网络"的多年规划、法语国家及地区国际组织的高等教育署、法国文化部法语及法国境内语言总司（DGLFLF）。本项目合作方所在的大学则以本书作者的个人贡献形式表达了他们的支持。本项目不属于那种由一个统一领导的机构主导的国际合作项目，因此没有繁琐的资金管理机制，但这却是一个能够聚集团队的项目，所以能够得到各方忠实的支持和铢积寸累式的资助。这样的经费管理逻辑符合本项目的学术目标，即：以一个正在形成的项目本身为中心，逐步构建一个能干的研究团队网络。法语国家及地区国际组织高等教育署资助出版的本部专著便是保证实现此学术目标的第一个、也是非常重要的行动。

综上，来自68家单位的90位教师兼学者参加了本项目。

《多元语言和多元文化教育思想引论》的语言和文化多元化政策

我们团队的研究人员并非所有人都讲同一种语言。于此情形，如何保证高质量的交流并开展有效的合作呢？虽然说法语和英语是我们讨论和论文传阅中使用的主导语言，但这本书的结构及内容本身却是多语言和多文化的。

本书逐步建立了一种与其内容相匹配的语言政策。英语和法语用于学术交流。但是，由于出版的需要，本书里用英语、意大利语和德语写的文章都翻译成了法文。凡此，我们既标明作者，也注明译者。书中方框内的案例和研究素材以其原始的真实状态呈现给读者，也就是用其本身使用的语言照录原文，包括一些社会语言学方面的变体表达法，不一定完全符合标准的语言。就此而论，这就是在践行语言多元化。

如果说学术研究的设计需要某种国际公认的规范的话，而国际合作却反映出学术传统不同，研究的观念各异。我们努力地克服了这一差异，并实现了超越。的确，研究的组织结构不同，将对科学合理性的不同表达方式产生影响。盎格鲁-撒克逊国家的科研活动一般由私人或国家资助，但前提是研究人员或研究团队必须通过竞争获得私立的基金会或政府机构招标的研究课题。研究人员或者研究团队的负责人应向那些私人或公共财团提交详细的项目实施方案，其中包括研究目标、研究方法、预期成果、评估手段、成果转化方式，以及资金预算和进度安排等。对方将依照科学的标准决定是否给予资助。当然，申请人的知名度至关重要。获得资助的研究人员或团队必须每年提交项目进展报告，在此基础上再申请下一年度的资金，如此往复，一般最多不超过两三年。欧洲人的科研组织方式越来越接近英美国家的上述标准和模式，特别是资助来自好几个国家的时候更是如此。不过，欧洲也有自己的科研组织形式：先组成一个新老研究人员相结合的团队，向所在学校和国家机构申报研究课题，获得立项即有配套经费，法国一般资助4年，意大利3年。本项目采用的就是这一模式。

本项目起初作为一项研究课题申报，最终成果是出版专著，这也是一次智力的探险，既有学术讨论，又有论文写作。对习惯于格式化的招投标搞科研的英美学者看来，我们的这个项目可能误会多多，显得太不靠谱。然而，学术讨论使我们了解到一些科研境遇，这些信息经常隐匿于科学地格式化的交流中，不易被发现。在讨论的过程中，我们发现，当某个概念脱离了它原有的历史和社会语境时，当这个概念在新的接受语境中被曲解，已经远离初始的论题时，思想的国际传播潜规则便清楚地显现出来。按照这样的潜规则，"文章脱离自己的语境在传播"（Bourdieu P., 2002, « Les conditions sociales de la circulation internationale des idées », in Actes de la Recherche en sciences socilaes, n° 145, décembre）。意义的鸿沟隐约可见，被语言上的假朋友所掩盖，被自以为建立在共享的默契基础上的交流所掩盖，被科学的交际规则所掩盖。英语的"应用语言学"（applied linguistics）所涵盖的学科领域和法语的"应用语言学"（linguistique appliquée）根本就不是一回事！英语的 multilingualism 和法语的 plurilinguisme 也绝非意义对等！英语的有些词语，如 foreign language education、methodology、pedagogy、second language acquisition 等，和法语的 didactique des langues（外语教学法）在意义上有相交之处，但很难有严格的分界线！在美国或加拿大的语汇中，multiculturalism 主要指社会模式的"多元文化"，而如果用法语的 multiculturalisme 来解读，则通常指缺乏历史的厚重性。倘若用 pluriculturalisme，那就更加地混淆不清了。值得一提的是，欧洲理事会针对这些词语的模棱两可性，做了明确区分：pluriculturalisme（pluriculturalism）指个人的态度与能力，multiculturalisme（multiculturalism）指社会事实。参见《欧洲语言共同参考框架》（2001）第1.3章节：何为"语言多元化"？

为什么取名"引论"？

我们在酝酿这部著作的过程中，曾经考虑过各种不同的撰写形式。大家一致认为，我们编写的这本书既不是教材，更不是一部百科全书。它有点类似论著或工具书，所以取名《引论》。起初还添加了"简要"的字样，以示本书如同人类学家常做的那种探索性研究，之后又改为

"批判性的引论",表明作者欲使本书能够远离任何教条主义或普遍主义,表明作者勇于亮明观点,勇于担当。但是,我们在最终定稿时,决定删去这两个形容词,因为引论的定义本身就是要求作者必须思维缜密,目的明确,言简意赅,深入浅出,理论联系实际。我们是否达到了上述要求,唯有读者能够评判。不过,我们对"引论"的理解跟利特雷(Littré)[①]不尽相同。他将引论视为"教学用的小手册,旨在简明扼要地介绍所学课程的重点"。我们这本书如果有什么重点的话,那便是关于外语教学法的讨论。

致读者

本书分层次编写显示了各个部分之间的相互回应,从卷首的总序到卷尾的总论,渐次增强,使应用的基本知识得以强化,使论题、立场和教学法的范畴更加明确,也使在编写本书的过程中采用和倚重的横向概念及学科得以巩固。线性地通读本书全文将包括以下内容:

——总序。一方面点明本书的语言教学法背景,同时又与之保持距离,重在突出选题的知识性、思想性和道德规范性;

——纵向主条目,或者叫章节。内容为专题讨论及研究方式方法等;

——总论。具有十分明显的开放性,可在网上展开进一步的讨论。

但是,如果读者出于需要,比如研究专题的相似性,或者出于偶然,直接阅读本书的某个特别的纵向主条目时,其结构也基本相同:

——章节导论。提出选中的讨论观点,指出其可应用于教学法上的可能性;

——提供一个或数个具体化的情景案例;

——提出"争鸣",可能涉及另外的论题或学科。

这样做的意图正如绘画,希望清楚易懂。所以,读者会毫不奇怪地发现,本书大到整体结构,小到每一个微观的横向条目,都包含3个部分,即:导论引出理论框架,随后是具体个案研究,用以证明导论提出

---

① 利特雷(1801—1881),法国语言学家、词典学家和哲学家。——译者注

的理论框架,最后是评论,进而开启多视角的讨论。

倘若说本书这样环环相扣的结构反映出了作者的责任心,那么,它应该产生如下的效果:虽然外表上有缺陷,但按照这样的结构,将有利于突出主题和学科,方便阅读,同时促使"主动"的读者(学生、学者或教师)随时走出个人的小天地,转向其他的学科和职业领域,参与到外语教学法的学科建设中去。

第一章

从学习者到话语者/社会人

理查德·克恩
美国加利福尼亚大学伯克利分校

安东尼·利迪科特
南澳大利亚大学

引言：从学习者到话语者/社会人

理查德·克恩
美国加利福尼亚大学伯克利分校

安东尼·利迪科特
南澳大利亚大学

余春红、傅荣 译

把外语学习者看作话语者/社会人对于《多元语言和多元文化教育思想引论》是个很好的出发点，因为语言和文化多元化只存在于个体运用多种语言并在多种文化背景下说话、交际及行动中。本章旨在探讨多语言和多文化学习者主体的心理语言学和社会语言学本质。相对于语言教学法和社会科学研究，他们的地位如何？就他们各自的语言和文化而言，他们如何给自己定位？处于不同的社会背景时，他们的行动能力如何随之变化？他们运用什么策略来融入（或绕开）社会团体和机构？有时在对单门语言掌握不是太完善的情况下，如何发挥他们的多语言能力？他们在多大范围内能够根据已经掌握的语言和文化资源为自己创造新的前景（重新定位）？本引言将介绍一个总体框架，以确定话语者/社会人的概念在语言教学法中的地位，后面各部分将探讨多元语言和多元文化概念中说话人主体的不同方面。

在教学法语境下，学习者、教师、教学管理人员、语言测试者、政策制定者、家长、朋友都是理所当然的"话语者/社会人"。但是，鉴于学习者在学习过程中的主体地位，本章中将仅限于语言学习者，把他们看作学徒-话语者和社会人。教学法是如何培育这一学徒-话语者/社会人的呢？

不同教学法流派中的学习者

直到20世纪50年代,传统外语教学法基本上沿袭希腊语和拉丁语的教授模式。教学重点是语法、阅读和写作,更确切地说,是文学。学生主要是被动接受,即死记硬背语法和词汇。如果说翻译需要学生有所创造的话,通常也只是按照预设的严格标准逐字翻译。学生不是"说"语言的人,而是"研究"语言的人。

直接教学法旨在使学生通过浸入和对话的方法更"自然"地习得语言,赋予学习者更主动的角色。学习者变成了"说话者"(的确是"说话者",因为这种教学法注重口语),但仅限于特定的情境中。课堂上,学习者主要和老师进行即兴对话,回答问题,但相对来说,学生自主性很低,也很少接触多样化的语言现象。

(20世纪)五六十年代的听说教学法,建立在行为主义和结构语言学基础之上,又把重点放在了记忆上,但与传统教学法不同,它是在口语情境中记忆。理解次于表达,发音准确至关重要。学习语言被看作是多少带有机械性质的培养语言"自动化"的过程;"再现"正确和完整的原句变成外语学习的核心概念。学习者是"说话者",但严格限于经过记忆的对话,也就是说,所表达的话语源于课本里的对话,而非学习者自发的、独创的表达。

1959年,乔姆斯基(Chomsky)发表了一部著作,批判B. F. 斯金纳(Skinner)的《言语行为》,从而动摇了听说教学法的理论基础。在乔姆斯基看来,儿童习得母语既不是通过模仿,也不是通过行为强化,而是通过他自己凭直觉对语言符号进行创造性的构建。这种认知学的观点尤其被斯蒂芬·克拉申(Steven Krashen, 1982)所接受,他认为语言习得最重要的是理解,而不是机械化的表达。由此在(20世纪)70到80年代产生了一系列的教学方法,如詹姆斯·阿舍(James Asher)的完全身体反应法,特雷西·特雷尔(Tracy Terrell)的自然法等,这些教学法都基于"可理解性输入"的观念,克拉申认为这是习得一门语言的必要充分条件。1972年,塞林克(Selinker)创建了以学生为中心的语言习得理论,引入了"中介语"(interlangue)这一概念,以描述与学习者相近的语言系统——从第一语言和第二语言中吸取知识的过渡系统，发挥属于"潜在心理构成"的各种策略，这有别于儿童学习母语的心理构成。自此，人们开始在心理语言学层面看待学习者，认为学习者在语言习得中扮演着积极的角色，只是这种创造性是精神智力方面的，无法直接观察到。

　　三十多年来，一直是交际法在外语教学中占主导地位。它产生于特定社会政治条件（全球化、欧盟扩大、人口流动……），以及新的理论研究方法（社会语言学、语用学、语篇分析、话语分析……）。交际法跟以往的教学法不同之处在于它不再以结构主义的语用观为指导，而以语言和交际的功能主义思想为基础。海姆斯（Hymes）发现"（语言）有一些使用规则，离了它们，语法规则将没有用处"（1971，p.10）。他提出了"交际能力"的概念，哲学家奥斯汀（Austin）和瑟尔（Searle）提出了"言语行为"的概念。根据这一概念，话语实现行为，行为改变现实情境，话语从而开辟了一系列情境因素的分析（和教学）空间。海姆斯在他的SPEAKING研究框架中分类列出了这些情境因素，用以描述各种交际场景。这是对"中介语"概念更复杂、更深刻和更全面的理解，因为人们承认了"中介语"当中社会语言学意义上的可变性，它把语言系统看作是异质的，而此前人们一直认为语言系统是同质的。它指出了说话者和对话环境的相互依存性，尤其是在多语环境下。甘柏兹（Gumperz）强调在分析会多种语言的人的交际情况时，一定要从交际情境出发，这对于理解他们如何实现语码转换尤为重要。当然，说话者在这里被看作是社会人，但不一定是同质存在体；他们扮演不同的角色，也不一定使用自己的说话语气。

外语教学法视域下的"话语者/社会人"概念缘起

　　将"话语者"和"社会人"并列写在一起，强调了交际的社会活力。但这两个术语在外语教学法中到底指什么呢？从传统上主导语言习得理论的认知角度看，我们一般把学习者视为经过数年内化学习进程获得了很多知识和技能的人。掌握多种语言和多种文化被看作是人"自身"（intrapersonnel）内化的一种现象，驻存于说话者的大脑中。而把"话语者"和"社会人"相提并论,则要求我们从新的角度审视语言和文化多元化,把它看作是人与人之间的"人际"(interpersonnel)现象。话语者不仅是说话的人,也是行动的人,即实施话语行为的人,由此变成了社会人。"话语者"和"社会人"并列,突出了说话者地位的多样性,作为社会人,他可以综合运用学习、表达和行动等多种方式。例如,在校内校外同时学习语言时,他将在人生的不同阶段体验不同地位的转变:优势地位与劣势地位、本族语者与非本族语者。在人与人之间的交流中,个体在社会相互作用中协商确定自己的身份和语言文化实践活动,多元语言和多元文化交际能力由此可见,也由此构建。

"学习者"这个称呼,在语言习得理论中频繁使用,具有概念上的稳定性,意味着一个提前确定好的过程,即从初学者阶段过渡到讲本族语的人(Firth & Wagner, 1997)。这个过程及学习的最终目标——获得讲本族语人的语法能力,可以划分为若干等级,进行评估和测试,还可以在线性发展中进行量化的描述。然而,"话语者/社会人"这一概念打破了上述平衡,因为它强调说话人主体的偶然性、主观性及综合能力。

"话语者/社会人"这一概念反映了一个我们经常观察到的事实,即熟练掌握语法和交际成功并不总是相辅相成。有些"话语者/社会人"虽然语法有欠缺,但却很会交际,社会化程度高;有的人则相反,语法很好,却不善于跟人互动交流。这里就是一个语言观的问题,前者将语言看作动态的符号资源,个人可以把它和其他资源综合运用,以达到在社会中行动的目的,后者则把语言视为自足的、固定的系统。

传统的学习者的交际策略主要就是查漏补缺和纠正偏误的手段,"话语者/社会人"的交际策略则更积极一点儿:

> "策略"是指语言使用者综合运用自己的资源,发挥能力、组织活动,以满足当时交际情境的需要,并根据当时的特定交际目的,以最完美、最经济的方式成功地完成交际任务而采用的手段。因此,我们不能按照交际者缺乏表达能力的逻辑,将交际策略仅仅理解为对语言缺失的补救,或是对交际失误的弥补。讲本族语的人也会经常使用各种各样的交际策略……(《欧洲语言共同参考框架》, p.48)

这样解读策略对把语言当作一种工具来学习的观念提出了质疑。"语言工具论"狭隘地界定说话者，将语言运用能力等同于听、说、读、写四项基本能力，把说话人主体降格为一个普通的语言学习者，还不具备社会人的资质。把"话语者"和"社会人"相提并论，旨在强调学习者个体有能力全面参与创造或改变自己学习和使用语言的环境。说话者不仅在课堂上，而且在周围的社会和文化环境中都是一个社会人。

从学校环境到多样的社会环境

在关于培养学习者个体多元语言能力方面，语言教学法和有关语言习得的研究经常把在校内与校外学习的知识分割开来。这些传统做法强调的是学习者个体能力方面的缺陷，却忽视了学习者在日常生活中所做的或有能力做的事情。实际上，多语言和多文化的学习者个体不仅在教室里，而且在日常文化实践中都是"话语者/社会人"。

因此，"话语者/社会人"概念在更积极的层面上建构学习者个体，承认他在社会活动中的能力、意见、身份、归属感及角色，也就是从"是"（是多语言和多文化"话语者/社会人"）的角度，而非从"不是"（例如，不是讲本族语的人）的角度看待他。多语言话语者/社会人的概念是对把学习者个体分为讲本族语人和非本族语人这一二分法的挑战。"讲本族语者"一直是评估任何语言学习者的标准，但他其实就是一个单语和单一文化的话语者/社会人，因为他只在自己的社会环境中交流；他的身份认同及归属感都在这单一环境中被创造、理解和交流。而多语言和多文化话语者/社会人则是一个跨文化的人，因为他每天的生活都在两种甚至多种语言的环境里度过，每种语言都可能在不同的领域中使用。他不仅要说这些语言，要体验这些不同的文化，而且还必须将它们与各种身份认同及归属感联合成整体，并融入到自己的身份认同中。所以说跨文化话语者/社会人的能力和知识跟本族语人是不一样的。另外，跨文化话语者/社会人可根据个人的目标调整他的语言、归属感和身份认同（Kramsch，1999）。

为了调整和交流他的归属感及身份认同，多语言话语者/社会人必须在他所掌握的每种语言中，通过各种语言，以及在他的全部语言资源中创造个人的声音（英语是voice）。个人的声音是对个体的表达，即一种身份认同的表达和对世界的看法，使他能够作为多语言和多文化个体行动。学习一门语言，远不是习得一种语码，而是在寻求新的表达可能性，以便在每种语言中形成个人的风格。成为话语者/社会人的学员会运用他的语言资源库去完成他自己特有的有意义的交际，这些交际活动都是在所有必须进行交际的环境下进行的，也是在学习者自己所处的不同文化背景下进行的。因此，多语言和多文化教学的目的是为了进一步丰富学习者的语言和文化实践并加以拓展。每位学习者个体都拥有这些语言和文化实践的经历，也是他们作为社会话语者/社会人应该加以开发的。在语言学习者自己就是多语人的情况下，他们的语言和文化实践不会严格地局限于某一种特定的语言中，而会在学习者拥有的所有语言当中。

拉姆（Lam，2000）进行的人类学研究案例可用来说明这一点。阿尔蒙是一个移民到美国旧金山的中国少年，虽然在美国已经生活了5年，但他对自己的英语能力还是缺乏信心。阿尔蒙对即时通讯很痴迷，因此决定创办一个关于一位日本流行音乐明星的网站。在网上互动中，阿尔蒙发现了一种全新的英语表达，并与其他网友之间建立起了新型的团结互助关系。拉姆认定，阿尔蒙在这个虚拟群体中找到了自己拥有的话语及叙事角色，并将二者重新整合起来，创建了一种新的英语身份认同，这是他在学校或在他自己"真实"的社交圈里无法找到并实现的。这项研究不仅证明了社会环境影响虚拟语境中语言的使用，而且也证明了（这一点最为重要）虚拟环境的交际反过来影响真实社会环境和参与者的身份认同。

像阿尔蒙这样的多语言和多文化话语者/社会人在各种不同社群（学校、社会、虚拟的团体等）里行动和说话，他的跨文化经历就是归属各种不同的社群，这些社群跨越多种语言和文化。这些归属成为资源，帮助人们通过使用语言创建多语言和多文化身份认同。在有些社群里，学习者自身的语言文化能力和其他才能转化为社会行动，学习者也因此变成了一个融入多个社群的社会人。在其他想象的或者说虚拟的社群里，学习者可以通过"代理"间接地积累经历。然而，归属感并非只是学习者个人的事情，它还取决于社群本身。既然社群可以接受或拒绝外来人，融入的过程也就变成了一种互动，即进入社群的可能性和个体在新的社群中努力融入的能力之间的互动。不单纯是在一种主流文化和语言环境中说话或互动，还应在社会和网络等其他多语言、多文化环境中积累经验，有时还需要在传统的社会结构之外创建一个新的社群。网络的发展不仅方便了"一对一"和"一对多"的交流，甚至是"多对多"的交流，这使得创建跨国界的虚拟社群成为可能，这也为找到多语言多文化的新归属感提供了机会。

如何评估学习者-话语者/社会人？

许多话语者/社会人通过在校学习变成了多语人，但学习语言的人无一例外地都已经是话语者/社会人。因此，学习语言并不是一个"造就"话语者/社会人的过程，而是在"重建"。但是，语言学习并不一定就是跨文化的学习，因为对一门语言的跨文化教学应超越单一语言符号的教学，不应仅限于提供一些只叙述事实的信息，把文化当作铁板一块的整体进行介绍。

在传统外语教学法中，学习者被看作是学习行为和语言能力的主体，可以按照一个标准的、客观的、不受主观因素影响的程序对其进行测评，但学习者变成话语者/社会人后，学习者个体和语言的关系变得更有自反的特性：话语者/社会人作用于语言，语言反作用于话语者/社会人。学习一门新的语言成为一个主观的进程，学习者的自身条件和其他个体的、社会的、文化的，以及语言的因素等都会在这一进程中发挥作用，从而构成了他的学习和行动。评估这样的学习者，应在客观评定他掌握的知识的同时增加一点儿主观评价，例如：他如何使用语言，他对语言应用的思考。

社会科学比较认可"话语者/社会人"的存在，包括他们的作用和行为，但语言习得及其应用理论则不然。语言习得及其应用理论极少关注话语者/社会人的个人特性和人际特性，常把他们简化为一个认知实体，认为他们学习的就是语言,而不是学习用这种语言领会、感知和表达自己。本章从多个视角描述了各种不同的学习模式和能力评估方式,同时强调,要想成为一个名副其实的社会人,想象力和创造力至关重要。另外,本章还进一步肯定,应该用跨学科的方法研究多语言和多文化问题。

正调与反调：通过他者的语言表达自我

克莱尔·克拉姆契
美国加利福尼亚大学伯克利分校

戴冬梅 译

学习一门语言不仅是习得一套独立的语言系统，更是学习一种特定语言族群成员共享的表达方式。讲外语，即讲他者的语言。外语是典型的现代语言，因为其词语具有社会和文化生命力，即加利松（Galisson，1991）所说的"大众共有文化词"（charges culturelles partagées）。它们反映并塑造讲话者的趋向、记忆、对自我和他者的意识表征，还造就了生活在同一地理区域或同一历史时代的社会人群体所固有的语言观念。

外语学习者如何通过属于他人的文化词表达自己的思想感情呢？他想归属于哪个族群呢？由于这些问题使学习者面对个体与群体的悖论、自我与他者的相对性等难题，突出了语言教学法后结构主义的层面。我们将在这一层面从以下三个视角考量语言教学法中关于正调与反调的命题。

社会视角

从社会意义上说，发声即意味着"话语权"，意味着沟通，意味着让他人听见你，尤其意味着让他人倾听你。如布尔迪厄（Bourdieu）所说："不能将（语言的）社会可接受性单单简化成语法性（L'acceptabilité sociale ne se réduit pas à la seule grammaticalité，1982：42）。"语言教学法上的交际法旨在教会学习者在口头交际情境中，同本族语的讲话者进行沟通时所必需的发言策略、对话轮转接和语篇主题的管理。交际法使学习者能够利用不同文化的对话者进行语言交际时所特有的活力参与交流，充分表达并让他人听到自己的观点（Kramsch，2003）。

文化与政治视角

虽然不少学习者接受了交际法教学，但最终还是难以开口说话，有时是因为他们讲的是一种非标准语的方言，当他们力图学习他们祖先的语言时，其讲话的声调本身就已经不被看好；有时是因为在某些单语国家中，从来就不欢迎使用非官方语言；有时是因为他们的话语体系与所学语言族群的话语体系完全不同；还有的仅仅是由于排外的成见，人们不愿倾听自己不想听的人。由此可见，这里的发声讲话是一个文化和政治的概念（Norton，2000），是社会与文化身份的标志，同身份和族群的诉求交织在一起。语言上的自卑、地方或外国口音、与主流风格不同的谈话风格、忌讳或禁忌的话题，抑或是单语语言政策禁止的发言等，这些都属于对使用外语结构方面的歧视做法。

文体学和文学的视角

文学批评关注使用非母语写作的作者，所以对发声讲话这一概念研究颇丰。那些双语或多语作家进行着有悖常理的体验，尝试使用他者的话语说话，这是一种他们特有的、通过他人话语进行表达的风格。但是，他们不会因此让自己的主观性消融于特定语言族群的特有身份形态中。这类特有的身份形态已被媒体或官方话语一劳永逸地锁定。他们同当下语言教学法中仍旧存在的语言殖民主义和某种东方主义的后遗症做斗争。学会他者的语言，是的，但要保持自己的风格，这就是巨大的挑战所在，正如格利桑（Glissant）所言："我用你的语言（langue）跟你说话，但用我的言语（langage）理解你。"（Glissant，1981：322）

案例1

　　第一次的时候，我非常紧张，害怕接电话。电话响了，家里人都忙着，我女儿去接了。我上了第二语言英语课后，我们搬了家。房东想试着说服我们付一整年的房租，我生气了，我跟他在电话里说了一个小时，我没有去想动词的时态，我只知道不能让他得逞。我的孩子们听到我讲英语感到万分惊讶。（第12页，本文作者自英文译至法文）

　　（Bonny Norton. *Identity and Language Learning*. London：Longman, 2000.）

案例2

　　人们总是从一次缺席开始写作的。选择一门语言，自然意味着另一门语言的移位。这初看像是一种限制——为什么必须进行选择呢？——但这种限制很快就变成了有利条件。被移位的语言虽然不在场，但继续默默地对所选定的语言施加影响，浸润它，或者更进一步，它使选定的语言染上另外一种说话方式，为它增加意想不到的表现力。这种相异性（alterity），或称变质（alteration），也会改变双语说话人的阅读习惯……我写下alterity这个英文词，它让我想起法文的désaltérer（解渴）一词。依我之见，双语作家的作品一定总是"altérée"（渴的, altered），从来不会是"désaltérée"（解渴的）；总是渴的，永远是缺乏的，从不会被满足。因此，也可以说它是"alterada"（被干扰的），这个西班牙语词是我听母亲和姨妈们使用的意思，她们用它形容某人有点神经错乱，不能控制自己的思想和言语。（第74页，本文作者自英文译至法文）

　　（Sylvia Molloy. « Bilingualism, writing and the feeling of not quite being there ». In Isabelle de Courtivron. Ed. *Lives in Translation. Bilingual Writers on Identity and Creativity*. New York：Palgrave Macmillan, 2003.）

获得身份认同与多声部复调性（polyvocalité）

　　上文的案例1节选自从捷克共和国移民到加拿大的马尔蒂娜的日志。她在上完邦尼·诺顿（Bonny Norton）教的第二语言英语课后，参加了一个长达6个月的研究计划，其间撰写了日志（2000）。她在日志中描述了自己如何突然开口，抗拒房东的要求，维护她作为租户的权利。她不仅应用了他者的语言资源，完全能让他人听懂她的意思，并且，她以家庭主妇的身份，而非移民的身份，成功地让自己变成一个被倾听和被认真对待的说话人。诺顿用主观性的性质本身解释这一突变，此处主观性的定义是"个体有意识和无意识的思想及情感、自我意识及理解与世界关系的方式。"（2000：124）。马尔蒂娜的例子可为后结构主义理论提供例证。该理论认为，说话人是多面的、冲突的，也就是说他是象征性权力斗争的关键因素，永远在形成中、"在过程中"。

跟马尔蒂娜的例子一样，我们在案例2中看到，在书面言语中，以及通过书面言语建构的双语说话人正在活动。西尔维娅·莫洛的父亲是阿根廷人，母亲是美国人。她长期讲法语，用英语和西班牙语发表作品。在这篇用英文写成的短文中，她大致说出了双语作家笔下发生的事情：双语作家用一门特定语言表达，但是其中包含着其他语言的痕迹，这使作品具有一种特殊的风格。在英语词句的字里行间，我们能听到其他的声音：她的母亲和姨妈用西班牙语谈论一位有点疯疯癫癫的亲戚，拉封丹笔下的羔羊去澄澈的小溪中喝水。这些多种多样的声音组成了巴赫金（Bakhtine）所说的言语行为的多声部复调性或跨文本性（intertextualité）（1978）。这种多声部复调性尤其符合多语个体的言语表达。像马尔蒂娜一样，莫洛在文中使用来自他处的词汇建构了属于她自己的一种多语主观性。

从学习者到社会人：在作为习得场所的互动中使用的类型法

古德龙·齐格勒
卢森堡国卢森堡大学

戴冬梅 译

从学习者-社会人到社会人-学习者

在语言学史、应用语言学史和语言教学法史上，外语学习者起初被视为学习语言系统（système-langue）各个组成部分的人，之后才被看作具有初级、中级或高级交际能力的学习者-社会人（参见Lantolf & Genung, 2000）。根据对互动的分析，我们得知，学习者不论语言水平高低都已经是社会人，因为他在学习的同时就是社会人，因为他是在互动中学习，在情境中学习，在运用多种互动资源的过程中学习，比如：功能性地使用语码转换（alternance codique）、经常性的重复或者变换谈话主题等。可以说迄今为止，目的语之外的资源一直被视为补救策略，借以弥补用目的语交际时的缺陷，或者是用于避免那些学习者自己可以发现的错误。但是，今天我们转向认为，学习者在课堂内外都是具有特殊角色的社会人，比如，他可能同时是学习者又是顾客，或者是某个领域的专家（参见Gardner & Wagner, 2004；Py, 1993）。互动的局面于是出现了：作为社会人的社会人-学习者，也就是他不仅仅是语言学习者或具有特殊角色的学习者，他还要作为社会人根据话语主题和现场的对话人情况，灵活多变地进行互动和自我定位。换言之，他不能仅仅按照先前规定的单一角色，如学习者的角色行事，相反，他在创立并运用类型法不断调整自己的定位。会话分析理论认为，任何互动都离不开类型法。社会人-学习者只要参与互动，就必定使用类型法。我们根据语言和语篇特征，首先是说话的时序可知道社会人-学习者运用了什么类型法，如下文（28页）方框中的节录所示。由此可见，这是另一种习得进程：学习者在互动情境中，并通过互动的情境使用和发展他拥有的资源，其中包括语言能力和其他多语言、多模式的资源等。

在互动中运用类型法

这里，作为样例，我们要着重介绍一种互动的组织方法，也称作"类型法"，采用系统的步骤分析（Sacks, 1979）。该方法可帮助交际者根据谈论的话题调整对话人之间的相互定位，引导对话者攀谈，转换话题，分配谈话人角色。的确，每个交际情境都要求对话者参与正在互动的小组或群体，要求他们参与成立会话组并推动其发展，所以会话组或多或少都是临时的，或多或少会随着对话者参与其他的互动群体而发生改变。因此，参与互动的人，不论是否为学习者，必须坚持做的一件事情：就是要在互动现场，根据其他会话参与者及共同探讨的话题和互动情境本身的规模参与互动。然而，在话轮转接的过程中，互动者顺序使用的自我分类和给他人分类的技巧是变化多样的。不论是否处于教学环境，这些技巧都非常广泛地应用于所谓"第二语言"的互动中并有翔实的文献记载。

自视为"学习者"、"非本族语者"或"不属于某个社会文化族群的个人"的讲话者经常使用自我分类的技巧。学习者在组织会话的过程中展示着自己的话语资源，他同时会根据对话人的情况和谈话主题来调整自己的定位，维持或更换谈话主题。学习者正是通过这样的方法和手段表明自己的身份认同。有些技巧甚至能使学习者在互动中自己接自己的话头。语料节选（见下页方框）记录了瑞士法语区一家电台节目中的一次听众来电，展示了打电话者塔玛拉实施自我分类的过程。她用这种自我分类让别人明白，她不属于电台的目标语族群（俄罗斯vs瑞士：60—61行），但她作为学习者，对语言还是非常敏感的（65—67行）。塔玛拉成功地使其对话者艾蒂安回到（70—72行）最早由她自己引入的话题（"长篇小说",52—53行),并由其对话者对她后置的评论进行提问("很不幸")而重新拾起这一话题(54行)。她通过罗列在当时的会话情境中可用的分类方式进行自我分类("不"vs"不再","一直"vs"从不","长篇小说"vs"政治")(65—68行),把自己定性为语言方面处于劣势的人("不合适的话",65—67行)。这样一来,在发生了情理之中的互动性交流故障之后,塔玛拉组织了过渡和承接:由对话者("为什么'很不幸'",54行)正在谈论的主题("长篇小说")转到另外不同的主题。作为社会人-学习者的塔玛拉,其话语资源的丰富程度显而易见,尤其是她表现出的改变会话顺序的灵巧能力,绝非是不得已而为之,而是体现了成熟的社会人的老练特点。老道的社会人知道如何避免被直接分类(本案中,即避免把自己列为"法语不灵光的俄罗斯移民"的类型)。

电台听众来电记录

51　艾蒂安(以下简称"艾"):您正在读什么书?
52　塔玛拉(以下简称"塔"):啊(.)您知道,我一直喜欢
53　长篇小说(..)很不幸。
54　艾:为什么"很不幸"?
55　塔:因为(..)嗯,不是政治(.)
56　政治,我不喜欢,啊,而长篇小说
57　(.)我一直喜欢,嗯
58　艾:政治(..)您不喜欢,还是您
59　不再喜欢?
60　塔:呣,我从不关心政治(.)呣
61　在俄罗斯没有(.)在学习期间也没有(.)什么也没有(.)
62　我是中立的,呣,我明白政治害人(.)
63　鉴于我什么忙都帮不了
64　(.)所以我也不掺和。而且,
65　如果我不幸说了不是的(..)
66　不合适的话(.)您知道(.)我已经(.)

67　看到在语言方面有时候我讲
68　太多的真话，我付出了太高的代价（.）因此，我
69　曾尝试（3.0）
70　艾：塔玛拉（.）我理解您（3.0）告诉我们（.）
71　塔玛拉（.）您喜欢文学吗？
72　您喜欢长篇小说（..）

在各级教学机构中（Ziegler，2006a，2006b），从各个不同层面采用类型法（自我分类和给他人分类）已成为一种有效资源，因为它可使社会人-学习者同其他社会人共同管理、调动并维持互动的进行，而互动本身就是语言习得的过程。

从互动中的讲话到语言习得

本文阐述的关于社会人-学习者的观点，灵感及理论依据来源于会话分析理论、互动语言学、行动语言学，以及活动和学习理论等。按照这一观点，我们把第二语言学习者视为社会人，他在互动的每一时刻都须面对自我定位任务，也就是组织包括沉默和拒绝在内的互动，而不是将语言学习者，尤其是初学者看作是通过其他互动模式、其他语言或主题资源来调动目的语资源，补偿自己的缺失。当然，互动参与者已经拥有的语言系统是他在互动情境中可资开发利用的，但是，这种语言能力绝非习得理论作为"社会实践"需要考虑的唯一和最先的方面。提出不分课堂内外的社会人-学习者这一概念，标志着多语言和多文化语境下的语言教学法和语言习得与教学的研究发展进入了一个重要阶段。这个阶段的研究可概括为三个要点：

——提高对多语言资源及其存在模式的认识；

——开展以行动或互动为导向的情境学习研究；

——更好地阐释社会人-学习者在互动中使用的方法（此处为类型法），使之在认识论上得到认可。

话语族群：外语学习者的挑战与策略

森田奈绪子
加拿大温哥华大学
英译法：加布里埃尔·瓦罗
法国凡尔赛圣康坦大学[①]，法国国家科学研究中心
法译汉：戴冬梅

作为社会人的学习者面临的挑战

最近，有一种社会文化观点认为，语言学习即是培养学生加入新的话语族群的能力，使他们成为其中一员（Duff & Hornberger，已付梓）。根据这一观点，语言学习者（之后被称为"社会人"）需通过参加目的语族群的活动，同其成员进行互动而适应该族群的价值观和习俗。例如，来自外国的第三阶段的大学生[②]应通过参与各种脑力活动，通过和同学及老师互动，同时学习、使用他们的第二语言（L2），并学习新大学群体的价值观、约定俗成、期望、权力结构，以及他们的惯常做法。为了参与目的语族群的话语实践，至关重要的是社会人要注意培养自己的能力，这样才能被认同为目的语族群的真正成员。

然而，作为语言学习者，要使自己的能力和归属感在新族群中得到完全的承认，这是一个复杂命题，也是一个挑战。主要原因有两个：首先，随着当代族群，包括大学和课堂，逐渐变得更加多语言、多文化、

[①] Université Versailles St Quentin。——译者注
[②] 一般指博士生。——译者注

多模式和跨学科,我们愈发难以界定所谓的族群内的"能力"。我们不能再简单地以为族群运转的基础就是拥有稳定而单一的整套规范和惯例,而更应该看到这当中还有多种多样的话语体系和习惯做法,还有冲突和矛盾,以及不断的变化。这对被视为社会人的语言学习者来说,理解目的语文化和目的语族群的惯常做法可能比预想的更难。这也说明族群的所有成员都应发展多种能力,此等多种能力在特定族群内从未停止过博弈。

第二,很多研究已经表明,被视为社会人的语言学习者要想加入目的语族群,成为其"合理合法"的成员,必将面临各种挑战。除了语言问题外,他们会遇到教育和职业文化、种姓、民族和性别等方面的难题,他们会产生关于族群机构的作用及表征意义的困惑,会对权力的力量对比和身份认同难以理解。例如,目的语族群中相对强势的成员可能阻止新来者以最适合他们能力的方式参加族群的活动(Leki, 2001)。社会人对于目的语族群兴趣有限,或对目的语文化有抵触也会阻碍他们充分地融入新族群。

尽管这些挑战很严峻,但也有研究表明,社会人仍会依赖其特有的个性魅力,运用多种策略,尝试直接进入族群。森田(Morita, 2004)说,日本博士生为了参与集体活动(尤其是课堂讨论),为了使自己成为加拿大新的班集体(族群)名副其实的成员,创造并运用了一整套的策略。本文下一节将展示森田的研究中一系列大学生的叙述片段。他们评述了参与课堂的挑战和摆脱困境的策略。参与研究的7名大学生出生于日本并在那里长大,因此,他们的第一语言是日语,在加拿大课堂上,英语是第二语言。一名女大学生(Rie)是出生并在日本长大的第三代韩裔。另外两个(Nanako和Shiho)曾在英语国家受过一些教育(1—4岁),而其他学生则只在日本上过学。

学习者谈参与课堂

下面所有的节录或来自与学生的访谈,或来自他们上交的关于参与课堂讨论及相关问题的周记(Morita, 2004)。学生名字均为化名。

参与课堂讨论的策略

节选1

在我进班之前,我写下要说的话并多次练习……但是我说不出我事先准备的话。当我的同学迫使我发言时,我十分紧张,我的英语就变得很糟糕。(Lisa:1999年9月30日)

同学的支持

节选2

我在班上的地位发生了明显变化,从动物变成了人(笑声)。这个转变是从我和J(一个加拿大同学)的谈话开始的……。我们讨论了班级和班里同学,这让我有了很大变化。(Kota:1999年12月21日)

老师的支持

节选3

(我的老师)告诉我,我可能会因为英语能力欠佳而处于不利地位……但是在某一特定文化中做局外人也是有好处的。她说有些东西只有我从局外人的角度才能看到。(Nanako:1999年12月15日)

选择性适应

节选4

(在加拿大的课堂上,)学生们好像并不在意讨论的连贯性,想说什么就说什么……但是我自己希望关注在特定时间点上讨论的进展程度和可能引发的评论。(Jun:1999年10月6日)

力量和抵抗

节选5

(在课堂上)我多次说过听不懂(老师)在讲什么,我认为自己有权说出来,因为我有学习的权利。(Rie:1999年12月11日)

> **角色与身份认同**
>
> **节选6**
>
> 我认为一个新来的学生可以起到自己的作用……全新的成员可以带来有趣的观点和新鲜的视角。从这种意义上说,我想自己可以为班级做些贡献。(Shiho:2000年4月26日)

社会人-学习者的策略

节选1表明,社会人能够使用多种计策参与课堂讨论,包括能在保全颜面的语境中发言(如在小组讨论中发言),提前准备要说的话(节选1),引入自己熟悉的主题,甚至可以冒些风险。另外,寻求同学和老师的支持也是有用的。学生们经常使用的一种策略(Morita, 2004)是和同学在课外单独会面。在节选2中可看出,这种策略似乎能使社会人得到同学们的一定承认和理解,尤其是社会人在集体活动中进行口头表达有困难的时候更是如此。教师或其他"专家"(例如讲本族语的人)也可以成为有益的指导者(节选3),虽然我们不能假设所有所谓的专家能够或者愿意为社会人参与新族群并在其中获得正当身份提供便利。

第二语言的社会人在新族群中接触到整套新的规约和期望时,他们可能不会盲目接受。森田(Morita, 2004)研究中的学生带着他们固有的文化规约和价值,对新文化的某些方面提出了批评,并进行了选择性的调整(节选4)。社会人也可能抗拒新族群中存在的权力关系。在节选5中,Rie公开表达了对自己在班上所处地位的不满,她觉得在班上被边缘化了,作为讲第二语言的人,她有自己的需求,她要求女教师改变一些教学方法。总而言之,对作为社会人的语言学习者来说,要在新的族群中谋得新的角色和新的身份认同,这意味着一次意义非凡的挑战和一次重大策略的实施。一方面,出于各种各样的原因,比如他们不是本族语的人,所以在新族群里的地位只能相对弱势,要么也是被他人视为相对弱势;但另一方面,谋求获得身份认同,便能获得一定的权力,这将极大地促进个人融入新的族群并使自己发生彻底的改变(节选6和节选3)。

穿越边界的成长

穿越语言和文化边界并融入新的话语族群,这通常要求作为社会人的语言学习者勇于面对各方面的挑战。不过,这同时也是一个成长的过程。社会人通过运用新策略,通过协商调整自己的新角色和新身份,努力使自己的能力和归属感得到新族群的完全认同(Kramsch,2003)。因此,非常重要的是,族群及其机构应该尊重这些社会人,他们是一群活生生的人,拥有独一无二的历史、价值观、目标和资源。与此同时,族群还应该承认这些社会人参与和融入族群的努力具有社会建构的性质,也就是说,族群应该承认这样的事实:在社会人于新的族群中构建自己一席之地的时候,在社会人于新的族群中决定参与形式的时候,不仅仅是他们本身,还包括族群及其资格较老的成员,都在其中起着至关重要的作用。

语言知识库：破除自我中心和身份认同的表达

塞莱斯特·金真格
美国宾夕法尼亚州立大学

英译法：加布里埃尔·瓦罗
法国凡尔赛圣康坦大学，法国国家科学研究中心

法译汉：谢锦辉、傅荣

第二语言使用者如何建立和交流与其多语言知识库相关的新的文化观？这一过程又与身份认同的形成有何相关？要回答这一问题，"语言知识库"（répertoires）这一概念至关重要。这一概念意味着要在一系列历史确定下来的可能性中做出选择。这一术语包含了两重思想，一是说话者进行阐释性的个人选择，二是语言使用者在其拥有的社会、文化和历史资源的基础上建构自己运用语言的能力。这一术语还让人联想到艺术家的情形：艺术家完全可以坚定而狂热地追求某件作品的完美，但这种对完美的追求最终只能被主观地评价，评价它是否与情境相符，是否实现个人满足。因此，在发展交际知识库的同时，第二语言使用者能发现"非本族语者的特权"（Kramsch, 1997），即自己能够重新自我想象，在与旧符号资源的对比中发掘新的符号资源，使得语言学习过程成为具有创造性的个人表现过程。

多语作家的选段

> 我一生的历史是追求强度而非追求认同的历史。
> （Nancy Huston. *Désirs et Réalités : Textes choisis 1978–1995*. Montréal : Leméac, 1995, p. 177.）

在一门外语中，没有任何东西是平凡的：一切都是具有异国情调的。can of worms一直只是一句普通的短语，直到我学到了panier de crabes这一短语：这两个短语都用来描述复杂混乱的环境，但是两个短语之间的差异让我觉得趣味盎然。使用双语在任何时候都是对智力的刺激与挑战。

（Nancy Huston. *Nord perdu*. Arles : Actes Sud, 1999, p. 46.）

我发现每件事物对于我来说都有两个名字，一个是希腊语的，另一个是法语的。……我也意识到根据使用的语言不同，我对同一事物的看法也不同。例如我用法语说"榔头"（marteau）这个词的时候，我会想起我在巴黎定居时为省钱而自己造的一张柜式床。当我用希腊语说的时候（sphyri），我却会想到我父亲，他喜欢干些修理活儿，很爱惜自己的工具，常会用浸了蜡油的布去擦拭。有一天我发现他在隶属市政府的一个工作棚里钉一具棺木。

我问他："里面有人吗？"

"有人。"他用力钉钉子，把钉子深深打进去，仿佛认为里面的人能逃出来似的。

…… ……

我那些与希腊语相连的回忆比法语引起的回忆更为久远。我的母语见证着我的年龄，而法语则让我年轻24岁。对于这点不同我有着切实的感受。而且我的法语文字也似乎要比我的希腊语文字要轻松。

我开始觉得学习一门语言就像是一道青春疗法。桑戈语（sango）不能带给我任何回忆，我的回忆与桑戈语无关，桑戈语让我快乐地幻想自己能够从头开始。桑戈语邀请我去玩乐，就跟当初法语一样。

（Vassilis Alexakis. *Les Mots étrangers*. Paris : Gallimard, 2002, pp. 53–54.）

语言知识库与身份认同

多语言知识库有助于通过新观念形成新的身份认同，这样的例子我们可从优秀的二语作家对个人经历的描述之中找到。我们还能从中发现运用二语帮助超越个人经历的重压，与过去决裂的多个例子。我们还找到一些通过学习第二语言激发灵感和创造力的例子，如英法双语作家南希·休斯顿（Nancy Huston）。对这位母语为美国英语的女作家来说，法语是一个永不枯竭的异国情调之源泉，英法两种语言的细微差别是永远的智力激励。

有作家甚至认为第二语言能量巨大，可以丰富人们的记忆，助人重拾青春。在《外国词语》(Les Mots étrangers)(2002)这部作品里，希腊语法语双语小说家瓦西里斯·阿列克扎基斯（Vassilis Alexakis）讲述了他决定在自己的语言知识库中增加第三种语言桑戈语的经历。阿列克扎基斯生于希腊，年轻时怀着做记者的梦想到了巴黎。他学习法语的过程和经历的双语生活终于启发他写出了一部具有创造性的个人自传，他在其中透过自己的亲身经历和身份认同感，探讨了自己拥有的交际性多语言知识库的意义。一个寻常如"榔头"（marteau/sphyri）的词语也充满了联想，唤起作者对往日真实情景的精确记忆，激发他充满感情的叙述。

语言知识库与想象力

对于阿列克扎基斯和其他许多多语言人来说，一门新语言的吸引力本身就是足够的动力。阿列克扎基斯完全出于拓展自己的语言知识库而决定学习一门他最不熟悉的语言，中非人讲的一种地方语——桑戈语。他的个人生活和职业生活跟桑戈语没有任何关联。他对桑戈语的兴趣并不出于任何工具性或融合性动机，而是因为桑戈语代表着一个新的开始：开发新的语言知识库意味着回到青春时期的纯真，仿佛是参加一场游戏。

语言知识库与单语偏见

多语言知识库的理念是对一种传统思想的有益冲击，该传统思想认为，语言能力的最高表现形式是达到了单语本族语者的那种无所不能、抽象和理想化的能力。正如帕夫连科（Pavlenko, 2005）指出的那样，今天看来，这一来自语言学的传统观念代表着一种"单语偏见"，将不可避免地导致对多语言思想理解的偏颇，以为双语就是一个人会说两门都不精通的语言。然而，当我们具体考察并准确描述多语者的经历时就会清楚地发现，掌握不止一门语言的人，也就是今天世界上的大多数人，都可被认定为拥有完整语言知识库的特殊的授话人/受话人。每个人的语言知识库都是独一无二的，通过真实世界中特定背景下的具体活动得以构建，借以适应环境和个人的需求及欲望。

社会情感层面

论及语言知识库，自然要论及知识库的选择，这就需要我们承认，在五花八门的语言中，选择掌握哪种语言，这远比我们通常想象的要复杂，因为这与"多语人的个人情感及其情感认同"密切相关（Kramsch，2005：552）。对用二语写作的作家（从定义上说，他们已是成功的二语学习者）的研究表明，尽管社会心理学家用以解释学习动机的传统分类通常是中肯的，但这些分类只体现了所有潜在可能性中的一小部分，而且没有考虑语言学习的社会历史背景。当然，语言学习者可以有"工具性"的动机，因为出于经济的或职业的需要；也可以有"融合性"动机，即希望成为某一特定语言族群的一员（Gardner & Lambert，1972），但是学习者同样可以说，他们学习第二语言最核心的动机是扩充、优化、丰富或改变自己的交际性语言知识库，其理由却有千千万万。

走向外语教学法上的自我表现法

在很长时间里，外语教学法与研究领域一直存在着单语偏见的现象，且得到殖民主义或同化主义思想的支持，进而对多语成功者的前景视而不见。这一传统理论过于强调学习者的不足，认为从逻辑上讲，他们不可能将第二语言学到单语人那样的水平。阿列克扎基斯和休斯顿等以二语写作的例子充分说明了自我表现法在外语教学法上的意义，它植根于对多元能力的尊重，正是在多元能力中，学习一门外语成为了发现自我的旅程。在此过程中，学习者被视为一个很有责任心的社会人，在管理自己的学习中发挥决定性的作用，他懂得在具体的特定环境中对个人的需求和欲望做出应有的回应（Kinginger，2004）。

  对于外语教师，接受自我表现的教学法意味着对多语言知识库的实用价值有了全新的理解，也对多语言知识库作为情感寄存器引发的各种共鸣有了全新的理解。这也意味着采用自我表现法能够更完整地知道二语学习在多大程度上体现了个人的创造性行为，在多大程度上体现了更加丰富的自我表达的机会。这一教学法鼓励我们少一点儿关注学习者的外语成绩与"本族语使用者"的差距，而多一点儿关注学习者在相遇、探索和有选择的学习过程中逐步形成的发现交际资源的能力，这些资源是实现他们的实际目标和审美目标所需要的。

传播模式：口头和书面在语言和归属感间的中介作用

纪尧姆·让蒂
加拿大卡尔顿大学

谢锦辉 译

大家公认语言传播分口头和书面两种模式。书面交流将语言媒介化，因为它要求有纸质或电子载体，需要将一种交际系统转写为另一个系统，同时赋予信息一定的物质性和永恒性。口头交流也可以实现媒介化，例如通过通讯技术、录音和扩音等。但是在许多情况下，对于许多日常生活的对话交流，这种媒介化既无必要，也不会使用。

科学领域的口笔语中介问题

科学界主要使用书面传播模式，因为这一媒介使知识可以快速地进行国际传播。科学研究职业正是通过书面这一模式进行评估。一个青年研究人员首先要完成毕业论文和博士论文通过考核，随后他的科研能力要根据他在知名杂志上发表的文章数量进行评定。因此，要加入科学界，很大程度上取决于书面交流。不过口头交流也同样重要，主要因为它伴随书面表达而出现。例如，一篇博士论文的好坏反映着学生与其导师之间互动的质量。而且，论文还必须经过答辩才可通过。最后，在学术会议上做报告、与同行之间的非正式交流等都可能成为未来发表论文的机遇，主要还是方便和同行建立学术联系。

语言与归属感

英语作为国际科技语言的地位越来越高，学习英语是所有希望从事科研事业的非英语使用者所必不可缺的条件（Conseil de la langue française, 1996）。在外语教学法领域，专门用途语言教学（approche sur objectifs spécifiques 或 langue de spécialité，英语为 Languages for Specific Purposes）发展迅速，很大程度上是为了满足科技工作者学习外语的特殊需求（Swales, 2000）。但是，在法国和加拿大等法语作为官方语言和通用语言的国家里，科技工作者一方面既要在国际上使用国际通用语英语，另一方面又要在国内使用法语跟自己的同胞和国家交流，这样才能处理好自己的文化和职业归属感。这种多重归属感要求人们拥有多语言知识库，加入不同语言的群体，也让讲法语的科技工作者面临忠诚度的抉择：是应该优先考虑用英语在国际学术界发表论文，还是用法语写作以便在国内传播？

案例研究：协调两种语言/文化的两种传播方式

问题在于理工科学生如何使用口头和书面两种模式协调地加入地方、国内和国际这三个层次的语言、文化及职业群体。我们将通过一个为期3年的纵深观察案例来分析这一问题（详见Gentil, 2005）。在研究本案的当年，菲利普是加拿大的工科本科生，加拿大的baccalauréat[①]学制3—4年，相当于法国的licence（学士）。菲利普出生于魁北克一个法语家庭，从小接受法语教育，但他深知熟练掌握英语这一语言资本具有很高价值，因此报名进入一所魁北克英语大学学习，并抱有3个目的：成为"完美的双语人"、发现英语世界、做一个工科教学研究型学者。然而从第一学年开始，他的愿望便遭受打击。

菲利普遇到的主要问题是：生他养他的魁北克法语社会环境和他目前就读的英语大学环境两者之间存在着语言文化鸿沟。在我们的调研访

[①] 英文叫bachelor's degree。——译者注

谈中，菲利普详述了英语学生和法语学生之间的语言隔阂，以及他与英语老师和同学交流的困难。他将这些困难归咎于三个原因：一是缺乏共同的文化背景，二是英语口语表达不自在，三是在说英语的人和英语面前缺乏语言上的安全感，总觉得英语是强加的，带有文化帝国主义的色彩。菲利普因为不太愿意用英语口头交流，所以他用英语基本上都是输入性的，如阅读专业文献、听课等，且多为书面的学术语体（他上的大课少有互动，甚至只是高声朗读）。他一年级上交的唯一一份比较有分量的书面作业便是一个电子工程设计报告，其中引言部分的第一段如下：

节选1

一年级报告的引言段落

Nowadays, many public events have "light show systems" to enhance the overall presentation: music shows are a great example. Light patterns are usually controlled by full computer systems that can provide great power and flexibility as well as simple user interfaces. Think about a Rolling Stone or U2 Show... However, for simple patterns like flashing road lights or lights on a product showcase, it might not be convenient and affordable to use a whole computer. Therefore, engineers must design a simpler system.

节选2

四年级毕业论文的引言段落

Because of their rapidity and flexibility, photonics technologies are at the heart of tomorrow's telecommunication networks. Developments in optical back-planes have lead [sic] to the implementation of space-efficient 2-D arrays of devices, such as VCSEL's and MEMS. However, there is no compact solution to multiplex/demultiplex channels from/to those 2-D arrays. Actual optical mux/demux devices combine or separate light in linear fashion, which might prove inefficient for such device arrays [1]. To solve this problem, a 2-D optical demultiplexer, based on multilevel diffractive optical elements（DOE），was designed [...] based on the scalar theory of diffraction.

第一段节选的特点是非正式、会话体和口语化，这罕见于学术写作（Hyland，2000），菲利普怎么会写成这样的语体，要知道他在学校主要接触的可是规范的经院式的英语，因为他除了听课和阅读外几乎很少用英语。

但是，菲利普提醒我们说，他上二年级和三年级时，英语的使用有了很大变化，因为他结交了一些英法双语的同学，终于融入了英语圈子。一位来自印度的学生韦殊在其中起了重要的中介作用。韦殊不会说法语，但是他既非加拿大人，也不以英语为母语，这两点似乎消除了魁北克法语人学习英语时所感觉的那种处于下风的力量关系对比和不信任。菲利普解释说，是韦殊"使他消除了自己对英语人的成见"。他还指出，在和加拿大英语人交流时，英语象征着历史上的等级区分，让人感觉有被同化的危险；而与非英语人交流时，英语则成为跨族群交际的工具，反倒有一定的合理合法性。在这些文化中介人和"语言掮客"的帮助下，菲利普得以进入英语社交网络，从而可以在学校以外的环境中练习和提高自己的英语口语。另外，他口语上的进步好像对他的笔语表达也产生了影响，这从上面的节选2菲利普的毕业论文引言部分可以看得出来。跟第一段节选相反，这一段文字完全符合学科的语用规范。由此可以说，经过二年级和三年级口笔语的输入和输出练习，菲利普已经能够更好地区分英语的正式与非正式语体。

口语和书面语的协同发展

霍恩伯格（Hornberger，2003）支持以下的假设：双语读写能力（biliteracy）的发展，或者说双语书面能力的发展会有助于并加强双语口头能力的发展，主要是因为学习了正式语体更便于学习非正式语体，反之亦然。菲利普的英语学习经历证实了口头与书面两种模式之间这种协同发展关系。菲利普的案例也表明，融入邻近群体的方法，如同一学校的双语学生和英语学生，同样可以帮助融入虚拟的、遥远的和国际的群体，如国际上的电子工程科学家群体。加入邻近群体主要靠口语模式，或者越来越依赖于新的科技手段，如电子邮件、短信等。邻近群体构成一个交流平台，学生可以在此锻炼自己的语言能力，同时磨合自己的文化、语言和职业归属感。

社会人/语言使用者的培养：教学起帮助作用还是阻碍作用

利斯·塞尔居
比利时天主教鲁汶大学

谢锦辉 译

教学与跨文化能力

早在20世纪80年代，外语教学法学就承认跨文化能力是交际能力不可或缺的组成部分（Zarate，1986）。塞尔居补充道：

> 从跨文化角度看，外语学习者若想获得一门外语的一定的交际能力，他要学习的并非是如何适应新的外国文化和忘却自己本来的文化认同。在跨文化情境下，交际者的任务就是通过语言和非语言、显性和隐性的符号来探索构建一套符合交际情境的语言、语用和文化的互动规则系统。（Sercu，2004：116）

因此，跨文化语言教学的实质就是培养能够在多语言多文化世界说话及行动的人。

在这一背景下，我们需要回答一个问题：二语/外语教学有助于还是有碍于不同文化、语言和生活模式之间跨文化能力的习得？我们在此探讨的主要是在学校培养跨文化能力的问题，而不是多语言能力本身，尽管这两种能力对于我们在今天的多语言多文化社会中生存都是不可或缺的。由此而论，我们认为语言文化教学法应该遵守与其他学科相同的教育原则，但同时应该最大限度地利用各种专门的教学途径培养学习者的跨文化交际能力。因此可以说，外语教学是一个得天独厚的特殊领域，应该发挥它的示范作用，以表明面向行动的语言（langue-en-action）就是面向行动的多元语言/多元文化。另外，外语教学法与其他学科一样，还应该站在社会建构理论和认知心理学的高度培养学习者的基本能力。

我们不可错误地以为随便什么外语教学都能培养学习者的跨文化能力，跨文化能力要比传统的语言能力含义广泛得多。从以下教学用文本中我们不难看出传统教学法和跨文化教学法之间的本质区别。

文本1　原文节选自http://fr.wikipedia.org/wiki/Économie de la France

"法国是全球第六大经济体。""法国是世界第一大旅游目的地，每年接收8,000万以上游客。""论制度，法国是资本主义，但同时又是二战结束后国家干预程度相当高的国家，这使得法国涌现出一批国际领先的工业企业。法国拥有世界上最快的列车，拥有实力强大的汽车产业（标致-雪铁龙、雷诺），创建了世界第一大核电站集团，参与组建了多个航空航天集团公司（空客、欧洲直升机公司、阿丽亚娜火箭），国内还有独立的军用航空集团达索公司、国际知名的医药企业（赛诺菲-安万特、巴斯德研究院）和世界一流的农副产品加工业集团，这类集团得益于法国高度发达的农业和饮食业，以及奢侈品工业等。法国还有强大的公共工程业（布依格集团、埃法日集团），是世界上最受欢迎的旅游目的地之一（按照国际通用的标准），还有着高质量的电影工业。"

文本2　原文节选自http://fr.wikipedia.org/wiki/Tour_Eiffel

埃菲尔铁塔在艺术上的象征意义

文学

埃菲尔铁塔在建造时期和经营初期首先受到许多艺术家个人的批评，这些批评大多是负面的，最经常发表在当时的法国报刊上，艺术家们反复讲的一些话题是铁塔当时面临的技术、工业和商业挑战问题，铁塔对于法国国际形象的影响问题，铁塔的美与丑的问题，以及铁塔是否具有潜在的科学意义还是毫无价值，等等。

罗兰·巴特或许最能代表艺术家们对铁塔的爱恨交加之情：

> "铁塔作为目光、对象和象征，它是人为其安排的一切，而这一切又都是无限的。作为被看和外看的景致，作为无用和不可取代的建筑物，作为熟识的世界和勇敢的象征，作为一个世纪的见证和永远是新奇的高塔，作为无法模仿但却无限被复制的对象，铁塔是向所有时间、所有意象和所有意义开放的一种纯粹符号，它是不受阻碍的隐喻；人通过铁塔而实践想象力的伟大功能，即自由，因为任何历史，不论多么黑暗，都不曾剥夺人的这种自由。"[1]（Roland Barthes. *La Tour Eiffel*. Delpire Éditeur, 1964.）

影视艺术

自从电影业开始发展，埃菲尔铁塔就不停地被最著名的电影编导们拍摄，但最初只是一些纪录片，如《登埃菲尔铁塔全景》（*Panorama pendant l'ascension de la tour Eiffel*，Louis Lumière，1897）、《1900年世博影像》（*Images de l'exposition 1900*，Georges Méliès，1900）。

因为其实用和象征的效果，埃菲尔铁塔的身影随后越来越频繁地出现在美国电影中。的确，只需一个铁塔镜头或者一组铁塔镜头，哪怕是短暂的，就足以表明故事发生在法国或者巴黎。例如1953年，拜伦·哈斯金（Byron Haskin）就在其改编的《地球争霸战》（*The War of the Worlds*）中展现了铁塔被摧毁的场景。

铁塔被摧毁的场景后来经常出现在美国影片中，象征着人类面临全球性紧迫而严峻的危险，如1996年的《独立日》（*Independence Day*）、《火星人玩转地球》（*Mars Attacks!*）和1998年的《世界末日》（*Armageddon*）。

文化与教学的前景展望

"跨文化"教学的基本出发点是从讲授一个国家的文化开始，但这种被同质化的文化只是学习者经历过的多重价值文化的一部分内容，学习者将来可能需要在这样的多重文化中说话和行动。

---

[1] 转引自：怀宇译.《罗兰·巴特随笔选》.百花文艺出版社，2005, pp. 358—359.——译者注

研究表明，许多教师使用教材继续教授如上文第一个文本所描述的文化，他们向学习者提供目的语国家的一幅讨人喜欢的形象，以静态和单一文化的方式描述该国在文化、经济、历史和政治生活领域取得的最突出的成就，但对这个国家的社会问题只字不提（Sercu et al., 2005）。文化因此成为一个由事实和描写构成的固定整体，这便形成并维持了对目的语文化的刻板印象。从这个意义上说，课堂上使用的教学材料就是为了进行语言理解练习、工具书使用练习和词汇扩展练习，其中的文化内容成为单纯的语言载体，提供相关的主题，供学习者实践语言技能并能背诵下来去参加可能的笔试。

　　我们再看上文的第二个文本，其中的文化信息比较丰富，可用于进行跨文化能力教学。这份资料不仅突出了传统意义上的与目的语国家相关的文化知识，而且还从历史和当代政治、科技、社会等角度出发，强调了目的语文化与其他文化（包括学习者所属的文化）之间的关系，强调了教学材料中涉及的文化因素与体现在日常生活（如住房、假期）中和媒体上的文化因素之间的关系。文化会变得很有活力而且极富象征意义，成为一种话语的意义创造。突出每个民族及其文化固有的象征意义，这有利于增强学习者的跨文化意识，因为这些民族的象征同时代表着民族的身份认同和归属感。

　　对于埃菲尔铁塔这一法国象征，它的意义可以在各个国家的文学中进行对比性评价，可以在不同历史时期的文学中进行历时性研究，或在商业经营中进行情感和心理上的探讨。从这个角度看，文化成了语言教学的一个关键要素。通过跨文化任务教学，如通过对比和对照、信息评估等，二语或外语学习者将学会如何与不同文化背景的人进行交际。这些交际要求学习者将交际活动理解为社会行为，要求学习者活用所学知识，乐于和他人一起构建新的意义和新的象征。

　　上面所举的例子及其阐释部分地回答了本文开头提出的问题。但是，外语教学尚未达到多元语言多元文化教学法这一埃菲尔铁塔的顶峰，因为不论是教学材料，还是确定的教学任务，或是日常生活环境，都尚不能满足多元语言多元文化教学法的要求。我们不能要求语言教师通过各种方法、语言和文化独自承担培养学习者跨文化能力的重任，这是不公平的，但我们不否认语言教师可以像其他学科教师一样，鼓励学生、促进学生发展自身能力，在所属的不同群体中成为多语言多文化的社会人。他们应该充分利用语言课上的各种机会，顺应而不是妨碍学习者跨文化能力的发展，也就是不墨守成规或是拒绝接受那些更能体现当今社会多语言多文化特质的新思想，拒绝接受那些更符合当今社会对语言教师的期待的新原则。

争鸣

热纳维耶芙·扎拉特
法国国立东方语言文化学院

谢锦辉、傅荣 译

我在参与起草《欧洲语言共同参考框架》(以下简称《欧框》)(Conseil de l'Europe, 2001)初稿时曾经指出,多语人的特征是出生于特殊的家庭及其传统,拥有丰富的生活阅历和跨国生活中形成的复杂的身份认同策略。我的这一观点主要是通过对五位学习者经历的研究得出的,并发表于达尼埃尔·科斯特(Daniel Coste)等主编的《论多语言和多文化能力》一书中,我的那一章的题目为《多元文化能力:描述性准则》(*La compétence pluriculturelle : principes descriptifs*)(Zarate in Coste, Moore & Zarate, 1998: 26—27, 51—63)。我的上述观点没有被《欧框》采纳,因为欧盟当时认为,我的上述外语教学法的研究成果有些离经叛道,不值得考虑,而欧盟是一个如马科斯·韦伯(Weber, 1919, 1963)所说的那种很"政治"的机构。我在此处回顾一下事实及所从事的研究工作,特别想强调将"社会人"这一概念作为欧盟语言大讨论的核心内容是非常恰当的。

《欧框》引入的几个要素打开了一个思考空间,将促使语言教学领域的一些核心理念发生变革。《欧框》把"面向行动的教学法"(perspective actionnelle, 英语为action-oriented approach)确定为推广《欧框》的原则:

> 本《共同参考框架》在此着重提出面向行动的外语教学理念,其含义在于把语言使用者和学习者首先定性为社会人,他们需要在某一具体的社会行动范围内,根据特定的条

件和环境，完成包括语言活动在内的各项任务。①（Conseil de l'Europe，2001：Chapitre 2，15）

在《欧框》中，"社会人"（acteur social）这一术语在界定多语言多文化能力的时候又一次被简明扼要地做了说明，其基本含义是：

> 我们将多语言多文化能力视为以不同程度掌握几种语言，并具备几种文化阅历的社会人在语言交际以及文化互动时所表现出来的能力。②（Conseil de l'Europe，2001：Chapitre 8，129）

《欧框》只是初步界定了何为社会人，却没有提出可具体操作的原则，甚至面对由此概念引发的认识论的彻底变化时显得有点裹足不前。当前欧洲外语教学的热点议题是如何将柏林墙垮塌之前的西欧教学模式输往中东欧国家，这也同时导致了语言教学评估方面特别明显的过于简约的标准化。我们也必须公正地说，现在欧洲各国的教育体系已经非常一致，而在这之前的50多年间，各有各的意识形态使命。交际法如今已正式写进欧盟的官方文件中，并据此将语言能力划分为六个等级。但令人意想不到的是，这样做的结果却使分级词汇表卷土重来（*Le Niveau B2. Un référentiel*, 2004），而且还让一些早已石化的教学模式死灰复燃，那些模式是上个世纪70年代社会变化的产物。当前交际法的传播属于简单的理论复制，并且随着欧盟官方语言的增多呈几何级数地增长。这也使得一些语言受益匪浅，因为多亏这些措施，这些语言的地位得以被承认，人们还运用国际理论成果研究这些语言的语法和词汇等各个方面，从而使这些语言得以超越本国或本族群范围，在一个更广阔的市场传播，与其他"小语种"享有同等地位，这在以前是不可想象的。也许是出于这些原因，欧盟的语言政策显得有点退缩，不愿在目前翻天覆地的变化中创建一个更全面更复杂的模式。但是，理查德·克恩（Richard Kern）和安东尼·利迪科特（Anthony Liddicoat）通过了解到的研究成果证明欧洲内外的科学研究已经足够成熟，能够回应这一需求。

本章的几位作者都非常到位地强调指出，"（社会）人"这一概念能

---

① 转引自：刘骏、傅荣等译.《欧洲语言共同参考框架：学习、教学、评估》[M]. 北京：外语教学与研究出版社，2008，第二章，p.9.——译者注
② 同上，第八章，p.161.——译者注

够将学习者、教师、行政人员、家长和朋友等多个概念融于一体，由此与学校的教学传统相决裂。学校的教学传统在于盲目地将教师的权力用于对智力进行等级分类，对待"学生"有一套习惯做法，针对"教师"和"决策者"又是另一套规则。破除这种等级分类意在有力地强调这些社会人拥有共同的社会空间，也有着学习的经历。这些经历有时会影响他们日常生活和职业生活的选择。破除这种等级分类还想强调说明，当教师和学生被划分至"小"语种或"大"语种时，他们能够加入到共同的社会逻辑之中。

关于语言活动的讨论经常脱离社会现实，过多地打着和谐统一、尊重文明的旗号，这是一些理想化的高尚社会环境的概念，而实际需要的却是概念性工具及其可操作的衍生产品，用于分析、预测和解决动态社会特有的紧张关系。从道德层面上讲，和谐统一、尊重文明等概念是可以接受的，但在教学法上却不可操作，因为这些概念与历史和现实相冲突。1989年东西欧之间柏林墙的倒塌源于地缘政治的一场翻天覆地的变化，东欧重组为中东欧，使得欧洲①不断扩大，如今已成为包括27个成员国②的欧洲联盟。这个体制化的欧洲曾在自己的疆域内经历过巴尔干战争和种族屠杀，还经历了不同社会派别的仇外情绪。这些社会派别在自由经济竞争中处于下风，外国人便成了替罪羊。欧洲正式开始探讨文化在欧洲内部，尤其是基督教世界与伊斯兰世界之间的社会经济关系之中有着何种影响。欧洲还大力倡导非欧洲新兴国家间的团结互助。但是，尽管欧洲理事会从20世纪90年代、欧盟从21世纪初便将语言文化多元性视为欧洲语言政策的核心内容，欧洲外语教学理论界却迟迟未能认同、承认乃至确立这一政治、历史、社会的多元性。

本书这一章在此问题上向前迈进了一步，它详细阐述了对多元政治、历史和社会的开放态度。本章提出了正调和反调兼容并蓄的"多声调"教学原则，开辟出更为广阔的理论新局面，包容并随时吸收新的学科性贡献。多元文化资本（Zarate，1997：25—34）、流动性资本（Murphy，2003，Murphy & Gohard-Radenkovic，第三章）等概念则可帮助我们将

---

① 此小节中的"欧洲"主要指欧盟。——译者注
② 目前为28个成员国。——译者注

学习者的各种经历与跨文化能力的认可协调起来并加以引导（Zarate & Gohard-Radenkovic, 2004）。外语教学的复杂性决定了我们必须采取灵活处理的办法。的确，社会科学始终以动态的视角观察社会，这跟标准化的方法截然不同，该法一直统治和束缚着人们对语言教学的思考。例如，米歇尔·德塞尔托（De Certeau, 1980：9, 20—23）借助学习轨迹、学习策略和学习方法等概念描写学习者社会行为的每一天。这些社会行为关注"各个族群创造力的隐蔽形式，各个族群的创造力却是分散的，战术性的和零打碎敲的"（1980：14）。行动法的理念之一是反对"按部就班的一般想法"，注意到"行动者自身的潜力和他们所行动的环境结构中的潜在可能，更确切地说，是这两者之间关系的潜能"，这也是皮埃尔·布尔迪厄（Bourdieu, 1994：9）早先的说法，目的是为了避免走一条将意识表征定型的标准化路子，避免对差异持一种循规蹈矩的观念，避免我们对流动于行动者中的那些象征性财富产生一种天真的意识表征。这些行动者已经在不同的价值体系中成了社会人，而这些不同的价值体系有时是部分地兼容或者是完全对立的。如果教师和师资培训者获得相应的研究工具和教学法工具，他们会毫不犹豫地献身于很多奋斗目标。

　　在讨论语言的教与学当中将学习者视为社会人，意义何在？这将打开多学科的研究视野，其中必然包括心理语言学和社会语言学，但绝不仅局限于此。关于少数民族的文化权利，关于反对社会歧视的斗争、关于社会中不同文化的阐释，等等，这些都是此前教学法研究领域未曾涉及的问题，如今进入了多语人的研究视野。这些议题包含着社会力量关系的角力，常以一种象征性的形式表现出来，如隐匿的或是显露的身份认同矛盾乃至冲突等。在这样的矛盾冲突中，多语人不论有无意识，都是直接的当事人。调停人本是法律和心理学的术语，通常指处于边境地带，联系两个或近或远民族的人，其作用是承认从事语言和社会多元化工作的人所进行的建设性和修复性活动具有重要意义（Lévy & Zarate, 2003）。社会人参与的是一个集体的动态过程，并不是用以分析的一个简单的生活经历，而是他参与其中、知道自己有权利行动的一种现实。多语言社会人扮演着社会干预的角色，这跟传统上认为外国人必须以本族语使用者为模范，依照本族语使用者的语言准则和社会准则将自己模拟成相应的语言使用者这一思想是恰恰相反的。

参考书目

引言

BRUNER, E. M. (1986). « Introduction : Experience and its expressions ». In V. W. Turner & E. M. Bruner (dirs.), *The Anthropology of Experience*. Urbana, IL : University of Illinois Press, pp. 3–30

CONSEIL DE L'EUROPE. (2001). *Cadre européen commun de référence pour les langues : apprendre, enseigner, évaluer*. Paris : Didier.

FIRTH, A., & WAGNER, J. (1997). « On discourse, communication and (some) fundamental concepts ». In SLA research. *The Modern Language Journal*, 81 (3), pp. 285–300.

HYMES, D. (1971). « Competence and performance in linguistic theory ». In R. Huxley & E. Ingram (dirs.), *Language Acquisition : Models and Methods*. London : Academic Press, pp. 3–28.

KRAMSCH, C. (1999). « The privilege of the intercultural speaker ». In M. Byram & M. Fleming (dirs.), *Language Learning in Intercultural Perspective : Approaches through Drama and Ethnography*. Cambridge : Cambridge University Press, pp. 16–31.

KRASHEN, S. D. (1982). *Principles and Practice in Second Language Acquisition*. New York : Prentice Hall.

LAM, W. S. E. (2000). « L2 literacy and the design of the self : A case study of a teenager writing on the internet ». In *TESOL Quarterly*, 34(3), pp. 457–482.

SELINKER, L. (1972). « Interlanguage ». In *International Review of Applied Linguistics*, 10(3), pp. 113–136.

正调与反调：通过他者的语言表达自我

BAKHTINE, M. (1978). *Esthétique et Théorie du roman*. Paris : Gallimard.

BOURDIEU, P. (1982). *Ce que parler veut dire. L'économie des échanges linguistiques*. Paris : Fayard.

GALISSON, R. (1991). *De la langue à la culture par les mots*. Paris : CLE International.

GLISSANT, E. (1981). *Le Discours antillais*. Paris : Seuil.

KRAMSCH, C. (2003). « Identity, role and voice in cross-cultural (mis)-communication ». In J. House, G. Kasper & S. Ross (dirs.), *Misunderstanding in Social Life*. London : Longman, pp. 129–153.

NORTON, B. (2000). *Identity and Language Learning. Gender, ethnicity and educational change*. London : Longman.

从学习者到社会人：在作为习得场所的互动中使用的类型法

GARDNER, R., & WAGNER, J. (éds) (2004). *Second language conversations*. London-New York : Continuum.

LANTOLF, J., & GENUNG, P. B. (2000). « L'acquisition scolaire d'une langue étrangère vue dans la perspective de la théorie de l'activité : Une étude de cas ». In *Acquisition et Interaction en langue étrangère (AILE)*, 12, pp. 99–122.

PY, B. (1993). « L'apprenant et son territoire : système, norme et tâche ». In *Acquisition et Interaction en langue étrangère (AILE)*, 2, pp. 9–24.

SACKS, H. (1979). « Hotrodder : a revolutionary category ». In G. Psathas (dir.), *Everyday language : studies in ethnomethodology*. New York : Irvington. pp. 7–14.

ZIEGLER, G. (2006a). « Korrigieren geht über ... - oder wie im frühen Fremdsprachenunterricht auf lernersprachliche Aeusserungen reagiert wird ». In G. Ziegler & R. Franceschini (dirs.), *Beobachtungen zum Früherwerb Französisch. Ein Arbeitsbuch für Studierende und Lehrkräfte*. Baltmannsweiler : Schneider, pp. 29–44.

ZIEGLER, G. (2006b). « Catégoriser et communiquer : quelques fonctions des stéréotypisations en classe de langue ». In *Travaux de didactique du français langue étrangère – Montpellier*, 55, pp. 63–86.

话语族群：外语学习者的挑战与策略

DUFF, P. & HORNBERGER, N. (dirs.) (sous presse). *Encyclopedia of language and education (2nd éd.). Volume 8 : Language socialization.* Heidelberg : Springer.

KRAMSCH, C. (2003). « Identity, role and voice in cross-cultural (mis)-communication ». In J. House, G. Kasper & S. Ross (dirs.), *Misunderstanding in Social Life.* London : Longman, pp. 129–153.

LEKI, I. (2001). « A narrow thinking system : Nonnative-English-speaking students in group projects across the curriculum ». In *TESOL Quarterly*, 35, pp. 39–67.

MORITA, N. (2004). « Negotiating participation and identity in second language academic communities ». In *TESOL Quarterly*, 38, pp. 573–603.

语言知识库：破除自我中心和身份认同的表达

GARDNER, R. & LAMBERT W. (1972). *Attitudes and Motivation in Second Language Learning.* Rowley, MA : Newbury House.

KINGINGER, C. (2004). « Alice doesn't live here anymore : Foreign language learning and identity reconstruction ». In A. Pavlenko & A. Blackledge (dirs.), *Negotiation of Identities in Multilingual Contexts.* Clevedon, UK : Multilingual Matters, pp. 219–242.

KRAMSCH, C. (1997). « The privilege of the non-native speaker ». In *PMLA*, CXII(3), pp. 359–369.

KRAMSCH, C. (2005). « Post 9/11: Foreign languages between knowledge and power ». In *Applied Linguistics*, XXVI (4), pp. 545–657.

PAVLENKO, A. (2005). *Emotions and Multilingualism.* New York : Cambridge University Press.

传播模式：口头和书面在语言和归属感间的中介作用

CONSEIL DE LA LANGUE FRANÇAISE. (1996). *Le Français et les Langues scientifiques de demain.* Québec : Gouvernement du Québec.

GENTIL, G. (2005). « Commitments to academic biliteracy : Case studies of francophone university writers ». In *Written Communication*, 22, pp. 421–471.

HORNBERGER, N. (dir.) (2003). *Revisiting the continua of biliteracy.*

Clevedon, UK : Multilingual Matters.

HYLAND, K. (2000). *Disciplinary Discourses*. London : Longman.

SWALES, J. (2000). « Languages for specific purposes ». In *Annual Review of Applied Linguistics*, 20, pp. 59-76.

社会人/语言使用者的培养：教学起帮助作用还是阻碍作用

SERCU, L. (2004). « Intercultural communicative competence in foreign language education: Integrating theory and practice ». In O. St. John, K. van Esch & E. Schalkwijk (dirs.), *New Insights into Foreign Language Learning and Teaching*. Frankfurt : Peter Lang, pp. 115-130.

SERCU, L., *et al.*(2005). *Teachers and Intercultural Competence. An International Investigation*. Clevedon, UK : Multilingual Matters.

ZARATE, G. (1986). *Enseigner une culture étrangère*. Paris : Hachette.

争鸣

BEACCO, J-C., BOUQUET, S. & PORQUIER, R. (2004). *Le Niveau B2. Un référentiel*. Paris : Didier.

BOURDIEU, P. (1994). *Raisons pratiques. Sur la théorie de l'action*. Paris : Seuil.

CONSEIL DE L'EUROPE. (2001). *Cadre européen commun de référence pour les langues : apprendre, enseigner, évaluer*. Paris : Didier.

COSTE, D., MOORE, D. & ZARATE, G. (1998). « Compétence plurilingue et pluriculturelle » In *Le Français dans le monde, Recherches et applications*. Paris : Hachette, pp. 8-69.

DE CERTEAU, M. (1980). *L'Invention du quotidien. Arts de faire*. Paris : Union générale d'Éditions, Coll. 10/18, n° 1363.

LÉVY, D. & ZARATE, G. (2003). « La médiation et la didactique des langues et des cultures ». In *Le Français dans le monde, Recherches et applications*. Paris : CLE/FIPF.

MURPHY-LEJEUNE, E. (2003). « L'étudiant européen voyageur, un nouvel étranger ». Paris : Didier, Coll. Essais.

WEBER, M. ([1919] 1963). *Le Savant et le Politique*. Paris : Union générale d'Éditions, Coll. 10/18.

ZARATE, G. (2004). « Pour l'amour de la France : la constitution d'un capital pluriculturel en contexte familial ». In M. L. Lefebvre & M-A. Hily (dirs.) *Les Situations plurilingues et leurs enjeux*, Paris : L'Harmattan, pp. 25–34.

ZARATE, G. & GOHARD-RADENKOVIC A. (coord.) (2004). *La Reconnaissance des compétences interculturelles. De la grille à la carte*, Paris : Didier.

第二章

自我与语言

达妮埃尔·莱维
意大利马切拉塔大学

阿德尔海德·胡
德国汉堡大学

引言：自我与语言

达妮埃尔·莱维
意大利马切拉塔大学

余春红、傅荣 译

表达自我：逐步走进外语教学法

讨论和描写语言——他的语言，总能激起非常强烈的反应：有时我们会赞颂这个意想不到的机会，因为这让那些没有机会讲述自己的历史和人生的不幸的话语者终于有了说话的地方；有时我们又贬抑这样的机遇，因为它让人自我膨胀，自我吹嘘或者自我封闭。现有体制（社会机构和各级权力部门）对这类话语现象抱有不信任感，因为担心它会引起社会不稳定，但一向以见证和促进社会领域争鸣不断为己任的学界和艺术界对此却持欢迎态度。

在20世纪80年代"回归私有化"的浪潮中，个人开始同社会和政治保持距离，于是，"使用"语言、"通过"语言、"关于"语言表达自我，话语和元话语等在精神分析学和心理语言学的理论支持下，试图进入语言教学法领域。以学习者为中心、动机论、交际法倡导的接近真实情境、语用语言学、篇章语言学、对话语言学、话语理论、交际人种学，以及后来的人种方法论和对人类非言语行为的研究等，这些都为表达自我开辟了空间。学会自我命名、自我定位时间和空间，这为最终提出更具体、更有个人指向的学习者/说话者这一概念做了极其重要的铺垫。学习者/说话者将把自己的学习融进他的生活中，并与他的行动和经历结合起来。

在随后的十年间，虽然有来自语言学方面的阻碍，但精神分析学、社会学，以及文本和话语的符号学解读为教学法（现为语言文化教学法）倡导的交际功能注入新的理论支持，如自我评估、表达内在性，社会中的自我等；但是，当地理、社会、经济、政治、宗教、种族的边界线在众目睽睽之下消失或者加强的时候，随之而来的便是在所谓全球交流中意识形态的颠覆和人口流动的加速。正是在这样的历史大背景下，语言，所有的语言开始在每个人的内心发生改变：语言从这个有如永久工地的世界上出现和消亡完全不是线性的，在这里，那些内部的、现实的和象征性的边界线陷于混乱，毫无秩序地涌现出学习多种语言的需求或单靠一种语言求生的需求，有人恨不能立马就获得语言能力，有人想学即将热门的语言，还有人念念不忘那些已经被埋葬的语言。总之，这是一种由自我进行建构的关系，这种关系会考虑语言资本和语言资源在这个不算最好的世界上拥有的潜在的、可变的价值。

1. "自我与语言"之于《多元语言教育思想引论》

1.1 相关性、潜在性、互动性、局限性

语言的相似性、相互接触的文化、语言学习和习得模式、融入和拒绝的进程等，这些千变万化的情况使人的语言冒险经历永无任何规律性的增加。不论语言是在语族上真的相似，还是被族群或人群强制性地或有选择性地组合在一起，它们都决定着语言迁移和层理等方面不稳定和多变的关系，它们按照集体历史或个人历史的重要性，或互相接受或相互排斥。这就是多语言和多文化吗？确切地说，对学习者而言，不论他是多语者还是单语者，或者是不懂外语的人，这都是一个语言的乌托邦，有时甚至可以说是一种不和谐的几个话音的混合声。这个语言的乌托邦表现为一系列复杂的融入进程，这些进程因为是不由自主的、偶发的，或者是必需的，所以不是线性的，也不是人们解读的那样一劳永逸的。

然而，虽然语言文化教学法的规则与目标都由一些来自顶层的理论模式所确立，如参考框架、欧洲教育和语言的协调统一政策、关于跨文化交际的重要观念等，但学术界却对母语、单语、双语、多语，以及跨

文化等概念提出了质疑，并进行了深入的研究。尽管已经有些滞后，但人们还是开始了关于教学法，关于语言及其主观性的对话：大家学习用语言描述自己，学习说自己的语言，学习解读关于语言的主观话语，以便更好地了解语言和学语言的个体的人，也为了培养语言和教学法方面的人才。

今天，语言文化教学法对社会人和话语者（教师、研究者、学习者、培训者等）这一概念是否符合实际提出了考问。我们觉得这些研究不能回避学习者主体对语言的情感和感知，不能回避他们在接触语言时感受到的方便或困难，不能回避语言给他们带来的阻碍或帮助，不能回避他们对所学语言的熟悉度或陌生度，也就是"相异"（xénité）的程度（参见 Todorov, 1986），还不能回避他们学习语言感受到快乐还是仇恨，但学习者主体的这些感知和情感忽略了他们与所学语言的邻近关系，忽略了社会赋予这些语言的地位，以及他们自己拥有的这些语言的能力。

虽然说众多的个案研究和对学习者话语的分析理应让我们重视其他学科一般都研究的社会、情感、无意识和政策等方面的因素，并把它们纳入语言教学法，但必须指出的是，语言教学法在向这些新领域开放的时候，如社会领域、语言的实地调研及调研方法等，我们应当想到伦理的、认识论的和实际操作方面的局限性。

1.2 教育和政治的影响：关于主观性的另一个视角

本书的主旨是阐明一种学习者个体与历史相互连接的教学法，所以我们想在本章重点强调个人与历史相交的几个切入点。

流动，是变化的前提和一种常态，任何人、任何事物都不能独善其身。在人生不同阶段经历的那些个流动，不论是被迫的还是自愿的、独自的或集体的、可逆的或不可逆的、令人高兴的或伤心的，它们总在困扰、考问甚至威胁着我们对他人和对自我的认识，对交际的认识，我们和语言/自己的语言的关系，以及自我在世界上所处地位的合法性。但是，我们正是在流动中学习语言，体验语言，并用语言构建自己的身份认同（Cognigni, 2007）。

多文化社会中的学校、校园里遇见的亲外或排外的态度、文化混杂、教育机构躲不过去的调解与中和、为教好目的语（第二语言）所做的教学法上的努力，当然，还有对源语言的排挤或者将其民俗化的做法等，这一切都直截了当地提出了学习者通过语言融入社会的问题以及教师培训的问题。我们经常听到关于"小语种"、少数族群语言和源语言的慷慨陈词，看到这些语言被表面化的使用。与此同时，学习者、教师和研究者正以各自不同的方式领悟这些语言在学习者主体身份构建过程中发挥的作用。

跨文化问题曲折多变，这当中，实践有时走在理论原则的前面，交流接触中的语言会凭经验找到它们之间建立"关系"的理由。另外，观察说话者的语码转换能力和语言间输出能力时，居然无视规范标准，对多余添改则熟视无睹。这样，我们在跨文化领域感悟到的是一个学习者主体和社会行动者深刻的历史，以及他的知识和愿望。

这些语言和文化能力，不论是多样的还是部分的，都可生成新的至关重要的认知空间；在个人的心中，在机构里，在一个地方，无处不存在语言和文化的关系；教师和学生对语言文化也有他们自己的意识表征。这些能力、关系和意识表征孕育了学校，或者说得到了学校的支持，学校因此使一种新的终生学习途径形式化（Commission européenne, 1995）。与过去传统的教育场合相比，今天的教学不再集中于学校；另外，培养学习者部分能力的做法受到重视；还有，鼓励讲不同语言的人在交流时不需要翻译。伴随着这些举措，许多可帮助学习者建立反思意识，包括对自己语言的意识的工具应运而生，例如语言学习档案、语言传记、跨文化自传、深思熟虑的个人简历、语言护照等。

因此，外语摆脱了边缘的境地，成了构建公民身份的合作伙伴、用途广泛的教学工具和审视母语及自我身份认同的最佳视角。于是，以学习者主体和社会为中心的外语教学法开始逐渐向多学科开放，对语言学不再那么顶礼膜拜了。关注学习者主体，就不会时常出现"自我"演戏的场面，就不会让学习者主体成为沧海一粟；关注学习者主体，也非展示身份认同，更不是自我封闭。关注学习者主体，表达的是一个前进中的自我，促使外语教学法转向研究主观性。但是，转向研究主观性必然会对研究素材应有的地位、合法性和处理提出挑战，因为研究的对象可能无穷无尽，研究素材的收集也无穷尽，其中充满故事和情感，交织着学习者主体的时间和历史时间、主角和读者–解读者。

2. 说、写、描写自己的语言，用语言表达自我：从体裁到实践

2.1 社会人与表达自我，自我作为他者：观察者与被观察者

讲述生活的故事乃家常便饭。比如：一个求职者、一个在边境哨卡的移民、一个就医的或者正在做心理检查的病人……，这些人生段落可以编成回顾性的故事，用以解释、说明、证明或为自己辩护；同样，私人日记、航行日记、游记和关于自我的媒体辩论都使被观察者同时成为观察者，让他得以和政府部门、社会团体和大学等分享关于人生经历的谈话、分析与见解，这种分享常常是冲突性的（参见Todorov，1986）。至于心理分析谈话中的语言，这是接受分析的病人主体和心理治疗医生共同构建（解构）或重新创造的工具和客体（Wolfson，1970；Amati Mehler *et al*.，1990，2006），语言使"自我"获得自由，代表了一种颠覆的潜力。

2.2 近距离视角

运用自省的方法，或者借用把自我当作他者的理论（Pineau & le Grand，1993；Formenti，1998），分析学习者主体在学校中的社会地位和位置，以及他的策略、他的紧张情绪和奇谈怪论，或者研究学习者作为社会历史主体和自我反思主体在多语言教学中的地位（Molinié，2006）。通过这样的研究和分析可以发现，学习者主体需求用一种或多种语言发出自己的声音并要让人听见，因为这是他用自己的语言和另一种语言体系进行接触，这另一种语言便是经典的诠释学工具，也是大学里的学科和在校内或校外需要构建的能力。但是，如果说主观性无处不在的话，那么教学法就应该致力于"学科化"，也就是要确定自己的研究领域，创建一系列的理论模式、研究方法、理论框架并运用到自己的分析研究中去，然后将它们加以普及、规范和制度化，使最大多数人都

能从事教学法的工作。

外语教学法的学科化努力需要国家的、地方的和跨国的语言政策的支持，需要纳入政府语言规划和语言整治的框架内，形成一种国家战略，内容包括时间上有计划、手段上保长效、操作上切实可行的行动，包括具体的语言介入活动，如语言的传播和教学等。学科化、拉开距离看问题、调整和普及化等，这些对于增加学科的知名度和它在现实环境中的再生能力都是非常必要的。现实环境会促使理论模式在应用于新的领域时实现扩展和发展。正是在这些现实环境里，上述学科化的努力被近距离地观察、倾听和质询，关注的就是"自我"；那些旨在调整和加强总体教学法的行动模式不时地要面对学习者主体多样性的问题。在这些形形色色的学习者当中，有些人试图表达和展现他们在流动和生存上发生的彻底变化。在语言文化教学法上，"自我与语言"是一个具有象征意义的交流平台，个人、群体和见解在这里相遇，在这里表达、构建和解释"自我与语言"的关系。

2.3 多语作家的语言故事：说什么？怎么说？用哪种语言写？

我们将在本章读到一些自传作品（in Rachédi；Crawshaw；Puccini），它们的体裁各不相同，改革和创造性地运用这些自传作品不论对学习外国语言和文学，还是对于理解自己的语言历程都是具有示范意义的。例如：回忆录展现的是本我与自我的历史话语，这当中，叙述者既是证人，又是主人公。又如：自画像其实就是在讲述一个人物的历史，但却没有被公开表达出来（Memmi, Wolfson, 1970；Lévy, 1994），自画像遵循的是主题顺序或逻辑顺序。再如：自传体小说（Memmi, 1957；Wolfson, 1970），传主"我"却是借助"他"与小说中的人物保持距离。还有私人日记和航行日志，讲述者-作者日复一日地讲述自己的思想。这些不同类型的作品围绕一个概念系统展开，这个系统使个人与集体始终联系在一起。但正是在自传体小说里（Esteban, 1990；Sebbar, 2003；Djebbar, 1997），"我"通过元语言，通过对作家身份认同及经历的思考，实现了自揭面纱、自我表白和自我建构（解构）。这当中，撕裂与重组是文学写作本身的暗喻（Cheng, 2002），所谓重组，是语言和经历相冲突后的重组，永无休止。自传体小说为教学法上构建和使用学生、教师、移民和旅行者的素材提供了启发。这种矛盾的话语不能解答自我、语言和写作的奥秘，但可以揭示其深度（Alexakis，1995；Robin，2003）。

说到这里，在主体之间的相遇中，我们要重视运用互联网技术表达自我，这适用于文学和非文学，也适用于培训。因为互联网有如一台可以创造无数写作形式的超凡机器，如网络和各种网上论坛，还有"佩内洛普式①的写作、几种语言混合的、变化的、半群体–半个人的写作"（Robin，2005），还有自传体的、假想的、虚构的和不稳定的写作等，这等于提前告诉了我们一种超文本的写作方式是如何在一个非线性的时间和多形式的虚拟空间获得某种自主性的，它能够部分地摆脱作者的控制，让他的话语自由释放。

3. 教学法上的自我和语言：从使用"传记法"到探索其功能

我们这里所说的"传记法"（approche biographique）比传统的教学法（méthode）灵活，更具活力，它体现一种兴趣和态度，即关注实际生活经验，关注现实及对现实的认识，关注语言场中的个体与社会，也关注主体和社会中的语言场，关注它们之间保持的关系。我们首先得承认故事总是渐进的，就像我们对它所做的解释那样。"传记法"的形式丰富多样，包括自传、生活故事、历程、回忆、见证等，也包括传记、情节再现、调查、问卷，等等。前者重在叙事者及其故事，后者重在分析和解读。

3.1 教学素材的多样性

在关于体裁的研究中（Besmeres & Perkins，2003），我们发现多种文本并行不悖，有当事人自发写就的记叙文，也有邀约写成的故事；有

---

① 意为"永无休止的"。——译者注

编辑过的讲话和对话，也有零散的话语和话语集；有个人的单独写作，也有网络的集体创作，其意识和复杂程度不等；有报刊，还有非常严谨的课程大纲和非常完整的传记作品；等等。这些文本有的属于私人性质，有的属于公共的；有的直言不讳，有的则不很透明；介乎于事实、现实及意识表征之间，没有严格的界限之分，时常互换。但不论是通过谈话、问卷还是通过举证或叙述，这些文本都成为一个锚定，打开了研究语言之门并认识教授语言（in Cognigni & Vitrone；Krumm）和学习语言（in Anquetil & Molinié）的人，同时有助于分析个人和群体的情境与环境，创建培训工具和自我培训的教育与职业教育实验室（in De Carlo & Lopriore；Rachédi），构建一种多语言身份认同（Cognigni，2007）。

我们还想在一种共同建构/解构的关系中，在沉默、说话和不成功的话语交际间探究声音和话语，以此表明语言文化教学法不会无视学习者主体在语言上的快乐与痛苦，对语言的爱与恨，以及他们学习语言、掌握语言的难易之处。但是，一经开展对各种不同类型文本的研究，将叙事者和叙述、分析和解读分离开来的做法便行不通了。很少有自传体文本不包含元话语的，而且在许多种类的调查中，观察者既是当事人，又是讲述者。理解、建构、重构、叙事和叙事监控等，这些都是我们所有人的家常便饭，定位和选择也是我们明天做的事情。我们经常看到，叙事者和解读者的话语开始时有点绕着走，但原来模糊不清的思维定势，或者说被压制的世界会慢慢浮现出来。

3.2 "说话"的社会人：条件和环境

教学、培训和实地调研的经验告诉我们，即便没有单语环境或者没有稳定的组织手段和方法，任何学习者依然能够有效地表达自我和对语言的认识，能够讲述自我和自我建构。教学、培训和实地调研的经验还告诉我们，任何叙事对于了解语言、个体和他们的原动力都是很重要的。同样，某些典型的乃至极端的情况也为我们明确展示了外语教学的研究和行动范畴，这些情况包括：

——教师和学生直接或间接地有过移居生活，有过融入对象国的经历，有过心理世界和文化世界相分离的时期，还经历过有"争议的"语言多元化问题。所谓"有争议",指语言多元化不被承认或未被认可,还有一些不相协调的现象,如文化语言、母语、家庭语言、媒介语言、学校语言、"家用"语言,以及官方语言等;

——为了让他者听到自己的声音,或者为了用他者的语言重拾话语并获得认可,从而争得自己的话语权,处于"移动"中的个人要应对许多挑战,比如,缺少完整的时间、四处来回奔波、语言上的困扰(放弃的语言,社会需求与学习者主体对升迁的需求)、冲突性的语言选择(因为战争和殖民);

——教师及教育工作者参与正式和实验性的多语言教育项目,在多民族班进行跨文化教育,教授第二外语,培养学习者的公民意识,参与一些合作与和平发展的项目。凡此种种,外语教学成为一次社会培训的机会,它促使人们反思自己的生活方式和思维模式,教育学习者学会认识他者,制止排外,培育公民。外语教学还具有一种认知作用,因为它的多样性教学路径对既有的关于他者的分类及评估与理解机制提出了质疑;

——通过个人语言经历的方法培训教师,提高教师对这种经历的认识程度,使他们有能力通过自传体方法讲述、分析部分经历(Formenti, 1998; Demetrio, 1996; Lévy, 2001; Estéban, 1999);

——多语言集体虚拟写作实验室,重构"迁徙经历"的内部及外部时间和空间维度,接受个人叙述的"漏洞"和缺失;

——外语教学和研究工作者在移民、旅行者、公派和自费留学生当中开展调研。

此类案例不胜枚举!

4. 说、解读、建构关于自我和语言的历史

4.1 必要的多学科性

在我们的领域,不倾听他者便无法构想自己对语言的表达,因为他者总是与时俱进,他者的解读亦然。应邀或未被邀请发表的讲话由研究者个人收集,或者由一个研究机构收集,以便能够长期保存。这些收集起来的话语面临新的命运:对人、人的经历和人的话语的观察要求我们

采用多样的方法论和混合分析程序，而不应仅限于单一学科。这样做既是为了更好地了解语言及其原动力，也是为了更好地了解社会中的学习者主体，该社会正在学习者主体的话语中建构着；这样做还是为了读懂"语言之恶"以及由语言或语言缺失造成的痛苦，或是为了培训教育工作者。我们借用其他学科的概念，并根据不同的领域和研究对象加以改进，这些概念有：资源、资本、意识表征、能力、吸引、快乐……，同时借用的还有态度，如中介、模仿、谈判、翻译、合作等。根据教学一线采用的教学法所参考的主要学科和领域（语言学、机构、大众传媒、政策、历史、人类学、社会、心理学……），我们将"驯化"，甚至"杂交"相应学科的理论工具，或者将部分工作委托给其他有能力完成的相关学科。我们知道，任何解读都不是独一无二的，也不是不可逆的，它对产品（生成的文本）、主体及解读者都要进行考问并改变着他们。例如，传统的人类学要求主体在对一段生活历史进行调查时，尽量保持文化上的距离，致力于重构他者，调查对象和文化就像两个截然不同的标准整体一样。而我们更倾向于运用对话体的人类学理论，因为它把个人置于文化的中心，采用的观点里有很多解读者的叙述和提出的问题。因此，我们才能读到奇特的故事，在这些故事里，"方法论之桥"通过个体在多文化环境中的历程，重新勾勒出他们在语言和文化上的所作所为，他们的学习和教学路径，以及他们因为语言而产生的喜悦和排斥之情（Geertz，1988；Lévy，1994）。

千差万别的案例和对构建中的话语的分析应该使我们更加重视主观性的聚合体作用，因为是主体在"说"语言，同时在评说语言，我们还应该将那些被遗弃或拒绝的社会、情感、无意识和政治等领域的知识融入语言的学习和传授之中。

4.2 游走于事实与真实性之间的主体、文本和解读者：一种合理的"三角"关系？

有必要区分口语表达的自我和书面表达的自我：前者需要当即阐释，后者则可延迟回应。但这里我们只讨论两者的某些共性：我们通过解读一个讲述过去事件的文本只能知道话语的事实。对这一过去事件的解读进行现在时的分析，它有可能是一种见证，或者是一次名誉恢复，抑或是一个道歉或庆祝，但不管怎样，它总是一种"虚拟的"建构。话语本身被看作是包含描写、解释和评估的文本，时而表现出必要的独特性，时而试图推论出一个所谓社会的自我。然而，思考、反思性以及叙事性的、推论的和语言学的元活动等都属于遗忘和记忆，这当中，叙事者可以选用或者略去故事里的一些（虚拟的）元素，他也可以添加，以便言之有物。

1990年以来，传记体叙事在教育方面享有很高的——过高的？——威望。自我教育、自我关照或学习关照别人等都要通过重拾自我的叙述。这些叙述受法国模式（Pineau & Le Grand）的启迪，想提高学习者主体的身份认同与教育的附加值，途径是学会理解排斥、遗忘和失败。法国模式推崇在教育过程中保持动态的和自我生成的观念。但是，他人的话语——这里指研究者的话语——可能会再次使受教育的学习者主体出现"偏侧性"（latéraliser），可能会对学习者主体勉勉强强说出的话语过度地结构化，进而窒息了学习者主体的声音，因为研究人员对学习者主体的话语解读带有过分的，有时甚至是攻击性的假设。因此，需要构建一个合作原则，避免任何的随兴所至，那就是讲述者和听、读并解读讲述的人要"一致同意"做有意义的事情，要么相互协调，要么就坦诚接受不完整性（Robin, 1998, 2003）。

自传叙事法让叙事者得以建构他自己生活的历史，并从三个层面展现自我的历时性意识表征：生活的历史经验事实、叙事者的心理和语义事实、叙事的话语事实（Bertaux, 1997）。这个具有多重深度的过程（Geertz, 1988, 1990）是对实际生活经验的一种重构，大多采用逆推手法，把传记性经历资本公之于众。保持一定的距离思考身份认同的移动性，这意味着应该综合考虑实际生活经验和社会中互相矛盾的多面性，这也提供了一个重新定位自我和他者的空间。那么，解读一个说语言的自我到底指什么呢？是用推论、人种方法论、心理学、语言学和政治学的方法将他们范畴化吗？还是想通过解读和分析生活叙事创造出新的范畴，从而对话语分析、语用学以及语言政策的范畴提出质疑？在解读中构建的"第三空间"里，研究者作为中介者的形象初见端倪。他是一个复杂的见证人，见证着一段自主的历程，他要深思熟虑如何挖掘、解读和全方位地观察与自己的生活完全不同的一个个人的自主生活。而且这当中，叙事主体处于一种活跃的、多重的自我认知和让他人认知的状况：他时而是叙述者，时而是主角，时而是听众或受众。最后，解读时更离不开关系，否则就会把关系本身神秘化。

一个历史的、文化的和带有项目特征的维度呈现在研究者和生活历史的作者眼前，因为该维度不是把结果置于解读过程的首要地位。所谓结果，就是一种身份认同，有如一个内含心理学、学习和事实的星状物，而没有被视为共建一种动态的知识进程（Cognigni，2007）。语言中介不是别的，正是叙事的原材料，因为有了语言中介，叙事在这些解读关系内部产生意义。

5. 说、写和描写自己的语言和文化：教学法视角

5.1 演进中的前瞻性元语言

无论是通过语言讲述生活，还是通过叙事讲述语言，这都是一种元语言活动，都比专家、语言学家、分析家和社会学家等发表的关于叙事问题的政治或学术论说要早。正是在学习者主体中产生了真实的多元思想，这是对多元意识的回应，是对多样性思想全球化的反应，也是对官方关于差异问题的话语的反抗。因此，学习者主体加速了人们某些意识的提高，并把教学法融入了广义的政治之中。他同时显示个人的情感历史，并求助于集体历史和语言解释，因为一个非专业人士对他自己的作用总有一定的看法。正是在语言及其教育政策和语言自我意识表征的交替时期，并且也是为了力争得到语言及其教育政策的认可，人们才创建了一些学习及评估工具，如语言学习档案、语言传记等。

首先受到质询的是母语，每一个"说话的我"都要重新面对德里达（Derrida）的二律背反："我的母语是唯一的，她还不是我的"（Derrida，2003）。母语从哪儿来？来自母亲？源自父亲？还是按时间算，接触到的第一门语言？或者是掌握得最好的语言？抑或是使我们归属于某一社群并拥有公民身份的语言？当我们被迫移居或被放逐时，什么叫"自

然"习得语言（Estéban，1990）？因此，虽然关于语言的地位问题，政界和教育界已有一套官方的话语体系（大语种、小语种、重要语种、广泛传播的语种、享有盛名的语种），但双语、双语共存、语言多元化等定义却是自传作家们提出的（Khatibi，1983），而且有时这些概念会先于官方的说辞，或者反之，起到一种认可官方说法的作用（Cognigni，2007）。

在关于自我的叙事话语里，有些概念和观念通过使用得以更新和完善，最终成型。比如，在新一代移民的口中便能听到"语言上的从容"或"中介语言"（Lévy，2000）的说法。对他们来说，自打父辈传下来的殖民法语既不是"母"语，也不是"继母"语，而是"教母"语，她会帮助他们用另一种罗曼语，如意大利语，建构新的能力。我们认识到语言资本的融合进程及其带来的重大变化，所以能够更好地理解中介语在构成语言遗产和语言能力上的作用，更好地理解学习者主体掌握的各种语言之间关系的变化；更好地理解为什么事先设定的一种语言和一种文化之间的关系，或者是一种语言和一个国家之间的关系最终都是失败的，最后，我们还能更好地理解一种语言里会有多种文化的"窸窣声"。没有这些声音，人类注定要沉默不语（Lévy，1990）。

5.2 "他的"语言，感觉不同，情感各异

当话语超越了沉默或拘束，情感便会顺势而发，湮没这些历程的解读。心理语言学在研究动机时将情感视为最基本的要素，它能使叙述变得跌宕起伏。有些语言你可能喜欢，有些语言可能使你感觉受伤，有些语言可能令你羞耻，却在自己的内心深处不得不用，有些语言遭人排斥或"遗忘"（暂时或永久的失语症），有些语言被人厌恶却又被竭力模仿，这是因为语言承载着人的升迁和融入社会的期望。愿意、抵触、抗拒，以及受到挫折的爱等等，这是一个不稳定的综合体，其中包含有个人和集体的历史，包括语言能力和语言行为，它要求我们用一种谨慎的乐观心态去解读"新"语言的习得过程，因为获得一种新语言有时会让以前的语言退出乃至被取而代之，但这既非线性的，也不是持久的。

许多教学法的研究证明了上述观点。换句话说，人在学习另外一

门语言时,并不总是以被认定的母语为唯一的源语参照,学习的可逆性和不稳定性让我们必须重视学习者的多语言和多文化能力(Zarate & Gohard-Radenkovic, 2004)。

5.3 贯穿一生:有职业的社会人/说话者的话语

这些社会人的话语叙述不太容易破译,因为它们是多语言社会人/教师出于职业或历史的原因说出的话语,经过元语言的打磨,展现着但也隐藏着他们的生活和语言状况。不过,若根据这些社会人的特殊经历,对他们的话语叙述进行社会和文化的中期解读,这种可能性是有的,以便形成社会可理解的经验,而这些叙述正是载体(in Rachédi)。一些语言教师从教之前有过愉快的或者不幸的多语言经历,这样的教师何其之多!他们的多语言意识写成文字便是对建设多语言和多文化教学法的贡献。他们个人有过直接或间接的移居经历,指出了移居经历中双语共存、双语言或多语言化的矛盾(Meneghello, 1993),分析了学校经历、移居经历和广泛的人口流动之间的关系存在的危机,尔后又把这一经历转化成了在语言教学和教育中可开发的资本,他们还深入研究了人们决定选择教授和学习母语或外语的理由。不论怎样,他们通过有力的证明或分析将个人和集体的话语和盘托出。这种"自传式教育"因其反思性而超越了见证性写作,他们通过这种方法建构了一个新的中介–研究者的形象,主观性适得其所。

5.4 自我与语言:是学校的辅助力量还是他的制衡力量?

自我表达如何与学校的话语建立联系呢?冲突是不可避免的吗?诚然,任何教学法理论体系不论拥有多么丰富的研究成果和实践经验,若想经得起时间的考验,都必须把它的基本原理转化为在全体教师看来很快可以实现的、可感知的和有针对性的教育计划,尽管教师的个人经历和教学实践千差万别,而且后者还会随着特定的教学环境有所调整,但是,矢志参与终身教与学事业的语言文化教学法无视系统的理论以及系统的教学大纲,而今面临许多挑战,这当中包括很多新的私人和公共的不和与冲突。于是乎那些最复杂、最为清晰的标准这时也不总是能满足社会中涌现的个体。传记教学法在实践中，理论研究及其标准的建立也在进行着，彼此好奇但心存戒备，一方担心被遮挡，另一方又害怕被搅乱。各方用同样的名称会引起混淆，所以学校想方设法地加以细微区分，比如采用语言传记、跨文化自传、语言学习档案、学习的反思性等术语。我们认为，这些命名更多的是考虑将学习的经历作为一种财富积累，而没有想到学习自身的原动力。困难在于不好协调研究、学校和个人三者的时间。

5.5　风险与偏差：文化局限和文化误会

我们在这篇文章中提出的种种疑问，正表明了一个领域的局限性。这个领域在激起人们过度的热情之后，可能会变得无法驾驭。从"自我"长时间的沉默到滔滔不绝的叙述，我们现在完全被自传的喧嚣所占据。这样的过量膨胀对学习者主体有益吗？对教学法有益吗？大量地使用"我"、"自我"就能有效突显我们每个人吗？所有的"自我"都平等吗？所有出自自我的表达都值得重视吗？不分地点和场合？应该采用什么方法？怎么理解一个不善言谈的自我在语言知识和言语能力上的不足呢？当人没有很好地融入当地社会，或者他所属的文化几乎不允许或者不可能自我叙述时，要求他语言叙事和使用元话语，由此造成的心理和文化影响如何适应呢？语言传记法是否矛盾地包含种族中心主义呢？令人担心的还有：分析的复杂性会导致角色的混乱；是学校的中介调停，还是治疗或安慰性的尝试，两者界限不清，这令叙事者惴惴不安。另外，有必要——哪怕是暂时的——对自我进行一点儿冷处理，以此构建学习者的生存能力。过多地强调表达自我有损语言的教育功能和交际功能的协调发展，而这种割裂将妨碍学习者个体融入社会。

从这一点上说，表达自我必须正当合理：无论多么良好的用心——比如出于跨文化的意愿，我们要表达自我——但如果让所有人都采用传记模式，对那些难以言表的痛苦也用传记模式（Rosenblum, 2000），对在自我方面持有沉默文化传统的人还用传记模式，而不考虑他们在人际关系和社交规约上的忌讳，不考虑有些语言压根儿就没有"是"这个动词，那么，我们不可否认，这种自我表达其实是在施暴。传记这贴万灵药政治上正确吗？即便我们可以要求某人写一个自传故事，我们也总是以一种主观性将特殊性强加给集体，该集体自己也被学校、政治和研究单位所代表、所控制。自传模式不论是被要求的，还是需要的，或者仅仅是被倡导的，它都可能成为一种循规蹈矩的工具和学科性工具，用于开展一种"有限的"跨文化活动。

最后需要指出的是，自传体叙事是一项注定要在个人经历中寻求一种新范式的事业，它要通过解读、归类和多样化等手段去理解和管控语言文化的多样性，这需要思考研究者/教育者/说话者三方在共建的叙事中是否有意义，因为他们各自都有自己的生活和语言经历。共建的跨文化不需要重新审视各方扮演的角色吗？除了上述的担忧外，我还想说，叙事造成了语言上的距离，分析构建了另一个叙事，而这另一个叙事培养着学生和职业行动者，这或许是一种双重的开放：既是在熟悉自己的语言，也是在熟悉其他的语言。如此熟悉的语言会因此变得"越来越"不是外语吗？

反思Erasmus[①]交流经历：思考并建构社会人

马蒂尔德·安克蒂尔
意大利马切拉塔大学

米里埃尔·莫利涅
法国塞尔齐-蓬图瓦兹大学[②]

谈佳 译

从既有语言知识到"文化觉醒"：机制与理论

为了能够从国外的学习中获益，参与Erasmus交流项目的学生必须与"所说的语言"建立一种新的关系。他应当把在校学习的语言知识转化为交际行为，从而获取社会、语言学、日常生活和跨文化方面的新知识。通过经历进行学习是为建构一种新的多语言多元文化身份认同进行着准备。为此，学生需要将体验到的文化差异中的各种构成要素（认识、生活和身份等方面）建立联系，这是他们面临的挑战。

参加交流项目的学生身在异国他乡，逐渐认识到交际的影响，P. 科勒·巴利（Kohler，2001）将这样的经历称为外国对话者的"文化觉醒"：他们不但会发现多语言情境所特有的语言学习和合作策略的重要性，而且会发觉顺利融入当地群体这个最初的幻想遭遇到文化多样性的阻碍。

[①] Erasmus：伊拉斯谟交流项目，欧盟的一项高等教育合作项目，以促进欧盟及全球高校大学生的互换留学为主要内容。出于叙述的方便，本书一律采用其原文名称。——译者注

[②] Université de Cergy-Pontoise。——译者注

当地的与众不同固然吸引人，但他们的发现很可能只停留在异国特色这一肤浅层面，而没有想到去认证。相近之中存在差异（Lévy，1989），这不禁让人有种愤愤不平的感觉，并可能强化固有观念造成的解释性看法。作为学生主体脱离了自己熟悉的文化参照，在真实的交流情境中不断质询，应利用这一契机建立一种以培养跨文化能力为导向的教学法，并促进参与欧洲交流项目的留学生对其社会身份展开反思。

从机制上看，有必要将交流经历纳入到跨文化交流培训的体制之中，以发展学生对参与欧洲社会的思考能力。在这样的教学大纲中，记录个人经历成为一条重要途径，特别是将旅行日记引入到课堂教学之中。此外，还有许多其他践行反思理念的方法。人种学方面的观察研究（Roberts，2001）揭示了欧洲多样性的构成根基，并培养人们或参与其中或保持一定距离的观察力。记录自身经历的方法（Wagner，1995）旨在如实描述主观印象不断变化的全过程，可采用分析性或审美性的评估标准（Bruno，2006）。而比较研究法则促进政治教育，培养公民根据对情境的理解，以批判的眼光进行选择的能力（Doyé，1993）。

跨文化教育与课程规划：以叙述个人经历为补充的培训手法

在拜拉姆（Byram）和扎拉特的研究成果中，跨文化教育的目标被确立为各类学校的基础，成为欧洲共识性的指导方向（Byram & Zarate，1997）。但是，这些内容没有在《欧洲语言共同参考框架》中得到充分体现。促进留学交流的保障措施很多，却难以完全纳入学校的培养体系中。接收外国留学生显示出的热情好客有时更像是为了扩大国际招生，而非为了发展欧洲模式的一体化教育。Erasmus项目已然历经了几代学生，在外留学的经历对于学生来说也许是生命中的重要片段，但从个人培训和教育机构欧洲化的层面来看，却并不总能达到预期的效果。

我们的设想是将Erasmus交流项目完全纳入大学教育体系，以书面协议的形式将通过经历学习和教学反思建立联系。这正是意大利马切拉塔大学一项行动研究中改革试点计划的意义之所在（Anquetil，2006）。这是一项从内容到方法都很严谨的计划，它将评估学习者运用知识（有关外国文化以及跨文化关系）和技能（在口笔译活动和互动情境中）的综合能力，还要评估学习者在学习过程中，在处理跨文化接触以及对元文化进行反思时采用的步骤。

"叙述自我历程"是一种记录个人经历的富有成效的方法。该法在《欧洲语言学习档案手册》（Portfolio européen des langues，以下简称《手册》）中得以推广，因为《手册》专门开辟栏目，称作学习者的"语言背景自传"。从2005年起，对参加Erasmus项目的大学生展开了为期24小时，名为"国际交流项目的历程和计划"的试验课程，学生们记录下自己的学习经历，教师将学生的学习日记和受训过程的叙述引入课堂教学（Molinié，2006）。

学习日记与其他"目的性日记"（假期、旅行、工作、研究）的共同特点是：在一定的时间和主题下，可用于表达、回忆和娱乐（Lejeune，2000）。教师一旦将这些日志引入教学环节，学习日记还可起到反思学习进程的作用，例如：围绕学习日记展开对话，互相阅读日志，改正语言和语义上的错误，找出并分析主题，等等。这些活动能够让日记的作者客观面对和理性分析他们在多语言环境下的经历。引入中介语、身份认同、相异性、文化适应、多元化语言等知识和概念则能够让学习者知道自己遇到了哪些困难，有助于他们理解在与其他对话者及其文化接触的过程中所感受到的变化。

需要补充说明的是，叙述学习经历要着力于两个时间的节点：长期的个人生活和短期的留学生活。在描述学习历程时，叙述者会就自己此时此地的行为再次提问，并将这个问题纳入对过去经历的审视之中：在家庭、教育和社会文化经历之中，自己究竟是主动参与者还是完全为这些因素所控制？这时，留学经历成为了重要事件，叙述者将据此确定自己的改变计划。

资料1

意大利马切拉塔大学为Erasmus交流学生设立的培训机制

外国留学生

对刚入校的外国留学生进行三个主题教育：日常生活（城市范围内

的出行、使用公共设施、住宿、消费）；外国学生融入社会（不同观念的对撞、固有观念、跨文化交流、积极发现社会现状）；学习（大学体系和大学文化，单元课程方法论）。

出国学生

对即将出国留学的本校学生分两阶段教育：跨文化综合培训（对外国学生身份的思考、旅行和叙述、日常文化、跨文化交流）；关于本国与目的国的双边关系培训（对当地文化的批评方法、社会文化关系及其意识表征、大学文化）。

出国交流学生必须完成的任务

撰写观察报告（三选一）：亲身参与的人种学观察调查、个人留学日记、学校或学科比较研究。

资料2

塞尔齐-蓬图瓦兹大学对外法语学士指导老师就学生所写的
留学日记进行的思考

留学日记能够让参与Erasmus项目的学生将自己的经历用文字表达出来，同时真正了解自己的整个留学计划、取得的进步，以及这样一次游学带来的挑战与困难。这种方法不仅能让他们用目的语进行写作练习，同时还可以畅所欲言，并因此知道自己获得成功的方法。

（Molinié，2006）。

搭建教学和身份认同的新平台，使学生成为文化碰撞的主角和强有力的文化中介者

塞尔齐-蓬图瓦兹大学参与"个人经历"教学单元试验的教师（Molinié，2006）努力使留学日记教学法产生一种反馈效果，也就是要让学生对他们留学的终极目标有所认识。另外，在收集学生活动信息的同时，授课教师也调整了他们的教学安排。因此可以说，教师围绕留学日记搭建了一个教学法的新平台，使语言学习者的身份变化顺理成章。对话和反思活动创造知识，促进理解，还使学生们各自的经历交融在一

起。每个人的留学时空经历成为学校特别希望建构的欧洲多元语言文化历史时空的组成部分。于是，学生成为"知识欧洲"的主体，成为一个书写自己故事的创作者，并能够将自身的学习经历视为欧洲计划中既独特又共通的一个篇章。

Erasmus项目的总体目标是促进反思自我和客观反映他人之间的联系，以便在两者间创建身份认同的空间，即走出自我的小天地，并非要成为他人，而是以中间人的身份，建立双方的相异性关系，以开放的心态接受影响，以建设性的自我观察和观察他者的姿态建立往来联系（Benett，1993）。总而言之，是要将国外留学稍纵即逝的短暂经历转变成一次与自己和他人深度碰撞的机会，一次改头换面的交流，同时提供实现改变的工具，使学习者立足于建构欧洲公民身份所需的社会变革的进程之中。对多元语言经历和文化差异的反思，这是学习者将自己视为欧洲历史参与主体的前提，而跨文化思考则提供手段，构建能够承认并接受自身复杂性的欧洲身份认同，并保持渐进性的协调一致（De Martino，2005）。

母语、第二语言和国语：在叙述自我经历中不断变换的概念

埃迪特·科尼尼
意大利马切拉塔大学

弗兰切斯卡·维托讷
意大利马切拉塔大学

意译法：贝内迪克特·波斯特尔

法译汉：谈佳

流动人员对个人语言体系的描述

一个会说多种语言的人在思考自己的语言和文化经历时，各种不同的语言在他的记忆中相互交织，这就是现实的语言学习。相对于这些人，从科学分类、语言学或官方用语的层面来谈论母语，第一或第二语言可能更为合适。

然而，母语、第二语言、国语这些语言方面的概念同样也是一些常用名称。我们所分析的语料素材的主人公法鲁格和莎拉，分别来自巴基斯坦和爱尔兰，两人在意大利学习生活，会讲多种语言，他们对语言进行的思考恰恰反映了这一点。不过，如果说巴基斯坦和爱尔兰多语言资源不同语码之间的力量平衡和关系是不可回避的出发点的话——因为它们共同决定着人们对语言的集体和主观的意识表征——那么自愿出国留学——如参加Erasmus项目的女学生，或是在必要的情况下来到国外的年轻移民，这些学习者在所处的第三空间对自己"所拥有的语言和文化知识"进行（再次）解读，这一过程才是我们所关注的焦点，它体现了

语言和文化教学法研究的概念和类别是如何相互影响并发生改变的。

我们的研究不仅限于将可能的不同学科（语言习得、语言政治、社会语言学）的观点融合在一起，我们还要思考的是，当要求说多种语言的个体将自己的不同语言和身份归属感进行划分时，他是如何再现、解构或重新构建语言学定义和官方表述的。为了开展教学法研究，我们和法鲁格进行了叙述型访谈，分析了莎拉的文字表述，以及他们对语言的思考，这样做的共同目的是为了激发学习者对元语言的反思。研究结果的确表明，两名学习者的学习进程具有跨学科性，虽然表面上他们学的都是意大利语，都有出国的经历，但一个是移民，另一个是外国人（Balibar，1989）。在流动中，是移民还是外国人，这是不完全一样的，但是，流动的概念却包括上述两种情形，有时会如同镜面反射一般，影响他们的语言表征，但又总是能够丰富他们划分语言类别的参照标准，这些标准在此之前一直是模棱两可或者是空洞无物的。

> **资料1**
>
> 1. URDU! IS OUR LANGUAGE! You speak, don't speak, is my mother language
> 2. QUESTO URDU, è na- mio NATIONAL language, non c'è che mio madre language
> 3. Mio madre sempre parle che Urdu è buono langue, questa langue è... musicale [...] Softly, soft language!
> 4. Adesso NOI nove... sì PARLO PUNJABI SEMPRE perché ah, seconde langue è Urdu
> 5. Si chiama MADRElangue [...] mio paese, provincia Punjab, sempre parlo Punjabi
> 6. *And with your father?* Punjabi. Punjabi langue di madre. A casa parle sempre punjabi. Solo a casa
> 7. Punjabi come italiano. {*They shout.*} They shout! [ridono] È uguale! {When your father speaks Punjabi, does he shout?} Yes

8. For my children no Punjabi, I don't like Punjabi. NO NO! I LIKE PUNJABI [ride] I'm so sorry!

9. English is an important language, in your country... and other country

10. English and other language is not my language

11. here Italia, ehm... yes. {*È utile?*} Yes. I don't speak other language so I speak English

12. I don't understand your Italian. With English I understand [...] Mi piace... piace moltissimo inglese

(Faruk)

资料2

1. Macerata mi è piaciuto subito piena di giovani studenti. Tanti conosce langue inglese! (24.11.05)

2. *Quali langues conosci e vorresti perfezionare?* Inglese, italiano, francese, gaelic

3. *Ci sono langues che potresti insegnare?* Sì, inglese (madrelangue)

4. *Aiuteresti un partner italiano a studiare argomenti delle discipline che conosci meglio?* No. Io preferisco in italiano (dicembre 05)

5. Adesso conosco "Ciao", "Grazie" e "Arrivederci" in almeno 5 langues

6. Ci sono almeno 20 langues italiano, tra la langue delle mani, la langue dei libri e tanti dialetti. Anche in Irlanda abbiamo una langue mista

7. La langue nationale è irlandese, ma sfortunatamente sparisce e in pratica la nostra madre langue è inglese, significa che capiamo bene l'importanza della langue unica! (03.02.06)

8. *Nella vostra langue madre esiste una forma simile? Se sì, scrivete una frase e se possibile la traduzione.* "Nìl aen thintean mar do thintean féin". Non posso tradurre (28.05.06)

(Sarah)

叙事中尝试定义：在流动历程中谈论自己的多种语言，虑及自身的经历

第一名学习者法鲁格将乌尔都语和旁遮普语都视为自己的母语（参见方框内资料1-1、1-5和1-6），尽管他的叙述中曾出现推翻该定义或前后矛盾的地方。当他尝试将自己所会的语言进行分类时，则采用了主流的语言意识形态方式，将乌尔都语定义为国语，旁遮普语为母语，象征了国家和地区的双重身份属性。如此划分，是希望在国家、地区、家庭这些确定的范围内将语言具体化，而在谈及自己与语言的关系时，他则借助不同的家庭形象来认定语言，表达自己的主观看法，并从时间和空间的角度说明语言表征具有流动性，并非一成不变。法鲁格很尴尬地为自己的口误而抱歉（资料1-8），表明他的叙述过程存在着两个相互竞争的叙事层面，也部分说明他对语言的看法有些口是心非。

法鲁格称旁遮普语为母语，作为种族和地区的归属感象征（资料1-5）。它是家庭交流最初使用的语言，也是最常用的载体（资料1-6），同时也是一种"大喊大叫的语言"，与父亲的形象明显联系在一起（资料1-7）。乌尔都语则被定义为国语（资料1-2），也被视为母语（资料1-1），更确切地说是"母亲的语言"，这种几乎是低声细语的语码对应了母性的形象，与"父亲的语言"旁遮普语相反，是一种柔和、音乐般的语言（资料1-3）。当人们说到自我的时候，在被迫进行流动的人员中，乌尔都语继续代表着一种强烈的本民族认同的语码，一种自我推广的语码。然而，改变地域后，曾在内心遭拒绝或被贬低的（资料1-8）旁遮普语得到了更为广泛的应用，频繁出现于生活在意大利的法鲁格家里，使乌尔都语从此被视为"第二语言"（资料1-4）。因此，人员流动的状况影响着流动者对民族语言概念的质疑，爱尔兰女学生莎拉提供的语料也会说明这一点。两个移动者对自身拥有的语言资源进行再次解读时，主要还是英语的作用让这个或多或少有意识的复杂过程变得更加清楚明了。

在法鲁格看来，英语作为一种跨国语言能力的象征（资料1-9），无论是在移民前还是移民后都是一种高级语言，当然是以一种完全不同的

方式。在他的祖国，英语是获取社会经济特权的一种手段（Rahman，1996），但同时也是一种他人的语码（Gumperz，1982），是上学时学到的别人的语言（资料1-10），只是在移民后他才完全体会到这种语言的潜在能力（资料1-11）。正是由于人员流动，英语这种殖民时期遗留下来的"第二语言"实际上成为了一种更受青睐的语码，一种中介语言（Lévy，2001），使得建立人际关系和学习接待国语言成为可能，并为之提供了便利（资料1-12）。

以当下经历为主，过去经历为辅的语言分类法

莎拉提供的语料素材反映出在她所掌握的语言资源中（资料2-2），英语最初得到了满怀激情的尊崇。从使用量的角度看，英语成为全球语言（Crystal，1999），广受传播（资料2-1）。在莎拉赴外留学的经历中，可以想见英语在交际中所起到的中介语的作用，但她在表述中却只字未提。相反，在阐述自己对语言交流的看法时，莎拉很生硬地拒绝使用英语，虽然她表明英语是自己的母语，她甚至可以在两人一组的活动中用英语教课（资料2-3），她还表明自己不愿意帮助对话伙伴提高英语，因为她"更喜欢意大利语"（资料2-4）。既然莎拉参加了Erasmus交流项目，目前在自己选定的目的国学习，在这种暂时流动的状况下，她最初所定义的母语就不可能是她学习和思维时所用的语言。第4题采用中性的方式提问，而莎拉在回答中赋予了英语一种侵犯色彩，这尤为说明问题。

在莎拉看来，意大利语介于外语和第二语言之间，这不仅仅是因为她正在学习这门语言，更因为她生活在"意大利语之中"。可以这样说，就像对法鲁格一样，一种反思的元素正不知不觉地渗透到对语言分级这一完全个性化的过程中。在第一门课的最后考核中，我们明确要求学生就Erasmus交流项目进行思考，结果显得更好，因为学生的描述出现了明显的反对意见，且都被接受了。莎拉似乎从千变万化的意大利语中得到了某种鼓励（资料2-6），但她用对比的方法将她会的语言概念化，称爱尔兰语是合为一体的混合语言，这就让国语和母语建立了联系，这和外语教学法上的常用概念是相对立的。爱尔兰语被她定义为国

语,"可惜正在消亡中"。这一情景意味深长,因为在爱尔兰,只有一小部分人还在说盖尔语,而如果不是制度规定通告牌上必须用双语标识(Euromosaic, 2006),这种语言在社会上很可能难得一见了。仅根据在现实生活中的影响,英语已经成为了"实际应用"的母语(资料2-7)。在人员流动的过程中,母语的概念显得更为丰富充实,变得更为复杂化。这也说明为什么在随后课程的教学活动中,莎拉对母语的诠释一时间发生了突变:在借助意大利语结构描述母语类似结构时,莎拉用盖尔语写了一句谚语,没有译文(资料2-8)。很难知晓莎拉所选的主题是否对应了家庭范围内与"母性"语言相关联的表述(就这句谚语的含义,课堂上展开了广泛的讨论,莎拉将这句话翻译为"现在没有,很可能以后也不会有另一个像我家的地方"):但十分幸运的是,这依然是自我私密的空间。

外语教师从入职培训阶段的反思到继续教育时的自主思考

马达莱娜·德卡洛
意大利卡西诺大学

露西拉·洛普廖雷
意大利罗马第三大学

谈佳 译

根据1990年相关法律，1998年在意大利拉提姆地区（Latium）建立了中学专业化教学培训学校（SSIS），首开由大学负责教师入职培训的先河。该校外语专业的两位培训教师针对受训的二年级英语外语和法语外语学员进行了一次试验，本文便是这一试验的成果报告。在这个两年制学校，各专业教学围绕以下四个公共课程展开：

——教师的职责，
——深入学习相关学科知识，
——教育学和教学法，
——教学实习。

两位培训教师参照弗里曼（Freeman, 1989）、肯尼迪（Kennedy, 1990）和华莱士（Wallace, 1991）设计的专业发展模式，同时考虑到语言教学的特殊性，展开一项实地调查研究，意在推出新教师的入职培训方案，培养他们在未来的教学实践中养成一种反思的态度。

的确，近20年来，国际上外语教师培训的主要特点就是培养反思型教员，受训教师被视为积极活跃的主体，直接参与构建自己的专业发展。与此同时，课堂教学的重心也逐渐由教授学科性专业知识转向方式方法的指导，最终发展到以学习者为中心。因此，曾经是主要以讲解理论概念和传授课堂管理技巧为重点的师资培训最近也开始承认受训教师个人经历的中心地位。正如泽茨纳和利斯顿（Zeichner & Liston，1996）强调的那样，学会教学是一个过程，将贯穿教师的整个职业生涯。即便是最好的入职培训课程，也不过是帮助未来的教师初涉教坛，走好第一步。但是，如果学会了反思，教师自己就会担负起专业发展的责任，就会投身于改善教学的努力之中。反思包括好几种形式，如在教学实践中反思，这是一种快速、当场和自动式的反思，也是修正式的反思；又如，对教学行为本身的反思，这是一种在某一专门时刻进行的回头检视，开始比较随意，但其后将花费较长时间展开系统的研究，并以现有理论为基础，最终提出新的理论化表述。

教师在其教学生涯中可能会经历所有这些反思，特别是如果教师在某一阶段加入了一个研究团队。但在入职培训时，就可以引导实习教师在教学实践中进行自我反思。在外语教学上，反思具有与众不同的特点，因为语言是：

——教学的客体，同时也是进行教学的方式，

——建构个体及集体身份的重要场所，

——内化了的行为而并非只是知识。

此外，在语言教学中，学生——有时也会是教师——不得不使用他们尚未完全掌握的交流方式，在互动中冒一定风险，这就可能会与他们所学，所教的语言和文化发生冲突。外语教学上的反思法由于这些特殊性而显得有情感和激情，正因为如此，更加要求教师认识到教和学的重要学科意义。

根据《欧洲语言教师培训概况》（Kelly et al.，2004）的最终报告，此项试点研究归属"知识、理解、价值"类，采取了以下步骤：综述关于反思教学的最新研究成果；发放调查问卷；开展以小组为单位的自我反思活动，内容包括与其他学科领域相关联的实习经历；撰写培训日志。

通过调查问卷（A），受训教师针对接下来的培训和未来的职业，就第一年接受的培训表达了自己的看法，调查的问题涉及：

——所获得的知识，

——态度，

——对最后一年培训的期望，

——对未来职业生涯的展望。

通过小组活动（B），受训教师对自己、对他人，对自己同他人的关系，对教授的语言、获取的培训以及自身的经历进行了反思。

通过培训日志（C），受训教师再现并叙述了培训的经历。

在两年教学培训之后，培训教师建议受训人员保持联络，以便了解培训是否并如何为他们留下具有重要意义的影响。

(A)

«Ho paura di non essere in grado», «Mi sento insicuro», «Vorrei sapere come comportarmi con gli studenti », « Ancora non è chiaro il rapporto tra teoria e pratica ». « È una professione difficile » « Il tirocinio è la migliore formazione » « Ho ancora bisogno di dare senso e coerenza a tutti gli input ricevuti »

(B)

«Mi viene in mente la mia prima lezione intera a scuola per il tirocinio. La lezione si teneva in lingua e la mia host teacher è madrelingua. Mi sentivo terribilmente a disagio e sentivo di non essere in grado di comunicare correttamente in inglese, soprattutto per il mio accento. »

«A volte le richieste dei docenti formatori non tengono conto delle nostre reali capacità e allora penso che anche noi facciamo la stessa cosa con gli studenti. »

(C)

«Credo che la riflessione sia un momento fondamentale nel discorso educativo nel mio caso riesco abbastanza spesso ad individuare i motivi dei successi e dei miei insuccessi. »

«Aumentare la fiducia in se stessi. Questo è un aspetto che riguarda più da vicino la mia persona e che si lega all'esperienza che ho vissuto e che ancora sto vivendo nella SSIS. Alcune volte infatti mi sono sentita non all'altezza della situazione. »

> « L'evoluzione professionale può passare solo attraverso una continua messa in discussione di se stessi. »
>
> «Non conoscendoci bene non sappiamo perché in determinate situazioni reagiamo in una certa maniera e solo prendendone consapevolezza possiamo imparare a reagire in maniera diversa. E per farlo ci vuole sicuramente molto coraggio. Non credo sia facile scoprire parti di noi delle quali non conoscevamo neanche l'esistenza. »

反思与自主观察：培养教师责任心和自主性的做法

问卷调查的结果首先反映受训教师有一种不安全感，特别是在与学习者的关系方面和他们所教授的语言方面，第一年的培训没有能够平复这种感觉。的确，大量证据表明受训教师在使用自己并未完全掌握的语言进行交流时，感到不自在。另外，受训教师的期待主要集中在教学方法上，他们希望学会：

——组织和安排教学，

——调动学生的积极性，

——评估学生，

——概括理论知识和课堂活动。

问卷调查结果同时表明，受训教师有比较深思熟虑的意愿从事这项"困难的工作"，通过不断质疑已有的笃信观念和习以为常的行为方式，发展自己的职业素养。

参照弗里曼提出的K.A.S.A.（Knowledge, Attitude, Skills, Awareness[①]）培训模式，以及贝利、柯蒂斯和纽南关于语言教师专业发展的研究成果（Bailey, Curtis, Nunan, 2001），我们开展了以发展反思和自主观察能力为导向的培训活动，要求实习教师在小组中交流他们对培训和最初教学经历的反应和反思。活动中让教师印象深刻的思考要点代替了评论。

---

① 即知识、态度、技能、意识。——译者注

的确，反思和自我批评，评价自己所受的教育，感悟互动以及日后如何建设性地运用互动，宣示自己在用外语教学时的别扭、害怕和滑稽的感觉，等等，以及在这一进程中，教师改变最初状态，提升自我发展的能力，也就是教师承担自我职业发展的责任，这些都是教师培训中公认的最基本的内容，将贯穿教师的整个教学生涯。

有关这方面的专著和受训教师讲述的经历表明，在教师入职培训时已经可以进行反思类型的实践活动，这不仅能够培养所授学科的特殊专业人才，还尤其能够塑造有责任心且独立自主的职业人才。他们能够从自己的亲身经历和所在环境出发，对自己的教学实践不断质询，评估教学行为的质量，并在需要时改进教学计划。

一个移民作家的自传经历：想象与语言教育之间

保拉·普奇尼
意大利博洛尼亚大学

傅楠欣 译

移民作家的步骤，教育者的实验室，关于他的语言的话语

谈及教育界的多语言和多文化问题，魁北克社会的复杂性是一个很有意义的范本。2002年，魁北克省政府教育部公布了它的施政纲领，在其发表的教育资政说明中宣称："在我们魁北克这样一个多元的社会里，学校应该是社会和谐的因子，她不仅应该增进学生的集体归属感，而且还应该帮助学生在尊重差异的基础上学会与人共处。"的确，很长时间以来，各种移民浪潮涌入魁北克社会，给人们提出了一个足以颠覆法语人和英语人这种传统的两分论的话题：既非法语也非英语的外国人。

特别是上个世纪80年代之后，一个叫马克·米科内（Marco Micone）的意大利籍魁北克作家兼意大利语教授，他在创作文学作品的同时，发表了一系列关于多语言问题的思考文章。他曾经上学的那所学校外国学生占绝大多数，在他看来，课堂一直就像一个实验室，他在那里天天都必须用话语表达自己的身份认同。米科内在其语言自传中描述了他的学生经历和他得以实现创造性的身份认同话语所走过的道路，其中也谈到了归属感、排斥、语言学习和社会化的问题。这一历程勾画出了想象中的轮廓和现实的空间，进而联想到其他的想象。里面的世界与外面世界的界限变得多隙疏松、模糊不清，同样变得模糊不清的还有包容与排斥。米科内身兼三个角色，既是教育工作者，又是作家，还是一个移民族群的代言人。他用自己的思想和思考引导本族群的人,指明他们的现实状况,告诉他们对这一状况提出质疑的方法。

我们觉得马克·米科内的做法可以为我们开展关于语言和文化教学的讨论带来启示,还可以为我们讨论未来的教育工作者在多语言和多文化环境下应该具有的能力提供素材。另外,米科内作为作家和移民的人生经历可以帮助我们理解人类语言学家之前讨论过的问题,即:"真实的"族群与"想象的"族群两者之间的差异,以及语言和文化的变化对于理解人类生存状况所发挥的重要作用(Duranti,2000:75)。

> 马克·米科内文字节选:"移民的话语". 选自F. Caccia.《生于凤凰座》. 蒙特利尔: Guernica出版社. 1985: 261—272
>
> 1. 我到蒙特利尔几天后,去了一家社区的法语学校,我被校方严词拒绝了。
>
>   ……
>
> 2. 我终于被一个只收意大利孩子的法语移民接待学校接受了。因为学校离家太远,所以几个月后,我转到我家居住区的一个英语学校上学了。……正是在英语学校我感受到了外来移民最艰难的一面:被边缘化。……我周围全是意大利同学,我们一出校门就讲意大利语。
>
>   ……
>
> 3. 我是在我住的小区里慢慢学会法语的,而不是在学校学的。
>
>   ……
>
> 4. 后来,在洛约拉读初中的时候,我选修了法国文学,因为除了我法语讲得比英语好以外,我还忽然发现,在魁北克这里,绝大多数人都讲法语。……从那时起,我不仅在想魁北克法语人的身份认同问题,也在思考我自己的身份认同和我所属族群的身份认同。
>
>   ……
>
> 5. 我对只收意大利籍孩子的英语学校特别关注。数以千计的孩子在这类建于20世纪60年代初的学校里饱尝被边缘化的痛苦。……这些小孩生活在一个文化上的"沙漠"里,这对他们的成长有非常负面的影响。

> 马克·米科内文字节选:"走近巴别塔".选自M. Plourde.《魁北克法语,400年的历史与生活》.蒙特利尔:Fides出版社.2000:424—425
>
> 6. 我需要说法语,但我不需要用法语来表达。我会的三种语言没有一种能够完全地表达出自我。我只用法语写作,我知道在今天魁北克这样一个多民族的地方,魁北克法语今后将从所有其他语言中汲取养分。不论是个体的,还是集体的,人的身份认同空间不能只用语言表现,更不能只用一种语言表现。

向望、快乐、必须、排斥……,多语言的必然经历

米科内通过讲述他学习法语的故事,描写出一个语言和身份认同的经历。这一经历有如任一意识的觉醒,分阶段展开。第一阶段(参见方框内资料1),作为学生的米科内遭遇拒绝。这段文字描写的是学校,一个人在其中的空间。在此空间里,封闭的世界让人不得入内。门的形象在这儿象征关闭,寓意着排斥。第二阶段(资料2),边界被跨越,但只是表面的跨越,因为打开的空间其实是另一个封闭的地方,这里指城市中的少数族裔聚居区。作者虽然还在强调被边缘化,但这次毕竟有了一个地点:在学校的外面。它首先指话语发出的地方和表达身份认同的地方,如"我",在作者所在的族群里可以认得出来。随后第三阶段(资料3),学校外面的所指是作者居住的小区,将变成外语学习的场所和步入社会的起点。说话和学习他者的语言,这表示一种意识的觉醒,街道是入口,标志着故事的年轻主人公开始了人生旅途的一个新阶段。第四阶段(资料4),意识完全觉醒,表现为"我"决定选择要学习的语言,这一决定是基于对自己在移民目的国身份认同状况的思考,外语在这里最终被描写成为连接两个不同空间的桥梁,他们的边界因此消失。法语族群和故事主人公的族群相互重合,为的是寻求故事主人公的身份认同。这两个族群由此合二为一,变成单独的一个考问对象。

第五阶段(资料5)是现在时,表明故事主人公完成了他的意识觉醒过程,同时开启了另一段故事人生,即教育工作者的职业生涯。故事

主人公在被安排在一个单一族群的学校这一封闭的空间工作后，向我们展示了他的有助于学生进入"在外面"的教学方案。鉴于少数族裔聚居式的学校是一种与世隔绝的空间，所以必须通过话语跨越边界。第六阶段（资料6），在故事主人公的语言学习和身份认同的历程中，米科内显然扮演了中间调停人的角色，游走于假想的空间，一方面帮助本族群的移民摆脱因丧失原籍身份认同而造成的伤感，另一方面为他们提供补救的说话机会（Zarate，2003：61）。

在米科内的故事里，学校的形象在变化，从与世隔绝和排斥人的空间变成提出质询的地方，变成建立身份认同的平台。这种学校最后将变为类似玛丽耶特·泰贝尔日（Mariette Théberge）所说的中介之地："为了进步，人必须考问自己的身份认同观。教师随时面临这样的挑战，因为学校从学生还是孩子的时候就一直是其家庭和周边世界的中间地带"（Théberge，2006：92）。

打破语言-文化一对一的关系：自我的故事

学校这种介于两者之间的中间地带有如一个集市广场，各种不同文化族群的人在这里必须学会相互认识和沟通。在魁北克，这一思想被转化为一项共同的社会计划，形成一种文化共识，"既强调魁北克社会的法语人特色，也承认一种共同的公共文化"（Mukamurera，2006：20）。这项计划的部分内容将交给学校完成，教育工作者不应忘记，以多元文化为主要特征的学校有责任提供一种既非单一，亦非垄断的文化模式（Ndione，2002：79）[①]。语言和文化教师特别要认识到开启语言-文化关系新向度的重要性，它将关注多语言-文化和单语言-文化的不对称性：一种语言对应多种文化，或多种语言对应一种文化。

教师因此要时常地进行"记忆练习"或者"将自己故事化"，因为正如达森（Dasen）和佩尔果（Perregaux）提醒我们的那样，"在这种

---

① 此处引用书目阙如。——译者注

情况下，每位教师都是培养学生知道他自己是何许人的培训师"（Dasen & Perregaux，2000：216）。

关于获得这一认识的痛苦历程，请允许我们在此应用布朗夏尔·拉维尔（Blanchard Laville）的一段话作为本文的结束语："在这个关于人的职业中，教师职业是个潜伏痛苦的行当。在其漫长的职业生涯中，如果教师有尚未愈合的伤口，那么这伤口总有一天会再次开裂。这是当教师的美中不足。"（Laville，2001：44）

文学、自我与历史：跨文化教学的拓展

罗伯特·克劳肖
英国兰卡斯特大学

车琳 译

一个多语言的文本——介于虚构与历史之间的省思

《H号案件》（Kadaré，1989）的主题是两个西方科研人员在进行他们的研究课题——与科索沃接壤的阿尔巴尼亚东北边境地区古代史诗诗人——的过程中所遭遇的文化交流障碍。这两位科学家专注于学术理论的发现及独创性，但是却不了解所研究地域的文化现实，他们的一切素材和资料均遭到陌生的当地人神秘地破坏，同时他们自身也经历了一场文化身份危机。在这个作品中，语言问题体现在英语、"官方"阿尔巴尼亚语、两个科研人员所操用的古阿尔巴尼亚语、当地山民的阿尔巴尼亚语和科索沃地区斯拉夫居民方言等各种语言的交织当中。在边境两边，同样的史诗吟唱至今，但是被以不同的语言和乐器演绎。在巴尔干半岛这个蛮荒的角落，以上各种语言和文化之间的交锋对峙状况隐喻了那些企图"掌握"他者文化的天真的人种学家将会遭遇的陷阱。

《H号案件》是阿尔巴尼亚作家伊斯梅尔·卡达雷（Ismail Kadaré）一部短小而杰出的作品，先后被尤素福·弗里奥尼（Jusuf Vrioni，1989）和大卫·贝洛斯（David Bellos，1990）翻译成法语和英语。此书取材于一个真实事件：20世纪30年代至50年代，两个从事古典文学研究的美国人种学家——米尔曼·派瑞（Milman Parry）和艾伯特·洛德（Albert Lord）——在巴尔干地区从事过一项著名的研究项目，对类似荷马史诗性质的地方史诗的渊源进行调查。卡达雷将他们的经历戏谑化,由此揭示民间神话、官方历史、巴尔干地区冲突以及文学之间的复杂关系(Crawshaw, 2006)。根据海顿·怀特的观点(Hayden White, 2006),任何历史题材的作品都基于一种隐喻本质,因此是对所经历现实的改编。卡达雷正是基于历史事实进行隐秘的虚构,《H号案件》与其所有作品一样,都具有一种隐喻功能。哈琴认为(Hutcheon, 1988),被称作"历史的元虚构叙事"的后现代文学的本质特点就是用一种体现复杂叙述机制的讽刺性反思来解构故事。《H号案件》通过一系列时序颠倒和套嵌式叙述(科学家们的考察工作本身也成为所调查的古代史诗的主题),凸显了存在于人种学中的两种经验主义:如何才能在调查地域"攫取"资料而避免引发冲突?如何在分析这些材料的过程中不混淆它们的文化真实性?语言教师希望构建和解构这样一部具有"跨文化交际"性质的文学作品中的"自我"主题,以期对英语或法语学习者提供教益。

> 伊斯梅尔·卡达雷.《H号案件》. 尤素福·弗里奥尼译.
> 1989:69—70.
>
> **选段1**
>
> 纽约,六月末
>
> 我们已经递交赴阿尔巴尼亚的签证申请,刚从华盛顿回来。我们在阿尔巴尼亚使馆受到了冷遇,令人失望,对此我不想掩饰。那里没有丝毫热情,相反,我们感受到一种怀疑和警惕的气氛。
>
> 这一段提到两位科学家——马克斯和比尔(也就是历史上的派瑞和洛德)——前往阿尔巴尼亚驻华盛顿领馆办理签证的事情。比尔在自己的日记中记述了这个过程,而这本日记被阿尔巴尼亚地方警署的便衣截获和翻译,他们把两位科学家误认为是间谍。警长遵从阿尔巴尼亚内政部长的命令,欲迫使这两个美国人发表英文文章来歌颂当时阿尔巴尼亚"国王"阿麦德·佐谷,这个人物实际上有影射意义。

选段2

亲自接待我们的部长让人出乎意料。他智慧而狡黠，喜欢讥诮奚落，虽来自一个落后而且怪异的小王国，却对世界各国文学了如指掌，掌握主要的欧洲语言，甚至包括瑞典语。他曾是阿波利奈尔的朋友，而且还是他的资助人。一切都是他的嘲讽对象，尤其是他自己的国家和人民。

这两位美国人见到了一个不同寻常的人物。这也是一个可以在现实中找到原型的人物——20世纪30年代末担任阿尔巴尼亚驻美国使馆的代办法伊克·科尼查（Faïk Konitza）。这个人物形象表达了卡达雷本人对自己的国家和对西方文化的看法。他的博学多识和揶揄嘲讽反倒占了两位西方学者的上风，让他们不知所措。

选段3

尽管我们小心谨慎地把旅行动机表达得尽可能模糊，还是免不了提到荷马的名字。于是，部长对我们说："你们是否知道，有人认为在《伊利亚特》的第一句'Mênin aeide, thea, Pêlêiadéô Achilêos'（女神啊，歌唱珀琉斯之子阿喀琉斯的愤怒吧）中，第一个词mênin便是一个阿尔巴尼亚语单词meni，意思是'愤恨'。如此看来，在世界上流传最广的一部文学作品的开篇伊始，第一个词而且不幸也是最苦涩的那个词便是一个阿尔巴尼亚语单词……哈哈！"

这位部长提到了阿尔巴尼亚文化的希腊罗马渊源，这是阿尔巴尼亚民族起源之谜，"同源说"为卡达雷本人所认同。mênin这个词不仅象征着阿尔巴尼亚人的民族性格，也体现了他们对社会现实不满的精神，这将是两位研究人员面临的障碍。

选段4

部长的双眼放射出两道令人生畏的目光，睿智、轻蔑、苦涩和敌对都融于其中："关于[mênin]这个音，我认为确实如我刚才所言，然而……"[……]部长最后总结道："不过，今天的阿尔巴尼亚人可能与你们的想象完全不同。"

"可是我们还没有任何想象",我答道,"您是我们遇到的第一个阿尔巴尼亚人,而且我可以毫不掩饰地告诉您,怎么说呢,您让我们赞叹!"

两位美国人面对这位阿尔巴尼亚部长的嘲讽不知如何应对,这也预示着他们的调研计划不甚顺利的结局。

选段5

日记读完了。地方长官揉揉眼睛,说道:"真是奇怪。"他觉得脑子里一片空白。

显然,这个阿尔巴尼亚北部地区的地方官员完全不理解事情的来龙去脉。他对荷马毫无所知,而且坚持认为这是一个间谍事件。

重叠叙述与跨文化交际:探寻文化冲突根源的素材?

如果在一个跨文化学习教程中采用上述作品选段,将会具有两种相互关联的意义。从叙述学角度来看,这是一组重叠叙述的片段:一段所谓的亲身经历被以虚构的日记形式记述下来,然后被一个阿尔巴尼亚警察查获和翻译,又被专制制度中的一个地方官员进行了断章取义的理解。这种叙述方式使人对跨文化交际以及对交际过程中可能产生误会的根源进行多重思考。可以想象,除了阿尔巴尼亚大使之外,大概没有其他人能够理解事情的真相。可笑的阿尔巴尼亚地方官员不能相信美国科学家的学术考察目的,而盲目追求学术抱负的科学家后来注定是要因为缺乏对当地文化的了解而遭遇失败。

以上我们仅列举了少数片段,从文化教学角度而言,如果要对全文有一个全面的解读,需要对人种学研究方法、阿尔巴尼亚的民族历史以及它与科索沃的关系进行更加详细的诠释。在这样一个欧洲多元文化交汇的地区,基督教与伊斯兰教、西方与东方、斯拉夫文化与希腊罗马传统文化之间的复杂关系也可以从中窥见一斑。

作家与身份认同:以身世叙述作品作为社会工作者的干预工具

莉莉亚娜·拉希迪
加拿大蒙特利尔魁北克大学

车琳 译

移民作家的作品:经历、写作、教益

生活在魁北克的马格里布裔作家形成了民族和文学上的少数派,对他们的身份界定往往会突出他们的族裔特色。然而,这些作家并不接受这种划分,他们要求得到职业能力的承认(Giguère,2001)。哈雷尔(Harel,2001)甚至说,移民作家这一概念其实是多数群体炮制出来的一种差异。如果对这些魁北克文坛上被划分为"外族"的作家的地位进行分析,便会看到当地决定性因素的权力和影响,正是他们对文学进行区分并把作家分门别类。尽管如此,对于这些魁北克移民作家的研究,学界的共识是他们身上都明显地体现了与移民经历(Nepveu,1988)和两种文化融合历程相关的元素。

在此,我们把移民作家这一主题视作一个社会现象,并且依据他们自身的视角加以阐述。相比于他们的作品,本文更加侧重于这些作家本身以及他们对文化身份问题的表述,这种文化身份体现于移民经历、创作经历和作品当中。以下选取了四位作家叙述移民经历和写作过程的文字片段,根据对这些具有身世叙述色彩的作品的写作手法和主题所进行的分析,可以归纳出几种移民形象的类型。

作家：瓦迈德·本·尤恩（Wahmed Ben Younes），"漫步者"

一个在魁北克这座城市里描写圣约翰节①的阿尔及利亚人，他已经不仅仅是一个阿尔及利亚人，他同时也是魁北克人和法国人。我的故乡卡比利亚对我而言当然很重要，但不是在地理意义上、生活的舒适感和安全感上。因此，这就好比说，我告诉自己那个地方曾经存在于我的生活中，而现在我可以进入另一个环境。

作品：《耶玛》（*Yemma*）、《奇利和存钱罐》（*Ziri et ses tirelires*）

《耶玛》这本书是一部思乡之作，我是因为怀念家乡的村庄而开始写作。确实，这是我自身文化的回归，我仿佛想把内心感受一吐为快。这就是一种自我倾诉和情感抒发，否则我就必须回到阿尔及利亚去。

在《奇利和存钱罐》这本书里，我又回到儿童题材。我自认为是一个目标很明确的人，无论是通过写作还是通过教育。我们可以向年轻人解释很多东西，例如种族主义、差异和包容。

作家：萨拉·艾尔·拜迪亚利（Salah El Beddiari），"公民"

对一个民族、一个国家、一个族群、一种宗教的归属，这对我来说是一个问题。我认为，人一旦有了自我身份认同和归属，就必然会排斥其他东西。

作品：《太阳的记忆》（*La Mémoire du soleil*）

记忆是从前发生在我故乡的事情。所有在那里经历过的故事留在脑海里便成为记忆。这种记忆被转移到另外一个地点，好似我在尝试将原来的故乡生活重新呈现出来。

作家：马吉德·布拉尔（Majid Blal），"两地人"

舍布鲁克是我现在居住的城市，米戴尔特是我曾经生活的地方。是

---

① 6月24日，魁北克的省庆日。——译者注

的,我总是生活在加拿大和摩洛哥之间。随着年事增高,人也就越来越徘徊在多地之间。

作品:《故乡之妻》(Une femme pour pays)

这是一些不可言说之事的真实记录。情感的脆弱,为了办理居留身份证件而心如火焚,远走他乡的梦想,异国漂流的失意,等等。

作家:娜迪亚·加莱姆(Nadia Ghalem),"云游者"

我的容貌和举止都说明我是一个异乡人,无论来自何方都无关紧要。我喜欢当一个异乡人。因为这意味着一种自由,我不会被迫服从于某些社会约束。

作品:《欲望别墅》(La Villa Désir)

作品的名称取自我母亲家老宅的名字。透过一扇窗,可以看到被风吹得枝叶蓬乱的松树,树的身后便是地中海,无边无际,景色壮观。罗马便是如此,它是一个充满欲望的城市,阿尔及尔或许亦是如此。这便如同一种迁移,朝着某种向往。

加拿大马格里布裔作家的作品:揭示、构建和分享的教育资源

移民作家需要面对地理、文化、人际关系、物质方面的多重断裂,在他们具有身世叙述色彩的作品中,在一个身份重建的过程中,对作者而言,记忆和历史被赋予不同的作用、地位和功能。在移民过程中完成的文字体现了当事人努力摆脱历史、文化和身份困境的方式。此外,魁北克的法语文学存在于以英语为主导的加拿大。马格里布裔作家既是法语的传播者,同时也接受了双语文化,他们游刃于多种语言之间,其中包括他们的本民族语言。因此,他们的作品受到各种共存的语言之间的交互影响。

最后，移民并不是一个与写作无关的现象。移民者是历史、记忆和语言的主体，他通过写作行为建立自己的文化身份。写作在移民作家的作品中发挥着美学、见证、批判、认同和疗治等多重功能。所以，向从事社会工作的专业人士推广这种行之有效的资源非常重要。

由各种经历和行为组成的身世叙述作品的主旨在于揭示社会人，赋予人生事件的意义，体现了一个行动和变迁中的主体，他力图探求人生经历的意义。因而，他并不满足于对事实和事件的平铺直叙，而是要表现出情感联系和象征关系。移民者以其自身的重要人生经历、对事件的解读和真实体验而成为参与者。作品不仅是叙述，而且还是构建，并且在个人历史的构建过程中，社会记忆和集体记忆时常出现。向任何一个他人表述的作品在某种方式上一个重塑的过程，故而作品中总是存在虚构和重塑的成分。作品既是个人历史的反映，同时也再现了历史。身份认同是对自身的永久构建，是一种"机制"，从一个貌似分裂的状态中生产出统一。于是，作品在揭示文化身份的同时也在参与构建，而身份构建的过程同时通过身世叙述的方式和个人经历的故事本身体现出来。

目前，在魁北克，人们正在探讨促进身份认同和帮助发展身份构建的方式方法问题，尤其是对于出生于魁北克的第二代移民而言。而移民作家具有身世叙述色彩的作品可以成为认知、推动和促进所有与移民者文化身份构建、实施相关的工作的有益资源。因此，记载和分享移民者经历和经验的文学作品可以被视作文化身份的载体。

语言多元化与主观性：多语言儿童的"语言画像"

汉斯·于尔根–克鲁姆
奥地利维也纳大学

谢锦辉　译

"语言画像"与多语言儿童的语言世界

儿童常常很早就意识到多语言现象的存在。他们会发现母亲说的话跟父亲的不一样，邻居说的又是另一种话。他们最晚会在幼儿园遇到说其他语言的小朋友。还有一些儿童本身就来自多语言家庭，上学前就已经开始过着多语言的生活。

但是，我们千万要小心，不能直接地要孩子谈论他们说的语言。许多孩子很快知道，我们的社会、幼儿园和小学大多不欣赏多语言，他们很看重掌握一门所谓"好"语言，也就是必须是广泛使用的语言。有些学校甚至禁止学生课间休息时使用家里的语言交谈。因此，小语种的家庭或者移民家庭都知道最好别在学校讲家里说的话，这使得孩子入学时和其他情形下进行的问卷调查掺有虚假的信息（参见K. Brizic 2006年的调查）。出于这样的原因，我采用了"语言画像"的方法（Krumm，2001）了解儿童的语言生活状况，这能让儿童更容易展现出自己的语言世界。为使儿童绘出自己的语言画像，我们提供一些人像图，让他们用彩笔在上面描画出自己的语言。这样的绘画应该能够给儿童带来一定乐趣，因为他们可以把人像部分或全部地涂上颜色，可以为人像画出衣服、头发、鞋子，等等。孩子们用非常不同的方式和各种理由将自己会说的语言画在人像的不同部位。

这样的语言画像完成于1990—1995年间，项目名称为"面向多语言班教师的补充培训"。从1998年起，作为维也纳大学的各类自选课题，我们每年秋天在不同学校进行语言画像实验。下面是一组儿童对画像的评论，选自2004—2005学年。

马丁，12岁

英语在我的脑袋里，因为说这门语言时我要仔细思考。德语在我的手臂上，因为这是我的母语，所以很简单。

乔伊斯，11岁（出生于尼日利亚）

德语在我的手中，因为这是我说得最好的语言。

约鲁巴语在我的身上，因为身体听不见东西，而我不怎么能听懂约鲁巴语。

英语在我脑袋里，因为有时候我要很专心才能记住单词。

法语在我的腿上，因为我还远远没到我想达到的水平。要继续学好还要走很长的路。

米利卡，16岁（出生于塞尔维亚/黑山）

心脏：粉红色/英语

脑袋：黑色/塞尔维亚语

嘴巴：紫色/德语

塞尔维亚语是黑色，因为我的德语说得比塞尔维亚语好，我开始慢慢忘记塞尔维亚语了。但是我每天都会说塞尔维亚语，避免忘记。而思考的时候，我用的是塞尔维亚语。

英语是红色，因为英语是我最喜欢的语言，我从小学开始英语就很好。

德语是紫色，紫色是我最喜欢的颜色。我把德语和紫色联系在一起，因为我很喜欢用德语说话和写作。

法语，没有像英语那么喜欢。

西班牙语***我想学。

> 梅尔维，11岁（出生在维也纳）
>
> 头：土耳其语、英语、德语
>
> 整个身体：库尔德语
>
> 手：德语
>
> 腿：土耳其语
>
> 爸爸妈妈教会我说土耳其语。
>
> 德语在学校学的。
>
> 库尔德语是爸爸妈妈讲的语言。
>
> 英语是在学校学的。

语言的身份认同功能，语言的互动作用，强化多样性

"语言画像"法最重要的成果是让人们明白了多语言现象的"丰富性"：会说的语言越多，画像的色彩越丰富。我们的目的不是绘制语言画像，也不是考查儿童的语言能力，所以我们对孩子的绘画不提任何其他要求。本方法更多的是想借此激活孩子心中"掩藏的身份认同"，揭示出他们语言身份认同的主观表征。孩子们得以展现自己会说的语言，但无需回答诸如母语、二语、家庭语言等问题，这极大地方便了孩子们表达他们自己跟所会语言的关系。这种语言画像能够揭示语言的身份认同功能以及语言的互动作用。大多情况下，第一语言在画像中着色面积最大，通常位于心脏一带，颜色是红和橙等暖色。从孩子们之间的提问和交流可以清楚地看出，他们是根据所会语言对自己的重要程度进行图画着色的，而不是按照他们对所会语言的实际掌握程度或是使用频率。

丽塔·弗兰切斯基尼（Rita Franceschini）将上述多语者的情形取名为"边缘语者"（randständige Sprecher）。这是多语人的一种语言存在模式，即动态的中心语言–周边语言模式，在此动态的模式下，多语人从一开始就在扩大自己对第一语言的认知，而不是让自己所会的全部语言都具有"相同的功能和一样的身份认同"。"位于语言系统核心的这些变化能够在多语人生活中某个认同感最强烈的时刻马上正常地发挥作用"

(Franceschini, 2001: 114)。我们提出的语言画像法对这一理论模式做了进一步的明确和修改。

在前两例中,祖籍语言所占的画像面积减少,但乔伊斯把整个人像的身躯都涂成了代表约鲁巴语的颜色,尽管德语是她现在的无论如何不会放弃的交流用语。用弗朗切斯基尼的术语说,德语属于"边缘"(randständig)语言,就如她在涂了色的语言画像上的位置一样。米利卡则不一样,她最喜欢的颜色或者说最喜欢的语言当然是英语和德语,但她继续用其祖籍语言进行思维,还在努力地保留自己的祖籍语言。她的语言身份认同不完全是那种简单的中心语言-周边语言模式。同样,梅尔维的4门语言在他的生活中都有着非常重要的意义,但这跟他掌握的语言熟练程度和使用频率没有关系。很明显,库尔德语是梅尔维的家庭用语,情感价值很高,土耳其语则是其家庭的对外交流用语。另外,根据梅尔维父母提供的材料,学校也是将梅尔维登记为土耳其人。

中心语言-周边语言模式不足以明确区分第一语言、第二语言和外语。戈戈林(Gogolin, 1998)将此称作语言上的"顽固纯洁性"。移民的经历提供了丰富的语言可能性,这些语言的使用根据交际情况有所不同,而非单一语言的线性排列,由此构成了多语言身份认同。根据埃利斯(Ellis, 2001)观点,对于在长大的过程中接触了多门语言的儿童来说,所谓语言观就是指一种语言资本模式,因此在前面的各个例子中,德语和英语是根据各自的投资特点进行描述的,或者还会成为米利卡保存其祖籍语言这一努力的"竞争者"。胡(Hu, 1997, 2006)对"自我-非我"的二分法问题进行了研究,证明了可限定自我这一概念的解体,同时批评了所谓身份的纯洁性的观念。戈戈林(1998)认为,这一点对移民来说千真万确,因为他们从来没有想着要去表明他们的身份认同是纯洁的。

很多儿童通过描绘语言画像第一次认识到自己语言的多样性。因此,我们建议教师在此基础上设计其他的语言项目(参见Oomen-Welke/Krumm, 2004和"儿童发现语言世界"项目)。这样,语言画像既是语言课,也是一种语言学研究,为教师提供各种研发的可能性,如研究语言之间的亲属关系、词汇的迁移、语言之间的异同等。语言画像同时还是跨文化学习,因为它有助于激发学生对自己语言的权利意识,有益于强化语言多样性。

争鸣

赫伯特·克里斯特
德国吉森大学

阿德尔海德·胡
德国汉堡大学

谢锦辉 译

奥地利语言学家马里奥·万德鲁什卡（Mario Wandruszka）提出了人的多语性概念（*Die Mehrsprachigkeit des Menschen*），并展示了语言使用者如何实现并应用其多语言性。他认为，任何人都是多语言的，因为每个人拥有他"母语"里的好几种语言，其中包括亲人之间使用的家庭语言、与本乡镇、城市和地区居民交流使用的一种或多种方言。主要在学校习得的"标准"语言也是当事人识字和进行正式的、官方的交流需要的语言，还是当事人学习文学和其他专业，以及用来与其他语言的使用者进行交流的语言，最后是当事人在其职业生涯中习得并使用的专业语言。当事人的"母语"以各种方式与其他语言保持着联系，例如通过借词。当事人的"母语"在历史进程中融合了其他语言的元素，通过这些元素，"母语"拥有很多的桥，通往其他语言。

会说母语中好几种语言的人的确应该不会自我封闭在母语里。他们有能力在幼儿期、青年时期，乃至终生学习/习得其他语言（Commission européenne, 1995）。通过讲不同语言的人之间的相互理解或其他方式，他们的"母语"，或者说第一语言为他们打开通往其他语言的道路，同样，他们以后所学的其他语言也能打开通往更多语言的道路。母语和其他语言中有很多其他语言的借词，使得所有这些语言都有一部分国际词汇、一部分一些同一语族的语言里共有的词汇，如泛罗曼、泛日耳曼、泛斯拉夫、泛土耳其、泛阿拉伯的词汇，还包含历史上从其他语言生成的词汇、国际化的专门用途语言的词汇和结构、从其他语言借用的句法结构等。的确，每一种语言都是其他语言的大"仓库"，学习者应该懂得如何利用，或者换言之，应该学会如何使用这一资源（Stoye, 2000; Meissner, Meissner, Klein & Stegmann, 2004）。

因此，一个人的语言并非静态，恰恰相反，是动态和开放的。说话者"原则上"不是"单语的、不曾流动的"人，而是潜在地具有灵活性和可变性（Franceschini, 2003: 247）。他们的语言起初是多语的，但在以后的人生中有的会更加发展，有的则可能退步，还可能学会其他好几种语言。自我（soi），也就是人，是有能力学习其他语言的，他们大多在学校环境下学习外语，如在幼儿园、中小学、大学、职业培训中心等，其实更常见的是在移民、旅行、学习、工作、家庭关系、聚会、阅读等环境下学的外语（参见《欧洲外语学习基本水平标准》（Un niveau-seuil）的《学习者分类及语言使用领域》一章，Coste et al., 1976）。综上，我们可得出第一个结论：说话人的语言，或者说话人的所有语言，皆属于说话人的，是他的语言，所以本章的题目应改称"自我与他的语言"。

将定冠词les换成主有形容词ses（他的），突出了语言多元性的主观色彩。很显然的是，说话人甲的多语言非说话人乙的多语言。另一个显著不同是：甲和乙的多语言又跟其他所有人的多语言不一样。但是，他们的语言均可用于交际，每个人都可用自己特有的表达方式与他人进行交流。说话人的母语是属于他的语言，除了母语之外学习的其他语言同样也是他的语言，虽然使用者还不敢这样说，因为传统上使用者一直把这些语言看作是"外"语，即他人的语言。说话人的母语（自己的语言）各不相同，他习得的语言跟其他人习得的语言也不相同，这就说明他拥有的语言（母语和习得的语言）只属于他的。我们将说话人的第一语言（母语）叫作"个人语言"（idéolecte），意在凸显这门语言的主观性和个人性。

对于其他所谓"外语"的语言，我们重拾"中介语"（interlangue）的术语（Selinker, 1972）。除了第一语言（母语）外，任何习得/学得的语言都是"中介语",是学习者的语言,原则上讲是不稳定的、永远处于"规范化"过程中的语言。所谓规范化,我们这里特指语言的规范化,而不是哪个说话人的规范化。所谓说话人的规范化,在教学法和一些语言学流派历史上,一直指被错误地理想化的本族语使用者。我们想要发展的即是我们所谓的"外"语,希望它们能够比较"规范"、易懂、令人愉悦,不会伤害他人,特别是本族语者。

尽管我们努力"规范化",却始终不能像"理想化"的使用者那样使用该语言,甚至也不能像真实的本族语者那样使用该语言,而是以自己的方式使用我们的这个"另一种"语言。《欧洲语言共同参考框架》的作者将学习者的最高语言能力水准定为"精通"(maîtrise),但同时强调他们并不要求"学习者达到与本族语者同样或几乎同样的能力"。他们的"目的是希望此一高水平阶段的学习者在言语表达上以精确、得体和流利为主要特征"①(2001:34)。无论怎样,高水平的学习者终究是学习者。

规范化的过程随习得环境和学习环境不同而有着很大差别。学校环境中,无论是在中小学、大学还是专业院校,规范化会在教师及相应教学机制的帮助下进行,多为"冲突"的形态,如考核、自我考核、犯错被纠、惩罚,等等。此规范化的特点是教导学生跟遗忘作斗争,跟一切"学过就忘"的现象作斗争。而在校园外本族语者与非本族语者的口头交际环境中,规范化变成了意义的协商,变成了努力地互相理解。如果一切顺利,协商不会出现彼此歧视,反之则会产生误解。在书面交际环境下,如书信、翻译、写作等,规范化就是一个借助工具书进行个人修行的艰苦而漫长的历程。不论哪种情形,规范化绝非如某些教学法一个多世纪来鼓吹的那样,是一个"轻松学外语"②的过程。

我们在本文的第二部分描述了漫长的规范化过程,结论是:理论上

---

① 转引自:刘骏、傅荣等译.《欧洲语言共同参考框架:学习、教学、评估》[M]. 北京:外语教学与研究出版社,2008,p. 37.——译者注
② 作者在此含蓄地批评欧洲曾经风靡一时的"轻松学外语系列教材"(《Langues sans peine》),如《轻松学法语》《轻松学西班牙语》等。——译者注

的多语人在其一生中能够学会好几种语言。这样的学习永无止境。他学会的外语永远不是"外"语①。

接下来需要讨论的是说话人（自我）对自己语言的认识，换言之，就是他对自己的"母语"、"二语"和"外语"有什么样的价值判断？这里涉及的其实是说话人从不同角度对自己所会语言的认识和重视，这些角度包括：美学（美丽的语言、艰深的语言、悦耳的语言、有威望的语言等），政治（"通用语言"②、民族语言、地区语言、本地语言、"致其他语言消亡的语言"③、殖民语言、占领者的语言、敌人的语言、盟友的语言等），经济（行业语言、企业语言、国内或国际贸易语言、银行语言等），文化（传统语言、文学语言、影视语言、科技语言、报刊语言等），情感（家庭语言、亲友和团队语言、敌人的语言、竞争者的语言、工作语言、学习语言，等等）。

面对自己的语言，何为"自我"呢？"自我"是否乐见这些自己的语言呢？"自我"是否愿意融入到相应的语言族群中呢？或者说，"自我"会不会出于任何一个情感的、政治的、经济的或社会的理由而倾向于拒绝融合，倾向于保持距离？众所周知，但凡想融入族群的人会比其他人愿意付出更多的努力去"规范"地说和写该族群的语言。

"自我"是否相信自己能够并愿意"拥有"自己的语言？或者反过来，"自我"觉得被这些语言主宰了吗？"自我"感到自己被它们掌控了吗？在这一话题上，任何比喻都暗含着某种语言观。"自我"能在多大程度上支配自己的语言？作家、Erasmus项目的留学生和移民对此会有不同的理解。"自我"是否掌控、掌握或者是拥有一门语言，这样的讨论尽可以长时间地进行下去。即便只说我们在一定领域掌握了一门语言，我们也得承认语言并没有让我们掌握的那样自由自在，因为语言给我们规定了规矩，不让我们"胡言乱语"，这是真的，所有语言都是如

---

① 作者在此分别用了法语的主有形容词sa和定冠词la，意在强调前者是话语者自然习得和讲的语言，后者是他学会的规范化了的语言。——译者注
② 作者在此用引号，表明他不反对这一类语言。——译者注
③ 作者在此用引号，表明他不反对这一类语言。——译者注

此，无论是母语还是其他语言。我们感受到的这种语言限制部分地解释了为什么"自我"在其语言活动中有时欲言又止甚至缄口不言，为什么"自我"会喜欢这门语言而不是那门语言，为什么"自我"会回避使用有些语言，有时候会对有些语言听而不闻，为什么"自我"会进行语码切换。

在讨论了"自我"对自己的语言的感知、接纳或拒绝之后，我们最后来讨论第三个议题，即"自我"对自己的语言知道什么（语言知识）、用自己的语言做什么（语言技能），以及如何习得/学习语言（语言学能）。

关于"自我"对自己的语言了解，以及他在其一生中积累的对语言的观点看法，就是指人的"语言意识"（language awareness）（Hawkins, 1984），法语为conscience linguistique或conscience langagière，德语叫作Sprachbewusstheit（Gnutzmann, 2003）。人的语言意识，或曰知识和观点深受多方面影响，包括学校（从而间接受到语言学的影响）、公共生活（公众舆论、传媒、工作圈子、贸易、语言政策等）以及家庭和团体等。

研究人的语言意识的工具之一便是《欧洲语言学习档案手册》（以下简称《手册》），它同时也是任何年龄语言学习者的个人学习工具（参见Babylonia 1/1999）。《手册》可用于各个方面，包括在语言及语言应用方面了解和发展人的语言意识。这些方面小到简单的语法知识、语言交际知识，大到语言历史、语言亲属关系、语言的文化负载，乃至语言生态、语言政策，等等。

的确，"自我"拥有而且也需要很多语言方面的知识。这些知识，如果不说是普遍情况下，至少也是经常的与"自我"的语言观不尽相同。人类的语言观可谓历史悠久，源远流长。历史学家阿尔诺·博斯特（Arno Borst）在其巨著《巴别塔》一书中说明了这一点，该书的副标题为"关于语言和民族的来源及多元性的观点史"（Borst, 1957—1963）。

《欧洲语言共同参考框架》列举的"应用能力与技能"包括社会能力、技术和职业能力、跨文化技能等。它们的共同所指是学习者与他人交际的能力。

对"自我"及他的语言来说，交际是一个原则，可用一句交际性的命令式来表示：交际吧！不过这并不妨碍"自我"在某些情况下拒绝交际，因为"自我"需要一定的交际技能才能交际。交际技能包括：怎样称呼他人？怎样回应他人？怎样协商观点？怎样探讨知识？怎样重新建立联系？如何结束交谈？用什么方式交际，是口头、书面、肢体语言还是手势？

要学会这些技能，"自我"需要得到帮助。他会思考从什么地方获取信息和资源来丰富交流、改善交际、避免歧义，等等。交际技能还包括那些可以带来帮助和信息的知识。

我们认为，"自我"的本质属性就是始终在学习。因此，我们必须将语言学能视为"自我"的不可或缺的第三个要素。当"自我"反思自己的语言时（语言知识和观点），当"自我"发展自己的交际技能时，这就是在学习，它不一定非要是学生的身份。

我们还要谈谈学习者的年龄问题。同时习得两三门语言的新生儿的情况与三岁或六岁的儿童在习得母语后学习第二门、第三门语言的情况是不一样的。成人学习语言则更是另一种情况。鉴于他们的年龄关系和他们此前习得的知识，成年人学习外语的方式完全不同。年龄和既有的知识储备对学习的影响至关重要。

综上所述，"自我"与语言，或者说"自我"与"他的"语言，重在强调人和一种典型的主观视角。在这样的视角下，生活与学习不可分割。"自我"就是生活和行动的人，就是一个既有自己的（语言）经历，又有多重归属感的人。

参考书目

引言

ALEXAKIS, V. *La Langue maternelle*. Paris : Fayard, 1995 ; Paris : Stock, 2006.

AMATI MEHLER, J., ARGENTIERI, S. & CANESTRI, J. (1991, 2006). *La Babele dell'inconscio*. Milano : Cortina.

BERTAUX, D. (1997). *Les Récits de vie*. Paris : Nathan U.

BESEMERES, M. & PERKINS, M. (2003). *Traduire le vécu : l'autobiographie entre langues et cultures*, n° 23. http://www.arts.uwa.edu.au/MotsPluriels/

BOURDIEU, P. (1986). « L'illusion biographique ». In *Actes de la recherche en sciences sociales*, n° 62/63.

CHENG, F. (2002). *Le Dialogue, une passion pour la langue française*. Paris : Desclée de Brouwer ; Shanghai : Presses littéraires et artistiques de Shanghai.

CHIANTARETTO, J-F. (dir.) (2002). *L'Écriture de soi peut-elle dire l'Histoire ?* Paris : Éditions BPI/Centre Pompidou.

COGNIGNI, E. (2007). *Vivere la migrazione tra e con le lingue : funzioni del racconto e dell'analisi biografica nell'apprendimento dell'italiano come lingua seconda*. Porto S. Elpidio : Wizarts.

COMMISSION EUROPÉENNE (1995). *Livre blanc sur l'éducation et la formation. Enseigner et apprendre. Vers la société cognitive*. Luxembourg.

DEMAZIERE, D. & DUBAR, C. (1998). *Analyser les entretiens biographiques*. Paris : Nathan.

DEMETRIO, D. (1996). *Raccontarsi. L'autobiografia come cura di sé*. Milano : Cortina.

DERRIDA, J. (2003). *Le Monolinguisme de l'autre*. Paris.

DJEBAR, A. (1997). *Oran, langue morte*. Arles : Actes Sud.

ESTEBAN, C. (1990). *Le Partage des mots*. Paris : Gallimard.

FORMENTI, L. (1998). *La formazione autobiografica*. Milano : Guerrini e associati.

GEERTZ, C. [(1988) 1990]. *Works and Lives : The Anthropologist As Author*. Stanford University Press Paperbacks.

GENETTE, G. (1991). *Fiction et diction*. Paris : Seuil.

KHATIBI, A. (1983). *Amour bilingue*. Montpellier : Fata Morgana.

LAPASSADE, G. (1991). *Ethnosociologie*. Paris : Klincksieck.

LÉVY, D. (1994). « Quand une langue dit plusieurs cultures, quand une culture s'exprime en plusieurs langues : stratifications et unifications en situation de contiguité » In *SILTA*. Pisa : Pacini, n°4.

LÉVY, D. (2001). « La formazione interdisciplinare tra ricerca e autobiografia : per un nuovo docente di lingue-culture » In D. Lévy (dir.), *I nuovi laboratori della formazione degli insegnanti di lingue: aperture disciplinari e metodologiche*. Ancona : Nuove Ricerche.

MEMMI, A. (1953). *La Statue de sel*. Paris : Corréa, Coll. Les Chemins de la vie.

MENEGHELLO, L. (1993). *Il dispatrio*. Milano: BUR.

MOLINIE, M. (dir.) (2006) Biographie langagière et apprentissage plurilingue, In *Le Français dans le monde, Recherches et applications*. Paris : CLE/FIPF, n° 39.

PINEAU, G. & LE GRAND, J. L. (1993). *Les Histoires de vie*. Paris : Presses Universitaires de France.

ROBIN, R. *Le Deuil de l'origine, Une langue en trop, la langue en moins*. Paris : Presses universitaires de Saint-Denis, 1993 ; Québec : Kime, 2003.

ROBIN, R. ([1998] 2005). *Le Golem de l'écriture : de l'autofiction au cybersoi*. Québec : XYZ.

ROSENBLUM, R. (2000). « Peut-on mourir de dire ? ». In *Revue française de psychanalyse*. Paris, n°1.

SEBBAR, L. (2003). *Je ne parle pas la langue de mon père*. Paris : Julliard.

TODOROV, T. (1986). « Le Croisement des cultures ». In *Communications*, n° 43, Paris : Seuil.

WOLFSON, L. (1970). *Le Schizo et les Langues*. Paris : Gallimard.

ZARATE, G. & GOHARD-RADENKOVIC, A. (coord.) (2004). « La reconnaissance des compétences interculturelles : de la grille à la carte ». In *Les Cahiers du CIEP*. Paris : Didier.

反思Erasmus交流经历：思考并建构社会人

ANQUETIL, M. (2006). *Mobilité Erasmus et communication interculturelle*. Berne : Peter Lang.

BENETT, M. J. (1993). « Towards Ethnorelativism : A Developmental Model of Intercultural Sensivity » In R.M. Paige (éd.) *Education for the Intercultural Experience*. Yarmouth : Intercultural Press.

BRUNO, G. (2006). *Atlante delle emozion*. Milano : Bruno Mondadori.

BYRAM, M. & ZARATE G. (1997). *La Compétence socio-culturelle dans l'apprentissage et l'enseignement des langues*. Strasbourg : Éditions du Conseil de l'Europe.

DE MARTINO, R., FACCHINETTI, L., GALDO, G. & SCHETTINI, B. (2000). « La negoziazione ragionata come intenzionalità normatrice della mediazione sociale e culturale ». In *Lex et Jux*, Napoli, n° 3. www.lexetjus.net

KOHLER-BALLY, P. (2001). *Mobilité et plurilinguisme*. Fribourg : Éditions Universitaires.

LEJEUNE, P. (2000). « Comment finissent les journaux ». In P. Lejeune & C. Viollet (dirs.) *Genèses du Je*. Paris : CNRS Éditions.

LÉVY, D. (1989). « L'hypocrite lecture du semblable ou spécificité de la lecture contrastive d'une culture voisine ». In *Studi Italiani di Linguistica Teorica ed Applicata*. Roma : Liviana Editrice, Anno XVIII, n° 1–2.

MOLINIÉ, M. (dir.) (2006). « Biographie langagière et apprentissage plurilingue ». In *Le Français dans le monde, Recherches et applications*. Paris : FIPF-CLE international, n° 39.

MOLINIÉ, M. & BISHOP, M.-F. (dirs.) (2006). *Autobiographie et réflexivité*. CRTF, Encrages/Belles Lettres.

ROBERTS, C. (2001). *Language Learners as Ethnographers*. Clevedon UK : Multilingual Matters.

WAGNER, K. & MAGISTRALE, T. (2003). *Writing across culture*. New York : Peter Lang.

母语、第二语言和国语：在叙述自我经历中不断变换的概念

BALIBAR, E. (1989). « Lo stesso o l'altro? Per un'analisi del razzismo contemporaneo ». In *La Critica Sociologica*. LXXXIX, pp. 5–38.

CRYSTAL, D. (1997). *English as a Global Language*. Cambridge : Cambridge University Press.

EUROMOSAIC (2006). *L'Irlandais au Royaume-Uni.* http://www.uoc.edu/euromosaic/web/document/irlandes/fr/i2/i2.html#top

GUMPERZ, J.J. (1982). *Discourse Strategies*. Cambridge : Cambridge University Press.

LÉVY, D. « Statut des langues, langues 'médiatrices' et attitudes xénophiles. Fonction, perception et représentation du français, de l'italien et de l'étranger dans le phénomène d'immigration nord-africaine en Italie ». In G. Zarate (éd.), *Langues, xénophobie, xénophilie dans une Europe multiculturelle.* Actes du Colloque « Xénophobie, xénophilie et diffusion des langues » (ENS-Saint Cloud Paris, 1999). Paris : Centre National de la Documentation Pédagogique, pp. 77–93.

RAHMAN, T. (1996). *Language and Politics in Pakistan.* Karachi : OUP.

外语教师从入职培训阶段的反思到继续教育时的自主思考

BAILEY, K. *et al.* (2001). *Pursuing Professional Development.* Boston : Heinle.

FREEMAN, D. (1989). « Learning to teach ». In *Prospect*, Vol. 4 : 2, pp. 31–47.

KELLY, M. *et al.* (2004). *European Profile for Language Teacher Education. A Frame of Reference*. European Commission.

KENNEDY, J. (1990). « Getting to the heart of the matter : the marginal teacher ». In *The Teacher Trainer*, Vol. 9:1.

WALLACE, M. (1991). *Training Foreign Language Teachers. A Reflective Approach*. Cambridge : Cambridge University Press.

ZEICHNER, K. & LISTON, D. (1996). *Reflective teaching : An introduction.* Mahawah : Erlbaum.

一个移民作家的自传经历：想象与语言教育之间

BLANCHARD-LAVILLE, C. (2001). *Les Enseignants, entre plaisir et souffrance*. Paris : PUF.

DASEN, P.R. & PERREGAUX, C. (dirs.) (2002). *Pourquoi des approches interculturelles en sciences de l'éducation ?* Bruxelles : Éditions De Boeck Université.

DURANTI, A. (2000). « La diversità linguistica ». In *Antropologia del linguaggio*. Roma : Meltemi.

LÉVY, D. (2001). « La formazione interdisciplinare tra ricerca e autobiografia. Per un nuovo docente di lingue-culture, Atti della giornata del 15 maggio 2000 ». In *I nuovi laboratori della formazione degli insegnanti di lingue : aperture disciplinari e metodologiche*. Ancona : Nuove ricerche, n° 1.

MICONE, M. (1985). « La Parole immigrée ». In F. Caccia, *Sous le signe du Phénix*. Montréal : Guernica, pp. 261–272.

MICONE, M. (2001). *Speak What*. Montréal : VLB Editeur.

MUKAMURERA, J., LACOURSE, F. & LAMBERT, M. (2006). « La préparation des futurs enseignants à l'intervention éducative dans un contexte de diversité culturelle ». In D. Mujawamarja (éd.), *L'Éducation multiculturelle dans la formation des enseignants au Canada*, Berne : Peter Lang.

THÉBERGE, M. (2006). « La dimension pluriethnique de l'identité culturelle et la relation entre enseignants-associés et stagiaires ». In D. Mujawamarja (éd.), *L'Éducation multiculturelle dans la formation des enseignants au Canada*, Berne : Peter Lang.

ZARATE, G. (2003). « Pluralité identitaire et médiation ». In G. Zarate, A. Gohard-Radenkovic, D. Lussier & H. Penz, *Médiation culturelle et didactiques des langues*, Conseil de l'Europe.

文学、自我与历史：跨文化教学的拓展

CRAWSHAW, R. (2006). « *The File on H.* : Metahistory, Literature, Ethnography, Cultural Heritage and the Balkan Borders ». In R. Byron & U. Kockel (éds.), *Negotiating Culture : Moving, Mixing, and Memory in Contemporary Europe*. Münster, Berlin & London : LIT Verlag, pp.43–68.

CRAWSHAW, R. & TOMIC, A. (2004). « The Intercultural Narrative ». In *Language and Intercultural Communication*, Vol. 4 :1 & 2, pp. 1–9.

HUTCHEON, L. (1988). *A Poetics of Postmodernism : History, Theory, Fiction*. New York : Routledge.

KADARE, I. (1989). *Le Dossier H*. Paris : Fayard.

KRISTEVA, J. (1988). *Étrangers à nous-mêmes*. Paris : Fayard.

RICOEUR, P. (1990). *Soi-même comme un autre*. Paris : Seuil.

ROUCH, J. (dir.) (1954). *Les Maîtres Fous*. Paris : Cinémathèque.

WHITE, A. (2004). « Kosovo, ethnic identity and border crossing in *The File on H* and other works by Ismail Kadare ». In P. Wagstaff (éd.), *Border Crossing*. London : Peter Lang.

WHITE, H. (2006). « Historical Discourse and Literary Writing ». In K. Korhonen (éd.), *Tropes for the Past*. New York : Rodopi.

作家与身份认同：以身世叙述作品作为社会工作者的干预工具

BEN YOUNES, W. (1999). *Yemma*. France : Harmattan.

BEN YOUNES, W. (2006). *Ziri et ses tirelires*. Québec : Phoenix.

BLAL, M. (2001). *Une femme pour pays*. Sherbrooke : Éditions GGC.

CAMILLERI, C. et al. (1990). *Stratégies identitaires*. Paris : PUF.

EL BEDDIARI, S. (2000). *La Mémoire du soleil*. Montréal : Hexagone.

GHALEM, N. (1988). *La Villa Désir*. Québec : Éditions roman – Guérin.

GIGUERE, S. (2001). *Passeurs culturels. Une littérature en mutation*. Québec : Éditions de l'IQRC (Institut québécois de recherche sur la culture).

HAREL, S. (2001). « D'autres rêves ». In A. De VAUCHER GRAVILI (dir.) *Les écritures migrantes au Québec*. Actes du séminaire international du CISQ à Venise (15–16 octobre 1999). Italie : Supernova.

MARTUCIELLI, D. (2000). *Grammaires de l'individu*. Paris : Gallimard.

NEPVEU, P. (1988). *L'Écologie du réel. Mort et naissance de la littérature québécoise contemporaine*. Montréal : Boréal, Coll. Papiers collés.

RICOEUR, P. (1990). *Soi-même comme un autre*. Paris : Seuil.

RICOEUR, P. (2001). *La Mémoire, l'Histoire et l'Oubli*. Paris : Seuil.

语言多元化与主观性：多语言儿童的"语言画像"

BRIZIC, K. (2006). *Das geheime Leben der Sprachen. Gesprochene und verschwiegene Sprachen und ihr Einfluss auf den Spracherwerb in der Migration*. Münster : Waxmann Verlag Gmbh.

ELLIS, R. (2001). « The Metaphorical Constructions of Second Language Learners ». In M. Breen (Hg.), *Learner Contributions to Language Learning*. London : Routledge, pp. 65–85.

FRANCESCHINI, R. (2001). « Sprachbiographien randständiger Sprecher ». In R. Franceschini (Hg.), *Biographie und Interkulturalität : Diskurs und Lebenspraxis.* Tübingen : Stauffenburg Verlag, pp. 111–125.

GOGOLIN, I. (1998). « Sprachen rein halten – eine Obsession ». In I. Gogolin, S. Graap & G. List (Hg.), *Über Mehrsprachigkeit.* Tübingen : Stauffenburg, pp. 71–96.

HU, A. (1997). « Warum, *Fremd*verstehen' ? Anmerkungen zu einem leitenden Konzept eines ‚interkulturell' verstandenen Sprachunterrichts ». In L. Bredella, H. Christ, & M.K. Legutke (Hg.), *Thema Fremdverstehen.* Tübingen : Narr, pp. 34–53.

HU, A. (2006). « Mehrsprachigkeit und Mehrkulturalität in autobiographischer Perspektive ». In *FLUL*, n° 35, pp. 183–200.

Kinder entdecken Sprache (KIESEL) : http://www.oesz.at/download/publikationen/3.2_europanto_17_12_2007.pdf (Publikationen: KIESEL; 2.05.2007).

KRUMM, H.-J. (2001). *Kinder und ihre Sprachen – lebendige Mehrsprachigkeit.* Wien.

OOMEN-WELKE, I. & KRUMM, H.-J. (Hg.), (2004). *Sprachenvielfalt im Klassenzimmer* (= Fremdsprache Deutsch Heft 31). Stuttgart.

争鸣

BABYLONIA – Revue pour l'enseignement et l'apprentissage des langues (1999) n° 1/1999. *Portfolio européen des langues.*

BORST, A. (1957–1963). *Der Turmbau zu Babel. Geschichte der Meinungen über Ursprung und Vielfalt der Sprachen und Völker.* Stuttgart : Anton Hiersemann.

COMMISSION EUROPÉENNE (1995). *Livre blanc sur l'éducation et la formation. Enseigner et apprendre. Vers la société cognitive.* Luxembourg.

CONSEIL DE L'EUROPE. (2001). *Cadre européen commun de référence pour les langues : apprendre, enseigner, évaluer.* Paris : Didier.

COSTE, D. *et al.* (1976). *Un niveau-seuil.* Strasbourg : Conseil de l'Europe.

FRANCESCHINI, R. (2003). « Modellbildung über die Mehrsprachigkeit hinaus: für eine Linguistik der Potentialität ». In L. Mondada & S. Pekarek Doehler (éds.), *Plurilinguisme Mehrsprachigkeit Plurilinguism. Enjeux identitaires, socio-culturels et éducatifs. Festschrift für Georges Lüdi.* Tübingen & Basel : A. Francke, pp. 247–260.

GNUTZMANN, C. (2003). « Language Awareness, Sprachbewusstheit,

Sprachbewusstsein ». In K.-R. Bausch, H. Christ & H.-J. Krumm (Hg.) *Handbuch Fremdsprachenunterricht*. Tübingen & Basel : A. Francke.

GOGOLIN, I. (1994). *Der monolinguale Habitus der multilingualen Schule*. Münster : Waxmann.

HAWKINS, E. (1984). *Awareness of Language. An Introduction*. Cambridge : Cambridge University Press.

MEISSNER, F.-J., MEISSNER, C., KLEIN, H. G. & STEGMANN, T. D. (2004). *EuroComRom – Les Sept Tamis : lire les langues romanes dès le départ. Avec une introduction à la didactique de l'eurocompréhension*. Aachen : Shaker.

SELINKER, L. (1972). « Interlanguage ». In *IRAL (Revue internationale de linguistique appliquée : Enseignement des langues)*, pp. 209-231.

STOYE, S. (2000). *Eurocompréhension. Der romanistische Beitrag für eine europäische Mehrsprachigkeit*. Aachen : Shaker.

WANDRUSZKA, M. (1979). *Die Mehrsprachigkeit des Menschen*. München : R. Piper.

第三章

流动与经历

阿琳娜·戈阿尔-拉登科维奇
瑞士弗里堡大学

伊丽莎白·墨菲-勒热纳
都柏林圣-帕里克学院

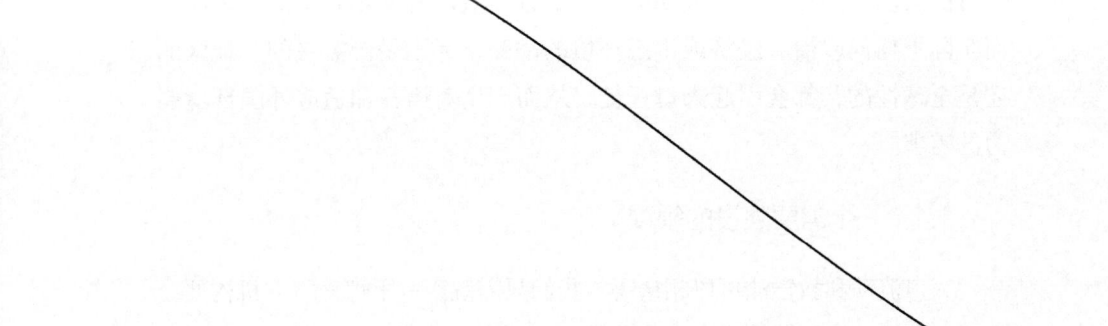

引言：流动与经历

阿琳娜·戈阿尔-拉登科维奇
瑞士弗里堡大学

伊丽莎白·墨菲-勒热纳
都柏林圣-帕里克学院

余春红、傅荣 译

1. 流动与流动教学法

人口流动并不是一个新现象。它在各个时代以各种形式存在：个人的或集体的、大批的或独自的、主动选择的或被迫接受的，流动的原因很多。当前，这一概念受到青睐不仅反映了移居及世界交流的日益增多，也反映了当代人身份的不断变化，其不确定性也在增加。因此，人们可能会问，为什么人口流动的问题最近才被语言文化教学法所关注？而实际上任何政治、经济或生态环境的动荡，无论是国家级的、地区的还是全球性的，都会引起人口迁徙，从而产生对语言和适应外国环境能力的需求。

1.1 一个需要建设的领域

人口流动和教学法可以相遇吗？我们只需观察一下那些官方机构便会发现，人们已经开始关注人口流动问题，关注流动者，关注这方面的课题研究和教学方法。这个领域显得千家百态，众说纷纭，亟待协调一致。

在欧洲，上个世纪70年代，欧洲理事会最先开始从教学法的层面关注人员流动及其影响，并为此制订了面向移民劳工的《欧洲外语学习基本水平标准》（Un niveau-seuil）。而"人口流动"（mobilité）这一术语则是上个世纪80年代末欧洲联盟正式提出的，后来慢慢地为教育界所完全接受。今天，关于人口流动的权力博弈交织着政治、教育和经济等要素，因为人口流动已然成为国际性的经济活动。人员流动的全球化和人生经历日益个性化的趋势使国家机构失去了管理人口流动的权力。

我们还同时发现，流动者本身的类别多种多样。人们在进行分析时，通常将他们划分为教育交流型、择业流动型和纯移民型，这迫使我们按照这三种分类分析流动的人群，而实际情况的复杂多样，早就超出了上述单一的人员身份分类。将流动人员正式冠名为"移居者"，这意味着有一部分人群已事先被归属于非移居者，实际上是把假想中的定居人群与想象中的游民完全割裂开来，从而将本来很复杂多样的情况简单化地一分为二。同质化的划分理念不能体现流动人员的身份、动机、风险和历程的多样性。还有另外一种划分法，就是经常只研究移民接待国及其机构的状况，而忽略移民个体原来所属的国家和中间过渡的国家所扮演的角色。不同的教学法路径其实反映了这样的条块分割，它们将流动人员区分成中小学生、大学生、社会和社团人员、商务人员等等，针对每一个人群都有不同的做法。

这种面向流动人员的教学法其内容本身就是混合的，受到不同的、甚至是互相竞争的学科领域的影响。外国人的直接经历可能会被人口统计学家、地理学家、经济学家、法学家、政治学家、社会学家、人种学家、教育家和语言学家研究，各单位主管国际人员交流的行政部门和统计部门也会予以关注。他们宣称分属不同的学科，拥有特定的概念和研究工具。那么，他们各自应该发挥什么作用呢？

与流动性研究相适应的教学方法也有待创新。外语教学法以前主要关注如何让移民的儿童和青少年在学校学会语言。教育界和大学的人员交流促使我们思考如何将这些交流的经历融入教学大纲。跨国公司和国际组织中对多语言多文化团队的管理则向我们提出了语言与跨文化交际需求的问题。目前，各类教学方法偏重关注移居者个体经历的某一方面，很少会从各个层面加以真正的重视或肯定。

语言、文化与他者的关系等概念彼此封闭，这使那些需要开放的学科变得困难。主流的外语教学模式走进了死胡同，出现了两个极端，一个是脱离语言进行跨文化教育和培训，另一个是抛开社会和跨文化因素，专攻语言学。我们若想探究人员流动的复杂性以及由流动产生的各种不同的人生经历，那就必须要创建一种针对人员流动的教学法。

1.2 考问

目前，人员流动的形式不断变化，流动的空间、地点和节奏复杂多样。这种流动只能用作复数的名词形式，否则难以区分地方性流动和全球性流动。如何分析这些流动？哪些领域和方法可以用来研究相关的历程以及它们所跨越的社会背景？

首先，谁是流动者？是所有那些切实在移动的人，如学生、教师、移居国外的人、入境移民，等等。但这个概念太过狭隘。流动的主体还应包括流动中的个人和群体所求助的人。这些人或者在语言领域工作，如教师、翻译、培训工作者，或者作为助理、中介翻译、咨询师参与教育、职业培训、接待、管理、国际交流等活动。他们是流动的共同行动者。

本章将重点讨论流动计划的动机、流动的时间期限（定期的、无限期的、临时的、间断性的、周期性的）、跨国、跨地区、边境间和国际间人员交流的组织、交流的方式（实体的或虚拟的、单独的或集体的），以及移民国和移民接待国持有的关于人员流动的官方逻辑。

要想清楚地了解人员流动产生的后果及重要意义，需要在以下4个方面展开分析：一是以往的经验和既有的资源，也就是正在形成的"移动资本"（Murphy-Lejeune，2003）；二是运用的适应策略；三是这些以往非正式的流动经历使当事人产生的对于他者及自我的表征、价值观和行为举止，特别是这后者可能发生的变化；四是移居者在两种文化过渡之间对自己身份认同进行的"零碎的但充满智慧和创造性的修补"，如直接吸纳或者明确拒绝、开放或者封闭，甚或混杂。

要想评估人员流动产生的深远影响，需要知道以下三点：一是移居者通过流动获得的能力，以及这些能力在其他环境下的可移植性；二是经历过的那些流动对参与其中的（共同）行动者在观念和态度方面的影响，尤其在机制的层面；三是流动产生了新的一类人员，这些人也许能够扮演语言和文化中介人的角色。

人员流动的多面性使得它涉及多个学科领域，而这些领域之间存在着争斗，各个国家都有针对外国人的严厉政策。另外，教育机构对移居问题的不重视和不作为，这些都使得创建那种针对人员流动的教学法变得比较棘手。

2. 走向流动的一种新范式

按照考虑到的各种因素，将流动分门别类，可以看清流动现象的一些特殊方面。

2.1 传统的分类法

可靠的分类法不是外语教学法上的那种方法，而是法学和经济学运用的类型法。

按照法律的逻辑，居住地和国籍是划分人口的决定性标准。前者用于区分人的不同身份，伴随着相应的权利和义务。后者，即国籍主要关系到当事人的投票权。入境的规定和身份的确定一个国家一个样，法律的管辖力度也会随着国家政策的变化而波动，当前各个国家的国门趋紧就是一个明证。公民拥有多重国籍或持有多个护照的情况打破了法律上的统一规定，其中对人员流动管制的角色有时俨如警察。

经济学上的分类，则将发达程度不同的社会之间在经济上的差异而产生的吸引力或离心力视为人口流动的主要根源。按照供需法则，这种经济发展的不平衡自然会引起个人或者整个人口的移居。一个大家都熟悉的逻辑是：技术进步、经济增长与社会发展紧密相连。这当中，移民潮发挥了一个调节的作用，被认为是抹平了两者间的失衡。这种解释性的类型法并非总能反映现实，因为现实生活中，各种现象更多的是相互交织，而不是因果交替。

2.2 现代类型法

最新的分析方法使观察的视角多样化，它结合了人口的统计数据，如年龄、性别、家庭背景、学历和专业资质、身份归属，以及个人、家庭、从业和社会的历史，还有移民计划的制订等。这些信息可以揭示移居历程各方面的互动关系。外语教学法在运用这些分析方法时很受启示。

空间类型法则依据人口的地域分布，按照不同层级的地理标准（城市、乡村、地区、全球）划分人口移动，包括人口密度和距离（Domenach & Picouet，1995）。它描述移居者在出发地和目的地之间的移动，包括居留期限的变量：去程、回程、往返、多次移居，以及像游牧一样的无限期迁移。另外一种空间类型法以国境和跨越国境为主要依据，将移居分为境内移动、跨境移动、区域移动和国际移动。

社会类型将流动这一现象置于它的社会环境和社会时代之中，包括流动者出发地和目的地的社会背景，同时将流动区分为环性流动和线性流动。环性流动指移动者在原居住地与移居目的地之间的来回流动。社会类型法使人们对流动的进程有一个更加动态的认识，因为它综合考察并展示空间意义上的居住行为，以及个人或家庭流动中社会经济、人口及历史等因素之间的相互作用关系，从而以尽可能全面的方式还原出产生流动现象的社会条件。

最新的研究（Viard，2006）强调指出，关于流动，现在的一个全球性趋势是不规则性和断裂性，即便很少移动的新型定居人口也是如此。这使传统的在内（村庄、班级、地区）流动和在外（外国，"蛮夷之地"）流动、近处移动和远处流动之间的界限变得模糊不清。

2.3 流动是一种新隐喻和新进程

数字革命和不断发展的全球化促使我们必须将流动的概念与单纯的人在领土意义上的移居区分开来，因为前者不仅涵括个体和资本的流动，还包括社会实践、物品、信息、符号和思想等的流动。厄里（Urry，2005）认为，流动不仅能改变我们的存在方式，而且这本身就已经成为一种生活方式，驱使我们想问题要用"超越社会之外"的眼光。我们看到的新隐喻和新进程足以说明社会科学领域的研究范式已经发生了改变。

流动和流动性隐喻着社会间的边境线已经变得可穿透和开放，进而创造出新的时空，因为"边界可以移动，可以变得疏松，甚至完全消失，关系则可以变而不断。因此有时可以说，社会空间就像一种流体"（Mol & Law, 1994: 643, in Urry, 同上: 44）。

这些"流体一样的社会"在可预见性与永久的重构之间产生了蜿蜒曲折的历程（Marzloff, 2005）。流动性和非线性反映了目前个人或集体经历的复杂化。每一个活动领域有如不同的岛屿，构成时空群岛的形象，与之相对的是以国土加住所为核心的稳定圈。这些隐喻清楚地展现了流动者背井离乡到异国他乡重建家园的历程，他们需要在第三空间重新激活自己已有的社会关系网络。集体迁徙就属于这种情况，就像世界各国的族群聚居区（Bordes-Benayoun & Schnapper, 2006）。

流动数量的大幅度增加和多种流动模式的共存凸显出人员流动的多模式特征，结果便是人们开始把这种流动称作超流动性，它包括"在各个方面得以实现的多样化流动，如多模式移动、分散的奔走历程、零碎的工作、各种媒体、科学技术，……这些方面确定新的生活方式"（Marzloff, 同前: 2005）。不论这些流动是有形的还是虚拟的、真实的还是想象的、全球性的、跨区域的还是地方性的，它们都是"居住与旅行"的辩证法。虽然说有形的或者通过电子的方式到达别处这在今天已经非常普及，但社会的不平等性也表现在流动方面。流动固然欣快，却总有被忽略的人享受不到这充满活力的流动。

所谓流动教学法，就是要在熟知这些流动模式的同时，从中超脱出来，设计出解决语言和文化问题的专门工具。

3. 研究中产生的流动理论

流动的历程是如何展开的？本章将向读者呈现一个专门的概念性整体架构，该架构基于不同的现实情况，让我们看到在语言及移民政策的视域下，发生在欧洲、北美、非洲和亚洲的各种各样的流动。不流动和超流动、群体和个体流动、螺旋式和嵌入式流动等并行不悖且程度不同地相互交织着。经历的多样性要求本章的作者按照凡事都有其复杂性的原则去分析这些历程。为此，本章的作者研究并析出了不同环境下的移动者的动机、生平及个性特征，以及他们先后或同时拥有的身份。这些环境包括：校际交流、国际留学、企业干部外派、农村人口外流、个人移民、劳力输出、多语言和多元文化环境中的培训，等等。

本章的作者发现政府机构和个体之间存在着角力关系，矛盾重重，因为两方不同的逻辑互相对立。虽然官方言论主张对外开放和相适应性，但与之相反的是，政府机构却没有真正重视流动主体的经历。接待国给予移民一个单一的身份，常常是种族或国家的身份。这样的身份认定导致集体的负面意识表征，并通过政治、媒体和教育得以中继。本章的作者还发现了菲律宾水手和移居者遭遇的一些排斥经历，其形式有些是明目张胆的，有些则是看不见的社会隐性歧视。

移民们个人反对这种身份指定，他们像在加拿大生活的意大利人和在科特迪瓦生活的约鲁巴人那样，寻求自我或本族群的新角色与身份认同。我们从参与交流的青年人和正在读书的大学生身上也能看到他们对这种强行的身份认定的态度：有抗拒，有退让，有回避，也有模棱两可。但是，也有移居者，如在美国群居的犹太人和在亚洲公司里的干部，他们采取拉拢人际关系和谈判协商的策略。他们当中有些人选择学会一种功能性的语言，便于融入当地的大多数人，有些人则决定学习一种跳板语言，以便获得一个交流的空间。这些不同的策略反映出移居者为建立自己的身份认同所做的种种独具匠心的努力。

本章的作者将多样的移居情形做了区分：建立跨国关系网，在异国他乡重建家园，在移居地开拓第三空间或在多个地理与象征场所之间建立相互交流的综合平台。在这些人际相遇的地方，比如，在第三国留学学习语言，在多语言和多文化的团队中工作，在流亡社团的聚集地等，人际关系会发生改变，有的将建立联系，有的则结束联系。这是一个动态的过程，在这一过程中，移居者要针对自己所属的群体重新确定自己的身份认同。

本章的作者在思考：移居者在流动中获得的经验资本与能力是否得到了重视？他们发现，在对流动者的出发前培训、对移居者的接待和辅助机制，以及移居者回国之后如何发挥他们的专长等方面，存在机制上的缺失。将流动者获得的能力转化到其他领域，这需要明确各个政府机构的职责，需要为移动者做好出发前和返回后的各项准备工作（追溯式学习、经历的资本化和去资本化），使他们成为流动经验的传播者。

4. 关于复杂性原则，兼议方法论的问题

同一个体或群体可能在不同的时刻有多种流动经历，拥有不同的身份。这就提出了个体的碎片化问题和他是如何相继变化或同时变化的问题。研究的主线于是显现出来：自我的内聚与分裂之间的张力关系、政府机构的话语与个体经历之间的差异、强制选择的生活与自愿选择的生活之间的协调性。学术界对上述这些现象通常分开进行各种不同的研究。

4.1 个体的逻辑

自传（参见"自我与语言"一章）、生活故事、体贴的谈话、通信、航行日记、留学报告、自传体小说，等等，这些都是人类学在分析个人经历时常用的工具。每个人都可成为他自己的叙事者。这个自我的出现标志着一个认识论上的决裂，它表现为个体的"身份认定摆脱"了"制度的规划"，强调"身份认同好比自我叙事"："叙事使身份认同的进程减速；自我从其自身的经历出发，把简单的反射变成了反射性"（Kaufmann, 2004: 151—152）。

叙事者构建其生活历史的这些方法向我们提供了一个自我在三个层面上的历时表征：实际生活经验的历史—经验事实，叙事者的心理和语义事实，叙事的推论性事实（Bertaux, 1997）。这个具有多重深度的过程（Geertz, 1973）是一种对实际生活经验的重构，一般采用逆推手法，发掘传记性的经历资本。保持一定的距离观察身份认同的移动性并对之进行反思，这是考虑到要协调处理好实际生活经验与社会中矛盾的多面性，提供一个重新定位自我和他者的空间。

这些分析方法可帮助我们绘制出一张个体或集体流动的空间与象征图形（Zarate & Gohard-Radenkovic, 2004）。

4.2 机构的逻辑，个体的逻辑

只在个体的视角下探讨流动性有可能忽略机构在流动历程中的重要

性。通常，流动者在被分类成另一个少数群体时才被大家感知，他们被定义为"在里面"的外国人，或者是"在外面"的外国人。这些由政治强加给流动者的所谓权威性标签通常被一些机构广为传播和扩散，如教育机构、社会团体、媒体、多数派集体等，甚至还被一些专家学者引用（Bourdieu，1982）。

　　差异的概念促使我们采用"相继结合"（emboîtement successif）方法，综合运用宏观分析（社会、国家）和微观分析（个人、群体）（Thiesse，1997）。我们经常以二元的、竞争的模式探讨文化身份认同的问题，即把"他们和我们"对立起来，强调"国家逻辑"与"个人逻辑"的冲突，前者是可变的、矛盾的，却总是二元的（多数/少数或国家/非国家等），后者也是可变的、矛盾的，却是多维度的（Shiosé，1995：21）。加入多维度分析可使我们认识到背景和环境的重要性，以及国家的逻辑和个人的逻辑。国家管理着文化身份的认同，个人则按照国家的逻辑和做人的逻辑逐步建构并获得自己的身份认同。

　　对充满紧张、冲突和博弈的空间展开研究，这有助于我们更好地理解分门别类和意识形态的起源。意识形态左右着我们的社会、思维方式和行动。对充满紧张、冲突和博弈的空间展开研究，这也有助于解释那些可并入的空间是留给外来人口或个体的，有助于解释移居者所做的各种程度不同的调适和身份认同的创造性努力。我们通过对口头和书面话语的主题分析，通过对照官方与个人文献（Papatsiba，2003），便能发现它们的差异。研究这些差异还可借助交际人类学的工具，例如，对互动作用进行人种志观察（Winkin，1996，2001）。

　　本章采用的研究途径和方法源自不同的社会科学领域，如人类学、人种学、社会学、社会心理学、社会语言学，等等，不一而足。为了创建一个关于流动的教学法，呼唤新的多学科加入其中。

个人和集体的流动经历与政府机构的观点：欧洲青少年间的校际交流

克洛迪娜·布鲁瓦
瑞士比安纳双语论坛，瑞士弗里堡大学

安娜·特里昂塔菲卢
希腊国民教育与宗教部

傅荣　译

校际交流：教育学的"黑匣子"

校际交流得到了各国语言教育政策的支持和鼓励，同时也写进了官方的正式文件中，如政府部门的建议、研究计划、宪章、教参，或者反映在师资培训中，其意义是双重的：为了培养师资，必须开展校际交流；通过校际交流培养师资。

《欧洲语言共同参考框架》和《欧洲语言学习档案手册》都将开展校际交流列为自己的目标，这也是贯彻落实欧洲理事会和欧洲联盟规定的相关原则。这两个组织都愿意推动发展欧洲人的多语言和多文化能力，以及欧洲公民社会的和谐建设。

开展校际交流的目的也是为了激发学生的学习兴趣，同时为在校学习带来一种不拘一格的形式。校际交流被认为能够消除所谓的"高原效应"，也就是最可怕的语言能力上的停滞不前。校际交流的时限不等，形式多样：互换留学或单方派遣、对调学习第一外语和第二外语、虚拟论坛，等等。教学方法包括项目教学法、跨文化教学法、自主学习和辅导学习，等等。

官方文献提出要通过校际交流，促进有着不同语言和文化背景的欧洲青年实现"跨文化的和睦相处"，但实际情况早已超出了既定的目标，同时也提出了很多相关的交际进程问题。为了总结校际交流成功的经验及可能存在的问题，必须考察交流双方通过日常交流建立的关系。

一些社会语言学家开展研究，试图探究清楚参加校际交流的人是如何制定自己的语言策略和身份认同策略的，他们还想认知校际交流这个"黑匣子"对交流者本人、政府机构、课程大纲和教学实践将产生怎样的久远影响（Thomas *et al*., 2006）。

校际交流发展了学生哪些方面的交际策略呢？这些策略在培养学生的多语言能力和跨文化能力时发挥过作用吗？

下面的第一个案例选自瑞士的一份官方文献（Brohy，2004）。第二到第四个案例是录像片段，内容为欧洲青少年进行的一次语言项目的校际交流，具体是希腊和意大利的青少年在希腊，希腊与丹麦的青少年先后在希腊和丹麦（Triantaphyllou，2002）。

案例1

第10条建议：每个学生都应有机会参加语言交流项目，这些交流应该成为语言学习和教学中的有机组成部分。

案例2

——可怜的她，英语讲得不好。于是，为了让她听得懂，我不用规范的时态，语法什么的，也都不要了。我顺着蹦出两三个词，再加一两个意大利语词和一点儿希腊语，这样她就懂了。

——我听不懂时，她就打手势。她有一本字典，遇到不知道的词的时候，她就翻字典。一天，我对她说"黄瓜"，她不明白。我跟她解释说："绿色的，用来做凉拌菜的。"

案例3

D对N说：这是啥意思？（意大利语）
A说：我爱你！（意大利语）

E说：我的亲爱的！（希腊语）

N：我的亲爱的！（英语）

E：我爱你！（希腊语）

A：但我受不了你这么说。（希腊语）（然后唱着说）我爱你。（希腊语）

D：（唱着说）这是因为有爱。（希腊语）

两个意大利姑娘在用意大利语交谈。N在唱一首希腊语歌曲。

E：从头开始吧。（英语）

N对E说：φτου σκουλικομυρμηγκότρυπα（绕口令）（希腊语）

E学着重复这句话。

N：不对，不对，不对！

E重复了同一首儿歌。A试着重复，然后朗诵了另一首儿歌。

D：请重复一遍！

N重复一遍，同时对E说：你跟着说吧。

D重复着，同时加了一句：一张面孔，一个种族。（意大利语）

E重复着，也加了一句：放过音乐了，节日过去了。（意大利语）

A跟着重复，同时说：安静！（英语）

案例4

——他们不如我们那么会社交，他们属于一个不同的种族，即北欧人。而我们这些人比较热情，但他们，就像他们北欧的气候那样，比较冷。

——我不太能够适应希腊人的生活节奏……他们下午3点吃午饭，半夜吃晚饭，弄不清他们什么时候是中午，什么时候是半夜。

——希腊人会自豪地展示他们国家的习俗和传统，他们就是这么做的，因为他们的文化是世界最古老的文化之一，介绍这样的文化他们毫不犹豫。

建构与解构：有创意的语言"修补"①

年轻人置身于一个外国的环境时，他们会借助以前的语言知识应对交际，会使出浑身的交际本领，其中难免有违反语言常规的地方。所以，他们采取避难就易的策略，如交替使用不同的语言、创造新词、做文字游戏、使用非语言或类语言符号、戏剧化，等等。

他们经常地运用这些技术进行交际，也是为了让别人能够听得懂他们的语言。这些技术反映出青年人对语言的小创造小发明，同时表明他们在打造自己的谈判协商的能力，这其实是吸纳多元语言思想的肇始。

一种文化的和行为的辩术

不同国家的人相遇在一起，是他们各自意识表征的相遇。一方作为他者被另一方观察，观察的视角既包括被观察者所属的族群的文化价值尺度，又有观察者自己的文化价值度量。结果发现，有的人比较封闭在自己的族群里，有的人喜欢标新立异，还有的人渴望与众不同。这样的身份认同显示出它的双重跨主观性：一是相对于他所属的族群成员，二是相对于他者的族群。因此可以说，"与他者相对照，就是在建构自我的身份认同"（Zarate，1986）。

人与人（我们和他们）相区别可以体现在：

——地理词语（南/北、远/近）的使用上，这些词语跟人的脾性和人的美学模式有关联，而它们正好反映种族的特性（金发/棕色头发、美/丑）；

——不同的时间逻辑：单一时间概念或多元时间概念。参加校际交

---

① 这是法语里一个很有文化涵义的特有词语：法国人很喜欢在周末和节假日中在自己家里做些修修补补但往往很有创意的小活计，由此引申泛指那些虽然动作不大，但有新意的小改进、小措施，甚至小发明等努力尝试。名词为bricolage，动词是bricoler，指人的名词用bricoleur，本义指喜欢做修修补补的事情的人，转义为善于应对各种事情的人。——译者注

流的人难以适应别人的生活节奏,这种情况不仅反映在用餐时间上,也表现在对守时准点和安排计划的理解上;

——各自国家的历史(历史悠久的国家/历史短暂的国家),这导致有的人产生优越感,有的人则感到自卑。

上述这些区分其实是一种文化辩术,也是一种行为辩术。

通过观察青年人置身于外国环境下的种种表现,说明语言上的缺陷不会阻碍他们的交流。其他更为复杂的因素才是影响青年人相互交流的障碍,例如,权力的影响和身份认同直接关系到自我的建构。这已经超越了文化的层面。这些关于校际交流的研究成果使我们更好地理解了身份建构表达着文化象征,它还是建立社会关系的集合点。

政府机构的逻辑与大学生的校际交流经历：大学的国际流动性

帕提西娅·科勒
瑞士弗里堡大学

伊莎贝尔·拉勒芒
法国国立东方语言文化学院

布丽吉特·勒佩
法国里尔第三大学

傅荣 译

政府机构的逻辑与个人之间的差距

为了建设新的政治和经济区域，大学的国际流动性已经被作为目标和特别青睐的工具而得到不断的认可。但是，这一理念常表现出一种政治上的悖论：一方面鼓励大学生出国交流，另一方面准备工作和接待工作做得很不到位。政府机构更多地重视发展大学的国际化，而忽略了大学的流动性对大学生作为人的培养的重要意义。于是，在大学生流动市场上，两种现象并存：一是人们并不了解大学生究竟是怎样进行流动的，二是大家只看重出国留学可以获得外国文凭和从中获利。政府机构的官方文献将"进来的"大学生与"出去的"大学生对立起来，实际上是鼓励了条块分割，而非相遇和交流。政府机构对交流的大学生进行的分类体现不出大学生流动身份及经历的多样性，也难以反映他们留学期间与他者及他者文化相处所获经验的复杂性。政府机构的逻辑不重视个体的流动经历，而大学生们则在发展一些特有的策略，通过这些策略，他们重新确定着"介于两者间"和"介于多者间"的空间（Murphy-Lejeune，2003）。

国家的政策和大学生的需求这两者的差距是怎样体现的呢？大学生们在其出国交流期间施展了哪些策略？怎样做才能帮助大学生做好出国交流的准备？如何接待留学生？如何在他们回国之后使他们的留学经历有用武之地？

通过讲生活故事、写语言传记和展开贴心交谈（Kaufmann，1996）等做法，可以揭示下面三个研究案例展现的矛盾与冲突。第一个案例讲的是参加欧洲Erasmus国际交流项目的大学生对法国一个大学法语教学中心接待工作的感受（Lepez，2004）。第二个案例事涉在法国和其他地方参加校际交流的公费留学生和自费生的留学经历（Lallemand，2004）。第三个案例介绍了在瑞士的一个双语环境下，入选欧洲Erasmus国际交流项目的学生如何安排他们不同的留学阶段（Kohler-Bally，2001）。

案例1

格里克莉雅和爱莲娜：我们到里尔时，大学生宿舍已经没有空余房间了。但是，在外面租房，人家要保人。我们找不到担保人。因为没有住处，所以我们既开不了银行账户，也不能买学生公交票。我们曾经想到过回国……

睦美：我们日本人不太习惯外国人，所以有点怕和他们接触。但法国是一个多民族国家。虽然我法语讲得不好，他们还是跟我交流[……]。我感到在法国我必须得说话，不然的话，他们会失望和生气。

案例2

A学生

出生地	第一次移居	第二次移居	第三次移居	第四次移居	第五次移居
波多黎各	法美大学生交换项目（MICEFA）巴黎第十大学（学法语）+西班牙语助教	波多黎各2年，完成学业	巴黎4年半，巴黎第三大学高翻学院读博	波多黎各半年，教授翻译课程	巴黎半年做博士论文

R学生								
出生地	出国1	出国2	出国3	出国4	出国5	出国6	出国7	出国8
伊拉克	在新喀利多尼亚度过童年	在法国读小学	在意大利读小学最后一年和初中	在巴黎读高中一、二年级	在加尔各答读高三和毕业班,但在新加坡通过中学会考	巴黎2年	巴厘岛10个月	2年来在法国国立东方语言文化学院

> **案例3**
>
> 入选Erasmus国际交流项目的大学生
>
> 玛利亚：我到了之后的第一个星期，如果要去买什么东西，我会先查字典找到准确的词汇。但是，我现在开始能够表达我想要什么了……我想，这是因为我不再害怕说话［……］。我觉得我现在跟瑞士人交流没有任何问题［……］，他们很有耐心。
>
> 艾兰：我很想了解瑞士……但让我非常不安的是，我在这里没有结识很多瑞士人，即便认识了几个，也难以保持长久的联系。
>
> 贝尔纳多和玛利亚：我们已经制定了明年的计划。有几个Erasmus的交换生告诉我们："明年我可能还要来巴塞罗那留学，到时候我和你们在一起……"

留学经历的多样性

体制下的和个人的各种类型的流动打乱了人们对于那些可预见的移居所持有的传统观念。留学经历的多样性使人们开始审视大学生这一概念，他们的年龄跨度从20岁到50岁，他们一会儿过着大学生的生活，一会儿过着在岗从业人员的生活，一会儿又可能过着家庭生活，有时他们是几种生活兼而过之。移居国外的情况变得非常复杂，呈现出一种动态的模式，从中可以看到千差万别的移居动机、移居家庭的故事、接连不断的迁居活动，以及居住异国他乡时漫长的调适与再调适的过程等。这一动态模式促使移居者不得不考虑移居之后的生活抉择问题。

双重的文化碰撞

侨居异国他乡成功与否，很大程度上取决于移居者对个人情感的管理。对于以个人身份出国留学的学生来说，他们得不到体制内的任何帮助，所以刚开始的留学安置阶段通常很不稳定，因为他们必须解决迫在眉睫的日常生活问题，但他们语言不熟练，对目的语国家的文化语码更是陌生。

与外国人相接触，这让大学生手足无措，这对来自一个完全不同文化的国家的大学生来说更是如此。从喜悦到失望，大学生们抱怨说他们没有受到足够的培训以应对"文化碰撞"，所以在新的环境中迟迟找不到北。这些人回国后又将面临本国文化的碰撞。

从感觉不安全到勇于冒险

懂得多语言和多文化的人给大学生带来极大的语言安全感，因为熟练掌握语言从来都是期待的。当本地人对外族人表现得宽容与合作时，大学生便有勇气参与交际，因为他们不再有胁迫感。

为了进修某一项专门知识和提高语言水平而留学的大学生会反思自己对他者固有的意识表征，会发现一个不同于他本族的文化世界。他留学的视野就不会那么功利，而会发现这一经历具有教育意义。

封闭面对开放

对留学生实行太多隔离式的管理反而会滋生他们在身份认同上的自我封闭。留学生如果成天生活在同族人或者同一个项目组（Erasmus交换生）的小圈子里，将失去和当地民众建立联系的机会。关于这一点，请参见塞德里克·克拉皮斯（Cédric Klapisch）的电影《西班牙旅舍》（*L'Auberge espagnole*）。留学生通过发展自己的开放策略，通过参加其他的活动,并将自己的联系网络延伸到其他地方和环境等途径,他是可以弥补这一缺陷的。留学生在新的文化中找到自己的身份认同,这种新文化在流动中得以共建。

政府机构的角色

政府机构应该负起责任,认识到出国交流的学生承担着多重角色,他们同时是移居国外的人、社会人、语言大学生和专业大学生。为了培训他们应对出国留学的挑战并帮助他们完成各种手续,如选择导师、联合培养、确立学习对子等,以便他们及早融入留学接待国的大学体系,有些机构看来必不可少(参见Anquetil,2006)。政府机构还应该为所有留学归国的学生提供一定的空间,让他们思考(反思)自己的留学经历,帮助他们总结留学的成果并加以利用。

国际流动：企业中懂得跨文化能力及关系的经理人

帕查瑞拉特·亚纳帕萨尔
瑞士巴塞尔大学，诺莎泰尔高级管理学院

贝尔纳·费尔南德斯
法国里昂管理学院

余春红、傅荣　译

全球化的精英

"外派国外"这一概念指的是外派海外的精英。比如，高级专业人士派驻国外，其使命是要引进可塑的流动的国际能力。以前，去国外定居的时间有长有短，而今当地的用工合同越来越多，人员流动也日趋频繁，国际性流动的理念已经超越了传统的对外派遣的做法。这一变化已经反映在外派人员和跨国流动人员的言谈话语中，在那些成立了国际流动部的企业里也是有目共睹的。流动的理念还吸纳了一种"迁徙的幻想"（Knafou, 1998），成为这些全球化精英的"流动资本"（Murphy-Lejeune, 2001），这些精英被称作"超级小资"（Duclos, 1998），他们的生活风格及习俗一眼就能看得出来。

这些精英的身份主要有以下几种：从总公司向下属分公司派遣的专家和职员；分公司在当地招聘的人员返派回总公司；肩负多重使命的"跨国"干部，他们被派往全球各地，拥有丰富的职业经验。在这个多极化的时代，这些精英必须学会管理他们的流动经历，比如：动用了过去的哪些资源？在多元文化的团队中，需要哪些职场文化知识和哪些关系策略？需要哪些条件才能够做到回国之后，将自己的流动资本加以转化,发挥作用?

国际流动不再是简单的"来回"移动,为探究其更多内涵,我们将采取定性研究的方法,通过半开放式访谈搜集数据,分析流动者的交际观念及交际互动。

第一个研究案例在于找出在法国公司工作的法国人和泰国人遇到的困难和误会,这些法国公司落户于泰国。该案例的研究方法主要是社会人种学(Yanaprasart & Gohard-Radenkovic,2003)。第二个研究案例以人种学理论为指导,分析了被派驻中国的一些欧洲人的移居经历,这些人曾经担任或者现任各个行业的主管或顾问(Fernandez,2002)。

案例1

一位泰国经理,在法国生活过10年,现就职于曼谷一家法国公司:

我认为,比交际能力更重要的是在一起工作时的成熟与老练。能够理解他人对于团队工作至关重要。我们需要团队精神。每个人既要能够维护团队成员的多样性,也要能够接受个人的特性。如果没有跟将要在一起共事的人生活过,工作中遇到矛盾时,就很难原谅对方的失误,就总会觉得别人笨手笨脚。如果我们理解他们的文化和他们的思维方式,在解决文化冲突引起的问题时,我们就会比较灵活。对我而言,有两点必不可少:懂得语言,更好地理解工作关系。

案例2

一位法国人力资源部经理,就职于泰国一家法国公司:

我们期待我们的员工越来越重视个人素质及社会能力,而不只是狭义的职业能力。一个人虽然专业水平很高,但如果不能适应社会,比如太爱提批评意见或者交际能力有问题,他将被视为公司里潜在的不稳定因素。

案例3

一位欧洲经理,在中国5年:

在中国生活的外国人需要具备的典型素质,就是要准备接受另一种文化，要舍得花时间去解释你做的事情或者是应该做的事情，去跟人协商讨论，努力地走向他者，努力地去理解。同时，不要把学到的东西占为已有，而是传授给当地的年轻干部。我们面对的最大挑战之一，就是成功完成这一"炼金术"。

案例4

一位法国董事长兼总经理，在中国的一家企业工作：

经常在不同国家生活的人将会拥有很强的适应能力：适应自己不懂的语言，适应一种文化和不同的符号象征。这一切促使人反躬自省，消除自己内心深处那些刻板或僵化的东西，从而在考虑事情和处理事端时，通常视野开阔，比较客观和周全。

案例5

一位法国人力资源部经理：

外派人员回归，这需要有所准备。我们觉得，国内能够接收外派人员回归的机构还很不健全，不论是在总公司，还是在被派往另一个国家的某个分公司。这项工作需要在企业集团层面展开研究。

流动资本

关于外派，雇主的意识表征是指那些能够在一个完全不同的国家从业并感觉"像在自己家"一样的人的能力。这种能力并非自然形成，它需要培养。未来的外派人员的素质不仅包括与其职业环境相关的专业能力，还包括创造自己的流动资本这样一些基本能力，例如：

——能够从社会文化层面认识自己的流动经历；
——能够反思自己并容忍不确定性；
——掌握对象国的语言，了解合作伙伴的职业文化；
——愿意理解职业环境中的交际模式；
——学习在多元文化团队中工作，求同存异；
——懂得传授和分享自己的专业知识。

成功流动所需的能力有赖于移居者在他国居留的时限，它同时考验着移居者具有的汲取自己以往的流动经验和资本的综合能力。

逐渐学会流动

时间变量在学习流动和逐步构建能力的过程中是决定性的。从调适到融合，这期间可分为以下四个阶段：

——浸入，这是流动的一个可操作性的概念，即个人选择；

——浸入-调适，这是一种发现新事物的能力，需要六个月至一年的时间呆在对象国；

——浸入-理解，这是一种理解事物的能力，需要一年半至三年的时间呆在对象国；

——浸入-融合，这是融入对象国的能力，需要三年以上的时间呆在对象国。

综合能力

接受访谈的干部说他们在流动中获得了一些综合能力，尤其是跨文化的管理能力，其中包括：

——能够与自己原来的认识和价值观保持一定的距离；

——知道注意对方的价值观体系；

——能够发现交际中产生误会的原因；

——能够在交流信息的过程中调整自己，以适应对方；

——能够在发生冲突时评估风险，并采取相应的协商策略；

——懂得适应社会环境，建立默契的人际关系。

需要有一定的条件把上述能力转化为资本，再投入到新的职业环境中。

能力的资本化及可传播性

流动不仅指能够走出去和回得来,更重要的是要通过流动进行学习,并把获得的经验加以传播(Girin,2001)。可帮助职业人士通过反思自己的经历和提高对自己人生经历重要性的认识把自己的流动经历资本化。具体方法包括:集体评估(Aubret & Gibert,2003)、流动对象国工作坊(Pautrot & Girouard,2004)、写传记(Maillard,1998)。

这种追溯式学习基于个人的批判性眼光和集体思考,旨在保证流动中获得的能力具有可传播性。一个成功的机构会帮助这些跨文化关系的管理者,使他们成为自己的流动资本的中介者,从而实现流动能力的传播和再利用。

移民身份的重新定义：群体分类与个人策略

莫罗·佩雷西尼
加拿大渥太华加蒂诺文明博物馆

保拉·吉拉尔迪
瑞士弗里堡大学

余春红、傅荣 译

对"他者"的群体分类

在移民人口众多的国家，一般都按照人种加原国籍的方法来认同新移民，如"意大利人"、"阿尔巴尼亚人"等，这一做法的恰当性很少受到质疑。我们发现，在日常生活中，在新闻媒体、教育机构，甚至社会科学界，人们的话语体系也是这么说的。这种分类法以及随之而来的负面意识表征之所以能被广泛接受，多半是因为它简便易行。这种方法可以将无数实际存在的移居者简化成一个小的群体，如"意大利社群"、"葡萄牙社群"等，同时可以不用考虑千奇百态的移民情形及经历，也就是一个个体的移民情况及遭遇。这种方法还使人觉得每个社群都是同质的，其中的人享有共同的文化，因此可以用同一种理由去诠释他们的习俗、计划、成功和失败。但是，我们如果对移民现实进行仔细观察，便不难发现，新移民到达目的国之后，为了在对象国社会中重新确定自己的身份认同，为了谋取生活的社会空间，他们会采用各种各样的策略，这与上述种族–国籍归类法有很大不同。

这种刻板化的群体归类法在移民的心目中占有什么地位？下面这些文字讲述的只是"种族–国籍"的故事吗？还是也包括移民者个人找寻

其他角色和身份认同的故事？这些个体的移居者在目的国社会中会采用着哪些语言策略和社会策略？

讲述生活故事法（Bruner，2002）与上述群体归类法不同，它是一种人类学的深度解读（Geertz，1986），揭示着故事里的思想内涵。下面第一个案例讲的是卡拉布尔附近村庄的居民，他们在1950至1960年间移居到了魁北克（Peressini，1994）；第二个案例讲的是20世纪60—80年代从南欧到瑞士的第一和第二代移民（Gilardi，2006）。

案例1

莫里齐奥，曾在蒙特利尔的一家餐馆工作：

当初，老板的儿子……向我扔石头并且说——我现在明白了——加拿大的法国人都这么说我们："该死的意大利人……，你们来抢了我们的面包"。因为我们移民到这儿以后确实什么工作都干……我们有家，要买房子，总之，我们不能没有工作闲呆着。以前，我们不懂。不过，当我们明白之后……，我就回应他们："你们为啥要怪我们呢？去找你们的政府吧，是你们的政府让我们来的。我们在意大利靠那点工资活不下去了，后来发现这里有一扇大门是敞开的，于是就来了。"

案例2

阿弗莱多，关于为何给孩子们选择英语授课的学校：

在那个阶段（在蒙特利尔最初的几年里），我们基本上就是随大流……。因为我哥哥把他们（他的孩子）送到了英语学校，我也把孩子们送过去。这是第一个原因。第二，我们知道无法强迫孩子说法语，因为有两亿五千万人说英语，而这里的法国人只有五六百万。因此，明智的选择，就是这个：学习绝大多数人的语言。这是首先需要考虑的……因为，的确，法语是一门美丽的语言……，但是无论如何，我们在北美，法语固然不错，但英语不能丢。

案例3

弗兰西斯科，突尼斯人，移民到了都灵（他母亲的原籍）：

> 到意大利后，有两点令人失望。首先，到了之后，我就想"啊，总算回到了自己的国家，……到家了！"。第一件事情，经常有人说我，因为即使我说意大利语，肯定不会带皮耶蒙口音——il terùn（这是个贬义词，意大利北部人用它来形容南部人）。因此，我就开始想："好啦，现在来到了意大利，在那边（突尼斯），他们骂我'sale maccaroni'（讨厌的通心面），这儿的人说'terùn'。"……和我们在突尼斯的生活相比，来到欧洲，看到人们把金钱利益看得那么重……，对于很多突尼斯人或来自北非的人，我们都不习惯……
>
> **案例4**
>
> 伊莉奥诺娜，西班牙人，谈她在一家洗衣店的工作：
>
> 我在那儿打黑工……第7年，我才拿到（居住）证。只有两个瑞士人，都是女的，其他人都是意大利人……最初，只有我一个西班牙人，后来又来了一个，最后我们有三个……因为整天……都听意大利语，我在瑞士学会的第一样东西，就是意大利语……有的人很热心，有些人比较冷淡，不过，我嘛……，我想跟大家相处……，我和所有人的关系都很好……

多样的身份认同策略

把移民按照种族-国籍进行分类，结果受到了解构和抗拒策略的挑战。上述的生活叙事一方面反映了当地人如何用这些归类法指称新移民，另一方面也让我们看到这些新移民如何运用各种策略应对当地人对于他们的"固化"印象。

其中一种策略是接受并适应这种归类，用它来定义他人和自己。另一种策略在于不论强加与否，他们都认可种族-国籍归类法，但拒绝接受其刻板的负面内容（"该死的意大利人"，"讨厌的通心面"）。第三种策略则是反对拿种族说事儿，不仅不接受种族-国籍归类法的内容，而且根本就不赞同这种人为的归类法。这种完全与众不同的策略意味着摒弃种族-国籍归类法，或者说将用多样的身份认同取而代之。这是将权力关系的重心转向了另一个层面，即移民、家长、公民和普适意义上的个体层面。这一层面的个体与所有人和睦相处。还有最后一种策略，就是对种族-国籍分类法进行双重解构，既有不超越国籍的（皮耶蒙人把南部移民称为terùn），也有超越国籍的（北非各国的人口混杂群居）。

语言策略

选择英语还是法语作为学校语言，成为一种身份认同之争，将加拿大的法国人和英国人对立了起来（Linteau，1987），而移民们却不太看重语言的国籍身份象征，他们只关注语言的功能性和实用性。

意大利语在瑞士具有双重地位，既是少数群体的国家语言，又是占多数移民群体的语言，因此，来自南欧的移民把意大利语当作跳板语言。意大利语的双重地位表明，因为移居者掌握了一种不同于对象国的语言，所以可以采用更加灵活的适应策略。

重新定义个体

对个体身份认同的再定义和上述反对国籍归类法的策略，其目的正是为了构建一种对于个体来说更有意义的身份认同的自我形象。这样的自我形象表明既反对文化上的过于张扬，也不赞成文化上的过于自卑。重新定义个体的身份认同和反对国籍归类法还能使移居者谋得部分的社会融入空间。

这也促使外语教学法专家了解到社会上其他人自然的意识表征，促使他们反思这类意识表征的局限性，以及它们对个体的影响，从而看到群体分类和个体（再）定义之间的张力。

跨国移居：在背井离乡和定居异乡之间

乔治·阿拉奥
巴黎国立东方语言与文化学院

瓦莱里奥–马西莫·德安杰利斯
意大利马切拉塔大学

叶莎 译

聚居身份认同与经历之议题

历史上，"跨国聚居"（diaspora）一词带有贬义，就字面而言，指一些人类群体因殖民扩张而迁徙、侨居、流散国外，由此远离故土的现象。但从词源上看，该词具有褒义，意喻"种子撒播、扩散和分布的繁殖力"（Braziel & Mannur, 2003：4）。最新研究指出，聚居主体"具有文化、语言、种族和民族的混合性与异质性，且以'穿梭贯通'于……民族国家与国外聚居地之间为特征"（同上：5）。这一"横贯线"自然意味着在迁离故土之后、定居新的文化空间之前的一段悬置期，由此便产生第三空间（espace-tiers）（Bhabha, 1994）。在这个空间中，双方（一方为聚居异乡的群体，另一方为"异乡"的原住民）都计议着跨国界和跨文化的全新重组。

关于这一进程，以下问题最为中肯：在聚居过程中，迁徙之前或在移居途中所学会的各种语言与文化之间如何交织融合？这种相互作用又如何影响散居迁徙中个人语言与（跨）文化身份的重新调整？

针对这些移居问题的方针政策及其效果正是本文两个案例分析的主要论题。第一个案例分析以拉兹杜（Lazidou, 2002）《约鲁巴族在科特迪瓦的聚居现状》（Aloa，即将发表）为出发点，从种族语言学角度分析约鲁巴人（Yoruba）的散居情况。第二个案例分析则从语言与文学角度，考查罗斯（Roth，1934）的小说《安睡吧》一书中对美国犹太人聚居境遇的描述。两个案例分析都旨在研究犹太人和非洲人的海外族群如何适应多语言背景下新的社会文化环境（De Angelis，2002）。

案例1

以利亚教堂主日礼拜……，牧师正在介绍首次出席这种礼拜的人，点到其中一个名字时，一个约摸十岁的小男孩羞怯地站了起来，牧师转向在座的人，说这个小男孩不懂约鲁巴语，他们（指各位成员）都应当一起帮助他学习这门语言……；在教堂内部，《圣经》、圣歌和所有的指示（指示牌）都以约鲁巴语写成，仿佛在表明此乃约鲁巴之教堂。（第72页）

案例2

曼哈顿一个多种族混居的小区居民都停下了手头的事情，赶往事发地点。年轻的主人公昏迷在地。人们议论纷纷。

« Holy Mother O'God! Look! Will yiz! »

« Wot? »

« There's a guy layin'there! Burrhnin'! »

« Naw! Where! »

« Gawd damn the winder! »

« It's on Tent'Street! Look! »

« Git a cop! »

«An embillance-go cull-oy! »

« Don't touche 'im! »

« Bambino! Madre mia! »

« Mary. It's jus' a kid! »

« Helftz! Helftz! Helftz Yeedin! Rotivit! »

（第417—419页）

聚居的地缘语言学经历

任何一种聚居的语言经历都能揭示出相关主体的"地缘语言学经历"。约鲁巴人初至科特迪瓦时说约鲁巴母语和尼日尔英语,最后则在以法语为官方语言的迁入国说通用的迪乌拉语(dioula)和主要语言巴乌莱语(baoulé)。在多语并存的环境中,这群从事经商的聚居者亦说某种掺杂当地土语的法语,被称为"殖民地土著的蹩脚法语"(français petit-nègre)。族群中的成年人很少能完全掌握一门科特迪瓦语言;自第二代移民后,族群中才出现了能说三门语言的人(Igue,2003)。

身份认同感的传播与重建之地

为确保宗教生活和学校教育平稳进行,人们采取了一些举措:科特迪瓦的新教教堂和约鲁巴小学成为文化交流认同的象征之地,宗教礼拜和教学始终用约鲁巴语并依据原住国模式进行。

这一聚居群体实行族内通婚制,在家庭内部不说任何外语,传统知识的传播活动依靠代表族群记忆的长者主持。因此回避对外交流、自闭于本族内部的迹象十分明显。

他们常居住在族群大杂院中,以其原先所住的城市命名。由于在饮食、穿着、司法和社会经济(原住国的储蓄和养老储金会制度)方面都保留了本族习俗,"他们觉得自己仿佛……仍在尼日利亚"(Lazidou,同前:95)。

这种强调本族有别于他族的态度,就是"面对尼日利亚国内其他族群时,他们自谓纯粹的约鲁巴人,但在其他国家的非洲人面前,他们又自称尼日利亚人"(同上:56)。但聚居于某一城市的约鲁巴人在面对外地约鲁巴人时仍以本地人身份认同为先。聚居主体怀念故国的表现是建立联合会网络。在跨国事务中,这些联合会负责与其他约鲁巴聚居群落之间的联络,负责在尼日利亚的发展计划,以及原住国和迁入国之间的人员往返。早在"科特迪瓦民族特性"(ivoirité)这一概念出现以前,在异乡聚居的约鲁巴人就与当地政治保持距离,且鲜有人申请科特迪瓦国籍，因为约鲁巴人时刻想着归国。

多语言与多文化遗产：巴别塔上的交流

正如众多描述在美犹太移民语言历程的书文一样，小说《安睡吧》展示了母语和移民语言之间的复杂关系如何依照三大阶段展开。

初来乍到之时，移民的第一个反应是出于自我保护意识而退缩到母语（此处为意第绪语）文化空间中。第二阶段即适应第二语言（此处为英语）的必要过程。虽然"他们不喜欢的"英语并非新大陆唯一使用的语言，却是占统治地位的语言。第三阶段则是回归语言文化之根，包括移居主体不知道的语言文化之根。在这部小说中，这一阶段的表现形式是年轻的主人公在希伯来宗教学校（为美国犹太人维护传统知识传承的象征之地）学习古典希伯来语和阿拉米语。

学习这门神秘的语言使学习者对语言力量产生了一种扭曲的意识表征。受此驱使，主人公效仿以赛亚用火纯洁语言的做法，将一个金属工具扔到了有轨电车的轨道上。通过这种（几乎）是自我牺牲的行为，他成功地在居住于曼哈顿下东城区的族群之间建立起联系。当地族人赶到事发地点帮助受伤青年，每个人都说着自己的母语、或习得语言的变体、抑或两者混用——这一幕让人不由想起巴别塔之景。由此产生了第三空间，在这个空间中，语言与文化上的交流障碍既暴露无遗，又得以消弭。

通过多语言和多文化历程，可以看到一种本可以避免产生语言文化壁垒的出路。对各具特色的语言文化遗产持欣赏态度才会有跨语言与跨文化之对话，正是这样的对话使这部小说（如同其他一些小说）能够有效地用作跨文化学习的教材，因为它既反映了在多语言社会中迁离本土和聚居他国的不易，也展现出这一过程带来的种种机遇。

适应人口高度流动的策略：无土迁移者之经历

卡特琳娜·贝尔热
法国巴黎第十三大学

叶莎 译

人口高度流动和全球化

现代世界愈发具有高度流动的特征，商品、人口、信息和文化产品的流动不断扩大。完全不参与各类出行的人越来越少，某些人的生活甚至因人口流动而发生彻底改变（Tarrius，2002）。迁移者正是如此，尤其是那些经年累月在国外工作，将大部分工资寄给国内亲眷而频繁往返于各地之人。一些穷国公开鼓励这种暂时性移民，因为它可以降低本国的失业率，可以养活一部分人口并赚进外汇。菲律宾就在向全世界"出口"劳工，尤其是大量海员。这些年轻人通常来自农村，出身贫寒，毫无准备地面对一种全新的生活方式。他们不断随多国人员组成的船队航行，因为海上商船在全球范围内招募更廉价的船员，是最早全球化的行业之一。

这些年轻的海员不断迎来送往，因常年远离家人而抑郁愁闷，身处茫茫大海而不见陆地，且不得不与别国同事共处一室——他们是如何适应这种极其变动不居的生活的呢？

本文将以一些菲律宾海员在上船时所写的英文书信为论据进行阐述。这些书信是写给他们修习海事期间所在海员之家的一位布道牧师，随后在海员之家当地的公报上发表（Berger，2004）。

罗纳尔多，1994

　　日夜萦绕身边的不只是海浪，还有挥之不去的沉闷与乡愁，让深夜的工作显得漫长难挨。有时思乡情切，便郁郁不乐。还有些时候，任何形式的娱乐也排遣不了无聊愁闷的心情。……在甲板上抛锚锤打的喧嚣声中，无时无刻不在思念家乡。我正处于适应阶段，说服自己要接受现实。我告诉自己，我现在是一名海员了，此生将在海上度过，注定要远离故土，与孤独为伴。

里奇，2000

　　嘿，伙计们，关于我的情况，我们麻烦大了。三天前，那个来自乌克兰的二副被遣返回乡了，因为凌晨十二点到四点值勤时，他离开了驾驶台。凌晨三点半，船长去驾驶台那儿发现没人，而我们当时正位于太平洋中心地带。二副当时正在三副的船舱里。他们在一块儿喝酒。这对我们的生命而言是多么危险的行为！轮机舱里的情况十分糟糕。我仍在适应用船上的符号语言和不同国籍的人交流。

雷，2002

　　轮机舱里只有我们三个菲律宾人。我们跟大厨不和。全体船员都罢工反对他，因为他的菜单。他来自印度。全体船员正写联名信要求将他遣返。我曾问他是否有家人。他有两个孩子在上大学，还有一个在读中学六年级。每个孩子都指望他的工资支付学费。……他甚至在船长面前哭鼻子。我能体会他的感受，我理解他的心情。即便他一整周只排两份菜单，我觉得还是应当体谅到他也有讨生活的权利。

君，2002

　　夏比和凯勒都很好；我仍在努力培养父子感情。凯勒有九个月大了。很抱歉他生日那天我不能来。这是我不得不接受的现实。最初的几周或几个月将会很难，因为亲生儿子将你视作陌生人，而当彼此之间终于亲近起来，却又不得不为工作而分离。我知道，远离家人是多么艰难，但这也是为了他们的将来。

布莱恩，2005

我需要一点儿时间适应和不同国籍的人一起工作。我是船员中最年轻的，也是唯一的单身汉。他们为家庭而工作，而我为自己的未来工作。我现在最关心的事是寄钱补贴父母。有一次，我走在印度的大街上，碰巧看到一件T恤上印着这么一句话：大海为我乡，航船作我家，天命乃尽职，何日有妻室？

船上天地

海上生活看似极其艰苦，但海员们认为除了适应别无他法，因为竞争是残酷的。家庭是他们的核心价值，为了家庭，他们甘愿受苦，以便能将俸领的美元寄往家中糊口，乃至让家人过上相对宽裕的生活。他们的策略在于强迫自己遵守一种与其惯常生活模式相去甚远的规矩。很多人说这是自我牺牲。船上的社交生活通常少之又少，因为船首先是工作之地。对于这群永远颠沛不定的人而言，每艘船都扮演了接待"地"的角色，每艘船都有各自的硬件和人员配置，但船队的组成会随航程中人员的去留而变化，船员们也须做出相应的调整（Kahveci, Lane & Sampson, 2002）。菲律宾海员一般说英语，但全体船员之间缺少一门共同语言，这有时甚至不利于安全。更常见的情况是，当交流太费劲时，语言便成为导致社会孤立的一个因素。虽然国籍歧视仍然存在，但各国船员依然能团结起来正常工作（同上）。

迁移经历

流动的经历（此处为迁移经历）往往是通过事后的采访或讲述记录得以再现。因此讲述者往往会不自觉地重构这段经历，使之合乎常情，或是讲述者的记忆出现漏洞偏差。而在迁移过程中写下的一些材料，例如个人日记或书信，则未经采访者诱导，不太容易受到这些因素干扰，从而提供了一种十分有趣的历时性视角。须知芝加哥学派为撰写其最重要的研究报告之一——《欧洲和美洲的波兰农民》(Thomas & Znaniecki，1918—1920)，就十分倚赖移民的书信。

要了解与人口流动有关的现行语言文化交流模式，并运用适当的概念和方法进行研究，迁移的人种学和社会学似乎是无法回避的参考学科，即便严格意义上的教学法论题要求随后建立专门的研究方法。

在这些新生概念中，高度流动的范式似乎前景可观，因为持此论者(Diminescu，2003；Urry，2005)强调现象的流动性，并试图厘清全球化和通讯技术的发展带来的深刻变化。然而，穷国海员的案例提醒我们，人口流动社会学不应忽视传统的研究对象，譬如经济与社会的不平等因素。

这些海员书信展示了文化交流与差异的具体情形，而这些正是语言教学法特别感兴趣的内容。虽然海上生活与教学界及其从业者相去甚远，但从中可知，大量社会现象都涉及了语言与文化多样性的问题，且与世界各地区之间的不平衡以及出于谋生需要的人口迁移息息相关。

流动或静止：未来教师面对语言文化多样性的矛盾心理

塔尼亚·奥盖
瑞士弗里堡大学

阿琳娜·戈阿尔–拉登科维奇
瑞士弗里堡大学

叶莎 译

"理解他者"之愿

不论是身处一所双语教学的外国大学，还是在一门多语言多文化的课堂上实习，未来的教师都希望学习他者的语言，发掘或向人展示他者"文化"，简言之，就是更好地认识和理解"他者"。为此，他们寄望于培训期间的交流接触。为了分析对他者和自身的看法如何演变、面对多样性的各种态度，以及在流动性和多元文化经历中建立的方针策略，需要借助社会心理学（Gallois, Ogay & Giles, 2004）、人类学（Barth, 1995）或社会学（Wieviorka, 2001）等学科。

未来的教师如何看待语言文化多样性？经过这番接触之后，对自我和他者的认知与态度是有更新转变，还是一成不变，依然如故？

本文两个案例分析以对未来教师的一些定性或半指导性的访谈结果为依据。这些正在接受入职培训的教师或是处于日内瓦多文化环境下的小学教员（Ogay, 2006），或是处于弗里堡双语环境中的中学教师（Gohard-Radenkovic, 2001）。第一个案例分析借鉴扎根理论（grounded theory），旨在理解这类人如何把握与未来职业相关的文化差异这一概念。第二个案例分析则根据人类学研究方法，试图阐释大学生们的观念、态度和策略，以及他们之间交流出现障碍的主要缘由。这些学生在瑞士州际交流活动中选择了弗里堡作为双语学习之地。

案例1

在"古斯古斯教学法"（pédagogie-couscous）出现以前，我就对自己说，这会是一个很有趣的观点。鼓励孩子（比如，他若是摩洛哥人）向大家介绍他的祖国，以使孩子们学会更好地认识了解。我呢，我坚信无知才会畏惧，无知才会拒斥。[……] 所以，我本会更加支持这种古斯古斯的做法，却再也不让这么做了！我已经无所适从了！

[……] 是的，我觉得这样可以兼收博采，譬如一个孩子想要为猫做专门介绍，我觉得跟我们讲讲他自己的文化可能更好。谁知道呢……

案例2

已然如此，因为，真的，我一直……在乡下长大，而且一切……我不喜欢城市。我讨厌城市。还有就是……应该说，还是应该说，学生们吧，很不一样。年初我曾在S.实习（S.是一个汇聚多元文化的城郊社区）。那里完全不一样。[……] 班上外国学生的比例占80%，半数学生不懂法语。教学条件的确算不上……条件完全不同。但，怎么说呢……我并不想说"啊不，我不想在城里教书，因为城里孩子一无是处"。一点儿都不想这样。但是……如果我能待在乡下，我就很舒服了[……]。

案例3

说法语的人：是的，"罗斯蒂之幕"（Röstigraben）（"罗斯蒂"rösti被视作日耳曼民族的典型菜）可以说的确存在。在我看来，说日耳曼语的人有纪律性、守时、严谨、认真、有时显得不够细腻……而我们说法语的人呢，我们更轻松、有活力、个人意识强、纪律涣散、总是有不满情绪……但这些只是陈词滥调，这是真的，对吧？（笑）？

说日耳曼语的人：是的，当然……瑞士德语区居民和法语区居民的确不一样，但这就是现状，应当接受……这是宝贵财富，是相互丰富，而不是分离疏远……应当努力靠近他者，应当表现出良好意愿……

> **案例4**
>
> 说法语的人：起初，我并不想去德国参加这次语言培训，因为这耗费时间和钱……我当时想："啊，这些德国人，他们冷淡、刻板、特守纪律"，但随后我发现他们可以很友好、热情、开放、有创造力……然后我就可以练习真正的德语了！
>
> 说德语的人：好吧……我们是被迫接受这次培训的，我们本就来自另一个州……我们为此花钱……我并不同意，还试着不这样做……但最终我还是去了法国，而且非常喜欢法国人……他们爱发牢骚、不守纪律、不尊重法律，一点儿也不像说法语的瑞士人……

矛盾观念

关于如何看待他者及可能存在的差异，一些主流观点十分幼稚。例如，指望通过让"外地"学生介绍其本土"文化"来促进文化沟通，即是认定，一种文化对他者而言可以轻易识别并阐明，而他者也会自然而然地抛弃对这种"异域文化"负面的刻板印象。

人们可能会打着"理解他者"的口号摈弃对"邻近群体"的普遍负面印象（此处的表现即是对"罗斯蒂之幕"的固有成见），但同时也承认在交流上存在障碍。一方面宣扬兼容并蓄的文化泛爱主义，另一方面又面临着不同文化之间存在潜在冲突的尴尬，因而出现左右为难的局面。

策略：回避，退缩，抗拒

交流的过程往往不似想象那般美好，它可能会令人大失所望（Amir，1969），甚至感到困惑无奈。因此，当人们意识到从前欲付诸实践的跨文化教学法实为不当时，面对错综复杂的工作就会慌乱不安。在选择第一份工作时，一些人采取了回避的做法，即宁愿在乡村教书而不愿待在城市，因为他们认为城里的学生"还是很不同的"。

虽然社会上人们都声称赞成与他者进行交流互动，但学生们在集体活动时仍表现出囿于各自语言群体内部的倾向。这些抗拒的举动或以双语并存的形势为理由（瑞士日耳曼语族所说语言并非标准德语），或以在瑞士国外交流可能需要的高额费用为借口。

流动与静止之间的新空间

大部分大学生都自称"宽容、开放、合群"，他们的言论属于政治上正确，却在宣扬无差别的普世主义（近乎混杂和合之意）的同时，使他者归化本国，同化于本族。言论的这两个方面暗含了对差异的不解、低估或否定，表现为对多样性持矛盾态度：既想彰显文化特性，对不同文化区别对待；又想强调共同的身份认同，兼容并包，于是一直处于左右为难的境地（Brewer，1991）。

第三空间则是重新确立身份认同之地，它们使人克服失落情绪，树立一种不以自我为中心、承认文化差异的研究方法。因此，采访可以成为一种语言空间，能促使人意识到跨文化背景下人际关系的复杂性。同样，置身于第三国也可以提供一个与对方语言与文化和谐相处的空间。这些第三空间缓和了与"他者"的关系，消除了某些定式，引发了新的身份流动，促使人从辩证的角度思考人类的统一性与多样性（Morin，2001）。

争鸣

马克-亨利·苏莱
瑞士弗里堡大学

叶莎 译

  诸位动身吧。动身吧……途中定有收获。流动性是当下生活的基本特征之一。不论出于何种动机，是自由选择还是迫不得已，是短暂还是持久，现代人都会不时地从一个社会文化空间转换至另一个社会文化空间，或为兼收并蓄，丰富自我；或为过渡转换，衔接彼此；或为人生在世穷尽可能，所产生的影响也因之而异。通讯技术尽管在缩短彼此距离的同时扰乱了我们的时空感，却更加诱使我们出门远行。不论贫富与否，我们都在行进，每次都引得无法行动之人悲时悼命，哀叹自己失去了至关重要的东西。的确，静止不动与离群索居往往相伴相随（Orfeuil，2003；Le Breton，2005）。不能出行或不愿出行之人何其可悲，如同"土生土长的男孩"（gars du coin）一般（借用尼古拉·雷哈尼Nicolas Rehany同名著作的书名，2006）。因为诱使所有现代人迁移的首要理由便是：摆脱静止不动的生活。足不出村之人，从不度假或只是每年省亲之人，不参加大学生校际交流之人，对旅途心怀恐惧之人，只愿在本国生活和工作之人，不曾环游世界之人……所有这些人都会矮人一头，自闭于静止不动的可悲生活中。本乡故土的资源在过去乃至现在使得某些人得以自立并得到认可，庸俗一点儿说，是足以维持温饱，但在今日已大不如前。

  然而，没有比迁移更艰难的事。为了出行，为了从一地到另一地，仅是动身出发远远不够，还应具备诸多条件。更确切地说，筹划出行然后付诸实施，需要诸多因素合力促成，如行动主体、物质条件和非物质条件、生命或物体。可以试着找出其中的主要因素。首要因素便是流动性。所谓流动性，可以类比生理学概念上的流动能力，即"个人或群体为实现一定数量的空间活动计划而采取各种可能的迁移方式（不论成功与否）"。流动需具备两个条件：经验资本和迁移幻想。迁移的意向显然来自从前出行的经验（在某种程度上即谓曾经旅行的人将来还会旅行）。这并非因为深知其中之乐（说得委婉些，不是所有的出行都格外惬意），而是因为已经有了首次离乡远行，身份认同感已不再束缚于一地，自我与周围环境之间的关联不再清晰，从而使得身份认同混杂成为可能。迁移的意向还植根于对出行的想象，这种想象是一个与流动有关的真正的环境储备库（家庭、朋友、社会和单位等）。港口停泊的大西洋邮轮撩拨着人们逃遁永恒的梦，带动更多的船出发远航；同样，度假回国的人所讲述的见闻使更多同胞踏上去往异国他乡的旅途；一个大学生在另一所大学度过一学期后兴高采烈地归来，亦唤醒了一直伏案苦读的同窗们深埋心底的种种渴望。

然而，假若没有其他行动主体介入，这种流动的惯习（habitus）本身并无意义，只属于空想而不付诸行动的范畴。出行路线作为一地到另一地的有组织的迁移，对于流动至关重要。不论是已安排好的道路（若既无高速公路、也无高铁、亦无包租飞机，则可能没有夏季登山），还是根据协议开辟的道路（若无院校间的正式协定，则可能没有大学生交流项目），出行总是因路线而得以实现。此外，还有卡伦[①]的后裔，他们在此岸与彼岸间摆渡，使行程具有可行性。这些引渡者开辟道路，（经常以高昂代价）保护移民（其中一部分在不久以后成为非法移民）中转，倘若没有他们，那么国际迁移，不论是政治还是经济方面，就不会达到如此规模。同样，若没有职业人士预先设计旅游路线、洽谈游玩住宿交通等具体出行方式，并直接告知客户，使之无需操心行程安排和规划，那么有组织的旅游路线也不会达到如此规模。同样，一个大学生获得欧

---

① 卡伦为希腊神话中冥河船夫，此处喻船夫一职。——译者注

盟Erasmus奖学金，在另一所大学完成一学年或一学期的学习，也是经过了院系负责教师之间的磋商，而在此之前，大多有赖于教师利用学术交流之机建立起的个人渠道。

此外，还不应忽略同行之人，即便只是一个人的旅途。在从一地到另一地途中所遇之人，在迁移中向我们诠释经验之人，都是我们的同行之人。旅行总是或多或少地动摇着既有的方位坐标和固定不变的状态，所以其要义在于能够帮助他人，尤其是帮助另一个旅人。旅途中会有多少际遇、真情、友谊，或仅仅是即时的共享！在危急情形中涌现出多少患难与共的真情！来自另一个旅人的鼓励又冰释了多少陌生人之间的局促不安！

地狱之河[①]一经穿越，还应安排好接待设施，包括所有让我们在这异国他乡生存的栖身之地，所有将造就我们迁移者身份和迁移经历的事实，譬如迁移的服务设施、欧盟Erasmus项目留学生联谊会、为移居别国者提供的社会保障服务、大学的国际处、同胞社团、转移中宿营地、移民法案，等等。还有所有那些"好客者"：排外的极端主义者、收取高价租金的房东、非法移民的雇主、反种族主义的激进分子、偶尔的翻译单干户或翻译社团、甘于奉献的社会工作者、给人以家庭般温暖的慈厚之心、好奇友善的当地人（有时也是为自己日后出行能有住宿）……

由是观之，人永不会独行。

---

① 此处作者用的专有名词Styx，寓指希腊神话里的地狱之河，即冥河，这里指经过千辛万苦终于完成旅程之后。——译者注

参考书目

引言

BERTAUX, D. (1997). *Le Récit de vie*. Paris : Armand Colin.

BORDES-BENAYOUN, C. & SCHNAPPER, D. (2006). *Diasporas et Nations*. Paris : Odile Jacob.

BOURDIEU, P. (1982). *Ce que parler veut dire*. Paris : Fayard.

DOMENACH, H. & PICOUET, M. (1995). *Les Migrations*. Paris : PUF, Coll. Que Sais-je ?

GEERTZ, C. (1973). *The Interpretation of Cultures*. New York : Basic Books.

KAUFMANN, J.-C. (2004). *L'Invention de soi. Une théorie de l'identité*. Paris : Armand Colin.

MARZLOFF, B. (2005). *Mobilités, Trajectoires Fluides*. Paris: Éditions de l'Aube.

MURPHY-LEJEUNE, E. (2003). *L'Étudiant européen voyageur, un nouvel étranger*. Paris : Didier, Coll. Essais.

PAPATSIBA, V. (2003). Des étudiants européens. 'Erasmus' et l'aventure de l'altérité. Berne : Peter Lang, Coll. Transversales.

SHIOSE, Y. (1995). *Les Loups sont-ils québécois ? Les Mutations sociales à l'école primaire*. Ste-Foy, Québec : Presses de l'Université de Laval.

THIESSE, A.-M. (1997). *Ils apprenaient la France. L'exaltation des régions dans le discours patriotique*. Paris : Maison des Sciences de l'homme.

URRY, J. (2005). S*ociologie des mobilités. Une nouvelle frontière pour la sociologie ?* Paris : Armand Colin. (*Sociology beyond Societies*. Londres : Routledge, 2000.)

VIARD, J. (2006). *Éloge de la mobilité. Essai sur le capital temps libre et la *valeur travail*. Paris : Éditions de l'Aube.

WINKIN, Y., *Une anthropologie de la communication. De la théorie au terrain*. Paris : Seuil, 2001 ; Bruxelles : De Boeck Université, 1996. Coll. Points Essais.

ZARATE, G. & GOHARD-RADENKOVIC, A. (coord.) (2004). « La reconnaissance des compétences interculturelles : de la grille à la carte ». In *Les Cahiers du CIEP*. Paris : Didier.

个人和集体的流动经历与政府机构的观点：欧洲青少年间的校际交流

BROHY, C. (2004). « L'enseignement plurilingue en Suisse : de la gestion de l'innovation au quotidien » In *Revue suisse pour la recherche en éducation. L'enseignement de L2 en Suisse : un domaine d'innovations bien accompagné*, Suisse, 3 / 2004.

CONFÉRENCE DES DIRECTEURS DE L'INSTRUCTION PUBLIQUE (CDIP) (1998). *Quelles langues apprendre en Suisse pendant la scolarité obligatoire ?* (miméo). Berne.

CONSEIL DE L'EUROPE (2001). *Cadre européen commun de référence pour les langues : apprendre, enseigner, évaluer*. Paris : Didier.

THOMAS, A. et al. (2006). *Erlebnisse, die verändern. Langzeitwirkungen der Teilnahme an internationalen Jugendbegegnungen*. Göttingen : Vandenhoeck & Ruprecht.

TRIANTAPHYLLOU, A. (2002). *Pour une anthropologie des échanges éducatifs. Ethnographie filmique de rencontres entre jeunes Européens*. Berne : Peter Lang, Coll. Transversales.

ZARATE, G. (1986). *Enseigner une culture étrangère*. Paris : Hachette.

政府机构的逻辑与大学生的校际交流经历：大学的国际流动性

ANQUETIL, M. (2006). *Mobilité Erasmus et communication interculturelle. Une recherche-action pour un parcours de formation*. Berne : Peter Lang, Coll. Transversales.

BERTAUX, D. (1997). *Le Récit de vie*. Paris : Armand Colin.

KAUFMANN, J. C. (1996). *L'Entretien compréhensif*. Paris : Armand Colin.

KOHLER-BALLY, P. (2001). *Mobilité et Plurilinguisme. Le cas de l'étudiant*

Erasmus en contexte bilingue. Fribourg, Suisse : Presses universitaires de Fribourg.

LALLEMAND, I. & KIM, J. H. (2004). « Réflexions sur l'émergence de compétences interculturelles dans trois lieux d'échanges ». In G. Zarate & A. Gohard-Radenkovic (coord.), « La reconnaissance des compétences interculturelles : de la grille à la carte », *Les Cahiers du CIEP*. Paris : Didier, pp. 44–55.

LEPEZ, B. (2004). « Mobilité étudiante en contexte français : analyse des stratégies d'adaptation d'étudiants internationaux ». In E. Murphy-Lejeune (coord.), *Nouvelles mobilités, nouveaux voyageurs, Interculturel / Francophonies*. Lecce : Alliance française, pp. 121–145.

MORIN, E. (1990). *Introduction à la pensée complexe*. Paris : ESF Editeur.

MURPHY-LEJEUNE, E. (2003). *L'Étudiant européen voyageur, un nouvel étranger*. Paris : Didier, Coll. Essais.

国际流动：企业中懂得跨文化能力及关系的经理人

AUBRET, J. & GILBERT, P. (2003). *Valorisation et Validation de l'expérience professionnelle*. Paris : Dunod.

DUCLOS, D. (1998). « Naissance de l'hyperbourgeoisie ». In *Le Monde diplomatique*, août 1998, pp. 16–17.

FERNANDEZ, B. (2002). *Identité nomade. De l'expérience d'Occidentaux en Asie*. Paris : Éditions Anthropos.

GIRIN, J. (2001). « La théorie des organisations et la question du langage ». In A. Borzeix & B. Fraenkel, *Langage et Travail. Communication, cognition, action*. Paris : CNRS Éditions, pp. 165–185.

KNAFOU, R. (dir.) (1998). *La Planète « nomade ». Les mobilités géographiques d'aujourd'hui*. Paris : Belin.

MAILLARD P.-Y. (1998). *L'Approche biographique : un outil pertinent pour la démarche spécifique du volontariat ?* (mémoire). Fribourg, Suisse : Université de Fribourg, Sciences de l'éducation.

MURPHY-LEJEUNE, E. (2001). « Le capital de mobilité : genèse d'un étudiant voyageur ». In *Mélanges Crapel* (revue en ligne). Nancy : Université de Nancy 2, n° 26.

PAUTROT, J. & GIROUARD, Y. (2004). *Expatrié. Rêve ou réalité*. Paris : Éditions Liaisons.

YANAPRASART, P. & GOHARD-RADENKOVIC, A. (2003). *Dimension socioculturelle dans la communication professionnelle. Le cas du contexte franco-thaï.* Berne : Peter Lang, Coll. Transversales.

移民身份的重新定义：群体分类与个人策略

BERTAUX, D. (1997). *Le Récit de vie.* Paris : Armand Colin.

BRUNER, J. (2002). *Pourquoi nous racontons-nous des histoires ?* Paris : Retz Grand Public, Forum Éducation Culture.

GEERTZ, C. (1986). *Savoir local, savoir global : les lieux du savoir.* Paris : PUF. (*Local knowledge. Further Essays in Interpretative Anthropology.* New York : Basic Books, Inc., 1983.)

GILARDI, P. (2006). « Paradossi nella didattica dell'italiano L2/LS in Svizzera : fra non-legittimità, plurilinguismo e interdisciplinarità ». In D. Londei, D. R. Miller & P. Puccini (éds.), *Insegnare le lingue/culture oggi : il contributo dell'interdisciplinarità.* Bologna : Asterisco Edizioni, pp. 339–351.

LINTEAU, P.-A. (1987). « Les Italo-Québécois : acteurs et enjeux des débats politiques et linguistiques au Québec ». In *Studi Emigrazione/Études Migrations*, n° 86, pp. 187–205.

PERESSINI, M. (1994). « Attachement utilitaire et refus du jeu ethnique. Le rapport au pays d'accueil dans les récits de vie d'un groupe d'immigrants italo-montréalais ». In *Revue internationale d'action communautaire / International Review of Community Development*, 31 / 71, pp. 47–61.

跨国移居：在背井离乡和定居异乡之间

ALAO, G. « Stratégie de progrès dans un contexte du plurilinguisme et du pluriculturalisme : l'exemple de la langue yoruba (Nigeria) ». In *« Grandes » et « petites » langues. Pour une didactique du plurilinguisme et du pluriculturalisme. Modèles et expériences.* Actes du colloque international « Grandes » et « petites » langues et didactique du plurilinguisme et du pluriculturalisme. Modèles et expériences (Inalco, Paris, juillet 2006). Berne : Peter Lang, Coll. Transversales (à paraître).

ANQUETIL, M. & LÉVY, D. (coord.) (2007). *Heteroglossia*, n° 10, Macerata :

Edizioni Universitarie di Macerata (à paraître).

BHABHA, H. (1994). *The location of culture*. London : Blackwell.

BRAZIEL, J. E. & MANNUR, A. (éds.) (2003). *Theorizing Diaspora*. Oxford : Blackwell.

DE ANGELIS, V. M. « The Unpromised Land : Myths of Deportation and Exile in American History ». In *Le voyage et ses « styles », allers-retours, allers simples*.

IGUE, J. O. (2003). *Les Yoruba en Afrique de l'Ouest francophone 1910–1980. Essais sur une diaspora*. Paris : Présence Africaine.

LAZIDOU, E. (2000). *La diaspora Yoruba vivant en Côte d'Ivoire*, Mémoire pour l'obtention du DREA d'Études Africaines, mention Yoruba). SACHNINE, M. (dir.). Paris : INALCO.

ROTH, H. ([1934] 1977). *Call It Sleep*. London : Penguin.

适应人口高度流动的策略：无土迁移者之经历

BERGER, C. (2004). « Les marins philippins, nouveaux héros de la mondialisation ». In E. Murphy-Lejeune (coord.), *Nouvelles mobilités, nouveaux voyageurs, Interculturel / Francophonies*. Lecce : Alliance française, pp. 121–145.

DIMINESCU, D. (2003). *Visibles mais peu nombreux. Les circulations migratoires roumaines*. Paris : Éditions de la Maison des Sciences de l'Homme.

KAHVECI, E., LANE, T. & SAMPSON, H. (2002). *Transnational Seafarer Communities*. SIRC.

TARRIUS, A. (2002). *La Mondialisation par le bas. Les nouveaux nomades de l'économie souterraine*. Paris : Balland.

THOMAS, W. & ZNANIECKI, F. (2005) *Le Paysan polonais en Europe et en Amérique: récit de vie d'un migrant*. Paris : Armand Colin. (*The Polish Peasant in Europe and America : monograph of an immigrant group*. Boston : The Gorham Press, 1918–1920).

URRY, J. (2005). S*ociologie des mobilités. Une nouvelle frontière pour la sociologie ?* Paris : Armand Colin. (*Sociology beyond Societies*. Londres : Routledge, 2000.)

流动或静止：未来教师面对语言文化多样性的矛盾心理

AMIR, Y. (1969). « Contact Hypothesis » In *Psychological Bulletin*, n° 70 (*Ethnic*

Relations), pp. 319–342.

BARTH, F. (1995). « Les groupes ethniques et leurs frontières ». In P. Poutignat & J. Streiff-Fenard (éds.), *Théories de l'ethnicité*. Paris : PUF, pp. 203–249.

BREWER, M. B. (1991). « The social self : on being the same and different at the same time ». In *Personality and Social Psychology Bulletin*, n° 17, pp. 475–482.

GALLOIS, C., OGAY, T. & GILES, H. (2004). « Communication Accommodation Theory : a look back and a look ahead ». In W. B. Gudykunst (éd.), *Theorizing about intercultural communication*. Thousand Oaks : Sage, pp. 121–148.

GOHARD-RADENKOVIC, A. (2001). « Le 'Röstigraben' existe-t-il ? : représentations réciproques de 'l'autre' entre les communautés linguistiques francophones et germanophones de la Suisse ». In G. Zarate (coord.), *Langues, xénophobie, xénophilie dans une Europe multiculturelle*. Actes du CNDP. Caen : CRDP Basse-Normandie, pp. 63–76.

MORIN, E. (2001). « L'identité humaine. L'Humanité de l'humanité ». In *La Méthode*, Paris : Seuil, Vol. 5.

OGAY, T. (2006). « Écoles de ville et écoles de campagne, une entrée pour parler des différences culturelles avec les enseignants. Premières analyses d'une recherche longitudinale auprès d'étudiants en formation initiale d'enseignants ». In *Formation et pratiques d'enseignants en questions. Revue des HEP de Suisse romande et du Tessin*, 4, pp. 35-53.

WIEVIORKA, M. (2001). *La Différence*. Paris : Balland.

争鸣

LE BRETON, E. (2005). *Bouger pour s'en sortir*. Paris : Armand Colin.

ORFEUIL, J.-P. (2003). *Transports, pauvretés, exclusions. Pouvoir bouger pour s'en sortir*. La Tour d'Aigues.

REHANY, N. (2006). *Les Gars du coin. Enquête sur une jeunesse rurale*. Paris : La Découverte.

第四章

归属感与社会关系构建

热纳维耶芙·扎拉特
法国国家东方语言和文化学院

萨米尔·马尔祖基
突尼斯马努巴大学

引言：归属感与社会关系构建

热纳维耶芙·扎拉特
法国国家东方语言和文化学院

傅荣、赵阳 译

1. 外语教学法的内容：语言和身份认同

外语教学界的主流做法大多不太重视社会归属感的多样性，而这在某一特定社会和不同社会成员的交际中却是可以看得到的。本章的主题是揭示人们在描述社会行为时可以观察到的社会的复杂性，同时肯定一种更好地理解社会关系的途径，社会科学可以对之展开研究。

的确，外语教材和教学大纲总是偏爱选择一个国家实体作为归属，加以集中描述，其中凝练着一个群体或者一个民族的特性。使用这类教材和大纲的人倒是可以简化介绍外国语言和文化，但也让我们的教学大打折扣，产生如下的后果：

——借助旅游广告等手段过度美化目的语国家，导致人们对当地的社会现实认识简单化，而生活的事实却随时可以反证。

——对目的语国家现实情况的介绍采用统而言之的方法，选择很少几个心理、社会和历史的特征进行以点带面的描述，且停留于事物表象，一成不变，不能与时俱进。

这里，我们提出如下假设：通过研究社会群体的活力和个人可能表达出的多种社会属性来揭示社会归属感的多样性，这不仅不会削弱一种强有力的社会关系，相反，通过突出其社会关联的密切性和作为基础而制定的表现策略，还会巩固它的存在。通过考察外语在学校和非学校的传播来分析人们对社会关系的描写，目的不是为了分裂这种社会关系，而是为了巩固它。

2. 对社会内在的多样性的积极解读

因此，外语教学和语言实践成为一把开启社会交际网络大门的钥匙。这样的交际不仅在学校进行，也存在于任何社会，其重要特点就是语言、习俗和世界观的多样性。社会交际不再像过去那样，是贵族精英和欧洲有钱人的特权，从19世纪开始，他们为了消遣而到外地度假，或者为了子女的教育进行四处游历，而今在世界任何国家和地区，社会交际很普遍。移民、低价交通革命、卫星电视、网络的普及，以及手机技术的发展，使得多样性成为所有社会和所有社会阶层触手可及的经验。外语教学却对这一现象始终没有足够的重视。

的确，和欧洲绝大部分国家一样，当教育体制成为一个国家或民族的产物时，它的使命就是要打造一种集体认可的民族身份认同观，这种共同的归属情感极有可能会和学习外语时发现的相异性发生矛盾。一种民族中心论便可能随着下面这些现象而登峰造极：鼓吹一种同质的民族身份认同，以所谓的"能够生活在一起"为准则并通过祖先崇拜加以强化，抵抗或者屈服外来侵略，族内通婚，排斥非主流的宗教、区域、种族和语言，以利于某一个族群的发展，哪怕这个族群可能也是少数但占统治地位。和这一民族中心论相反，另一种民族观是通过民主达成共识，将少数民族群体的思想传承纳入到国家的思想体系之中，将民族历史上曾经有过的关系破裂的经历和其他族群聚居区对民族共同体的贡献纳入国家的集体记忆中。以美国为例，当教育体制把赋予每个个体同等的经济上的成功机会视作自己的使命时，国民的意义依然存在，但已经占据次要位置了。

2.1 认可多样性的制约因素

这种多极的具有活力的民族身份认同观与二元模式的国家身份认同观相对立。后者将国民和外国人、朋友和敌人对立起来，消极地看待差异，刻意强调地理边界线的重要性，"一条想象的却让人不惜去牺牲生命的界线"（Brunet, Ferras & Théry, 2005）。这方面的典型代表当属按照敌方的身份装扮自己的间谍，他们在战争中和地缘政治关系紧张时期，利用假造的身份和熟练掌握敌方的语言，临时充当叛国者，冒着生命危险穿越封锁线。由于同时归属于两个民族国家，因此一个人的双重身份总让人质疑他的忠诚，尤其是当国家的身份认同自觉受到威胁的时候。

有些国家把多样性作为建国原则，如美国、加拿大和澳大利亚等，他们承认移民是国家的创建者。这些移民因为受到宗教迫害，或者向往更好的社会和经济发展机会，离开了他们原来的国家，建立起了第一批移民聚集区。但是，在这些国家的历史上，多样性原则的实施从来也不排除对其他组成族群的承认。经过20世纪的社会和政治斗争，奴隶、印第安人和美洲印第安人对于国家建立和发展所做的贡献得到了承认，美洲黑人、加拿大和澳大利亚土著也获得了公民权。当然，从事实上的多样性到制度化的多样性，这中间还有很长一段路要走，有待社会更多的进步。那些有过殖民历史的国家对待多样性的态度会因为历史原因而不尽相同：英国承认本国社会中的多文化状态，把它看作是英联邦时代和殖民帝国时代的遗产。在19和20世纪之交，法国借人权和世俗价值观的普世性之名，做出了另外一种选择，推行一种社会融入模式，旨在实现民族统一。

因此，关于多样性的讨论不能在一种理想化的语境中进行，因为语言在多样性里具有身份认同的标签作用，而语言会随着政治、历史和社会背景的变迁，不时成为荣誉的象征或者是屈辱的标志。用普世性的"文化对话"、宽容和尊重的视角去讨论多样性，则有可能提出一种权利平等的主张，而这样的主张往往被活生生的社会现实所否定，不然也会被各种实际情况所"稀释"。民主的环境是一个国家提倡社会属性多样化的先决条件（当然，这种多样化不应危害国家的团结），它让多样性成为一种期许的愿景，因为这与排外社会的现实相矛盾。

2.2　多样社会属性在教学命题中的缺失

外语教材也牵涉到多样性的问题，但没有在内容上得到充分的体现。其实，那种以一个国家、一个族群和一种语言（以本族语人为偶像）为样板的教材设计模式是非常狭隘的。当教材努力展示两种文化相遇的时候，外国人便成为本国人的反光镜，这是应该要做的，以利于学习者越来越积极地认识多样性，但这类教材的不足在于对社会关系的描写总体上显得脸谱化。

欧洲联合的政治背景提出了欧洲和成员国公民身份的双重属性问题，这多少改变了那种基于同质社会的教育模式，但一切都还在讨论中。在异军突起的欧洲语言教学模式的创建中，最显著的进展是相对弱化操本族语的教师的地位，转而重视发挥外国专家的作用，要用他们实际掌握的语言能力评价他们的语言水平。（"能够充分表达自己的看法"，"有一套的足够的表达手段"。欧洲理事会，2001，《欧洲语言共同参考框架》，第五章，C2水平）。跨文化能力的评估很复杂，现已提上议事日程，但在这部《欧框》里没有得到很好的阐释。文化能力和跨文化能力在书中被看作交际能力的一部分，这样的定义显得狭窄。

让学生对目的语国家文化和他们本国文化进行比较，然后让他们做一些概括性的语言输出练习，这样的语言活动测评的是学生交际的质量效果，但忽略了社会学意义上的切题性。对比活动，即是把不同的价值体系放在一起，对其中的不同进行解读；归纳活动则是通过观察一个或几个具体案例总结出一项原理。这两类活动都是将一种文化系统化，而这种系统化却是可以不需要对比者和归纳者参与就能做的。外语教学上有一个无处不在的词，叫作"读者群"，通常用于根据年龄划分一种语言的使用者及其使用的教材，这其实更多的是参照出版市场和培训市场的切分，根本没有考虑自有其独特价值观的一代学生。在欧洲，我们的教材设计严重缺乏社会学的方法指导。有些国家，如加拿大，已将"可见的少数民族"概念纳入立法体系，因此，这些国家学校的教材总体上会受到审查，以保证教材的内容具有系统化的社会代表性。

3. 借用社会科学的方法和手段

社会科学拥有一套科学传统来对社会进行分层，分析社会不平等的现象（Bourdieu, Chamboredon & Passeron, 1968），探讨对某一特定社会发表言论的人的角色问题（Zarate，Gohard-Radenkovic，Lussier & Penz，2004）。这套社科传统启示我们就下列问题提出反思：学生用一些脸谱化的意识表征去理解学校对一个国家的描写；本国人和外国人之间法定的不平等问题；决策人的社会地位问题，他总是按照自己熟悉的方法归类和分级。

3.1 置身于有活力的社会关系之中

外语教材中可看到的一些主要做法是，指定一个法定的所属关系，该关系一经确定便一劳永逸，如国籍、社会职业的类型等。相异性的社会学与之不同，它打破了这种僵化的社会视角，采用一些固定的范畴化分层形式，如年龄、同一代人、继承的文化和社会遗产等，这是对调研结果进行系统化处理所必需的，同时结合使用关于归属感的动态研究方法。由于受社会兴衰和人口流动等因素的影响，人的归属感不是一种固定的身份，而是一个身份认同的建构过程，也许在此地受到压制，却在彼地开出希望之花，就像本书在"流动与经历"一章中阐释的那样。

有意培养自己多语言多文化能力的人会把多语言多文化看作是一个社会优势，他们通过调适自己一生经历的各种社会环境，形成多种的归属模式。如果只能拥有一个国籍，他们会利用自己积累的各种社会经验，应对不同价值体系的差异，培养一种为我所用的能力，同时让自己的人生坐标多样化，既要坚持自己个性化的价值观，又要顺应想在其中争得一席之地的环境的要求。因此，他们会经常地进行"身份认同调整"（De Singly，2003），这种调整不一定是对自己内在空间和时间观念的彻底颠覆，而是让自己的特性和个性有节制地彰显，塑造一种流动的身份认同，与多维度的游动化的人生历程相适应。与此相反的是，一个人经历了谴责、混合、排斥，甚至人生否定的打击之后，可能会因为这一痛苦的身份认同经历没有得到充分的发展。这一痛苦的身份认同经历包括被社会边缘化、身份认同范围很有限自己却无能为力，以及对自我全面的消极评价。

3.2 创建多元语言和多元文化研究平台的条件

开展关于多语言和多文化能力的讨论，这要求社会学的观察分析必须和制度性的范畴化划清界限，因为制度性的范畴化并不总是适合复杂多样的分门别类。例如：一个法国中学生虽然在校注册了第一外语德语，但他很可能不被算作是德语学生，因为他在家里同时讲母亲一方的塞浦路斯语和父亲一方的土耳其语，还因为他儿时已在英国学会并熟练掌握了英语。所以，认定归属感的多样性必须用更广的视角，既要看学生的在校经历，也要看他在校外的学习经历，在校外习得的语言应该和学校教授的语言一样得到认可。这样的方法要求对于个人的审视应该从家庭历史发展的角度，从几代人生活历程的角度，在一个有意义的平台，首先是跨国界的平台上进行。学生曾经留学的国家经常只是他人生的一个可以看到的阶段，这却往往会掩盖其多样性的逻辑。研究人员或教师如果只从地域出发看问题，就有可能发现不了这样的内在逻辑性。

多样化的个人历史也与内战和种族屠杀引起地缘政治的剧变有关，随之产生自愿或半自愿的经济移民浪潮，个人、家庭，乃至族群有时难以抗拒。我们的研究者应该知道，将人划分为"移民"、"偷渡客"和"非法居留者"，这是在法律框架下按照法律和行政标准做的分层，但这些标准不应让我们的研究者忘记，这些人还有另外的身份属性，如社会职业类型。与上述"移民"、"偷渡客"等不同的是，这些另外的身份属性使他们有了另外的地位，比如妻子、母亲等，这意味着在她们的那些痛苦经历之上又多了一层人情味的否定。这些使人精神遭受创伤的事件会在人生的经历中留下裂痕，还会让人时刻处于风险的压力之下，所以一般不会被移民者主动提及。他们已经成功地跨过那段历史，已经欣然接受给予他们新生的国家的世界观，并主动淡化自己人生经历中的多样性。在此情况下，研究者面对的是一些深藏不露的身份认同，要解读它们，调研时必须遵守伦理道德方面的要求，比如，应和访谈对象进行推心置腹的交谈（Kaufmann，2003）。

3.3 一个教师和研究者都可以表达观点的领域

当社会分层法似乎将其关注重心主要转向被分层的对象时，采用参与性观察的社会科学和理解社会学（sociologie compréhensive）却在近20年的研究中，把思考转向进行分层的主体，把它看作是通过直接或间接发表观点积极介入的一分子。传统的外语教学法要求教师保持中性，被引入外语语言教学的这些社科新方法却鼓励教师和研究者分别负起描写者和阐释者的责任，因为两者和被教授或被研究的对象不可分割。

上述原理被运用到了一种名为反思式学习法的师资培训当中。反思式学习法要求未来的教师临时做一次学生，去学习一门全新的、他不需要去教的语言，以此发现自己将采用哪些学习策略。正像本书"自我与语言"一章里描写的那样，当教师被要求思考自己与语言及国外保持的私人关系时，参与性的原则得到了进一步的深化。大家一致同意的是，在这两种情况下，当教师很好地发展对外关系，以致成为对外关系的专家时，他不能对自己的这段社会经历避而不谈。在培训中进行这种看似得不偿失的回忆能够使教师最终不再绝对地以为他们传播的文化就是直接的、自发的、真理的。

因此，目前需要开展一场讨论，即如何既承认教师和学生在某一个社会获得的个人经验及跨文化经历，又要保持适当的距离。学者们相信社会人表达的观点是多样的，包括那些非常极端的看法，如本章中斯塔夫鲁拉·卡茨基（Stavroula Katsiki）对一段排外言论的批判，按照这些多样的观点进行描写有助于突出强调每一个社会人，不论有无直接的经验，在参考传统观念的时候，都比较隐性地参与了跟自己相关联的族群的描写，或者参与了他从远处感知的族群的描写。对一个社会或社会的一个方面产生的自然看法可以反映出发表这一看法的人的社会地位，也让社会分层更加确实，因为每一个社会人都必须利用它为自己进行社会定位。马蒂娜·德里夫里（Martine Derivry）通过招聘广告中将外语教师的工作领域按照"本族语教师"和"非本族语教师"所做的区分说明了这一点。让教师或者研究者保持中性，也让翻译者保持中性（玛丽·弗里纳-尼科洛夫在本章有所揭示），这无异于要求他们具有一种抽象的、稀有的社会属性，而这在事实上等于是否定了在任何平常的互动和协商活动中都能看得见的人的身份认同的构建过程及社会定位。研究者运用自己的学科工具，同时和自己的分层方式保持一定的距离，阐释了那些不易察觉地发生作用的归属感问题。参与这项反论研究的还有纳扎里奥·皮耶尔多米尼奇（Nazario Pierdominici）和阿里安娜·贝内纳蒂（Ariana

Benenati），他们在本章分别对政治决策者的话语和一所国际高中学生的对话进行了分析。

4. 一个可以理解为多样性的教育领域

从以上的例子可以看出，教育领域有很多的观点和立场。这说明教育领域并非是由一种普世观点主宰的社会的"候见厅"，而是一个由多样性构成的充满活力的领域。多米尼克·沙博诺（Dominique Charbonneau）通过举例说明，外国学生和新的大学文化之间的冲突正好反映了每个大学所特有的传统。我们总以国家的权利和公民之名，用法律的手段规范多样性，因为我们有时担心多样性会导致无政府主义泛滥成灾。卡拉-阿韦尔索·朱利亚尼（Carla Averso Giuliani）指出这种法律规范是一个国家历史的产物，在一个民主社会，法律规范会经常性地被调整，以适应社会关系发展带来的重大变化。

冷战之后发生的天翻地覆的变化和进入21世纪后新的世界格局的形成，对各国教育体系产生的影响至今犹存。世界新格局重写着，有时甚至是颠倒着敌友的立场。同样，移民浪潮对地缘政治和经济的变化高度敏感，带来的社会和经济影响要求对世界进行新的解读，这也是全球化的产物。在一个国家的语言规划中，母语、地区语言、少数民族语言、小语种和外语构成一个有意义的整体，从对它们的不同重视程度中可以看到每个国家的身份认同是如何在社会变革日益加快的情形下与多样性相调和的。这些历史性变化为教学法领域的变革提供了新的契机，为解读日常社会行为中越来越普遍的相异性提出了更多更高也是常态化的要求。

在这样一个对地缘政治和社会变化异常敏感的教育领域里，外语教师作为中介人，占有特殊的地位。他的职业愿景应该是营造一种社会关系，引导学生积极解读目的语国家的社会现实和他们所学语言的现实，然后再反过来，引导学生利用相异性的经验对自己身边的社会现实进行反思。从专业上讲，外语教师不是心理分析师，也不是心理学家，因为他的任务就是培养学生具有一种相异性关系的视角，把它看作是不需要任何病理学依据的社会活动不可或缺的重要组成部分。一种语言教师的社会学虽然还在建设中，但其萌芽昭示我们，把相异性置于教学工作中心的外语教师本身就已经有了可供社会学研究的某些社会特性。他的个人和家庭历史构成一种习性（Bourdieu，1979：189—248），其中主要包含着那些被接受或被排斥的多重社会属性，这样一种习性支撑着教师或多或少用语言表达的职业信念。外语教师是话语专家，应该能够清楚地阐释这些将个人历史和职业经历结合在一起的关系。这同时也是一种创新的师资培训理念应该接受的挑战。

统一性与多样性：公民身份和人权教育

卡拉–阿韦尔索·朱利亚尼
罗马第一大学

王梅、傅荣 译

学校作为公共领域的中心地带，既是社会的缩影，因为社会的种种问题都在这里集中体现，又是进行公民教育的场所。学校还能发挥更好的作用，比如，促使年轻人树立多样性和平等的意识，进而帮助他们建构自己特有的身份认同，帮助他们认识到，无论是在道德层面还是法律层面，他们的利益和他人的利益都是平等的。

公民身份首先表达的是一种法律关系，即某个个体的人分属于某一个政治单位（通常是国家），国家赋予他总体的权利和义务；其次，从社会学角度看，公民身份确定的是一个族群，甚至是将各个个体从社会和政治上联合起来的所有关系。

学校与公民教育

学校的职责（Galisson，2002）在于教导学生了解族群的形成，提醒他们都属于这个族群，给他们讲解族群的历史、制度及核心价值，告知他们个人与族群的命运息息相关，还要让学生懂得他们也将参与到族群的建设进程中。这一进程将推动社会系统进步并建立新的平衡。公民教育的内容当然会随着时间而发展，会随着"气候"而改变，也会随着一种紧密的、错综复杂的关系而有所不同。此等紧密且错综复杂的关系表现为一方面，人的自然权利、社会权利和政治权利具有稳定与恒久的特性,另一方面,承认并尊重公民不可褫夺的身份认同经历了漫长的历史过程。

学校教育必然要通过语言,信息的含义则要通过词语构建。我们通过分析文本的措辞和用语理解他者的语言和文化,这有助于我们研究他者是如何认识公民身份的原则及其实践,进而通过相互理解促进种族间的关系。

资料1

1789年法国《人权和公民权宣言》

在权利方面,人生而自由平等。除了依据公共利益而出现的社会差别外,其他社会差别一概不能成立。……各人的自然权利的行使,只以保证社会上其他成员能享有同样权利为限制。……法律是公共意识的表现。全国公民都有权亲身或经由其代表去参与法律的制定。法律对于所有的人,无论是施行保护或处罚都是一样的。在法律面前,所有的公民都是平等的,故都能平等地按其能力担任一切官职、公共职位和职务,除德行和才能上的差别外不得有其他差别。

(来源:法国宪法委员会网站http://www.conseil.constitutionnel.fr)

资料2

1948年《意大利共和国宪法》第3条

全体公民,不问其性别、种族、语言、宗教、政治信仰、个人地位及社会地位如何,均有同等的社会身份,并在法律面前一律平等。

共和国的任务在于消除经济及社会方面的障碍——事实上限制公民自由与平等、阻碍人格充分发展和全体劳动者真正参加国家的政治、经济及社会组织。

(来源:Crosa E., 1950. *La Constitution italienne de 1948*. Paris : Armand Colin.)

资料3

法国2006年10月23日《机会均等法案》

共和国承认,全体法国公民,不论出身、性别、社会和健康状况、信念或宗教信仰，享有机会目前人人平等的权利。

"2005年1月18日关于社会和谐的规划法"、"2005年2月11日关于权利和机会平等和残疾人士的公民身份及社会参与法"，以及目前正在议会讨论的关于男女同工同酬的法律草案等都是对人民享有机会均等权利的实际承认。

……我们有部分同胞遭遇着……机会不平等……，这无益于社会的和谐……，我们必须为他们找到解决问题的办法……

贫穷地区的居民、出身移民家庭的人，还有来自海外省和海外领土的同胞面临着特别严峻的各种直接和间接的歧视。……比如，拥有相似履历的两个人，居住在敏感地区的居民获得应聘面试的机会只有居住在城市非敏感区居民的二分之一。出身马格里布移民家庭的人获得招聘面试的机会仅为其他人的五分之一。

在这些地方，尤其是年轻人遭遇着机会不均等……

本法律旨在使机会均等变成人人都享有的现实。

（来源：法国参议院网站http://www.senat.fr）

法国的统一性与多样性

本章提供的语料1和语料3是想透过1789年革命激情产生的个人主义和2006年法国社会阶层化的现象，展示公民的概念在法国的演变。

在法国，移民不仅在经济上而且在人口上都扮演着重要的角色，因此法国历来奉行"融合"（assimilation）政策。20世纪70年代，随着非殖民化运动的兴起，法国社会发生了深刻变化。于是乎，已经成为多民族和多元文化国度的法国，面对那些身不由己地进入这种新型社会的法国人，必须教导他们学会认同多样性，使他们能够将族群的所有成员视为一家人，找到他们之间的同一性。法国的意图是以社会和谐为目的，在权利的普世性和民族多样性之间建立一种平衡。2006年的《机会均等法案》特别指出，无论多么不同，大家同属一个族群。该法案还特别强调社会的团结互助，将其视为法兰西的道德价值观，表现为强者对成为歧视对象的弱者的责任感、一种合作、一种基于共和国价值和人权基础上的对他人的精神或物质支持。

意大利的统一性与多样性

1948年的意大利宪法第3条第1款提出平等是一个普遍原则；第2款指明国家为实现平等应该采取的行动，但没有提及民族的团结，因为意大利当时尚未面临移民问题。事实上，整部意大利宪法只有一个目的，那就是确保先前被法西斯主义取缔的一切得以恢复，即民事和政治自由、社会多元化和民主。意大利宪法的特点在于追求社会和政治的和谐，在尊重人权的基础上体现重建国家的意愿，同时不忘人民大众的诉求。

欧洲的统一性与多样性

50年前，提出欧洲概念的目的是为了实现统一，也就是把多元化变成一种带有身份特征的现实。最近这些年来，欧盟面临的难题是确立自己地缘政治上的身份认同，这促使欧盟在其宪法条约第一部分第一章第1–2条规定，"尊重人的尊严、自由、民主、平等、法治国家，以及尊重人权，包括少数民族人民的权利等。这些是欧盟成员国共有的价值观，其社会特征是多元化、不歧视、宽容、公正、团结互助和男女平等。"（《欧洲宪法条约》，2004年6月18日）这些价值观应该成为全体欧洲公民共同的价值观，它们是欧盟成立的基石，是欧盟的意义和团结之所在。这几段节选的欧洲宪法基础性条文其实代表了欧盟社会发展各个不同的关键时段，在时间和空间上折射出欧盟社会的巨大变化和现实的复杂多样性，以及欧洲统一理念的相对性。

根据宗教划分人的族群归属：文化界限对话语的影响

纳扎里奥·皮耶尔多米尼奇
意大利马切拉塔大学

王梅、傅荣　译

将族群和文化视为同一

20世纪上半叶，多个欧洲国家因有大量公民移居国外而出名，这些人主要移往北美、南美和澳大利亚。第二次世界大战后，也发生过从一个欧洲国家向另一个欧洲国家移民的现象，还有在本国内移民的情况。这类移民潮驱使来自贫穷和不发达地区的公民涌向工业化地区寻找工作。如今，欧盟已经变成一块富裕、稳定的经济区，所以也成了移民的目的地。从20世纪80年代末开始，市场全球化导致的移民浪潮促使来自别国的公民移民到欧盟国家，这在很多国家催生了一个复杂的多文化社会。

将族群和文化视为同一，这在欧洲有着很深的传统，因为欧洲人每当拥有一种共同的语言和一块共享的领土的时候，便通常认为文化是同质的。这种具有意识形态特点的思路导致我们欧洲人习惯根据国籍将人群分类，而国籍的划分则完全依照语言和国家领土的标准。可是，国家归属感并不总是和文化归属感相一致，正像语言边界并不总是和政治边界重合那样。下文的材料表明，宗教也可能成为划分人群的一个重要标准。不同的族群之间确实存在有一种武断的文化边界，其表现不一定就是以语言为载体的文化。

积极建构自己的身份认同

在一个文化多元、宗教多元和语言多元的欧洲，面对大量外国居民及其家庭，对自我的意识表征和对我们自己的对话者的意识表征成为我们积极建构自己的身份认同和建立个人归属感的第一步，而这通常从学校开始。正如社会学和社会语言学所证明的那样，积极建构自己的身份认同，这意味着个人的归属意愿只会向着主流的集体靠拢，因为文化边界是个人和/或集体创造的结果。在教学课程中和教学方法上承认人类族群的文化边界具有流变性、随意性和偶然性等特点，这将有助于学校直面现实地展开行动，发挥自己的基础作用，也就是促进不同出身的青年融入他们所属的社会，培养他们不仅要学会接受他者，而且要学会肯定他者，同时避免建立或形成新的刻板印象。

> 我们的资料节选自一篇名为《意大利籍的清真寺》的文章，2002年9月17日发表在马切拉塔当地的一个叫《Il Resto del Carlino》的杂志专栏上（第4页）。该文讲的是科里多尼亚（Corridonia）镇政府的一位议员发表了他对本地一个重要的巴基斯坦人聚居区的一些看法。这些巴基斯坦移民希望在当地建一个清真寺用于举行宗教仪式，保持自己的习俗。通过这篇文章，我们可以看出这位议员头脑里有关"意大利人"和"巴基斯坦人"关系的思维脉络，这当中跟语言的差异完全无关。
>
> 下面的三段文章节选尤其明确地揭示了该议员的思维方式：
>
> **节选1**
> 它（清真寺）的建造申请并非由巴基斯坦人提出，而是由大楼的业主们提出的，他们是意大利人，而且——似乎——甚至都不是穆斯林。
>
> **节选2**
> 关于清真寺……，我认为他们有权信仰自己的宗教，只要那些主张建清真寺的人承认意大利公民在他们伊斯兰国家也有表明自己是天主教徒的自由权利。

> **节选3**
>
> 因此，我们要求紧急召开镇议会，本镇的所有族群代表和所有居民都可出席旁听，以讨论本镇的移民总体状况，特别是南方移民劳工的状况。

融入进程中的心理因素

清真寺是穆斯林执行宗教仪式的场所，意大利人中少有虔诚的穆斯林信徒。上文节选1唯一可能的意思是：巴基斯坦的穆斯林有意建一座清真寺，但申请是由意大利人提出的。

在节选2中，这些移民是通过伊斯兰教来界定的，他们甚至被理想地视为在总体上代表全体伊斯兰国家。议员在讲话中强调意大利人通常是天主教徒，而不是穆斯林，这很好地证明了在议员的眼中，宗教是界定个人族群归属的一个重要尺度。在这个议员的心目中，本国的意大利人被笼统地归属于天主教，而巴基斯坦移民因为是外国人，所以被认定为伊斯兰教徒。

在那位议员看来，既然你们巴基斯坦穆斯林能够在我们意大利享有宗教信仰的自由，那么，你们巴基斯坦穆斯林也应该保障我们意大利人在你们伊斯兰国家信仰天主教的权利。这样的理念似乎是一种思维定势，并且在一定程度上泛化了：这样讲话的人既说出了他自己的意识表征，同时又将自己的意识表征视为他人的意识表征。在这里，镇议员声称"我们意大利人如何如何"，其实是将国籍和宗教混为了一谈，他的言外之意是"我们意大利人的法律跟你们穆斯林的法律不一样"。这样的观点有力地说明，我们这里讨论的人类族群的概念性边界的确具有流变性，因为宗教标准有可能完全不同于人种语言学的标准。

那位镇议员除了区分"意大利人"和"外国人"之外，还将"意大利人"做了二次划分：南方的意大利人和本地的意大利人。这样的区分源于意大利国内的移民潮，始于第二次世界大战结束，直到20世纪70年代末。因此似乎可以说，这位政治人物对于族群划分的思路主要包括三个层次：本地意大利人，南方意大利人，非本地族群的巴基斯坦人和穆斯林。

　　由此可见，将人群划归某一特定的族群，或者将人群视为某一特定的族群，以及各个族群间的界限，其界定标准是浮动多变的。在这个多元看法交叉的游戏中，我们每次都要考虑宗教因素、语言因素或其他因素（如上文列举的资料中关于南方意大利人的问题，涉及的是地理因素）。我们不禁还要自问：在把自己看作是某一族群的外来者时，这将会在多大程度上影响我们融入当地社会的进程呢？换言之，如果我们从学龄开始，在面对语言文化差异时，就能够战胜自己固有的心理障碍，这将在多大程度上影响我们的社会融合进程呢？

　　鉴于文化边界的流变性，学习一种语言/文化并不意味着进入一块不属于我们的领地，而是在掌握一种今后的认知工具，在将自己归属于一个新的话语者集体，并且有可能影响这个新的集体，为它的理想发展做出自己的贡献。

"本族语"教师和"非本族语"教师：语言市场上相互竞争的两个职业群体

马蒂娜·德里夫里–普拉尔
法国巴黎第六大学

王梅、傅荣 译

语言学、社会语言学和社会视角下的"本族语使用者"

对于语言学家来说，本族语使用者的概念已经失去了它科学上的贴切性（Paikeday, 1985）。它最多只能代表一种出自传统结构语言学的抽象理论。在社会语言学上，这个概念的含义也在减弱，因为我们不能确定一种"纯洁"的语言，我们认为，任何语言使用者都是以一种语言变体为本族语的。但是，从社会角度看，本族语使用者的概念还保留着它的有效性。从象征意义上说，它具备冲突性。

在每个语言使用的区域内，它们的重要性要根据每个语言变体拥有的象征性资本来判定。魁北克法语或塞内加尔法语不具备和法国法语相同的语言地位（Calvet, 1999）。同样，印度或肯尼亚的英语也不具备不列颠英语的社会声誉。

争取合法语言的斗争具有社会性，它涉及政治和经济，还关系到语言教师的职业前程。比如，魁北克教师要在法国教外国人学法语就可能面临就业的困难，要在法国教法国人法语则更难，因为他掌握的法语是变体语言。印度教师在英国或美国教英语也会遇到相同的问题。然而，他们难道不是本族语使用者吗？同样的理由，以法语为本族语的英语教师在英国教外国人学英语或者教英国人英语时也会面临相同的问题。以此类推，以日语为本族语的法语教师在法国给外国人或法国人上法语课时肯定会处于不利的境遇。这些例子表明，不论是在"本族语使用者"当中，还是在"本族语使用者"与"非本族语使用者"之间，根据他们归属某种语言的不同程度，存在着既有的社会等级差别，这种等级差别和语言的国际就业市场相互影响。

"本族语"教师和"非本族语"教师

任何一个语言使用者都掌握着一种或多种语言资本，掌握着具有不同社会价值的一种或多种语言目录。虽然语言教师不能不顾忌自己拥有的语言资本的社会价值，但不论他最初使用的语言是什么，他都可以相信自己教授某一特定语言的能力。我们这里认定的教师不仅指他正确掌握了他所教授的语言，而且要通过学习获得文凭认可，知道如何讲解和介绍所教语言和文化的运转机制，同时善于开展适合培养学生语言和交际能力的活动。

对何谓语言的教学能力展开研究，这有助于防止教师沦为单纯的语言使用者，或者仅仅是找到了一种语言的归属感。在此，我们要对以下这一观念的合理性提出质疑，即因为本族语教师对其所教语言掌握得好，所以是"好"老师。我们同样要质疑另一种观念的合理性，即非本族语教师因为更善于把握学习进程，所以是"好"老师。可是，正如下面的招聘启事所显示的那样，人们其实并没有完全分清楚本族语教师和非本族语教师。

法国国家就业指导中心（ANPE）的广告，2003年

资料1

英语双语培训师：为语言培训机构服务，受众为医生和企业员工，男/女培训师，必须熟练使用英语。

资料2

英语培训师：最好以英语为母语。受众：中小企业领导，雇佣期间工作时间多变，38到40小时不等。

资料3

对外法语教师（男女不限）：自行准备和组织对外法语课程。您的母语是法语。您的工作时间在14到18小时之间。

法国一份面向英语读者的报纸（FUSAC[①]）上刊登的广告，2003年

资料4

语言&商务：经验丰富的英语教师。请拨冗与我们见面。拿定主意加入我们。加入一家享有盛誉的语言学校，成为一个活跃团队的一分子。职位稳定。以英语为母语，有工作许可。

资料5

以法语为母语的女教师，教授强化法语课程。巴黎第15区。有在日本、英国和法国的法语联盟工作的经验。提供学习材料。第一课免费试听。

资料6

华尔街语言学校。如果你正在寻找一个年轻、活跃、有趣的公司并想为其工作，请加入我们！以英语为母语的商务英语教师。巴黎，现在申请吧！

无论是法语教师还是英语教师，社会需求倾向聘用"本族语"教师。法国国家就业指导中心发布的招聘广告（资料1到3）以比较委婉的方式提出了这一要求，以免违反法国的雇佣平等的法律，但直接面向英语读者的广告（资料4到6）则直截了当地提出"本族语使用者"、"以英语为母语者"、"以法语为母语的女性"等要求。这些广告把"本族语使用者"和"本族语教师"两个概念混为一谈，将最初使用一种语言的人

[①] FUSAC：报纸名称，主要刊登各类小广告，为在巴黎的英语使用者提供各种信息。——译者注

等同于这种语言的教师。

媒体和政界也有这样的混淆。例如，迪皮伊（Dupuis）2002年2月在法国《教育世界》发表文章说："非也，正式的外语教师、本族语使用者、语言助教和外来代课教师之间并没有怒目相向。他们都非常地看重他人的互补作用……"。这种混淆已经得到了时任法国教育部长的克洛德·阿莱格尔（Claude Allègre）的正式肯定，从而使法国的外语教育从小学阶段就可以聘用"本族语使用者"。

在这样的大背景下，对"您如何看待以英语为母语的英语教师"这样的提问会有怎样的答案应该不会惊讶了。的确，法国49%的大专学生表示更喜欢"英语为本族语的"教师，只有8%的学生更喜欢"英语为非本族语"的教师（Derivry，2003）。这些例子都趋向于表现同一个现象：外语教师，因为他们教授的语言是他们自己的母语，所以能让学生学到"更多的东西"。正如一位英语女教师强调的那样，"最理想的是，英语老师既懂教学法，又是操本族语者！"（同上）。

如今，占据主导地位的合理观念对"本族语"教师更加有利，因为它能给予语言教师更高的威望。无论是在经济、媒体、政治领域，还是在教学领域，都存在趋同的观念和共同的认知："本族语"教师具备更强的能力。事实上，对于语言教学来说，这个"本族语"的概念并不能被看作是科学的：应该解构这种社会表象，无论他们是"本族语"还是"非本族语"教师，都需要建立外语教师的职业能力。

融入与排斥：在国外一所中学里的身份定位

阿里安娜·贝内纳蒂
意大利费罗马德里科·费里尼高中，
意大利马切拉塔大学

王梅、傅荣　译

  国际的或"在外国"的教育机构有如教学"实践的社团"，学生在那里得以培养自己的学校意识、集体意识和特定的品行（Gumperz，1982）。这些地方因而成为研究"不同"社会文化族群及其"混合"身份认同的首选的调研场所。但是，如果我们认为身份认同和族群是集体构建在相互作用下形成的结果（Garfinkel，1967），我们便会将研究内容从对多语言环境的描写转向实时描写如何完成种族、语言或身份认同的分类。这样的分析方法将现实的密度和万花筒般的变化解释得清清楚楚，使我们能够专注于行为的评估进程，专注于减少刻板印象的进程。这样的分析方法既能让我们思考人的行为以及看到的现象是怎样通过互动的模式产生意义的，也能使我们对这些经过分析的现实的样本进行反思。我们通过对现实的调研和分析，让人们听到了现实的社会人表达出的各种不同的声音，这些声音使现实变得有意义（Goodwin，1992；Fele，2007）。

  我们在罗马的法国学校对12—13岁的学生对话进行了录音。通过对以下录音片段的分析，我们将清楚地发现，在这些学生互动交谈的过程中，很多时候根本无法用国籍区分他们的身份（Watson，1994）。Francesini既表示法国小孩，也指那些有点叛逆的意大利人和法国人；Classichini是对那些非常传统的人的小称；Parioli可以表示非常典型的意大利人，也指帕里奥利（Parioli）这座城市某个街区的居民。进行互动交谈的两个同学看上去亲密无间，但A同学——一个带意大利口音的女学生，和F同学——一个法国口音很重的女学生，她们在交谈中总是抢着发言，力争保住话语权。

资料1

A，F，E（调查者），X（身份未经确认的学生）

1. X: all'inizio i francesini erano quelli che appunto avevano erano avevan/ più
2. avevano più cioè più difficoltà a a abituarsi perché venivano da un altr/ dalla frANcia
3. ee dunque la moda non la conoscevano e dunque si vestivano in modo differente e poi/
4. piano piano questa cosa della moda è si è amplif/ amplificata e anche se sei italiano ma
5. ti vesti in quel modo sei considerato francese cioè
6. E: l'italiano come si veste in quel modo come si [veste☐
7. F: [non sarebbe sarebbe francesino sarebbe
8. classichino e pariolino
9. X: classichino però invece di dire classico che si veste classico e e secchione / ecco
10. nelle scuole italiane si dice secchioni <bûcheurs> ehm da noi si chiamano francesino

---

资料2

1. (s)
2. F: no ma eh si eh è questione di moda eh ehm invece di dire che sono secchioni
3. <bûcheurs> secchioni li chiamiamo francesini perché perché è tutto
                                      [<...?>
4. I: [<...? secch ioni
5.   A però io di:co una
6. COSA . posso dire ORA/ ovviamente dico ora . quando siamo in classe no . la

7. professoressa di storia □ è come se ci dia una co:lpa di come ci: vestiamo eccetera

8. voglio dire io do::/ un anno FA sono partita e non sapevo dove [andarmi a vestire

9. F: [lei si vestiva con i cosi

10. pli [ssés

11. A [←s:ono entrata in un negozio, e mi sono comprata]→ (h) dei pantaloni sono entrata

12. scuola e hanno cominciato a guardarmi MALE:: (.)

13. F: si invece   [<la ?>gonnellina:: [pliss:::   (.)   [eh ti rico::::rdi::: □

14. A: &   [dicendomi ah /   [stai diventando parolina (.) [eh □

15. F: & oh mxxx (diminutif) quanto eri [cari::na <voix aiguë >→

16. A: &[cioè:: non è che l'ho fatto APPOSTA io cioè:

17. F: non l'ho fatto app/[<ton ironique>

18. A   [NO perché io non è / NO ma a m/perché/ ma/ TU vai alla cicogna

19. <magasin pour enfants > a me la cicogna non piace perché trovo che è cAFONE q:uindi

20. dove vado a vestirmi a tredici anni

21. X : è brUTTa la cico[gna

22. A: [scusa vado in un negozio che si chiama smile subdue <des marques

23. de vêtements> perché c'ha cose per ragazzine (.) dove vuoi ANDARE senno □

24. F: non sei una ragazzina [mxxx (diminutif) / non lo sei più<ton ironique> cioè::

25. X :   [scusa eh ma

26. A: si va beh / io non è che posso andare:::/ CIOè/ io abito lì/ . non è che posso

27. andare <in giro per?> smile e subdue non è che posso andare al c:entro ogni volta per

28. comprarmi i vestiti capisci::

29.

A和F之间明显的和睦关系表现在多个层面。

在节奏层面，表现出令人惊讶的同步连贯性：A和F采取完全相同的停顿和中断（13—16行）。在语义学层面，这种相互调整表现在两个同音指小词pariolina和gonnellina（13—15行）的使用上，随后的carina一词（"美丽"，"可爱"，也有"和蔼"的意思）再现了这一点。两人的默契还体现在叙述层面，例如，F肯定她同学的话语并唤起两人一些共同的回忆，那是一种相同的少女故事（6—7行），这类故事会被成年人或者"其他族群"的同龄人批评。又如，F和A加入到同一个小组时，F用了人称代词"我们"（第3行），（"我们"称他们为"法国小孩"），她还有意拖长音节（13—15行），或用非常罗马式的cioè（16行）来"模仿意大利人"（Sacks，1992）。

但是，两个女孩谈论的主题却是南辕北辙。A有如生活在仙女童话中，她从家里出发，单独走进商场，像"大人"一样，挑选具体的服装（裤子或裙子），后来又像一个典型的意大利人。F用昵称叫（mxxx）她，并用一种尖细的声调发出成年人笑眯眯般的赞叹（你好漂亮啊！），说看见她就像看见了她的童年世界和她的小百褶裙。

A最终明白了F的小诡计（18—22行），她也将F归入儿童类，对她说："你去Cicogna吧。"那是一家很贵的儿童服装店，跟她去的成人专卖店形成对照。

为了将对方纳入叙事者的话语范畴，两人的冲突从一开始就暗含在彼此的对话互动中（5—6行为了取得话语权，12—14行为了保持话语权和讲述故事），随后进入了相互纳入—排除的阶段（Sacks，1992）。最终，冲突因为ragazzine这一词语爆发了。对F来说，这个词翻译成法语就是"小女孩"的意思，但在A看来，这根本不存在误会，该词就相当于意大利语中的"少女"的意思，因为在意大利语里，ragazze指少女，bambine指小女孩。接着，双方又因为Parioli一词（第25行）再起冲突：该词不再指"叛逆的大人"，这是历史老师先前强行引入的分类概念（第14行），该词也不用于意大利人的种族或文化类别（参见资料1，6—8行），而是指城市的地貌（Mondada，2000）。于是，在这场为了主导互动交际的暗自较劲中，A同学放弃了她的具有三重归属感的身份认同（意大利人、帕里奥利纳居民、大人）。这是一个复杂的在当地共建而成的身份认同网状系统。

中介-翻译：在有争论的环境中他的位置

玛丽·弗里纳-尼科洛夫
法国国立东方语言文化学院

王梅、傅荣 译

译者的面具

用勒内·拉德米拉尔（René Ladmiral）的话说，从古代开始，关于翻译的思考，始终围绕着思想与文字、意义与形式、目的语与源语的二元对立展开（Ladmiral，1979）。20世纪的结构主义语言学和索绪尔对能指与所指的区分将这种二元对立推向极致。从所指高于能指、意义优于形式等原则派生出了多个普遍接受的观点，译者对此不一定意识到，但这些观点却深刻地影响着他们的翻译实践。例如，译者就是"摆渡者"，还有那句已经变成老生常谈的格言："翻译就是背叛"（*traduttore traditore*）。再如，好的翻译应该是让人感觉不到的翻译，它让人保持这样的错觉：翻译的文章就是用读者的语言写成的。然而，假如译者真的隐身不见了，他很可能也同时掩盖了文学传统和不同文化的相遇。

译者背负的压力

为了消除对翻译产生的上述种种神秘的幻想，必须将翻译工作者看作是中介人，这就需要意味着译者是完全的社会人，可以自由地选择和确定自己的立场，同时有一种时常是无意识的但对自己却是有约束力的自我审查意识,还能认识到自己对所创作的文章享有保护的权利,虽然难免会有人对文章提出批评和争议。如果说以创作的名义,一切都是可以接受和可能的——这在文学上是天经地义的话,那么,在翻译领域则恰恰相反,译者总要承受各种各样的压力,如出版商、审校和读者的压力,更广泛地说,这是一种文化氛围的压力,就是人们一味地要求翻译必须正确、可接受和"忠实"。大家恰恰忘记了,正是因为翻译工作者的勇敢创新才使得人类的语言得以丰富了再丰富,是他们对未来语言的使用进行了加工。

每一个译者都有一天要承受出版商和审校人员的某种暴力,他们自诩为了捍卫读者的权利和趣味,对译者的劳动成果横挑鼻子竖挑眼,要求译者去掉译文的棱角,并用目的语中那些看起来圆润光鲜的陈词滥调替换掉源语文化中那些令人惊奇的形象表达。殊不知,这样一来,原文的话语就变得索然无味,丧失了深刻的启发意义。

翻译和审校案例

案例1

原文:

Посред небето висяха няколко звезди, едри като фасул. (Севда Севан, Родосто, Родосто, София, изд. Христо Ботев, 1996, стр. 41.)

译文:

Les étoiles pendaient au beau milieu du ciel comme de gros haricots.

[星星就像大芸豆一样挂在天空的正中央。]

(本段的视角焦点是小说中的主人公,一个热爱土地的地主,因此有这样的比喻。)

审校人员的批注:

"法语里只能说星星在闪烁"。于是,最后的译文妥协为:Quelques étoiles, aussi grosses que des fèves, restaient suspendues au beau milieu du ciel. [几颗星星,像蚕豆那样大,悬在天空的正中央。]

(Sevda Sevan. *Quelque part dans les Balkans*, traduit du bulgare par Marie Vrinat. Paris : L'Esprit des Péninsules, 2001, p. 48)

> 案例2

原文：

Градските хамали Али и Спирос бяха приседнали на плочите пред бараката на митничаря, наливаха си чай, отпиваха невъзмутимо, усетили с гърбовете си, че на този „вапор" няма мющерии за тях. (Sevan, *ibid.*, p. 11)

译文：

Les portefaix de la ville, Ali et Spiros, étaient assis sur les pavés devant la baraque du douanier, ils se versaient du thé et buvaient, imperturbables, sentant avec leur dos qu'il n'y avait pas de clients pour eux sur ce « vapeur ».

[在海关职员木棚前的路面上坐着城里的脚夫阿利和斯皮洛斯，他们自己倒了茶喝着，一副镇定的样子，他们通过自己的脊背就能预感到，这艘"蒸汽船上"没有他们的顾客。]

审校人员干预后的译文：

Les portefaix Ali et Spiros étaient assis sur les pavés devant la baraque du douanier, ils se versaient du thé et buvaient, imperturbables – quelque chose leur disait, à la manière des rhumatisants capables de prévoir le temps, qu'il n'y avait pas de clients pour eux sur ce « vapeur ».

[在海关职员木棚前的路面上坐着城里的脚夫阿利和斯皮洛斯，他们自己倒了茶喝着，一副镇定的样子——就像风湿病患者能够预测天气一样，他们预感到，这艘"蒸汽船上"没有他们的顾客。]

> 案例3

原文：

Enfin des poires parurent ; et le verger avait des prunes. (Gustave Flaubert, Bouvard et Pécuchet, Paris, Folio, p. 97).

[梨子终于现身了；果园里还有李子。（居斯塔夫·福楼拜，《布瓦尔与佩居谢》巴黎，Folio出版社，第97页）]

西班牙语、意大利语和加泰罗尼亚语的翻译没有用"果园"作句子的主语，而是作地点状语：

Alla fine, apparvero le pere : e nel frutteto le prugne. (意大利语)

Finalmente aparecieron las peras, y en el huerto habia ciruelas. (西班牙语)

Per fi van venir les peres ; i al verger van sortir les prunes.

(Jean-Claude Chevalier & Marie-France Delport. *L'Horlogerie de saint Jérôme*. Paris : L'Harmattan, 1995, p. 94.)

案例4

原文：

(...) да виждам нейните пръсти – твоите пръсти, Алиса, надвесена над фугата,

вглъбена в гласовете, които сякаш слушаше с очи и питаше –

... какво е Бах? –

Защото вярваше, че знам (...)

Емилия Дворянова, Passion или смъртта на Алиса, София, Обсидиан, 1995, стр. 26.

尊重译者的译文和格式：

(⋯) je verrais ses doigts – tes doigts, Alissa, penchée sur la fugue, recueillie dans les voix que tu semblais écouter avec tes yeux, et tu demandais –

...c'est quoi, Bach ? –

car elle croyait que je savais (⋯).

［(……) 我仿佛将要看见她的手指，不，是你的手指，阿利萨，你微低着头，听着这首赋格曲，你在沉思，好像是在用眼睛倾听这乐曲的声音，你问道——

……这是什么曲子，是巴赫的吗？——

因为她以为我知道（……）。］

(Emilia Dvorianova. *Passion ou la mort d'Alissa*. Gardonne : Fédérop, 2006, p. 36.)

作为社会人的译者

每一位文学翻译家都会在某一时刻本能地感到，自己有可能成为自身成见的囚徒，那是自己对语言的意识表征（雅、信）和对翻译方式的意识表征（"翻译不能有翻译的感觉"），他也可能在这些方面受制于他所属族群和所属社会阶层的意识表征。这便是翻译上所说的自我审查，它有好几种随意的方法，如增译、减译、改变语句翻译、加注或其他方法。上述案例3便是自我审查的一种体现：主语变成地点状语，因为主语是无生命的物体。这对有些译者来说，也许显得有点儿"肆意"。译者不仅要承受"自我审查"这种内在的暴力，还要经常遭遇另一种外在的抗拒，即出版商、审校人员和读者受众的反对，他们也都是上述同一教条的囚徒。

正是一种审查导致相同现象的产生，如我们上文列举的案例1和案例2所示：在案例1中，因为要尊重所谓目的语（这里是法语）的表达习惯，审校者将源语富有独创的隐喻换成了平庸的口头禅（"星星在闪烁"），另外将芸豆换成了蚕豆，认为这样可以避免过于粗俗。然而，译者应该遵守为所译文章服务的职业操守，本着包容相异性的精神，表明自己尊重原文表述呈现的形象，尊重原文的表达法及词语的选择，即使这会在目的语中显得有些突兀。译者还应表明自己尊重原文不同的表达节奏，原文的长句，乃至不合惯例的标点符号，这其实常常能营造文学作品的文学性。因此在案例4中，译者采用了保加利亚语和法语都不常见的用法，在对话的最后用破折号，问号后面不用大写字母。出版商很想改正这种不合规范的断句法，但是，为了让读者读到原汁原味的原文，他们最终决定尊重译者的选择。

翻译的历史告诉我们，作为译者，我们今天面临的翻译上的两个极端以及其他翻译问题和古代几乎完全一样，在这样的传统面前，翻译工作者应该不断地坚守自己的定位，追求超越自我，根除自己的那些文字恶癖，这些恶癖源自根深蒂固的神话，以为翻译的语言就必须"雅"。翻译工作者必须懂得坚守倾听他者、倾听异国他乡的翻译职业道德，并将这异国他乡的真实揭示出来，包括揭示那些言外之意的真实，只有这样，翻译工作者才能完全不辜负自己的媒介使命。

发现自己是外国人：与另一种学校文化传统的冲突

多米尼克·沙博诺
法国图尔大学

王梅、傅荣 译

作为外国人生活在法国的大学里，在法国文学课上

外国学生在其留学的大学里接受浸入式课程教育，面对的是另一种学校文化传统，并将经历不同的思维方式和意识表征系统，这些有可能给他带来学习、人际关系和文化方面的误解。

在班上，同学们都把这位新来的留学生看作是"老外"，他自己也觉得是"老外"。他所在的这个班集体先他之前就已成立，在他走之后还将永远存在。对留学的大学缺乏了解也是留学生刚到国外安居时产生内部冲突的一个原因。留学的学校有自己的一套课程标准，因此对外国留学生来说，这成为留学对象国的一种具有代表性的接待模式，而我们的大学教育大多只强调知识和技能的学习与掌握。在这种情况下，如何和学生打成一片，如何和老师融洽相处，各个相关国家的做法各不相同，这对每一个留学生都是新的考验。他们将在两个不同地方学过的课程进行对比，将两个不同国家的大学习惯做法进行比较。留学生们发现了大学制度上的这些不同，随后的问题是如何融入并归属一个全新的体系中，而这个新体系跟他们熟悉的大学传统有时相差很大。

我们曾对留学法国的35名日本、德国和美国学生进行了一次访谈调研，他们在一所法国大学进修法国文学，但这不是他们本来要选的课程。我们发现，这些学生在两种学校文化的相遇过程中出现了教育和文化的误解。

> **资料1**
>
> 和美国学生布莱德的访谈节录
>
> 在美国，和这不同的是，我们可以加上自己的观点，例如："这让我感到如何如何，这让我觉得什么什么，等等，等等"。在法国这里，我们得紧贴文本，比如："这句话，它表达什么意思"，而在美国，我们会说，"这句话让我感到什么什么，这让我想到什么什么"。事实上，我们的方法论和法国的完全不一样。在美国，更个性化。我觉得用法国的方法论谈不出自己对所读文本的感受。而在我们那里，写作业是要带着自己的观点的："我，我觉得这如何如何，我认为怎样怎样"，而且没有法国的三段论那样的顺序，什么顺序都不讲。在我们那里，就一个开头和一个结尾，您问我为啥是这样？我也不知道（笑），但在法国这里，三段论，开始我觉得很难，但现在我做到了。我们没有三段式评论，不学论述文，我们只会线性分析，就是解释文章，就是一个作业而已。你要真想写点儿东西，那就只管写好了，使劲儿地写吧……就这么简单！

> **资料2**
>
> 和日本女生Echo的访谈节录
>
> 在我们日本的文学课上，老师总要我们从作者的角度看问题，比如："你觉得作者想说明什么？"老师从不问："对作者的这一观点你是怎么想的，在这篇文章里，你发现了什么有意义的内容？"……你看，总是有些因循传统，"作者应该认为这很有意义，作者本想表达这一类内容"，总是让你想作者的观点，而不是你的看法。就是因为这个原因，我在写三段式评论的时候才有那么多的困难，因为这太个性化了，这是你的观点。老师问你属于你自己的想法。而我们，我们没有这个！！！其实……我们有……！！！但是，我们没有把它们表达出来的习惯！！！就是这样！！！（笑）。

> **资料3**
>
> 和德国学生安德烈的访谈节录
>
> 分析文章的步骤,是一样的:一些泛泛的问题,一些有关文章的细节问题,以便于阐释它,所有这些都是一样的……但是……在大学里的教学,这是非常不同的,完全不同。在这点上,我更喜欢德国的体系,因为在法国这里,只需要有写得非常非常快的能力和背诵很多内容的能力就可以了。老师不苛求我们有自己的想法,只需要重新写出我们读过的内容就行了。在我们国家,我们首先必须重新写出,然后比较,接着要提出自己的观点并阐释,这一点,在这里是不一样的。现在,我已经习惯写得很快了!(笑)

通过对德国、日本和美国的在校大学生关于文学教和学的访谈及其分析,我们看到了各式各样的"文学青年",他们有着不同的文学观和各自的分析文本的习惯做法。通过和访谈对象的交流,我们还发现了他们在学习法国文学的过程中采用的各种表达自我的方式,从更广意义上说,是在留学接待国社会及其教育体系下采用的各种表达自我的方式。

用别样的大学传统观照法国式的法国文学课程

对访谈的分析表明,美国学生要求对文学篇章有个性化的理解(参见资料1)。因为主张对文本进行个性化的和发自内心的分析与解读,所以美国的文学研究以实用为目的,这应该是美国教育制度所支持的。每个人与文学保持的这种个人化和有用的关系构成了美国教育体制的整个关键和全部意义。艺术唤起人从自身发现的情感与感受。对作品的主题分析支持这种个性化的表达。学生在访谈中提及的"美国式"文学教学是另外一种严密的体系,和法国的文学教学完全不同。

如果说在美国的课堂上,教师鼓励学生分析课文时要敢于发表个人的观点,那么在日本,学生则要按照老师的话去说。教师利用一种非常严格的等级关系,发话组织课堂上的文学教学活动,以至于学生只能顺从一种模式和一种权威,就像要求学生解读文本时,必须听从作者的权威那样（参见资料2）。因此，对所研读的文本不介入并保持距离成为保证课堂平安和谐的常规做法。在日本，读者要和文学保持距离，班组里也难有人讲心里话，相比之下，法国的文学教学颠覆了日本学生学习文学的习惯。在日本学生看来，法国的文学课期待学生提出个性化的解读。受访的日本学生坦然承认，法国的这种要求表达自己的选择和观点的传统对他们来说还是有点困难。

接受访谈的大多数德国留学生把他们在法国的学习经历看作是一种监禁。与美国和日本留学生相反的是，他们不觉得法国文学课上的文本分析有多难（参见资料3）。但是，他们对法国教育的评价是严厉的。他们觉得法国文学课的教法跟德国差不多，但论述文的写作除外，在他们看来，法式论述文写作是法国教育体系中统制主义的典型代表，它扼杀学生的个性，因为它只需要学生还原教师在课堂上讲的知识。受访的德国学生将法国的论述文和"德国式"的论文进行了对比，认为它们不论在形式上还是在内容上，都反映出两者源自不同的教育体制。

外国留学生在暂时融入一个新的班集体的过程中，必须暂时接受不同的知识体系、技能和不同且全新的行为举止，这当中的矛盾会造成比较严重的暂时性冲突，这是每一个外国留学生在一个新的接待环境中所要面对的。留学的同学应该学会把在本国以往的大学经历和目前未知的国外留学历程有机地衔接在一起。接受访谈的所有学生都强调这是一项艰巨的任务，但也发现，随着时间的推移，他们在逐渐接受法国的课程教育。他们最初的那些困难，不论是关于文学的，还是关于个人生活的，都在慢慢消除中。出国留学会使自己发生深刻变化，这一点已经被大家部分承认并得到了分析，这一深刻变化本身其实就是在国外生活经历的一个主要的学习过程。

归属感与排外情绪：学会描述和分析仇恨言论

斯塔夫鲁拉·卡茨基
法国国立东方语言文化学院

王梅、傅荣 译

对排外言论的话语分析

归属感问题涉及在永恒更新的互动中紧密相关的另外两个概念：身份认同和相异性。具体而言，排外主义旨在极力淡化，乃至完全否认身份认同与相异性的互动，他们反其道而行，刻意强化这两者的分界线，以利于宣扬一种"纯正的"、"无瑕的"并被武断地视为同质的身份认同，而外国的"他者"则被看作是一种外来威胁，必须摧毁，至少要在口头上予以完全地否定。

从教学法的角度看，特别是从外语教和学的视角计议，学会发现和分析排外言论应该是必不可少的内容，因为我们在交际现实中经常听到这类仇外、排外的话语。在某个特定的话语社群里，非本族者迟早会遭遇这类排外言论的伤害，成为种族主义情绪的发泄对象，但他自己也会用另一种语言无意识地讲出一些可能具有歧视性的话语。从这个意义上说，在外语课堂上进行教学互动也可能成为一个比较敏感的地方。

话语分析专事研究语言与社会、文本与语境、交际与文化之间的辩证关系，为我们提供了识别和描述那些显性和隐性的话语策略所需的理论工具及方法论，这些也都可用于我们辨别和分析那些形形色色的仇恨言论，如种族主义、反犹、反同性恋和性别歧视等言论。

各种类型的交际，包括日常交际、传媒交际和政治交际等，都能听到或看到排外的言论。很多具有种族主义色彩的互联网站是发表这些排外言论的管道之一，让我们选择其中的一个进行观察和研究。

> 下面的语料节选自一个英法双语网站，文章的标题为"法国造狗屎"，副标题是"在敌方领土的20余年"。（http://merdeinfrance.blogspot.com）
>
> 作者很可能是美国籍，他让访客阅读2004年5月19日到2005年8月13日的报刊文章，同时参阅相关的种族主义评论。这些评论针对一些国际问题，如中东问题、伊拉克战争等，对法国进行百般诋毁。
>
> 1. Ces connards de franchouilles
> 2. Les pédaloïdes cucul la praline n'arrivent plus à se maîtriser
> 3. L'anti-américanisme primaire et universel continue à se propager à travers les milieux médiatico-politicards franchouilles
> 4. Que la Zéropa[①] aille se faire foutre
> 5. Vos gueules, bande de pédaloïdes
> 6. Que des cocos sans foi ni loi
> 7. Gôchistes zéropéens des beaux quartiers
> 8. Georges Bush devrait jeter les gants avec cette France de merde, il devrait appeler une pute une pute
>
> 在这些不同形式的仇恨话语中，仇法，或者说是针对法国人的排外言论值得关注，因为这些言辞虽然很怪异，但其实还是一切种族主义话语的惯用手段。我们需要辨识和分析的是其中的某些语言和话语策略。

分门别类

把人分成三六九等是走向分离，甚至是迈向排外的第一步。事实上，给人起名，这就已经是在将人分类了，因为这意味着要用语言提供

---

① 可译为"欧洲白痴"。这里用文字游戏构字，其中的zéro在法语里表示"零"，转义为"废物，一无所能的人"。——译者注

的一个词语来命名他,这样的选择命名多少有些主观,多少有些随便。在被我们研究的这个网站里,网文的作者将两个族群从总体上对立起来:一方是美国人,即"我们",也就是作者所属的那个社会与文化群体;另一方是法国人,即"其他人",但凡不属于他那个群体的便属于一个与他不同的群体(Todorov,1989)。我们于是看到了一种同质化的一概而论的命名族群的做法,其中的成员有如一块块硬直的、相同的石头,被胡乱地归类并陈列起来。

从命名到辱骂

网站的作者虚幻地想借用国籍名称强调一种单一的和决定性的归属关系,除此之外,他还用了一些人为的指东说西式的指称词语,在此即为一些在道德价值上带有贬义色彩的名词,旨在贬损所指对象。比如,"法国人"(Français)这个词几乎全部换成了"法国式的坏蛋"(franchouilles),该词和其他骂人的话用在一起,贬损色彩变得非常强烈(参见方框内第1句话)。另外,被广泛用于指称法国人的其他词语还有:pédaloïdes(对同性恋者的蔑称)、cocos(对共产党人的蔑称)、gôchos(对极左人士的蔑称)、pro-terroristes(亲恐怖主义分子)和antisémites(反犹分子)等。虽然说从语义上看这些词与其所指对象不相干,但这些词都是专门用来骂人的(正像法语里添加表示贬义的后缀那样:-ides、-os),它们的首要功能就是语用性。

的确,通过分析那些表示否定意义的价值学词语的运用,我们看到命名怎样变成了辱骂。这是一种话语行为,一种典型的仇恨行为,目的在于口头攻击一个专指的人或特指的一群人(Kerbrat-Orecchioni,1980)。这些词语内容上具有骂人的功能,语义上却没有任何含义,从而使得这些词语具有非表现性的侮辱色彩,只有挨骂的人听懂或看懂了,才可能产生一定的暴力效果,他们各自的意识形态反映在这些词语的使用上。

仇恨话语及恶意操纵

此外,网站上还有人介绍如何恶意操纵那些煽动仇恨的话语,这是所有种族主义言论的共有特征。一方面,他们通常采用指东说西式的贬义指称,形成先期假定,这样可避免让发表这些言论的人明目张胆地骂人。他们讲的那些内容好像是不言而喻的事情,好像完全符合事实,不容置疑,是大家公认的显而易见的事实(第2句)。这是排外言论的始作俑者在操纵大众的声音,他自己已经有了立场,却以匿名的和集体代言人的身份自居。另一方面,仇外言论的始作俑者把自己放在受害者的位置,试图借此掩盖他那执著的仇法心理,他满怀恶意地说出他的那些仇恨言论,真像是在揭露法国的反美主义,这是一种典型的居心叵测的操纵策略,它颠倒了"攻击者/被攻击者"的是非(第2句)。

这些排外言论的另一个特点是对于某一特定人群的仇恨有可能扩散到其他群体,所以应该更贴切地称之为"排外主义",即对所有其他人的仇恨,对所有非己的敌视,对所有差异的憎恨。在本案例中,这样的仇外言论不单纯针对法国人,也指向了其他社群,如欧洲人(第4句)、同性恋者(第5句)、共产党/极左派(第6和第7句)、性别歧视(第8句)等。仇恨他人是无国界的,所以我们要对各种类型的排外言论有敏感的意识。

多样性的身份认同

我们虽然处在一个语言和文化上日益开放的世界,但各种显性的和隐性的排外言论依然存在。想要通过刑罚惩办那些鼓动仇恨的人,从而彻底消除排外仇外的言论,这似乎不是一个有效的解决办法,因为普通的煽仇言论不过是在拾官方的牙慧,此前或现在的一些官方话语实际上认可了那些说法,从而使他们的那些说辞产生了效力(Butler, 2004)。因此,我们非但不能否认它们的存在,而且要主动去发现它们、分析它们,并"重新弄明白"那些伤人的词语。这将有助于各个社会更好地理解和接受多样性,这已是连接各国人民的纽带,今后则将成为身份认同的前提条件。在这一点上,外语教学法将有所作为。

争鸣

阿尔坦·格卡尔普
法国国家科学研究中心，
法兰西公学院，
法国教育部现代语言教学督察总局

王梅、傅荣 译

全球化给我们带来的影响不可避免，通常还是出乎意料的，特别是在跨文化交际的复杂性方面。为了努力解决这些问题，我们今天比以往任何时候都需要求助于社会科学的一些概念工具。我们生活在这样一种意识形态环境下：可以说几乎所有人都在鼓吹文化多样性，但是，关于身份认同及族群融合等烦心的问题却像激浪拍岸那样，不断地涌现，使许多事情乱成一团。矛盾是明显的，但在建立操作层面的理论范式的过程中，例如外语教学，混乱的情况更严重，至少对于我们使用的那些理论概念的内容及意思的理解与把握就模糊不清，我们经常将它们用作权威的论据。

个体与人

"人"与个体不可分离，但它恰恰一直是我们社会在话语和习俗中，包括在法律领域的争议主题。这个问题还会变得更加复杂，假如我们再将和我们朝夕相处的左邻右舍的文化、社会和宗教因素放在一起考虑。另外，个体与人的二元性正是人的身份认同过程的核心内容，因为当许多传统社会无视或否认"个体"的原则时，它们却都把以各种形式出现的"人"的理念置于社会关系的中心，这里仅以人的姓氏为例便足以证明。用姓名确认人的身份，这是普天下都采用的原则做法，各个国家又有所不同，但它却是许多社会进程的见证人。例如，法国的"夫姓"做法使得一个人的一生中会有多次随着社会认可的"人"的改变而变化。文献学家和人类学家经常发现，宗族、氏族和种族为自己取名字的方式也就是认定自己为"真正的"人的方式。"土耳其人"这个种族名称来自古语的török，匈牙利人一直用它来指土耳其人，意为"出生的人"，词根tör即表示"代"。在此必须指出的是，有一些民族没有任何种族身份认同这个概念，虽然我们经常把这个概念挂在嘴边上。还是举土耳其人的例子，我们可以说这是个"赫尔德式的"民族，也就是约翰-哥特弗雷德·冯·赫尔德（Johann Gottfried von Herder）1769年在其《论语言的起源》（Herder，1978）一书中描述的那样一个民族。在那本书里，赫尔德驳斥了语言起源的神授性观点，指出人的语言是各个因素作用的结果，是人类、文化和历史发展的一种结果。

编织社会关系网

阿兰·絮皮奥（Alain Supiot）主编出版了一部研究社会关系的优秀著作，名叫《编织社会关系网》（*Tisser le lien social*）。他在书中强调指出（2005：3），柏拉图的《克拉底鲁篇》（*Cratyle*）为我们研究社会关系网奠定了良好基础，按照他的观点，新生儿为了在人类社会中获得自己的位置，他必须学习如何结社，这是我们这个社会赖以成立的基础。换言之，每一个来到这世上的人都带着一种意识，即对一个业已存在的世界的意识，这个既有的世界则赋予他的生命一种意义。人除了具有动物那样对世界的感官意识之外，还有对意义的需求。这种对意义的理解要求每一个儿童都要学习说话，并要按照柏拉图所说的"语言立法者"的规定说话，语言立法者"用名词命名世界的万千事物，从而厘清纠结在一起的现实，就像织布工人理清梭子一样"。

这是柏拉图用的比喻。所以我们至今仍然在说，社会关系网正在风化。研究社会关系网，这并不是件轻松的事情。我们当然可以根据交流与互惠的基本规则研究社会关系网。克洛德·列维-斯特劳斯（Claude Lévi-Strauss）的禁止乱伦理论认为，交流与互惠可使人类由自然状态过渡到文化状态，由血缘关系（即生物关系）进化到联盟关系，即社会学。这种从零过渡到文化状态的过程使社会关系网形成一个结构严密的系统，一个关于社会关系和规则的世界，特别是一个象征性的世界，它将整体结构化，为大家所共享，语言便是这个整体的主要媒介。

社会如文本

两位人类学家皮埃尔·勒让德尔（Pierre Legendre）和克利福德·格尔茨（Clifford Geertz）建议把社会看作一个文本。勒让德尔认为，"应该提醒人们注意，语言是如何充当人与世界的物质性两者之间的媒介的。词和物互不相干的现象是不存在的。'东西'这个词既指外在的事物，又通过人的意识表征得以重构。换言之，词和物的关系是语言的内在关系，因此说，一个外在事物之所以存在，是因为它的实体存在条件包含有它的建构和人的意识表征。"（Legendre，2001：18—19）。克利福德·格尔茨运用"深描"（thick description）理论概念，提出了一种基于文化符号学的人类学，核心在于把理解的文化当作文本来解读。格尔茨认为，人类学家站在文化成员的肩膀上，通过"复制"的方式，"阅读"他所研究/解读的文化。

多文化主义与它的历史性歧义

多文化主义的概念已经变成了一个失忆的概念。佩里·安德森（Perry Anderson）正确地提醒说，多文化主义不是指各种文化简单地并存于广义的世界上，历史上，这个术语曾经被奥托·鲍尔（Otto Bauer）和20世纪初奥地利的马克思主义者使用过，目的是想通过确保未来联邦中各个州的民族文化的完全自主性，从而保存哈布斯堡王朝的多文化特色，这意味着将由各个州政府掌控所有的文化机构。安德森还正确地强调指出："文化不像'民族'或'社会阶级'那样概念矛盾。因为文化不带任何贬义内涵，所以它成了一个理想的代名词，能够成为最早提出这一概念的人祭起的旗子"（Anderson，2001：104—116）。根据这一观念，文化是特定的民族和语言的标志，而不是对边界变化不定的社群身份认定的认可。从这个意义上讲，谈论"欧洲多文化主义"将是无意义的。多文化主义还指另外一种情形：同一个社会里共存各种不同的文化，这个社会的领土边界根据现代国家的意义确定。多文化主义概念的模糊不清使它很难用于外语教学中。

外语教学怎么办？

从学校课堂直至电视银屏，再到就业，我们无不赞成"文化多样性"，这是注定的事业。在这个共识之下却是一片混乱，由此炮制出了所有愚蠢至极的政策。

长期以来，各级政府机构的负责人，特别是法国教育部现代语言教学督察总局，也就是我任土耳其语教学督学的单位负责人，在为"现代语言教学中的文化内容"争论不休，而现代外语教学的中心命题已经转向"如何进行反种族主义教育"。例如，蒂莫尔·木伊迪纳（Timor Mouhidine）和我在法国社会科学高等研究院组织了主题为"翻译土耳其"的研讨会，我们在会上提出，作为外语教育工作者，我们要像"摆渡人"，将文化、社会和文明等事件连为一体。

"小语种"、"非通用语种"[①]、"区域性语言"……政府越是按照欧盟的指令，认定语言多样性应该在我们的教育体制中占有一定的地位，这些话语越是难以在现实生活中得到具体落实。法国开设的校际外语课程（Langues Inter Etablissements）是想通过此举能够招收足够的学生开班，却遭遇行政方面的重重障碍。不过，"小语种"教学有时反而收获累累。虽然发展这类非通用语种教学是大家希望的，但因为要严格遵守国际协议，我们不得不先考虑对外来移民开设"源语言和文化

[①] 法语原文为langues MODIME，即les langues les moins diffusées et les moins enseignées，意为"最不普及、教的最少的语言"。——译者注

课程"(Enseignement de Langues et Culture d'Origine)①。这类课程的教学工作由那些语种的国家派遣教师担任，可是，这些国家虽然讲这些语言，他们的教学方法和大纲却与教这些语言的国家，如德国和法国等，不相适应。

　　用汉斯·格奥尔格·伽达默尔（Hans Georg Gadamer）的话说，"学会成为他者的他者"是一个"对话体"的挑战（Gadamer，2003）。正是这种视角上的相互性才有可能稍稍改变一下我们在身份认同方面的矛盾。每一种文化都在思考、管理和改变它的遗产，都在按照已有的和认可的方法思考、管理和改变行动与观察的方式。唯有本土思想的智慧在其特有的范畴和结构中能够理解它们，但前提是它们必须按照人类学的思路形成持久的有机体。

---

① 按照法国政府和相关移民国家，主要是北非马格里布国家签署的有关协议，法国要为在其境内的这些国家的移民及其后代开设他们的原籍语言和文化课程。这成为法国的一项国际义务。——译者注

参考书目

引言

BOURDIEU, P. (1979). *La Distinction. Critique sociale du jugement*. Paris : Les Éditions de minuit.

BOURDIEU, P., CHAMBOREDON, J.-C. & PASSERON, J.-C. (1968). *Le Métier de sociologue. Préalables sociologiques*. La Haye : Mouton.

BRUNET, R., FERRAS, R. & THERY H. (2005). *Les Mots de la géographie*. Reclus, La documentation française (3ème édition).

CONSEIL DE L'EUROPE. (2001). *Cadre européen commun de référence pour les langues : apprendre, enseigner, évaluer*. Paris : Didier.

DE SINGLY, F. (2003). *Les Uns avec les autres. Quand l'individualisme crée du lien*. Paris : Armand Colin.

KAUFMANN, J.-C. (2003). *L'Entretien compréhensif*. Paris : Nathan Université, Coll. Sociologie, n° 128.

LACOSTE, Y. (dir.) (2002). *Langues et Territoires*. Paris : La Découverte, Coll. Hérodote, n° 105.

ZARATE, G., GOHARD-RADENKOVIC, A., LUSSIER, D. & PENZ, H. (2004). *Cultural Mediation in Language Learning and Teaching*. Graz : Council of Europe.

统一性与多样性：公民身份和人权教育

GALISSON, R. (2002). *Didactologie : de l'éducation aux langues-cultures à l'éducation par les langues-cultures*. In *Ateneo*, Anno IXX, gennaio-febbraio 2002, pp. 11–19, Torino.

ZARATE, G. (1993). *Représentation de l'étranger et didactique des langues*. Paris : Didier.

根据宗教划分人的族群归属：文化界限对话语的影响

ALLAM, K.-F., MARTINELLO, M. & TOSOLINI, A. (2004). *La città multiculturale : identità, diversità, pluralità*. Bologna : EMI.

CALLARI, G.-M. & LONDEI, D. (éds.) (2002). *Scambi interuniversitari*. Bologna : CLUEB.

COLEMAN, J. (2001). « Représentations de l'autre : impact d'un séjour prolongé à l'étranger ». In G. ZARATE (éd.), *Langues, xénophobie, xénophilie dans une Europe multiculturelle*. Caen : CRDP.

LONDEI, D. (1990). *Identità, identificazione di una cultura : definizione e approcci metodologici nell'insegnamento della lingua 2*. Bologna : Pitagora.

"本族语"教师和"非本族语"教师：语言市场上相互竞争的两个职业群体

BOURDIEU, P., CHAMBOREDON, J.-C. & PASSERON, J.-C. (1968). *Le Métier de sociologue. Préalables sociologiques*. La Haye : Mouton.

BRAINE, G. (éd.) (1999). *Non-Native Educators in English Language Teaching*. New Jersey : LEA.

CALVET, L.-J. (1999). *La Guerre des langues et les politiques linguistiques*. Paris : Hachette.

DERIVRY, M. (2003). *Les Enseignants d'anglais « natifs » et « non-natifs ». Concurrence ou complémentarité de deux légitimités*. Thèse de doctorat, Université Paris 3 Sorbonne nouvelle.

MEDGYES, P. (1994). *The Non-Native Teacher*. London : Macmillan.

PAIKEDAY, T. M. (1985). *The Native Speaker Is Dead !* Toronto : Paikeday Publishing.

融入与排斥：在国外一所中学里的身份定位

DURANTI, A. & GOODWIN, C. (éds.) (1992). *Rethinking context. Language as an Interactive Phenomenon*. Cambridge : Cambridge University Press, pp. 147–189.

FELE, G. (2007). « La rinuncia all'agency ». In A. Donzelli & A. Fasulo Agency (éds.), *Agency e linguaggio*. Roma : Meltemi, pp. 173–193.

GARFINKEL, H. (1967). *Studies in Ethnomethodology*. Prentice-Hall.

GOODWIN, C. & GOODWIN, M. H. (1992). « Assessments and the construction of context ». In A. Duranti & C. Goodwin (éds.), *Rethinking context : Language as an Interactive Phenomenon*. Cambridge : Cambridge University Press, pp. 147-189.

GUMPERZ, J. *Discourse Strategies*. New York : Cambridge University Press.

KLEIN, G. B. & PAOLETTI, I. (2002). *In & Out*. Napoli, Italiane : Edizioni Scientifiche.

MONDADA, L. (2000). *Décrire la ville. La construction des savoirs urbains dans l'interaction et dans le texte*. Paris : Anthropos.

SACKS, H. (1984). « On doing 'being ordinary' ». In J. M. Atkinson & J. Heritage (éds.), *Structures and Social Action*. New York : Cambridge University Press, pp. 413-429.

SACKS, H. (1992). *Lectures on Conversation*. Oxford : Basil Blackwell.

WATSON, R. (1994). « Catégories, séquencialité et ordre social ». In B. Fradin, L. Quéré & J. Widmer (dir.), *L'Enquête sur les catégories. De Durkheim à Sacks*, Paris : Éditions de l'École Pratique des Hautes Études en sciences sociales, Coll. Raisons Pratiques, n°5, pp. 151-184.

ZARATE, G. (1993). *Représentations de l'étranger et didactique des langues*. Paris : Didier.

ZARATE, G., GOHARD-RADENKOVIC, A., LUSSIER, D. & PENZ, H. (2004). *Cultural Mediation in Language Learning and Teaching*. Graz : Council of Europe.

中介-翻译：在有争论的环境中他的位置

BERMAN, A. (1984). *L'Épreuve de l'étranger. Culture et traduction dans l'Allemagne romantique*. Paris : Gallimard.

BERMAN, A. (1999). *La Traduction et la lettre ou l'auberge du lointain*. Paris : Seuil.

CORDONNIER, J.-L. (1995). *Traduction et Culture*. Paris : Didier/Hatier.

LADMIRAL, R. (1994). *Traduire : théorèmes pour la traduction*. Paris : Gallimard.

MESCHONNIC, H. (1999). *Poétique du traduire*. Verdier.

VRINAT-NIKOLOV, M. (2006). *Miroir de l'altérité : la traduction*. Grenoble :

ELLUG.

发现自己是外国人：与另一种学校文化传统的冲突

GROUX, D., PEREZ, S., PORCHER, L. et al. (2002). *Dictionnaire d'éducation comparée*. Paris : L'Harmattan, Coll. Éducation comparée.

LEENHARDT, J. & BURGOS, M. (1989). *Existe-t-il un lecteur européen ?* Conseil de la coopération culturelle du Conseil de l'Europe.

SÉOUD, A. (1997). *Pour une didactique de la littérature*. Paris : Crédif/Hatier-Didier, Coll. Langues et apprentissages.

归属感与排外情绪：学会描述和分析仇恨言论

BUTLER, J. (2004). *Le Pouvoir des mots. Politique du performatif*. Paris : Amsterdam.

KERBRAT-ORECCHIONI, C. (1980). *L'Énonciation. De la subjectivité dans le langage*. Paris : Armand Colin.

TODOROV, T. (1989). *Nous et les autres. La réflexion française sur la diversité humaine*. Paris : Seuil.

争鸣

ANDERSON, P. (2005). « Le multiculturalisme ». In A. Supiot, *Tisser le lien social*, pp. 104–116.

GADAMER, H. G. (2003). *L'Héritage de l'Europe*. Rivages

HERDER, J. G. (1978). *Traité sur l'origine de la langue*. Paris : Aubier, Coll. Palimpseste.

LEGENDRE, P. (2001). *De la société comme texte*. Paris : Fayard, pp.18–19.

SUPIOT, A. (dir.) (2005). *Tisser le lien social*. Paris : Maison des sciences de l'homme Ange Guépin / MSH.

第五章

图像、话语和文化意识表征

路易丝·莫雷
澳大利亚国立大学

达妮埃尔·隆代伊
意大利博洛尼亚大学

引言：图像、话语和文化意识表征

路易丝·莫雷
澳大利亚国立大学

达妮埃尔·隆代伊
意大利博洛尼亚大学

傅荣 译

意识表征的概念在人文社会科学中不断得到公认，占据了越来越重要的地位。这一潮流由塞尔日·莫斯科维奇（Serge Moscovici）在法国掀起，欧洲和北美地区对它的兴趣与日俱增。

对文化意识表征的研究同时具有基础性和实用性两方面的特点，采用的方法多种多样，如实验室研究和实地考察、调研、参与性观察、文献资料和话语分析，等等（Jodelet, 1989），广泛涉及科学、文化、社会、环境、心理和教育等各个学科领域。以上这些理由足以证明，文化意识表征的概念具有极大的丰富性和科学性，是外语教学法领域开展多文化和多语言问题研究的理想工具（Zarate & Candelier, 1997）。

文化意识表征在人和人之间造成距离感或亲近感，不管是在学校，还是在媒体，或是在日常生活中，无时无地没有它的踪影。视觉的文化意识表征最为强大，所以今天被新的科学技术广为应用。在这里，视觉的文化意识表征被看作是与他者接近和交流的信息符号。视觉的文化意识表征因为影响力巨大而变成一个既"容易"又"危险"的普及对象，同时涉及知识文化和大众文化。所以，当传播视觉的文化意识表征使得同样的图像被不同的决策机构挑选出来使用时，视觉的文化意识表征则可能变成刻板印象的载体，当然也可能成为回避刻板印象的手段。

1. 图像：视觉的文化意识表征之根本

在这里，为了研究多文化和多语言的问题，我们要着重讨论图像在视觉的文化意识表征中发挥的作用，因为一直以来，通过图像和语言构成的视觉意识表征是人类借助美学功能表达并传播他们对于世界的认识的众多途径之一。图像一词根据所指对象不同而有意保留宽泛的含义。按照这一理解，创立的图像本身就是由话语建构起来的意识表征的中心内容（Hall，1997）。

的确，美学和象征功能一直伴随和支撑着人类交际的其他表达形式，如论证、描写、定义和讲述。因此，我们看待世界的方式正在改变之中，不论是我们的集体记忆，还是我们对当下的感悟，或是我们对未来的规划，这恰恰就是因为图像广泛地取代了当前占主导地位的表达形式，即书写。众多的传媒，如电影、广告、电视、当代艺术、照片、动漫、计算机，以及手机等生产出所谓"当代性"的"图像"。我们在本章关注的是这些图像是如何跨越不同的学科领域和增添各种语码的，另一方面，我们也想知道它们用作教学被修改后，或者用作了解其他国家文化的工具被修改后，将属于哪一类意识表征，特别是因为修改和使用它们的是"处于意识表征中的社会人"，即教师（Coste, in Zarate & Candelier，1997：108；Goffman，1959）。按照教育学的理论，这些图像应该针对完全不同的学生，一方面是因为它们作为教材经过挑选和重组已经改变很多，另一方面是因为学生会按照他们自己的文化来理解这些图像，这样就很可能没有了任何批判性的距离，就很可能把这些图像当作是所学文化的代表。的确，如果说图像最终被看作是交流范围更广、程度更加密切、形式更为大家所广泛接受的介质并彻底改变了我们对世界的看法的话，那么它们也没有因此少被"修改"和重新诠释，从某种意义上说是一种文化对另一种文化，一种想象对另一种想象的再创造，就像法语的"修修补补"一词所指的那样（据 Lévi-Strauss：Floch，1995）。由此可见，我们与他人交流的方式不完全是意识表征的简单传播，而更多的是要很好地把握它们并象征性地改变它们，这是跨文化的最好体现。

1.1 必要的多学科性

最近20年来，文化对外语教学的重要性日益彰显，被看作是外语教学法不可分割的组成部分，由此图像的作用也开始受到重视，尤其是在真实视听材料的使用方面（Viallon, 2002）。现在很多杂志被教师用作视觉教材。但是，在教学中视觉分析的模式依然太多地依赖本来用于描写语言的那些学科，如语言学和应用语言学。因此，分析图像时一般用分类和表格的形式，虽然分得很细，但各个类别之间互不发生联系，而且不重视创建图像和理解图像中产生的关联性和多文化性。这样的分析最后大多变成归类活动，归类的标准要么是跟学生的文化毫不相干的另一种文化，要么借用其他学科的抽象代码。虽然有学者和/或教师能够把图像作为文化的隐含意义，而不是简单的语言交际工具来看待，但绝大部分情况下，图像中的各个元素还是被用来为语言练习服务，尽管这不是使用图像的目的。

在我们看来，视觉符号的复杂性要求我们针对不同的研究对象，动用其他相关学科的力量，包括教学法领域的资源。符号学可用来解释视觉、文字和声音之间的模糊关系；"文化研究"可以帮助分析图像在表现不同文化意识表征中的作用，还有助于诠释学研究幻灯片及电影图像与时间和空间的关系时的作用；当代艺术史是研究图像作为视觉交际手段的重要参考，也是研究目光具有表达思想功能的重要依据；最后，还有文化人类学，它们都为研究图像提供了不同的路径，这些路径彼此交汇，把图像的研究和分析进一步引向文化和想象的层面。

1.2 在多维度和话语模式复杂性的视域下建构视觉意识表征的研究领域

这里指的是经过一系列思考之后，现在该如何进行课堂教学。为了分析图像，我们采用了一些理论模式，一个重要的问题是，我们必须首先明白用于分析图像的这些理论模式生成的意义是什么，以便评估它们的影响力。另外，如果说我们承认外语教材里的内容只是外语教和学所用资源中越来越有限的一部分的话，那么，指导视觉材料的选用及制作的那些意识形态价值观则几乎无人提及，少数例外是在分析教材时。因此，大家都选择使用视觉教材，认为它最能反映所学语言和文化的方方面面，这与"当代性"和"真实性"等关键概念的普及应用相一致。

其实，选择视觉符号占主要成分的材料用作教材，如广告、电影、电视新闻，以及少部分艺术作品等，通常没有深思熟虑的标准，大多凭之前的感觉。使用最多的是广告，它被认为是了解社会的直接通道，或者干脆就是社会的缩影；其次是电影，因为它可以表现最新的社会现象，也有助于通过图像学习语言。用于图像分析的理论模式有些是应用语言学创建的，这在外国语言和文化教学领域似乎是司空见惯的现象；有些则是社会科学（文化人类学和符号学）的发明，如对广告的研究。因此，对这些理论模式分析得出的图像新解开展特别的研究也促使我们思索这些话语是如何既以一种具体的方式界定图像，又归纳出对学生的具体意识表征。教师偏爱的这些系统是奠基性话语的组成部分，这些话语如今和被选中的教材一样，成为目的语文化的意识表征和学生的意识表征得以建构的中心之地。

承认图像的表现力，意味着在第一时间就综合考虑到了图像的美学特性、认知维度和情感因素。这里，我们论及到了图像分析的一个基本原则。尽管这一原则离不开文本，但不能仅限于此。因此，这是一个上述各方因素发挥影响的领域，必须予以重视。相对于一个简单的图表，话语模式的符号学分析应该更能领悟图像中多种意识表征的互动，既有文本的，也有视觉的。就像阿曼达·麦克唐纳（Amanda Macdonald）在本章指出的那样，这种类型的思考目的是引导我们学会看待我们面前的事物，因而需要我们发挥在一种多模态的复杂性视域下阅读图像和文本的能力。

2. 文化意识表征的多文化和多语言特性

正像本书第六章"关于语言及其社会意识表征的论说"里讲的那样，教和学一门语言，比如法语，自有其民族的和多文化的背景因素，这虽然得到了研究者的认同，却还没有在课堂教学中充分加以利用。比如，在教师根据以往的经验定义的教学环境中还有另一个因素，即学生对所学语言和文化的意识表征（Zarate，1986）。学生的意识表征源于他们的社会背景（Porquier & Py，2004）。将学生的意识表征看作是学习进程的一系列阶段，而不是按照传统的二分法，把它们区分为远或者近。姬田麻利子（Mariko Himeta）在本章她的论文里指出，这样做可以通过一个量表了解到学生对所学语言及文化的意识表征，该量表能够非常敏感地反映教师对教学内容的影响。

把故事图像化是另一个通过个人的意识表征学习社会知识的方法。当代小说里有很多多语言和多文化的场景。卡罗勒·巴约尔（Carole Bailleul）和米凯莱·托西（Michele Tosi）的做法是，从这类文本入手，通过转置和变换将文字改成图像，这样的活动能够直观地表现每个学生的想象，而这样的想象具有明显的文化特征，进而实现了来自不同文化背景的参与者之间的真正交流。

3. 论图像/文字与文化意识表征的关系

图像作为参照点参与到社会文化意识表征的建构当中，这引发了一场批判性的思考，在教学上产生了积极的反响。比如，插图与文字表述之间有差距，这使我们开始承认意识表征的不均质性。以基娅拉·莫利纳里（Chiara Molinari）在本章论及的字典为例，在一个想保持"中性"的文本里，一旦插图和文字之间出现差距时，插图与文字的关系便是象征价值的赌注，就会引发一系列的针对人种文化意识表征现象的争论。关于这些图像的评价，大家承认教学法上的循序渐进性，但更看重培养学生的自我反思能力，也就是让学生有意识地将眼光转向审视自己的文化，这样才能关注其他民族的文化。我们以选中的一件文化作品为起点，比如一部电影、一场展览、一个广告、一部漫画、一本百科全书的插图，甚至是一份关于学生对另外一种文化的印象的调研结果都可用来帮助我们领悟和表述文化中的隐性内容，并对各类文化的意识表征提出疑问，最终能够做到在复杂性中与人交际。然而，倘若我们承认图像和文字之间的紧密关系（有时甚至到了不可分割的程度），那么这种质疑其实不过是参与共建了演进中的话语。这里，真正需要做的应该是找到新的方法将图像和文字的关系概念化，而不是提供模式，也就是如克莱尔·克拉姆契（Claire Kramsch，2002）在谈到必须超越二元论时说的，要"彻底改变态度"。多样性是目前最喜欢用的概念，其含义不只限于图像本身构成元素的多样态，因为它们的材质多种多样，种类则经常是混合的，还在于图像、文字和背景之间的互动作用产生的内涵意义。图像与反映历史和跨文化背景的电影音乐在一起相互作用也能产生内涵意义。只要同一段音乐被不同的电影导演采用，音乐和电影图像便构成多文化性的关系。正如罗杰·希尔曼（Roger Hillman）在本章他的论文里强调的那样，这样的过程让我们清楚地看到了音乐的跨文化流动性，这就像一副扑克牌中的百搭一样，在充作特定"点数"的同时，让我们的文化意识表征变得多样化。

3.1 话语形式的多样性

除了要懂得视觉意识表征跨文化的流动轨迹外，还应将分析情景化，并且从内在动力的视角解读意识表征的概念，就像对法语文学所做的那样（Gohard-Radenkovic，2004），但这绝不意味着只是分析一部广告、一部电影或者一幅图画与相异性的关系，这在语言和文化教学界，经常表现为评价某一个时代，同时加上作家的名字及所属流派。实际上，在分析图像前首先要非常仔细地描述它。再三强调这一点，意味着承认简单的重现不可能起到替代的作用（Gervereau，2004）。经过这样认真的描述后，我们在和处于积极参与者地位的学生一起分析时，就会考虑到在一个有待构建的连续统内创作和接受图像的背景关系，就会综合考虑分属各个特定文化阶层的人采用的交际策略。对那些能够产生意义的图像多形态元素加以认真的描述，这一方面有助于我们思考创建图像的特殊方法，另一方面有助于我们从影响、交流、吸收和接受的角度思考一幅图像和其他图像的互动关系。

按照这一思路，路易丝·莫雷（Louise Maurer）分析了一个画家通过其作品带来的开放效果，那是对好几个不同民族背景的象征性冲突表现出的包容态度，画家充分利用了一组具有特定民族身份认同的绘画作品。人们通过描述图像研究图像的变化模式，因此说任何视觉的方法都需要学习。培养阅读图像的能力，就是更好地理解关于视觉产品的话语是怎样的老生常谈，又是怎样的传递刻板印象，尤其是那些说辞，让一个艺术家及其作品，如一部电影或者一组系列广告图片变成了国家身份认同的象征，因为由国家身份认同生成的标识以及新的表达形式会超越国界。另一方面，讨论一部电影在国内和国际的可接受性其实就是讨论身份认同问题，英国的欧洲电影评论界对一部名为《来访者》的电影的可接受性的讨论便是一个例子（Jackel，2001：48）。该片在法国获得极大成功，却受到专业影评界如《电影期刊》的冷遇。最矛盾的是，这部影片在英国被归入了艺术和实验片的行列，因为普通观众都认为这部片子不能算作是传统的法国电影。

分析图像要有全球化的视野，要想到全球化给人类的交际手段和促销方式以及商务带来的巨大变化（Uragay Round of Multilateral Trade Negotiation，1994），还要想到全球化为文艺作品的创作和发行催生了行业联合体和纵向一体化（Bourdieu，1992）。这些都是研究艺术和广告的相关背景，正如研究电影也需要了解这些背景一样，电影业对此已有研究（Aitkin，2005：79—85）。这样的研究考量着民族身份认同的意识表征，并可探究集体的无意识。

3.2　培养对图像的跨文化阅读能力

对多语言和多文化的研究有好几个分析框架。在语言/文化的二元结构中，我们建议向着图像一面调整。我们可以考虑今后将研究重点放在话语模式的共建上，而非那些源自其他学科的理论模式。话语模式共建要求研究者探究借用来的那些学科性话语对图像教学法的影响。这样的思考提出的一个问题就是：我们不再优先选择那些预设是和目的语及其文化比较接近的图像，而是借鉴最近10年来文学界的经验，拓宽不同的理论视野。因此，就像研究文学作品的跨文化和交叉文化复杂性时要用到的跨文本的概念一样，"跨图像"研究还属于一片未垦地。如果说在文化意识表征中，视觉表达因其自身固有的多样性可以用于分析各种类型图像的特点的话，例如，广告的特点就是讲究表意的经济性和功能性的策略；又如，造型艺术和电影艺术中，为了表达出一种象征，主要就是美学的考虑，我们期待这些概念能够不同程度地适用于所有类型的图像。不论在分析图像方面还是在材料的选择上，我们都应该超越传统的图表分析和二分法，以便重点对图像标志具有的特殊性进行话语模式的诠释、改变和衔接，同时也不能忽略作品创造和接受的历史背景，这样的做法已成为研究文化意识表征的一种必然。

在迈向一个横向的、可直接进入的世界的过程中，我们的时间和空间概念将发生改变。外语课堂上，我们可以通过现有的多种技术手段获得各种形态的图像，固定的或是动态的，真实的或是想象的，乃至虚拟的。这些图像是取之不竭的资源，但同时也会滋生一种不加区分、凭个人喜好的盲目性。因此，怎样保证图像的真实性和质的选择性，从而能够通过图像正确论述文化意识表征的复杂性呢？已成为图像消费者的我们必须接受教育，学会解读和批评图像，学会联系实际看图像及其功用，这样我们才能既懂得图像创造者的观点，也理解图像接受者的看法。跟文字一样，图像的存在依赖于接收者，但同时也和想象、非物质和虚拟密切关联，其实图像从来就不只是一种简单的重现。总而言之，热尔弗罗（Gervereau）继其他学者之后（groupe μ，1992）又说过："图像不单纯是对现实的搬移，它自身就是一种现实，有自己的特点和传播途径。"语言和跨文化教学不仅不能避而不谈这种他者的文化意识表征，反而应该自觉地接受它的那些很有特点的、从符号学上讲很能说明问题的元素，并将这些元素融入教学实践中。

国家形象广告与文化多元化：对一国族群文化意识表征的多形态分析

阿曼达·麦克唐纳
昆士兰大学，墨尔本大学

田园、傅荣 译

广告与语码的复杂性

描述，就是通过展现X使人理解Y，好比X等于Y。当然，这种替换可能会使原形失真，但是，这种常见于将"意识表征"和"意识形态效应"混为一谈的做法却能抓住意识表征的本质，以便宣扬其戏剧性效果（不忠实于原型）。从这个意义上说，替换可以用作描述。若想完全读懂一种意识表征，这特别需要认真细致和多形态的描述，也就是说这种描述要能够揭示各种有形和传统形态的复杂性，这种复杂性正是任何符号都具有的特点。例如，印刷于纸上的简单一个词就能有好几种形态的效果：色彩、美术、词汇、语义、印刷、片头字母，等等。这种概念游戏可能导致意识形态的失真，而对其进行判断则有赖于对构成意识表征的各种形态做全面的分析。广告作为一种经济的表现艺术，会推进人们的刻板印象，而刻板印象是对发展趋势简单化的过度的替代品。杂志上的广告超级节省，且集多种形态于一身，这要求我们以一种复杂的眼光解读其图像和话语方式，这些方式不能概括为刻板印象。

解读反映新喀里多尼亚族群多样化的一则广告使我们看到各种形式怎样能够表现可用话语，从而表明对一个复杂的国度的独特看法。但是请注意！分析不应像广告那样简约：读懂一则广告，这里指新喀里多尼亚海外领地的形象广告，就是通过其各种话语表达再现一种文化，这可不是想着只要抓住重点或典型就行了。

> **资料**
>
> ENERCAL广告，《海滨环行》，2002年10月，第129页
>
> 分析这则广告时，我们不要忘记新喀里多尼亚是法国的太平洋领地，但从1998年以来处于自治进程中，这是喀纳克独立运动深化发展的结果。六个主要的族群参与其中：喀纳克人（土著居民），欧洲人，瓦利斯群岛人，波利尼西亚人，印度尼西亚人和越南人。
>
>

文化多元化的广告意识表征

上述新喀里多尼亚能源公司（ENERCAL）的广告塑造了新喀里多尼亚一家重要公司的企业形象：ENERCAL，整个国家的能源。此处的"形象"，意在通过这则杂志广告彰显ENERCAL公司希望亮明的自己特有的品质——一家重要的企业，但这样的特质却不直接为新喀里多尼亚人所了解，所以需要通过印刷的文字和图片等具体的形式加以指明。简

而言之，该广告用一句广告词揭示了被掩盖的事实。换言之，这句广告语代表着至关重要的事实（这是一家重要企业），否则很有可能不为人所知。这说明为了确保新喀里多尼亚人切实认识到ENERCAL公司对于他们国家来讲是一家非常重要的企业，该广告用了一句使该公司身价倍增的话语来表达这一重要事实，呈现于读者面前，因为这一事实以前显得比较平淡，很难在人们脑海中留下印象。

ENERCAL公司需要解决的问题是向新喀里多尼亚人展示其公司的重要地位，我们研究的问题是多元文化的意识表征。现在让我们将这两者联系起来进行探讨。两者之间存在关联，是因为ENERCAL公司的广告充分地运用了"国家"的概念，这使其广告用语具有了新喀里多尼亚的政治文化话语属性，其中包含着这一法国海外领地的多族群构成。这一点可以通过位于广告中心的四幅照片看出来：主照片上是一个喀纳克人，旁边的三幅小照片分别是一位越南妇女、两个喀纳克儿童和一位欧洲人。这幅组图通过图像展现了"整个国家"，但也彰显了新喀里多尼亚的族群多样性，用一种积极的隐喻形容这一现象便是"新喀里多尼亚万花筒"。这则广告在展现ENERCAL公司重要地位的整体形象的同时，突出了文化多元化的意识表征。为了进一步读懂这则清晰可见的广告整体，我们将在它各个部分的相互作用下，认真辨读构成广告的那些众多的符号或形式的微效果。经过认真地分析眼前这份广告的各个组成要素之后，我们便可得出一种文化方面的结论。依ENERCAL公司所示，广告中的这些要素代表的正是新喀里多尼亚文化多元化的精要。

多形态分析

这则广告大量地运用了并置技术。五个文本区域（上半部分的标题、全部的图像、以字典词条形式出现的文字部分；商标、广告语）内容相当，图文分明。八种对比鲜明的字体和四幅以白框相隔的图片构成一个整体，与文字文本有所区别。三种不同的色彩将五大区域区分开来，一篇短文贯穿其中，使广告的各个组成部分错落有致。因此可以说，这就是一篇彻头彻尾的多用途的文本。我们将记住这个初步的版面分析，因为这种多样化的图文并茂有助于贴切地展现文化多元化的意义体系。

这则广告最上部分有两个紧挨着的动词不定式："电气化（Electrifier）"和"贡献（Contribuer）"。它们引发人们的提问是：使什么电气化？对什么有贡献？广告中一些不胜确切的图像让人立刻想到：使机械电气化；为人们的生活做贡献。但是，我们发现广告上的三张小照片并没有展现电在发挥作用的场面。这很奇怪。广告语用了"国家"一词，给人的启示答案很宏大却模糊，甚至有些夸张，意为使整个国家电气化，为整个国家贡献力量。像词典那样排列的文本部分则为"贡献"提供了一种解释："ENERCAL公司将为整个新喀里多尼亚的团结互助做贡献"，具体而言，公司将"对生产力成果进行再分配"，将"积极投身于国土规划与整治活动中去"，将"尊重环境"，而且"当发展可再生能源符合国家的总体利益时"，公司将"积极推动"。在这里，对"贡献"含义的注解非常近乎于"政府性"辞令，使人更加觉得广告没有对"电气化"一词做任何说明，尤其是看到那三张阳光灿烂的外景照片，图中没有任何电力设施，人们都微笑着，生活幸福，似乎根本不需要用电。大家已经看到，这三张小照片所展示的"国家"其实就是一个多族群的社会。在一个政府治理和族群性密切相关的国家里，这样一种族群多样性被赋予了深刻的政治-公民含义。把"贡献"的诸多定义与政府背景联系起来之后，"治理"的范式透过词语和图像呼之欲出。正是因为广告里完全没有解释何谓"电气化"，所以该词才获得了"政府治理"的语义色彩，并很容易地归属到同一个"治理"的范式中。我们试图勾勒出一个形象整体的意图落空了，因为三幅贴切的小图借助文化多元化思想确定了治理的含义，而它们都是"不可电气化"的，也跟"贡献"无关（图中的孩子和老年妇女不工作）。但事实上，这三帧图片对于串联广告的各个文本部分，保持一个双曲线等值起到了至关重要的作用。这里的等值已经非常清楚：ENERCAL公司=能源；ENERCAL公司=电气化。广告中唯一的标识"电气化"代表的形象是"自主柴油机发电厂"，这也等同于ENERCAL公司。旁边的三幅展现明媚阳光的图片衬托着那幅主照片，这形成另一个对等：电=阳光。最后的结果便是：ENERCAL公司=电气化=整个国家的能源=阳光。这种多重对等关系使ENERCAL公司超越了电气化的实体范畴，进入无称号的能源领域，成为"整个国家的能源"代表，表明ENERCAL公司不满足于充当阳光，还肩负着人类生命之责及抱负。广告里没有明说，那样会显得滑稽可笑，也没有明示，那是不可见的，但却在词语和图像的互动中表现出来。

一块领地上的族群文化表征

我们还是以那句雄心勃勃的广告词——创建"整个新喀里多尼亚领地的团结互助"为例，我们还是要强调这个广告文本通过版面的分割成块论及了多样性问题。这个广告在展示典型的新喀里多尼亚人的同时，还表现了三个完全割裂的族群文化。我们之所以将那三张小照片称作文化，是因为每一幅图像不仅代表着一个典型人种的面孔、一种具有典型民族特征的服装，而且也创造出一个自然的动作效果，这个动作代表着一种正在生活的典型的生活方式。这种格状图像形成的碎片不等于是"新喀里多尼亚万花筒"，因为"新喀里多尼亚万花筒"是将碎片组合在一起。恰恰相反，对于ENERCAL公司来说，谈论孤立的族群文化的多样性就是在讲多元文化：这些画面有如族群的断裂，对于很多人来说，这是新喀里多尼亚基本问题的症结所在，解决的途径就是实现"整个新喀里多尼亚领地的团结互助"。当ENERCAL公司宣称要为领土团结贡献力量时，我们应把它理解为该公司将积极参与社会财富的再调配，同时也隐晦地承认在喀纳克文化圈，喀纳克族处于严重的劣势和极端落后的状态中，也承认电气化其实是一个族群问题。但是我们看到，这幅组图明确地表达出"整个国家能源"的族群意义，且由一位严肃的喀纳克人掌管电气化。这组图片不是在展示供给电力。

那么，ENERCAL公司要为之贡献力量的"领土团结"是什么类型的呢？显而易见，主图对其他嵌入的小图起到一个统领全局的作用。栅栏的黄色部分（电机）加在第一和第二张小图片中间，在第二和第三张图中间也能看得到，这样的构图与老年妇女的草帽、孩子们坐的草席，以及丛林中男人身着的格子衬衫相映成趣。但栅栏又代表着网络的现代性，编织代表着分隔的传统。线条的对应可以产生语义的对立。这位喀纳克工人的形象试图打破人们对喀纳克人懒散、在前现代化之中逡巡不前的刻板印象，但与喀纳克人的后裔在照片上显示出的个性并无两样。他通过他的工作、他那严肃认真的态度及现代性驳斥了人们的刻板印象。这幅展现喀纳克人勤劳的主图片与另外三幅反映族群文化特色的小图片形成鲜明对比，同时表明工作胜过对族群性漠不关心的现代性，工作能协调管理整个现代化国家的错综复杂性，工作能使现代性的能量传播开来，而不会将国家的能源分别供应给不同的族群。这样，我们可以说ENERCAL公司通过表现出对多元文化的理解使自己的地位得以提高，她既没有鼓吹文化多元化，也没有宣扬多种文化共存，她推行的是一种向全体人民供应电力的文化。这难道不是法国普遍主义的回响吗？也许是吧。ENERCAL公司供应的能源在国土之内无远弗届，无论如何不会接受任何语言多元化的说法，因为尽管新喀里多尼亚拥有绝对丰富的语言资源（28种土著语言和各种外来语言），ENERCAL公司的人力资源观始终是：除法语外，不想听到任何一种语言。

距离感与亲近感之间：学习者与外国文化间定型关系的演变

姬田麻利子
东京大东文化大学

田园、傅荣 译

目的语文化在学习者心目中的意识表征

在语言课堂上，教师经常需要修正学生对目的语国家及其居民的刻板印象，也就是要修正学生们所认同的某些意识表征，因为这些意识过分泛化、片面或僵化。但这些刻板印象对我们也有益处，让我们了解到学习者已有的文化知识。大多数语言教材前几课展示的照片反映的都是目的语文化的定型模式。以法语为例，一开始的照片就是时装表演、香水、奶酪，等等。这些照片能够起到引导学习的作用，因为语言初学者看见这些照片会比较安心，知道他们新的学习将从他们已有的文化知识开始，因而做好了深入学习的准备。

关于学习者对目的语国家文化产生刻板印象的缘起，学习者大多会提到电视、杂志的影响以及在学校的地理和历史课上学到的知识。这些信息比较准确地反映了目的语国家和学习者国家之间的历史、地缘政治及经济关系。另外一些学习者则强调，他们对目的语国家文化产生的刻板印象源自他们的经历，比如，在旅游或聚会中与相关国家民众的直接接触。不论怎样，学习者对目的语文化的意识表征也依赖于他们所属文化的某些元素。应该对这些元素加以分析，而不是进行批判，因为它们不仅是学习者的知识基础，也反映着学习者对目的语文化认知的最初状态。就此而论，了解学习者对目的语文化的认知变化是可取的。在学习者与目的语文化的关系上有一种情感的因素，虽然它对外语学习的影响无法量化，无法测定，但我们可以对其进行科学的分析。关于学习者对目的语文化情感的变化，似乎可以说，不仅教师本人，而且还包括教师选取和推介给学生的那些学习材料，都发挥着比媒体更大的影响力，因为教师可以利用自己的个人经历和处于两种文化之间这一特殊的地位，将学生所不知道的距离感加以概括和疏导。

另外，我们在学习用目的语进行交际时还需要学习文化技巧，对此经常会出现两个极端，有的文化技巧对学生很有吸引力，有的则相反，遭到学生的排斥。所以，为了确立学习者与目的语文化的关系，我们倾向于采用远和近的两分法。不过，虽然说地理或文化上的相近并不总是让人产生正面的态度，但地域或文化上的相隔，有时反而使人们对目的语文化抱有好感。因此，笔者在这里提出一个量表，主要由4种不同类型的距离组成，即：基于远和近的物理距离，基于正和负的情感距离。

> **资料**
>
> ### 相近和相远的分级
>
> 我们在日本对188名日本大学生进行了问卷调查，他们选择法语作为第二外语。我们的目的是要了解这些年轻人对目的语文化的感觉变化情况。我们请他们选择使用"亲近"、"仰慕"、"远离"、"拒绝"和"无所谓"等五个词来确定他们在学习法语之前和学习法语一年之后对法国的距离感。关于对法国人的感觉，"远离"一题包含两个意思：难以接近和不信任。尽管他们在自由问答题中没有提出任何新的选项，但是超过一半的学生承认他们对法国和法国人的感觉有了变化。
>
> 他们认为，过去他们对于法国的认知更接近于"仰慕"，而非"亲近"，但一年学习之后，亲近程度加深。对于法国人的印象，"难以接近"和"无所谓"的分值加起来超过了"仰慕"的选项，但这些分值又随着亲近程度的加深有所下降。

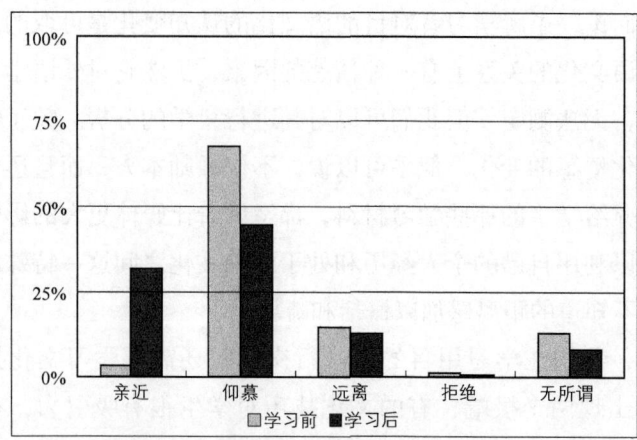

图表1：日本学生对法国的距离感

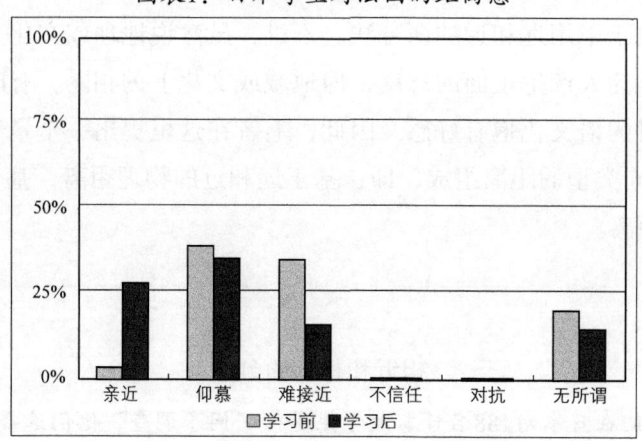

图表2：日本学生对法国人的距离感

依照学生的说法，在他们形成对法国的印象过程中，最初是电视起到了很重要的作用，但一年之后，他们承认语言课上学到的东西对他们有很显著的影响。的确，对于法国的印象，电视的影响稍稍超过了"老师的讲述"和"课上的视听资料"，但对于法国人的印象，电视的作用则远远不及前两项的总和。

促使接近的因素：

意识表征	教师讲述	视听资料	教材	电视	电影	报刊	家庭	旅游
对法国	15%	12%	7%	30%	19%	5%	6%	6%
对法国人	19%	13%	6%	22%	9%	4%	9%	5.3%

表格：学习法语一年后对形成印象起到最重要影响的因素（188位受访学生）

一年之前，也就是学习之初，我们对同一组学生进行了一次对目的语文化最初印象的调查。结果显示，他们对目的语文化的意识表征持中间立场：受访的日本青年对目的语国家法国无任何负面情感，但他们也没有表现出急切地想接近它，似乎只满足于远远地欣赏它。因此，法国人的形象在他们眼中是模糊不清的。根据学生的回答，我们得以发现：他们最初选择学习法语，主要出于对法语美感的考虑，而不是为了要和法国建立联系，更不是为了要跟操法语的人进行接触。在他们的心目中，法国的形象就是香波城堡、香榭丽舍大街上的咖啡馆和巴黎奥斯曼大道上的建筑，而不是什么示威游行、高铁、核电站或塔希提岛。关于典型的"法国造"文化产品，学生们的列举各不相同：首先是时装、美食和法国名流（主要是足球和电影明星，但也就知道几个名字），其次是法国历史和文学及一系列人物。他们形容法国人时，多用"骄傲"、"高雅"、"会生活"等词语，与之形成鲜明对照的是，他们形容自己的同胞"羞涩"、"勤劳"。

第二个调查是一年以后进行的，结果参见上述图表1和图表2，目的在于知道他们对法国及法国文化既有的意识表征，我们的分析是否到位，他们的这些表征在一年学习之后有无变化。我们想区分出"亲近"和"仰慕"之间的细微差别：前者日语为shinkin-kan，意指看法肯定且愿意近观，表明当事人乐意亲近客体；后者日语为akogare，意指看法虽然是肯定的，但满足于敬而远之，表明当事人还不想亲近客体。我们还想区分出"难以接近"与其他具有否定意义的距离感之间的细微差别。"难以接近"日语为chikayorigatasa，表示既不肯定也不否定的看法，但也是敬而远之。考虑到学生对目的语国家文化的最初意识表征存在这些细微差别，我们在制定量表时，所用词语没有特意和学生表达他们对目的语文化感受时所用的词语保持距离。

一项研究（Kawatake *et al.*，2000：76）表明，日本电视对法国的介绍仅限于时装、美食、葡萄酒，以及巴黎的名胜古迹，而且内容很少更新，这似乎表明日法两国的关系既不紧张也不紧密。所以，在电视媒体的影响下，日本年轻人对法国的仰慕其实与人们对一个虚拟地点的向往并无二致。

为了消弭日本青年对法国及其文化意识表征中的这些虚幻成分，教师与学生分享他在法国的见闻不失为一种行之有效的方法。一项关于学习者对目的语文化距离感的演变过程以及各种影响因素重要性的深入研究表明，教师以第一人称讲述的故事主观色彩鲜明，他们在讲述中重点讲他们喜欢的内容，这就产生一种效果：学生会觉得不管是什么，只要自己乐见的，都可以表示有兴趣学，一种亲近感由此而生。如果教师讲的是客观性的描述，学生便无这样的亲近感，尽管教师并没有脱离目的语文化。

关于影像资料的作用，视频教材，尤其是那些反映法国人日常生活交际情景的视频教材对学生有激励作用，从一定意义上说，学生们感觉受到邀请参与其中。这些交际情景可以帮助学生切身感知目的语国家的现实生活，虽然文化的标准化和抽象的社会文化以及语言多样性意识表征有时会受到教学法的质疑。在日本，可以通过卫星收看法国电视2台的新闻，但这没有能够消除人们对法国意识表征虚幻的一面，因为电视新闻讲述的现实仅具有新闻价值，而且对日本学生来说，这也不是日常的现实情况，他们不可能有机会参与其中，因此也就不能激发他们亲近的兴趣。虽然说有了卫星、有线电视和互联网，我们可以很容易地了解到天下大事，"地球村"的大门似乎已经打开，但实际上，要想到达我们每个人自己心中绘制的世界地图的边界线，这绝非易事。把音像资料用作补充教材，尤其是在不放原声仅凭教师讲解的情况下，教学效果将如同前面提到的教师在课堂上向学生讲述其法国见闻一样，仰仗于教师讲解的方式方法，以及他自己对法国意识表征的把握。

参照性插图与象征性插图：词典中的族群文化意识表征建构

基娅拉·莫利纳里
意大利米兰圣心天主教大学

田园、傅荣 译

语言活力，词典编纂学和族群文化的意识表征

　　法语与其他语言的接触或与其他法语国家语言变体的接触，在词汇层面表现为引人注目的创造性：新词和借词的现象异常普遍。长期以来，法语国家的法语用词作为标准法语的变体，一直遭遇批评，但最近受到了追捧。的确，人们在词典编纂中，越来越倾向于收录法语国家的词汇，这一点体现在两个层面：一是专门的法语国家词汇汇编和字典日益增多，二是法语国家的词汇也开始进入法国编写的词典之中（Poirier, 2006）。逐步吸纳法语国家的词汇被认为将改变法国人和法国以外的讲法语者对法语的语言意识表征，法国法语及其变体的疆界为此得到拓展，而后者充实着法语世界。语言的意识表征在语言实践中形成，反过来又会对说话者的态度及语言活动产生影响，并且在很大程度上决定了语言的活力（Calvet, 1999）。对于研究语言的意识表征，词典是一片沃土，因为它本身具有标准化的特性，所以词条的内容可以影响并改变说话者在语言实践中形成的意识表征。另外，鉴于词汇还是进入文化层面的一把钥匙，因此词典将有助于传播甚至建构族群文化的意识表征。词典中的一些插图用于说明词条和丰富释义，但这有时会使处置词典中收录的法语国家的词汇以及随之产生的语言族群文化意识表征变得复杂

化，因为图片本身就能产生语言和族群文化的意识表征，它"不同于现实世界，所以要呈现出一个经过选择的且必然带有导向性的意识表征"（Joly，2005：39）。考虑到下文都将用于法语国家及地区，所以我们的任务就是要检验这些主要来自图像和语言两个不同符号世界的意识表征是否有助于构建或者改变学生心目中的语言和族群文化意识表征。如果这是可能的，它们是怎样实现的？我们还想证实，这些语言和族群文化意识表征究竟是有利于法语国家间的文化交流抑或是阻碍其对话？

法语国家的词汇：以几个带插图的词条为例

下文的论述依据主要是2006年版《小拉鲁斯》（以下简称"PL2006"）和"泛法语国家词典编纂数据库"（以下简称"数据库"）中选取的几个词条。众所周知，拉鲁斯出版社历来十分重视在其出版的词典里配置插图。在2006版里，有一部分专门讲解法语国家的词条集中于"法语国家概览"的条目下，其中一些词语配有职业画家绘制的插图。我们将具体观察savane（海外省条目）和arbre（非洲法语条目）两个词条。关于数据库，因为是电子版的，所以可以持续更新，而且能插入很多图片。我们们将对médina和Indien两个词条进行分析。

（关于数据库，我们只转引此类词条中的一部分信息资料。）

Savane (PL2006)

Savane阴性名词（西班牙语：sabana）。……安的列斯群岛语。城市中心广场。

Arbre (PL2006)

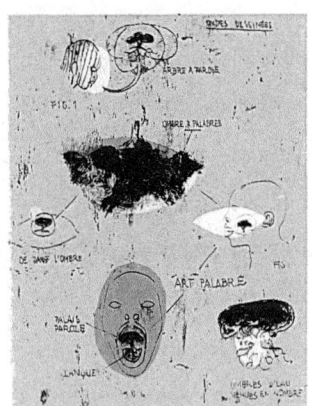

Arbre 阳性名词（拉丁语：arbor）。……非洲法语。非洲部落，用于村中长老集会的树……

Médina（数据库）

在过去殖民时代，指一个城市穆斯林教徒区，与欧式城区和犹太区相对。现指一个城市的老城区，与城市新区或现代化城市相对。

词义参照：

bordj; fondouk; ighermas; kasba; kissaria; ksour; méchouar; médina; mellah; souika; souk; ville nouvelle;

引文：

1）庄严雄伟的城墙，如同历史奥秘的忠实看守人，既警觉又温情地保卫着百年老城，在这里，动人的秘密令人们对这里的生活产生遐想。（1988, G. M. Chniber,《棕榈林的低吟》, p. 11 [文学]）

2）由于公寓、棚户区和老城区人口过度拥挤，因此生存条件恶劣。（2000,《摩洛哥小报》, 2月9日, [新闻, 报纸, 期刊]）

Indien（数据库）

定义：

既非伊努伊特人又非加拿大西部混血的美洲土著。

词义参照：

abénaquis, ise; abitibien, ienne; agnier; agnieronnon; algique; algonquien, ienne; algonquin, ine; amérindien, ienne; attikamègue; attikamek; bande 2; cri, crie; Cristinaux; esquimau, aude; huron, onne; huron-Wendat; Ignierhonon; innu,ue; inuit; iroquoien, ienne; iroquois, oise; iroquoisien, ienne; malécite; micmac, aque; mohawk; montagnais, aise; montagnais-naskapi; Montagnard; naskapi, ie; non-Indien; Poissons blancs; sauvage; Sauvage rouge; sauvageon, onne; sauvagesse; souriquois, oise; tête-de-Boule;

现实情况：

词语的用法参照法语国家和地区法语多样性的现实情况，或者说该词语用法源于现实。

意群和短语：

印第安人法：加拿大管理印第安人的法律。

印第安人登记簿：依据《印第安人法》，记录具有印第安人身份的人员姓名的登记簿。

印第安之夏：指1990年发生在加拿大魁北克省的美洲印第安人危机，在此事件中，莫霍克族人为反对奥卡市政府扩建高尔夫球场项目而建起街垒，他们认定扩建占用的土地为莫霍克族所有。

参照性插图与象征性插图

选择的插图分属不同类别：2006版《小拉鲁斯》选择的是象征性插图，而数据库使用的是参照性插图。以文化相异性为中心的教学法，特别是通过语言了解他者文化的教学法应该重视这两类不同的插图。为了使学生获得真正的多语言和多文化能力,这两类插图不仅不能被分而用之,反而应相互渗透。

  2006版《小拉鲁斯》中的象征性插图看似简单,但与词条相得益彰,因为词条已被简化为极简单的定义。图片替代了用语言表述的例子,因而读者可先通过视觉和文化层面理解词义,语言信息退居次席。尽管图片反映的内容与现实存在差距,但它们吸引着学习者的注意力,驱使学习者深入了解相关现实情况,最终达到文化上的亲近。不过,对savane一词的处理并非全无风险,因为与该词相配的插图只表现了其中的一层含义。如果学习者查看该词的全部用法,就会发现savane在其他法语国家和地区另有所指。比如在魁北克,意为"低矮潮湿的土地,多为沼泽地带,不适宜种植"(2006版《小拉鲁斯》:963)。由此可见,图片传递的信息是不完整的,由此产生的族群文化意识表征可能难以反映法语国家及地区的复杂性。同理,短语arbre à palabre(长老集会树)的插图显得非常抽象,而词条的定义却无法弥补这一不足。因此,对于学习者而言,除非他们已经了解非洲部族集会和口头讨论的一些常识,知道其中的族群文化含义,否则根本看不懂这幅插图。该插图还可能让人理解为"讨论,长时间而无意义的交谈"(2006版《小拉鲁斯》:palabre)。这样的插图还会使该词语固化成毫无意义的抽象名词,进而逐渐变为刻板印象,妨碍与异质文化的交流与沟通。

  象征性插图能够促使学生对外国文化提出自己的遐想,但这些遐想必定会与真实的世界发生冲突。学习者的族群文化意识表征就是这样最终形成的,这使他们能够构建有效的跨文化交际能力。

  数据库中的参照性插图用于复杂的和相关联的词条。这些词条的解释比较丰富和充实,因为有语录、评论,还有法国法语和法语国家的法语参考注释。以词条médina为例,编者将定义的重点放在同城并列上,也就是该城拥有三个并列的部分:穆斯林城区、欧式城区和犹太人城区,然后进一步概括为旧时的老城,与现代城市相对应。释义中插入的语录给出了该词的使用语境,突出了它的文化价值。这些语录同时反映了人们对médina的认知变化过程:虽然大多肯定地描述médina,图文相符，但最后一个解释出自《摩洛哥小报》，评价却是负面的。médina神秘的氛围在此处被负面的元素取代，尤其是人口过度拥挤引发的一系列问题。最后，我们要着重指出，一些词条的很多照片也用来作为médina的参考释义，这样可以使学习者对médina一词形成的族群文化意识表征变得更加丰富。不过，为了传达积极的观点，所有图片都隐匿了消极的方面，旨在提升文化和身份认同的现实意义。

Indien一词在魁北克含有语言和族群文化的意识表征，因为它突出了这个地区族群、文化和语言的融合。按照教学法的观点，在培养学习者获得多元文化能力的过程中，使用图片不是一个孤立的阶段性活动。以Indien词条为例，它的插图本身又一次承载着刻板印象和部分现实的意识表征。该词的定义告示人们，在加拿大的土地上共存着数个族群，这是很重要的贡献。因此，如果参照性插图直接指向参照对象，它们也可能会使人们形成固定的族群文化意识表征。同样的道理，词条中加入的词组和固定短语印证着印第安部落在加拿大的历史，从而有助于打破文化中心论，这是和异质文化相遇的基础。

词典中的插图既可以是象征形象，也可以是参考形象，因此可作为教学法的起点，帮助学生获得多元文化能力。对于学生，词典插图将成为他们进行反思的源泉，因为它会驱使学习者深入到另一种文化之中，而这种文化却是学习者必须从复杂性的高度去掌握的，以免将自己封闭在集体的刻板印象之中。词条里的其他部分信息可以帮助学习者避免这种危险。同样，为了超越由僵化造成的平庸，为了呈现给使用者丰富且常新的内容，我们希望将词典插图和其他词典工具书，如百科全书或其他媒体配合使用。在整个这一过程中，学习者将被引领着学会在他们熟悉的世界之间建立联系，这将促使他们建构充满活力的多语言族群文化意识表征，并因此而发展真正的多语言文化能力。

语码间转换：文学作品改编为连环画

卡罗勒·巴约尔
意大利博洛尼亚大学

米凯莱·托西
意大利博洛尼亚技术商业学院

田园、傅荣 译

课堂中多种文化共存对语言学习动机的影响

今天，青少年的文化取向多为大众文化，而不是文学，连环画占有举足轻重的地位。提出把文学作品改编成连环画，不仅不会消灭文学，相反，还可以保护文学，使文学更加贴近青少年的世界。通过这种方式，青少年从几近陌生的事物转向更熟悉的事物。另外，贴近学习者的世界，可以激发他们的学习动机，而学习动机是学习外语和外国文化的重要因素。还有，学习动机越强烈，学习者越能采取积极的态度面对"差异"。本着以学习者为中心的原则，同时认识到连环画是学习者非常喜欢的一种表达形式，它超越了语言和文化的界限，另外用娱乐的方式组织学生进行团队活动，我们就是这样培养学生积极参与的热情，鼓励他们全身心地投入其中。

改编活动以一种创造性游戏的形式展开，每位参与者根据个人的能力和已有的语言知识和/或艺术水平贡献自己的力量。从这以后，我们知道了孩子们在团队活动中最能做到步调一致，也让我们懂得了游戏在任何学习中具有的真正含义。学生自己投入小组活动越多，参与小组活动的积极性越高，他们就越是舍得在情感和认知上花费心血，努力完成改编任务。我们让学生改编的文学作品既有鲜明的多语言多文化情景，讲的又是外语学习的故事，这就使学生置身于一个与他们的个人处境相类似的语境中，使他们具有一定的认同感。正像社会心理学讲的那样，认同感在学习中发挥着积极的作用。对文章的深刻理解和对文章内容的改编可使学习者对他们自己的实际生活更多地理解和接受。

  在这里，我们的改编活动是要让学习者提高对其所处的学习和社会环境中多语言和多文化现象的认识。学生们的改编成果丰富了他们自身，语言学习成为深入了解和理解他者及差异的最佳途径。学校通过精心组织各种旨在促进不同文化学习者交际、互动和融合的活动，这有利于吸纳移民儿童并帮助他们融入社会，同时也利于培养本地儿童的跨文化概念。从一种语码转换成另一种语码，也就是将一篇文学作品改编成连环画，这项工作也需要母语教师、外语教师、艺术史教师等跨学科领域的人共同参与。

  意大利的现实情况是越来越多的外籍孩子出现在校园之中。与其他欧洲国家不同的是，意大利的情况是最近几年才有的，而它的发展之快，迫使意大利的学校今后必须要重视各种文化并存和语言多元化的问题。

卡莫，巴别塔代理公司

  我们选择改编的文章是达尼埃尔·潘纳克的作品《卡莫，巴别塔代理公司》（Daniel Pennac, *Kamo, l'agence de Babel*, 2002）。卡莫是一个缺乏英语天赋的法国儿童。他母亲却会讲多种语言，所以无法接受儿子在语言学习上的失败，因此向他提出通牒：三个月学好英语。她瞒着儿子，使出各种方法，激发孩子必需的学习动机，以便完成这项挑战。她让自己成为儿子的英国笔友，在信中，她模仿一个英国家庭，尤其是父子间的亲情关系，这跟她儿子的情况一模一样。这样，儿子情感上很投入，很想认识他的英国女笔友，于是跟她的联系日趋紧密。在这篇文学作品里，发现他人的强烈欲望超越了任何成见和刻板印象，成为打开孩子英语学习之门的钥匙和关键。与他人互动的愿望变得如此强烈，通过朋友/翻译已经不能满足需求，学习语言变得必需而且迫切。

将文学作品改编成连环画的活动应用到课堂教学

连环画是一种特殊的文学体裁,这种传播媒介把画面和语言紧密结合在一起,将篇章叙事与图像叙事合为一体。这样,学习者可以用这种语言构建一个多语码多维度的世界。与文本相比,图画更加直接明了,因此更容易理解。连环画融合了文字和图画,文字的解读因此被简化为由图画"讲述"。

我们这里提出的改编活动其教学目的是把《卡莫,巴别塔代理公司》这篇文章用作课堂教学的引子。它既适合进行图画/文本转换,也可用于课堂教学。正像潘纳克的这篇文学作品给我们的启示那样,如果语言多元化和多种文化并存不妨碍外语学习的话,教师便可将之引进课堂,使之产生认同感的效果。

学习者随着对原文的深入理解,将学会其中的一些语句,并且会通过图画将这些语句变成活的语言。这种积极的改写活动分三个步骤:根据原文构思一个新的故事基本架构(情节、人物、空间和时间);确定连环画剧本;最后一步是按照故事情节串联图画,也就是按照剧本分配图画。这是一张图画明细表,标示着一个个连贯的图画,同时配有对话和对故事情节的描写。正是在此阶段,我们要发挥班上多种文化并存的优势。这样做出来的连环画,既保留了原有的情节和整体叙事线索,还彰显了多文化的班级特色,但相对于原文,更像是一个自主独创的作品。

最终的作品不是对原作的忠实模仿,而是一种再阅读,一种再表现,有时甚至是一种全新的创作。这种创作促进了个人和集体的创造,同时融进了班里的各种语言和文化。这场教学活动让学生认识到何为刻板印象,帮助他们超越单纯的对班上现有各种语言和文化被动接受的态度,培养他们语言、文化平等的意识。教师作为中间人,要帮助学生将各种知识和经验与自己的日常生活密切联系起来。的确,这一教学活动成功与否很大程度上取决于各科教师与学生的合作。这个集体活动对学生很有吸引力,他们可以相互对照、相互影响、相互补充。为了完成这项具有独创性的工作,他们每个人都贡献了自己的知识、能力和文化。通过这场活动,每个人都看到了自己,认识了自己。

音乐——电影中的文化标志：民族形象的超越

罗杰·希尔曼
澳大利亚国立大学
英译法：斯蒂法妮·安德森、路易丝·莫雷
法译汉：田园、傅荣

电影和音乐

  电影音乐如同图像，自电影有史以来便存在于世。早在多语译制电影问世之前，在默片时代，电影本质上就是多文化的，卓别林的默片获得国际性的成功足以证明这一点。虽然说那时图像对一直处于统治地位的书面作品提出了挑战，但与书面作品不同的电影图像通常还是要有配音，声音中经常加入音乐。在今天的课堂上，我们面对的这一代人完全被随身听、手机和iPod的下载所包围，他们一定会对电影音乐这个话题非常敏感。

  电影音乐是一种约定俗成，不总是和一般的现实主义合拍，这意思是说，电影音乐做在磁带上，而不是在屏幕上表演。然而，电影音乐却能极大地影响观众的反响。而且，如果电影音乐是演唱出来的，在歌词和旋律的相互作用下，它还会更加不同。选择的音乐类型，不论是说唱乐还是歌剧，它们本身就是一种叙事解说，同时也是一种创建社会和文化意识表征的手段。

社会和文化的意识表征

  即便是好学生似乎也只能在潜意识中感受到电影音乐，有鉴于此，首要的教学任务是要把电影音乐变得显而易见，突出它潜在的丰富内涵。我们运用先进的科学技术可以更加容易地发现，电影导演会预先设定声像间的联系，将电影镜头和声音录制合成，除此之外，声像之间不存在任何其他的预设联系。同样，特定的旋律和它所表达的含义之间也无预设的关联。例如，几十年来，英国人以及英联邦的子民听见《上帝拯救国王/女王》(God Save the King/Queen) 的旋律时，只会想到那些非常具体的歌词，而对于曾经处于鼎盛时期的普鲁士来讲，这会是截然不同的共鸣，因为这个旋律曾经用作普鲁士的国歌《万岁胜利者的桂冠》(Heil dir im Siegerkranz)。

在这一章的引言部分，几位作者提醒说，缺少批评的距离，这源自对相关社会的典型图像进行字面意义上的解读，这很危险。欧洲电影更多地受布莱希特（Brecht）戏剧美学理论的影响①，而不寻求与人物的认同（Adorno & Eisler, 1972），所以欧洲的电影音乐潮流经常与好莱坞式的用于烘托气氛的电影音乐背道而驰。音乐不用来注解画面，而要与画面形成对比，"正如汉弗莱·詹宁斯（Humphrey Jennings）在《倾听英国的声音》(Listen to Britain, 1942) 中展示的那样，他把二战期间蜜拉·海丝夫人（Dame Myra Hess）在一场伦敦音乐会上演奏的莫扎特乐曲和希特勒的轰炸效果并列起来。"（Macdougall, 1998: 235）

不过，现在还有第三种选择，很可能是最丰富多彩的，它既不复现画面的含义，也不用作画面对照。这第三种方案希望有别于专门为电影制作的音乐，也就是说这类音乐将不再依附于电影，但它可以为电影带来一系列的组合，因为这类音乐承载着特殊文化语境下的内涵。因此，这是一种具有文化标志价值的音乐。各国的国歌就是典型例证（当然，上文提到的普鲁士与英国的问题有一定的复杂性）。关于声像的这种互动关系过去完全是各个国家自己的事情，而今已成为世界问题，变得更加复杂，这对一个国界概念受到挑战的新欧洲来说更是如此。所以，电影《跨越桥梁：伊斯坦布尔音乐》(Akin, Crossing the Bridge: The

---

① 更强调与人物和情节保持一定距离。——译者注

Sound of Istanbul,2005）通过它的音乐重新演绎了伊斯坦布尔多文化的"音景"。

另外，有些乐曲被打上了难以抹去的纳粹宣传的印记，但选用它们不是用作文化标识，而是因为符合纳粹的浮华风格，《前奏曲》（*Préludes*）应该算作一个例证。那时候，在德国，每当广播里响起《前奏曲》，正常的节目都要停下来，用于报道东线的战况。电影《纳粹暴行录》（Brownlow & Moll, *It Happened Here*, 1964）杜撰了一个与史实相反的故事：英国被纳粹德国占领。导演采用了同样的音乐，极大地增强了这种"滑稽模仿"的讽刺效果，令人信服。这种意识形态上的一语双关手法后来被德国新电影广泛用来影射历史事件。在极权制度下，音乐是一种极端个案，向我们展示文化身份认同如何在大众传媒的意识表征中得以体现（Bartlett & Bullock, 2007）。大众传媒的意识表征决定了古典音乐作为文化媒介应在哪里发挥作用，通常是在电影里，以一种隐含的方式。

电影和电影音乐实例

当今世界发生变化的另一个标志是开始限制网上复制图片和音乐。电影剧照运用的是另一种不同的感官信息通道，因此当然不适用于电影音乐。从其他乐曲中选取部分片段用作电影音乐，即便已经加以简化，读者也会感到失望，因为他们不识谱。所以有些作者开始在他们出的书内配上CD光盘，或者像《回声报》那样，作为音乐报纸，提供下载视听的网址www.echo.ucla.edu。这家报纸的指导思想明确表示："使用本报提供的音乐和电影片段可帮助作者扩大他们所演奏音乐的知名度，而无需仅仅依赖乐符。"

该报可提供的电影：

迈克尔·柯蒂斯（Michael Curtiz），《卡萨布兰卡》（*Casablanca*）(1942)

维克多·弗莱明（Victor Fleming），《乱世佳人》（*Gone with the Wind*）(1939)

让-皮埃尔·热内（Jean-Pierre Jeunet），《天使爱美丽》（*Le fabuleux*

destin d'Amélie Poulain)(2001)

奥利弗·斯通（Oliver Stone），《死亡野战排》(Platoon)(1986)

保罗·塔维亚尼，维托里奥·塔维亚尼（Paolo and Vittorio Taviani），《圣洛伦索之夜》(La notte di San Lorenzo)(1982)

该报可提供的音乐：

塞缪尔·巴伯（Samuel Barber），《弦乐柔板》(Adagio for Strings)(1938)

路德维希·凡·贝多芬（Ludwig van Beethoven），《第九交响曲》(Symphony no. 9)(1824)

《德意志之歌》(Deutschlandlied)——1922年以来的德国国歌，1949-1990年西德国歌；海顿（Haydn）于1797年创作了两段乐曲。

《守望莱茵河》(Die Wacht am Rhein)——德国爱国歌曲，与法德边界的侵略与反侵略战事密切相关。

《迪克西》(Dixie)——美国内战期间南部邦联的非官方战歌。

弗朗茨·李斯特（Franz Liszt），《前奏曲》(Les Préludes)(1848)

沃尔夫冈·阿玛多伊斯·莫扎特（W. A. Mozart），《第21号钢琴协奏曲，KV467》(Piano Concerto no. 21, KV467)(1785)

罗伯特·舒曼（Robert Schumann），"我不怨恨"（Ich grolle nicht）(《诗人之恋》Dichterliebe, op. 39, 1840)

居塞比·威尔第（Giuseppe Verdi），《安魂曲》(Requiem)(1874)

作为文化标志的电影音乐

尽管在欧盟提供专项资金之前，国际联合摄制电影就已经存在，然而直至今日，大多数的电影研究还局限于国别研究，在课堂上就表现为开设不同国家电影的平行课程。在一部意识形态色彩明显的电影里，音乐可以作为身份认同要素凸显民族性。《卡萨布兰卡》中一个著名的场景就展示出音乐的刻板印象，其中的成见非常明显。这个场景发生在里克咖啡馆，一队德军士兵在哼唱军歌《守望莱茵河》，直到影片中道德的化身维克多·拉斯罗出现。拉斯罗用手势让乐师们将原来的旋律变成了《马赛曲》的音调。在场的所有非德国的客人雄赳赳地唱起来，其中包括那些生活在敌占区信心已经不太坚定的人，他们通过这首乐曲找回了对法国的誓死忠诚。长久以来，电影音乐正是以一种近似速记文字的形式表达着国家的民族性。比如，德军士兵抑郁地走出里克咖啡馆时那低声响起的《德意志之歌》和《乱世佳人》开演时的几小节《迪克西》旋律。但是，正如传播图像总要引发一些跨文化问题，音乐，即便从文化角度看也应该是最具特殊性的，却能够像扑克牌里的大王一样发挥威力。电影音乐用于教学中，更多的是对文化确定性的挑战，而非一种后现代的游戏。

塞缪尔·巴伯的"弦乐柔板"是一个例证，在美国电影中使用美国人创作的古典音乐，这种情况十分少见。在《死亡野战排》这部反映越战的美国电影里，时常响起巴伯的"弦乐柔板"，有如是对那场战争的残酷无情的哭诉。它丰富了这部电影的许多内涵，其中之一就是，正如这首乐曲用于约翰·F. 肯尼迪的葬礼那样，它在国家葬礼中成为一首非正式的哀悼曲。我们在电影《野芦苇》（Téchiné, *Roseaux sauvages*, 1994）的几个重要场景中也能听到这个作品。虽然该片很容易让人以为这是一部法国版的越战——阿尔及利亚战争，实际上导演很可能没有看过《死亡野战排》（Hillman, 2005: 172）。在《天使爱美丽》中，这首乐曲本身代表着古典音乐，为剧中人物自己的葬礼影像配乐，这也许是一种讽刺，但如果用在美国影片中，则可能不完全是讽刺。1998年法国足球世界杯之后，这段音乐还用在了一些体育广告中。

在有些情况下，音乐有可能改变文化作品的层次，但国家身份认同的改变与之有着本质的不同。例如，在雷茨（Reitz）的电影《故乡三部曲》（*Heimat 3*, 2004）中，主人公克拉丽莎将舒曼的作品《我不怨恨》演奏成了另一个叫作《不记仇》（No grudge）的曲子，成了与古典旋律毫不相干的另一种歌曲。同样，电影《鸳鸯恋》[①]（Widerberg, *Elvira Madigan*, 1967）中的钢琴协奏曲后来不再被视为莫扎特的《第21号钢

---

① 又名《今生今世》。——译者注

琴协奏曲》，也就是从原来的古典音乐变成了一部著名电影的音乐。

当我们固执地想要在音乐上坚持民族主义的理念不变，而民族主义观念本身已经发生了历史的改变时，世界音乐便会出现进退维谷的两难境地，从总体上说，电影音乐具有用于这样一种教学法的广泛可能性，即通过文化标志探讨政治身份的认同。电影音乐向人们明确表明，不仅视觉意识表征可以超越国界，音乐意识表征也能跨国，能够冲破个人爱好、民族身份认同和象征功能的界限。通常情况下，象征性符号可以让人想起那些不能马上在眼前看到的人或事，同样，没有歌词的歌曲也可对纯工具性的音乐产生影响，那是一种心理图景。在有些德国影片中，每当响起贝多芬第九交响曲之《欢乐颂》（*Hymne à la joie*）的旋律时，观众就会立刻想到席勒（Schiller）的诗歌。

在很多意大利和德国（西德）的战后电影中，这样的象征性符号都经过了严密的审查，这些国家在第二次世界大战中常把丰富的文化资源用作宣传工具。（上世纪）六七十年代的电影导演也不失时机地将这些象征性元素用到自己的电影里。尤其是德国新电影的导演们经常用贝多芬第九交响曲中的《欢乐颂》片段或者《德意志之歌》选段。他们以此方式丰富了三个不同历史时刻的内涵，既含蓄地点明作品的源起，又暗示了这部作品的接受度（特别是在纳粹统治时期），还间接地反映了导演的历史现在时。对贝多芬这部作品接受度的历史性暗示首先表明这是通过贝多芬和席勒歌颂人道主义，其次通过希特勒生日之际举行盛大的音乐会，由富特文格勒（Furtwängler）亲自演奏《第九交响曲》，最后，这首曲子本来就想表示向"世界音乐"开放。这之后，《欢乐颂》成为欧洲联盟的盟歌，同时还是作为世界文化遗产被联合国教科文组织收录的第一首曲子。

《德意志之歌》具有更大的两重性，因为这首德国国歌曾经响彻普鲁士占领下的欧洲，是战争之歌，征服之曲，然而它最初却是海顿创作的具有宁静美感的乐曲。德国历史的悖论在亚历山大·克鲁格（Alexander Kluge）的电影《女爱国者》（*Die Patriotin*, 1979）中得到了淋漓尽致的展现。影片中，女主人公是一位历史教师，开车路过柏林的帝国大厦，透过被大雨淋湿的挡风玻璃凝视建筑，而海顿的《皇帝四重奏》(*Quatuor de l'Empereur*)的旋律在影片画面展现帝国大厦拱门上雅努斯①的面孔时作为背景响起。为了达到类似的文化共鸣，意大利的电影把威尔第的作品全部过了一遍筛子。威尔第，抛开他在奥地利占领时期赋予其音乐的自由含义不提，也是一位反瓦格纳②主义者和一位理想的政治家。从某种历史角度来看，抵抗法西斯运动对意大利的历史来说就是第二次"复兴运动"（Crisp & Hillman，2002），而威尔第后来被归入服务于这种历史视角需求的人物。尽管对于这样理解威尔第，贝托鲁奇（Bertolucci）抱以嘲弄的眼光，尤其在电影《革命前夕》(*Prima della rivoluzione*，1964）中。正如德国统一后贝多芬的《第九交响曲》在德国电影中绝迹一样，这种形式的威尔第音乐在影片《圣洛伦索之夜》中被彻底地改头换面并消失。在这部影片中，德国人和美国人成为声像的幻影，而威尔第的《安魂曲》则把为意大利内战而死的魂灵聚集在了一起，这跟意大利关于二战这段官方历史的"理想"版本相去甚远。

音乐作为文化标志，不仅仅表现在电影中，它与影像的互动促使人们思考将之运用到教学中，作为对多元文化进行反思的源泉，而这种反思的终极目标远远超出美学的意义。文化标志必然反映历史时期的交替。除了著名的西贝尔贝格（Syberberg）和赫尔佐格（Herzog）外，德国新电影的导演们都竭力避免与瓦格纳的音乐发生致命和先定的联系。2001年7月，丹尼尔·巴伦博伊姆（Daniel Barenboim）在以色列指挥演奏瓦格纳的作品，引起众怒，这是我们都知道的。他说他当时在以色列听到有人用瓦格纳的音乐作手机铃声，以为就可以演奏他的作品了。我们因此又回到现实，从西方经典到数码革命时代，回到漂浮不定的语言能指（Jameson），回到迷惑人的音乐语言，特别是作为社会和文化意识表征集合点的电影音乐语言。

---

① 雅努斯（Janus），罗马人的门神，也是罗马人的保护神，具有前后两个面孔或四方四个面孔，象征开始。传说雅努斯的两副面孔一个在前，一个在脑后，分别看着过去和未来。罗马士兵出征时，都要从象征雅努斯的拱门下经过，后发展成四方双拱门，欧洲各国的凯旋门形式由此而来。——译者注

② 瓦格纳（wagner）具有反犹思想，提出种族优越论，年轻时参与政治和革命，接受了种族主义理论，是纳粹党的"精神教父"。——译者注

视觉身份认同：绘画创作中本土性与跨国性的价值

路易丝·莫雷
澳大利亚国立大学

田园、傅荣 译

意义关系与文化意识表征

将绘画作品引进语言课堂，就是展现绘画作品的多语言和多文化价值，但这些价值在课堂上常常因为只讲画面而被忽略。其实，它们不仅属于作品的物质范畴，还融入词语、画面和文本之间的含义关系之中，同时包括与之紧密相关的多语言评论。将绘画作品引进语言课堂的目的不是要再回到学过的分类法那样简约化的效果，比如，因为有些作家和艺术家曾经同在一个文化共同体中，所以就把他们分为某一运动或流派。在这里，将绘画作品引进语言课堂的目的是要更好地把握图画表达出的那些话语、多文化性和身份认同的重要意义，引发课堂讨论，探讨图画在社会意识表征中占据的地位，也就是从人的态度、精神面貌和文化表征层面探究图画在某一社群成员关系中的作用，因为从这三个层面探究将有助于培养人的批判精神，影响他们的品位。

在下文中，我们介绍的教学步骤借鉴了让-玛丽·弗洛克（Jean-Marie Floch）关于视觉身份认同的研究成果。他说，按照克洛德·列维-斯特劳斯的观点，"视觉身份认同通过对符号和象征的修修补补构成"（Floch, 1995）。各个不同学科都在研究视觉身份认同问题，它们的共同之处在于都将图像看作是有"有意义的东西"，这一理念来自符号学（弗洛克）、哲学（塞尔Serres）和艺术史（马林Marin，阿拉斯Arasse，比罗Biro）。

从教学法的角度看，德国艺术家安塞尔姆·基弗（Anselm Kiefer）的作品对于理解跨文化和多元文化，以及由其产生的各种意识表征的意义关联非常有益。的确，基弗创作中选用的图像都是历史上用过的，其含义已经超级稳定，以至于成为名副其实的成见。20世纪80年代，基弗主要从事人物肖像的创作，这最能反映民族社群的形象。他拥有一系列始终反映身份认同问题的绘画作品，这些作品分属遥远的时空文化背景。于是，他开始探究民族身份认同的共同含义，特别是如下的思考：这些图画和构成这些图画的文本具有一种意义和一种稳定且单语的身份认同。与图画相比，他在画作上的题字都选自原文诗歌或短文，有著名的德语、法语和英语诗歌或文章。他这样做可使人们对这些作品的思考扩大到多元文化和历史的层面。画家重拾这些图像，用在自己的作品里，赋予它们新的含义，从而引发人们对民族身份认同关系（经常是一种情感关系）的疑问，这可使我们持续地深入理解那些绘画作品的语境性以及特有的美学价值。

与其他作品进行比较时不是简单地看作品的形式或风格，这样我们才会调动各方面的知识，如多元文化、哲学、历史等知识去品评它们，其中不能省去伦理道德的反思。学校教育很可能简单化和严重脱离现实，有鉴于此才必须着重强调多维度思考的原则。的确，正是因为我们对讨论的图像和文字以及它们之间建立联系的方式进行了许多反思之后才发现：一方面，关注图画作品及文字之间的演变关系却忽略了国家界限和时间上的间隔；另一方面，在把玩、"移花接木"和改变这些图画及文字的过程中，文化因素贯穿始终。这种文化因素具有特定性质并与特定的社会经济和政治语境相联系。也正是因为我们对讨论的图像和文字以及它们之间建立联系的方式进行了许多反思之后才深刻领会了多元文化的意义。

这种多元文化特性将通过一种真正的视觉语言表现出来，这种视觉语言充满多元文化信息，含有各种隐迹词语和吸积的表达方式，也就是汇集了各种题材和有明确语境的动作，表明画家对本族文化的深入理解和对其他画家的作品的理解。这些作品在一个紧跟时代的艺术家看来都是合情合理的。艺术家通过"移花接木"的手段，借用其他艺术家作品的元素，创造出自己的作品，以此践行文化多样性。这一过程也使创作的作品与其参照的作品之间产生了不同，这就是所谓的距离或曰差异。正是这样的距离折射出了艺术家的创新，因为他的国家归属感意识和跨国归属感反映在了他的作品里。

多元文化身份认同：三幅作品及其关系

我们在本文复制的是安塞尔姆·基弗的作品，题为《世界智慧的方式：赫尔曼战役》(*Wege der Weltweissheit : die Hermanns-Schlacht*, 1978—1980)。这是画家用亚克力（丙烯酸涂料）和清漆在画布上创作的一组木版画，展于芝加哥艺术学院（340×410厘米）。它是基弗和巴塞利茨（Baselitz，1938—）挑选的展现德国风貌的系列作品之一，于1980年在威尼斯双年展中展出。

安塞尔姆·基弗，德国人，1945年出生，《世界智慧方式：赫尔曼战役》，1980年，用亚克力和清漆进行创作的木版画，挂在象牙色麻布上，3448*5283毫米。由诺埃尔·罗斯曼夫妇、道格拉斯·科恩夫妇、托马斯·迪特蒙夫妇、刘易斯·曼尼洛夫夫妇、约瑟夫·R.沙皮洛夫妇、拉尔夫·戈登博格夫妇及沃特·D.沃克基金捐赠，1986.112，芝加哥艺术学院。摄影©芝加哥艺术学院另外两幅作品分别是安迪·沃霍尔（Andy Warhol）的《十三个最重要的通缉犯》（*13 Most Wanted Men*，纽约世界博览会，纽约州馆，1964年）和格哈德·里希特（Gerhard Richter）的《图集：48幅肖像》（*Atlas：48 Portraits*）。前者是在烧结砖上完成的油墨和丝漆印，共25块120×120厘米的预制板；后者由同样尺寸的48幅叠拼肖像组成，陈列于1972年威尼斯双年展专为德国预留的中央展馆内。

对代表国家的绘画作品进行多元文化分析的要素

这三幅作品都是肖像画。如果说从16世纪以来，肖像画在西方社会的功能是保障模特在一个社会群体中的个性特色、身份和名望的话，那么本文所涉三幅作品的共同点则是利用肖像画具有社会意识表征功能这一约定俗成，对集体身份认同的概念提出质疑，因为这三幅作品的展览地都是公共场所，作品也是受官方委托作的。因此，这三幅作品被看作是代表了一个时代的特征。另外，基弗的作品只有在和他的德国同胞里希特以及美国艺术家沃霍尔作品的对话中，只有在至少两个不同国家、两种不同文化的交流和调适中才能获得其全部意义。

对三幅画作的多模态分析

第一步是对《世界智慧的方式：赫尔曼战役》进行认真的描述，随之将揭示出多模态和文化内涵的特征，关系到对国家身份认同的质疑。第二步将是分析象征符号之间的跨文化关系。

基弗的这幅所谓"绘画作品"是从书上复制的肖像，然后刻在木头上，最后再贴在画布上。画中的人物都是没有点名的名人，但我们还是认得其中一些分属不同时代的知名人士，有军人、纳粹党理论家，还有著名的德国哲学家、作家等，他们集中在同一画面上，不分时间的先后顺序。画的四周是这些著名人物的头像，中央是黑色的树干，树干底部燃起熊熊火焰，用亚克力画的黑线如同浓密的蜘蛛网，把各个人物连在一起，黑线也同时画在了他们的脸上。画作底部的说明文字，也就是它的标题，占据了画幅宽度的四分之三，看起来像是使用了与上面的线条相同的涂料手写而成。把纳粹分子的头像和那些随着时间的推移成为文化名人的肖像放在一起，这首先制造出一个令人吃惊的效果，而后是"玷污"的感觉。这幅画看起来像是雕刻拼接作品，这在20世纪后半叶算作是一种古老的介质，因此显得诡异。位于画作中央的树干形成灰暗的一团，除了枯枝就是火焰，这使得周边的人物肖像有如树叶，形成树干与树叶的关系。看画便可发现，树木连同众多不知姓名的人物肖像占据了画面的主要位置。这里又涉及纳粹之前的另一个德国国家身份认同的象征——"丛林"，德国神话起源中的森林。标题中的阿米尼乌斯（赫尔曼）①战役是第三个符号，明确指向一段"玷污的"国家历史，因为它讲的是公元1世纪的条顿堡森林战役，赫尔曼或阿米尼乌斯在这次战役中战胜了三个罗马军团，但是，通过这场战役在德国国家神话中树立起来的德国人团结一心和德意志身份认同的象征却被纳粹主义分子肆无忌惮地滥用。经过进一步的深究，我们在后来看到了基弗对其人物的选择给予的解释：这些人要么加入了纳粹政权，要么成了纳粹政权的附庸（Rosenthal，1987：55）。画作选用雕刻的形式，实际是参照了文艺复兴时期非常著名的一部木刻作品——《马克西米连凯旋门》（*L'Arche triomphale de Maximilien*）。这部作品为丢勒（Dürer）于1515年创作，由42幅木雕和两幅蚀版画构成，是马克西米连皇帝为自己歌功颂德定制的（Rosenthal，1998：120）。

跨文化关系与象征符号

这幅画的创新不仅仅体现在用材方面，作者还采用了多种艺术形式，如临摹、雕刻、绘画、书写等。这种多形态手法也用在了象征符号的处理上，使象征符号从一个意思转到另一个意思：人物肖像没有说明，没有等级区分，火中的森林，粘贴画与粗线条，还有那个标题——

---

① Arminius，日耳曼部族首领，德语称Hermann（赫尔曼）。——译者注

"世界智慧的方式",极具讽刺意味,好像是从18世纪的一部哲学著作里搬来的:世界智慧之路(人物肖像与森林),再与"战役"一词结合在一起。以上这些都是这幅备受争议作品引人注目的地方,通过它们,艺术家对打造民族主义提出质疑。在法国和意大利等遭受法西斯主义侵害的国家不会有类似的作品,那些国家对历史记忆的发掘更多地在电影里。

1971年,画家格哈德·里希特(1932—)创作了《48幅人物肖像习作》,开始反思民族主义问题。基弗的《世界智慧的方式》则通过对人物肖像的选择及布局继续考问这一问题。里希特生于德累斯顿,1961年来到当时的西德,曾在1972年的威尼斯双年展中展出他的《48幅人物肖像习作》。里希特好像说过,他是随意在好几本百科全书里剪下了48幅人物肖像,然后参照原来的照片,用灰暗的底色把他们画出来。他的作品又是对美国艺术家安迪·沃霍尔的作品的回应。沃霍尔应纽约州政府的请求,为1964年举办的世界博览会创作了这幅画,里希特则在1967年科隆的一家画廊看到了它。对于这一名为《十三个最重要的通缉犯》的作品,沃霍尔临摹并放大了警察局公布的十三名罪犯的海报。主办方曾要求画家撤下这个作品,画家建议用一层灰色的颜料薄膜盖住十三个人的面孔。里希特和基弗选择模仿沃霍尔的作品并非偶然,因为他们看到了在经济和政治上,美国不仅在德国的重建中,也在战后欧洲的重建中扮演了重要角色。美国在成为新的当代艺术中心之后,使其艺术家在重建中的欧洲声名鹊起。

沃霍尔的丝网印刷作品过于张扬美国社会的一个方面,所以主办方立即要求撤展。沃霍尔积极主张在战后的美国,将人物肖像变成一种便捷手段,变成查找可疑名人的索引名录,他质疑模范的榜样价值,通过选用罪犯作模特来表达对任何社会等级制度的否定。基弗也是这么做的,他的人物肖像画让人联想起他的德国同胞里希特十年前在同一个威尼斯双年展中展出的作品。里希特将其作品中的人物肖像放大,一字排开,但轮廓变模糊,而且取灰暗色调。他通过这种方式部分再现了沃霍尔的写实绘画,为德国服务。他对模特的选择表面上看很随意,实际上是经过严格挑选的,比如,他从不用女性、政治人物和艺术家的肖像,大多只选择19世纪不太出名的欧洲和美洲的白种男人（Buchloch，1996：71）。因为难以塑造一个全国性的、有代表意义而又协调一致的整体形象，所以他巧妙地在好几处矛盾的地方做文章。他使用他者的语言，同时颠倒词语、绘画（根据照片画的人物肖像）和影射之间的关系，暗示回归主观性。德国艺术家认为，在死亡集中营的恐怖消失了几十年后，回归主观性是寻找一种可能的表达方式所必须的。我们看到：一边是一幢雄伟的建筑物，另一边是看上去显然不全的两个国家的许多人物肖像。基弗让他们形成对比。通过上述手段，基弗把业已开启的对话重新引向一种更适合20世纪70年代德国背景的反思之中。基弗通过重复沃霍尔的做法，选用"失宠"的人物画像，将完全视为禁忌的过去展现出来，实现了引人注目的回归。

争鸣

玛蒂尔德·卡拉里—加利
意大利博洛尼亚大学

意译法：埃利奥·巴拉尔蒂尼

法译汉：田园、傅荣

　　有的族群在教育学和人类学上可能会引起我们的关注。在用于判别这些族群的定性因素中，语言长久以来都是其民族文化的映像，也是其自身文化的生成器，是一个被视为以领土和/或社会为界限的领域。语言是交际和表达的工具，是归属和包含在内的标志，它还可使人不被排斥，实现自我救赎（Hymes，1964）[①]。

　　从前，人类学家将"部族"称作自己的"族群"，其实是他们研究的对象，拥有共同的语言，却经常与研究者所属的并在其中接受教育的传统毫不相关。他们研究的那些族群的语言通常比较难，不容易掌握，但那也是富有表现力的语码，表面上看比较原始。正如鲍曼（Bauman）强调指出的那样："少数民族的族群性质由一种物化的文化所确定，关于将少数民族视为族群的言论基本上属于主流话语：它概念上极其简单，掌握着交际的垄断权，可用十分灵活的方式加以应用，它还具有意识形态上的可塑性，所以能够比较容易地为现有机构采用。"（Bauman，1996：30）

　　"族群"一词会让人想到一群人植根于一个疆界明确、文化物化的领土上，二者的关系非常密切，以至于很多研究人员将之视为静止不动和均质性两个概念不可分割的组成部分。该词因此成为拒绝变化、拒绝革新或

[①] 本篇文章引用书目阙如。——译者注

拒绝与任何一种文化接触的代名词。这种文化接触只会发生纵向的演变，也就是从外围向中心的变化，而不会产生横向运动，即外围之间的变化。再说，各个外围之间不总是相等的（Amselle，1990；Wenger，1998）。

从20世纪后半叶以来，随着经济和政治的发展，国际关系业已改变，全球化进程使国际关系发生巨大变革，所有活动、文化意识表征和文化特征似乎处于复杂且千变万化的背景中。它们在解体时，互不相同，直到失去共有的特征和相似性，有时则又会在不同的空间再度出现。这些活动、文化表征和文化特征在机制上，正式和非正式的各个层面上得以重组（Matera，2004）。

因此，人类学变得越来越跨文化了，越来越需要进行田野调查，专门解释我们的多元化社会、它们的矛盾、二重性及复杂性。从今以后，不应再幻想发现那些均质和孤立的小族群，不要再以为这些小族群能够成为所谓的研究"领域"，让我们的研究人员如愿以偿地、全身心地投入其中；不能再幻想着依赖那些会讲人类学家的语言的所谓"信息提供者"；也不能再幻想可以忽略多种多样的表达形式，它们循着与西方传统不同的进程，表达一种文化的深层次含义。如今，我们要求人类学家做的是，完全投入到多元文化和多族群的环境中，了解多种言语体系和富有表现力的语码，能够认同游牧生活，这种现实的或是虚拟的游牧生活目前已成为人类群体的特征。我们还希望人类学家能够有一种既锐利又敏捷的眼光，足以胜任对变化多端的形势进行深入而实在的分析（Marcus，1998；Callari Galli，2003）。

过去，传统的人类学、人种志著作，以及它们发表科研成果的机构享有权威性，这使得它们能够把外国和差异介绍给读者，并宣称它们的介绍能够全面地反映一种遥远和不同的现实。同时，因为有原著佐证，它们的描述还消除了人种志研究期间本身发生的偏差。在上文提到的很多发展过程的影响下，人类学研究的族群状况近年来发生了彻底的改变。被研究的族群不再是被动的研究客体，他们也并非对"其他的"族群一无所知，他们成了人种志著作的专心读者并且敢于提出激烈的批评意见，他们有时也会运用在大学学到的分类知识发表自己的人种志研究成果。因此，我们不再是唯一的见证人，也不再是"相异性"的最受信任的颂扬者。尽管全球化进程还在进行中，但我们已不再是多种多样性的唯一传播媒介，这种多样性总是由更加快速和不可预料的活力所驱动。这些前所未有的表现在几个世纪的苦难和屈辱中遭遇压制，一直受官方主流话语的排斥，而今天它的批判性和政治性影响让人类学必须重整旗鼓。说到"重整旗鼓"，我们不能不提克洛德·列维－斯特劳斯五十年前用过的"重生"二字，他说："人类学只有在先任其消亡，尔后再以其他形式重生的情况下才能在这翻天覆地的世界生存下去"（Lévi-Strauss, 1966: 126）。

期待消弭"我们的描述"与"他们的描述"两者之间的鸿沟，也期待缩短"回到此地的人类学家"和"在那里生活"的见证人两者之间的差距，这些强烈的意愿促使新的概念和新的理论得以问世。文化研究、后殖民研究、女性研究、同性恋研究、文学研究和性别研究等推动了全球范围的人类学发展。人类学成为一种纯粹的文化批评，开启了通往后现代文体学和美学实验主义的道路，同时对人种志的描写权威性和人种志的论文有效性提出质疑（De Certeau, 2005）。描写在认识论层面上经历的深刻变化使写作的客观性与主观性的关系发生新的改变，这有利于发展实验手段和文体创新，让人种志学者及其见证人的分析和叙述变得更有感触性，更加贴近真实经历，而不再那么武断或者自说自话（Clifford & Marcus, 1986; Clifford, 1999）。

媒体研究是人类学的一个领域。在这一领域，多地域的人种志方法论明显地向两个方向发展：输出和对输出的输入。这两种功能必然的联合关系使人种志研究模式变得更加复杂，而人种志研究本身因为在对其研究客体进行思考时就已经是一个过程，所以也在不断运动变化着并且是多地域的（Inda & Rosaldo, 2002）。

为把媒体消费置于文化分析的中心，人们不得不求助于人种志的研究方法，尤其是参与性观察、深度访谈和其他质性研究技术（Callari Galli, 2004）。但是，我们在研究"远"和"近"之间、口头和书面信息之间、直接和间接关系之间、物质和非物质之间那永不停歇的变化的时候，也同样要借助人种志学（Hannerz, 1992, 2001）。

当今世界及其文化具有复杂的特点，除此之外，还应该加上一些要素，这就是在每一个文化传递的片断中，我们都能找回多种声音和多种形式的成层现象。不论使用何种交际方式，任何技术、行为、知识和其他文化方面的传递过程都暗含着诠释这些内容的方式：好像每一个明确的信息都被其他信息以一种看不见的网络包围着、连接着，乍一看，这个网络不可感知，却可以建构成某种世界观，直到与世界本身相一致。有些文化素材不是专门用作载体进行传播的，有些则是有意用作载体的，前者超越了后者。正是通过传播那些无意识成为载体的文化素材，人们发出和接受"信息"，内容包括"同样的人和事"与"其他的人和事"，包括"我们"和"他们"、女性的角色和男性的角色，以及在一个社会或族群中被许可和受处罚的行为模式。

表情语码预示着会用图像表达，因此成为明暗信息交叠的最精彩节目。每一个形象化的图案实际上都包含着不可胜数的文化要素和文化附注，这些要素及其附注或多或少会被有意识地铭刻在观众的记忆中（Faeti，1972）。正如对媒体的输入研究已经揭示的那样，观众用他们自己的认知风格和生活经验识别这些图像素材并加以解读，因此创造出新的意思，用于证实（或者逐步颠覆）各类知识、信仰和范例：每个图像都可能产生影响，其意图和控制力已非图像创作者所能及（Gruzinski，1990）。人们都在广泛而且有意识地运用图画的力量去"殖民"被征服的民众想象的事物（Gruzinski，1994），这种力量如今明显地体现在视听媒体中。"如同巴洛克绘画那样，当今的图画使人联想到一种视觉和社会秩序，它们也在传播行为和信仰范式，还能在有关视觉的概念及其话语体系创建之前预见视觉形象领域的变化趋势"（Gruzinski，1994：334）。

尽管当代人类学研究领域很广，而且显而易见的复杂，但正是在这种复杂性和这些环境中现今世界的文化意识表征得以建立，得以相互替代和交融；通过这些意识表征，造就了对过去的身份认同，朝着这些意识表征，汇聚着那些源自遥远的异国他乡的身份认同（Callari Galli，2005，2007）。

关于方法论，要想写人种志的论文，必须回到观察的实践中去。这种观察进程缓慢，不会立竿见影，却是波德莱尔和本亚明所钟爱的闲游者特有的方法。马克·奥热（Marc Augé）把人类学的这种"袖手旁观式"的观察法引入到我们的学科。当然，也不能忘记其他方面，比如：文人的直觉、艺术家的作品、叙述当今和远古，以及移居者在自己制作的电影中讲述的各种迁徙经历；还有，照相机的视角：为了拍出当代都市千变万化的风景，人们采用新的拍摄模式，比如，按照汽车、火车和公共汽车的速度取景，或者从直升机上俯瞰取景。

参考书目

引言

AITKIN, I. (2005). « Current problems in the study of European cinema and the role of questions on cultural identity ». In W. Everett (éd.), *European Identity in Cinema*. UK : Intellect, pp. 79–85.

BOURDIEU, P. & DARBEL, A. (1992). *L'Amour de l'art : les musées européens et leur public*. Paris : Minuit.

FLOCH, J.-M. (1985). *Petites Mythologies de l'œil et de l'esprit*. Paris/ Amsterdam : Ed. Hadès.

FLOCH, J.-M. (1995). *Identités visuelles*. Paris : PUF.

GERVEREAU, L. (2004). *Voir, comprendre, analyser les images*. Paris : Éditions La Découverte.

GOFFMAN, E. (1959). *The Presentation of Self in Everyday Life*. Garden City : Doubleday.

GOHARD-RADENKOVIC, A. (coord.). (2004). « Altérité et identités dans les littératures de langue française ». In *Le Français dans le monde, Recherches et applications*. Paris : Nathan.

GROUPE µ, : EDELINE, F,. KLINKENBERG, J-M., Minguet, P. (1992). *Traité du signe visuel*. Paris : Seuil.

HALL, S. (éd.) (1997.) *Representation : Cultural Representations and Signifying Practices*. London : Sage Publications.

JACKEL, A. (2001). « Les visiteurs : a feel good movie for uncertain times ». In L. Mazdon (éd.), *France on Film*. New York : Wallflower Press, n° 48.

JODELET, D. (dir.) (1989). *Les Représentations sociales*. Paris : PUF.

KOTTELAT , P. (2005). « L'iconographie dans les manuels de littératures FLE :

fonctions et enjeux didactiques ». In M. G. Margarito (coord.), *Études de linguistiques appliquées. En accompagnement d'images.* n° 138, pp. 205-221.

KRAMSCH, C. (éd.) (2002). « How can we tell the dancer from the dance ? ». In *Language Acquisition and Language Socialization.* London : Continuum.

MASSELOT-GIRARD, M. (2003) « Le traitement didactique de l'image ». Savoirs cdi Lyon : https://www.reseau-canope.fr/savoirscdi/fileadmin/fichiers_auteurs/Actes/Lyon_2003/girard.pdf, Liste des centres de documentalistes.

MOINE, R. (2005). *Les Genres du cinéma.* Paris : Colin.

PORQUIER, R. & PY, B. (2004). *Apprentissage d'une langue étrangère: contextes et discours.* Paris : Didier.

RODRIGUEZ, M. S. (2004) « Parcours illustré du cinéma espagnol des années cinquante à aujourd'hui ». In *Langues modernes, Dossier : cinéma et télévision,* n° 3, pp. 8-20.

VIALLON, V. (2002). *Images et Apprentissages. Le discours de l'image en didactique des langues.* Paris : L'Harmattan.

ZARATE, G. (1986). *Enseigner une culture étrangère.* Paris : Hachette Français langue étrangère, Coll. F. Recherches et applications.

ZARATE, G. & CANDELIER, M. (coord.) (1997). *Les Représentations en didactique des langues et cultures.* Paris : ENS Fontenay-Saint-Cloud.

距离感与亲近感之间：学习者与外国文化间定型关系的演变

COMMISSION FRANÇAISE POUR L'UNESCO (éd.). (1995). *Stéréotypes culturels et apprentissage des langues.* Paris : Commission française pour l'Unesco.

HIMETA, M. (2006). *Le Paradoxe de la francophilie japonaise. Représentations des enseignants et des étudiants de français au Japon.* Thèse de doctorat, Paris 3.

KAWATAKE et al.(2000). *Gaikoku media no nihon* imêji. Tôkyô : Gakubunsha.

参照性插图与象征性插图：词典中的族群文化意识表征建构

A.A.V.V. (2006). *Plurilinguisme et Apprentissage. Mélanges Daniel Coste.* Lyon : École Normale Supérieure Lettres et Sciences humaines.

AMOSSY, R. & HERSCHBERG, P. (1997). *Stéréotypes et Clichés. Langue, discours, société.* Paris : Nathan, Coll. 128.

CALVET, L-J. (1999). *Pour une écologie des langues du monde*. Paris : Plon.

CELOTTI, N. (1990). « Les dictionnaires de langue en France sont-ils encore aujourd'hui allergiques aux images ? ». In *Dictionnaires et Innovation*, Revue *Études de linguistique appliquée*, 2005, n° 137, pp. 119–128.

DEPECKER, L. (1995). *Les mots de la francophonie*. Paris : Belin.

Études de linguistique appliquée (2002). « *Du culturel dans le lexique et dans les dictionnaires* », n° 128. Paris : Klincksieck.

JOLY, M. (2005). *Introduction à l'analyse de l'image*. Paris : Colin, Coll. 128.

POIRIER, C. (2003). « Variation du français en francophonie et cohérence de la description lexicographique ». In C. Cormier, A. Francœur & J.-C. Boulanger (dirs.), *Les dictionnaires Le Robert*. Montréal : Les Presses de l'Université de Montréal, pp. 189–226.

REY-DEBOVE, J. (1971). *Étude linguistique et sémiotique des dictionnaires français contemporains.* The Hague-Paris : Mouton.

VIALLON, V. (2002). *Images et Apprentissages. Le discours de l'image en didactique des langues*. Paris : L'Harmattan.

ZARATE, G. (1995). *Représentations de l'étranger et didactique des langues.* Paris : Didier, Coll. Crédif/Essais.

语码间转换：文学作品改编为连环画

DUPRONT, A. (1965). « De l'acculturation ». Vienne : XII° Comité international des sciences historiques.

DURAND, J.-B. (2006). *À la découverte de la BD*. Paris : Père Castor Flammarion, Coll. Castor Doc.

EISNER, W. (1985). *Comics & sequential art*. Tamarac, Florida : Poorhouse Press.

EISNER, W. (1996). *Graphic Storytelling*. Tamarac, Florida : Poorhouse Press.

GERVEREAU, L. (2004). *Voir, Comprendre, Analyser les images 4*. Paris : La Découverte.

HALL, E.T. (1984). *Le Langage silencieux*. Paris : Seuil.

PENNAC, D. (2002). *Kamo – L'agence Babel*. Paris : Gallimard.

SCARPA, L. (2001). *Praticamente fumetti*. Roma : Editore Mare Nero.

TRONDHEIM, L. (2006). *Bande dessinée, apprendre et comprendre*. Paris : Delcourt, Coll. Jeunesse.

音乐——电影中的文化标志：民族形象的超越

ADORNO, T. W. & EISLER, H. (1972). *Musique de cinéma : essai*. Paris : L'Arche.

BARTLETT, R. & BULLOCK, P. B. (2007). « Issues in Russian and Soviet Musical Identity ». *Slavonica*, XIII/1.

CHION, M. (1985). *Le Son au cinéma*. Paris : Cahiers du cinéma, Coll. Essais.

CHION, M. (1990). *L'Audio-vision : son et image au cinéma*. Paris : Nathan.

CRISP, D. & HILLMAN, R. (2002). « Verdi in Postwar Italian Cinema ». In J. Jeongwon & T. Rose (éds.), *Between Opera and Cinema*. New York : Routledge, pp. 157–176.

HILLMAN, R. (2005). *Unsettling Scores : German Film, Music, Ideology*. Bloomington : Indiana UP.

MACDOUGALL, D. (1998). *Transcultural Cinema*. Princeton : Princeton UP.

视觉身份认同：绘画创作中本土性与跨国性的价值

BIRO, M. (1998). *Anselm Kiefer and the Philosophy of Martin Heidegger*. Cambridge : Cambridge University Press.

BUCHLOH, Benjamin H.D. (1996). « Divided Memory and Post-Traditional Identity : Gerhard Richter's Work of Mourning ». In *October*, n° 75.

FLOCH, J-M. (1995). *Identités visuelles*. Paris : PUF.

ROSENTHAL, M. (1987). *Anselm Kiefer*. Chicago & Philadelphia : The Art Institute of Chicago and the Philadelphia Museum of Art.

ROSENTHAL, M. (1999). *Anselm Kiefer, Works on Paper in The Metropolitan Museum of Art*. New York : Metropolitan Museum of art.

第六章
关于语言及其社会意识表征的论说

达妮埃尔·穆尔
加拿大温哥华西蒙弗雷泽大学

贝尔纳·皮
瑞士纳沙泰尔大学

引言：关于语言及其社会意识表征的论说

达妮埃尔·穆尔
加拿大温哥华西蒙弗雷泽大学

贝尔纳·皮
瑞士纳沙泰尔大学

傅荣 译

1. 语言、意识表征及话语

在众多的社会现象中，语言作为意识表征比较完善的载体和各种态度的结晶，一直占据着重要的地位。正是通过语言的表述以及它们与语境和当地环境的关联，我们得以对其进行互动的分析。语言表述跟语境以及当地环境的互动有如平台，社会行为的意义在这里产生；这种互动还是建立和更新社会关系的场所。

在多语环境下，有关语言、话语者和学习的话语有着至关重要的作用，因为它们使社会和语言行为有了形式和意义，也使不同族群之间的关系有了形式和意义。这些话语表明了对于语言的历史和文化观，使人们得以了解不同社会背景中的意识表征系统，这些系统又可以在多个层面加以分析。所以，研究有关语言、语言的保持和传播的话语可让我们透过其复杂性，窥见构造空间和将社会行为组织化的那些形式和象征意义。不同群体的社会意识表征各不相同，它们反映着一定历史时期的社会（意识形态）定位，它们既是历史的产物，又参与创造历史。

意识表征不仅体现在行为举止上，也可以通过关于语言的话语，甚至主要是通过关于语言的全面论说表现出来。当然，透过当事人对语言某些方面的论说也能看出他的社会意识表征。在这里，所谓"关于语言（单语或多语）的话语"主要包括以下三方面的内容：

　　a）官方正式起草并发布的关于语言和语言使用者关系的书面文本和话语文本，目的是为了在时间、空间和社会层面上建构、维系、改变或者解构这些关系；

　　b）社会成员对语言现象或一种语言的看法，包括对它的规范、特点和区别于其他语言的身份的看法；

　　c）相关话语的陈述特点。

2. 话语中的意识表征

　　在社会中创建并被分享的综合性和有效的知识成为语言的社会意识表征的表现形式，其解释功能和可读性尤其体现在话语里，而话语本身又与社会历史背景密不可分。话语使意识表征变得可以观察，那是"一整套的符号操作手段，比如评论、质疑、赞同、模块化、引述、联想、影射，等等"（Py，2004：7）。因此，通过话语可以进入意识表征，话语还同时提供用词语再现意识表征的语境。意识表征实际上是应环境和受众而生，它们有一种辩论的企图，因为有人际间互动的正能量，因为这些参与互动者占据的地位，所以才能体现出它们的价值和意义。

　　阿布里克（Abric，1994：15—18）认为，社会意识表征对社会关系的原动力和社会习俗的影响巨大，因为它们具有四个非常重要的功能：a）知识功能，能够帮助人们理解和解释社会现实；b）身份认同功能，能够用来确定身份认同和族群的特性；c）导向功能，能够引导人们的行为举止和习俗；d）辩护功能，能够解释人们采取的立场和行为举止。这样，意识表征为话语者划定了能够互相理解、彼此归附或者分道扬镳的区域，因而成为社会生活中必不可少的知识和信仰的组成部分。

2.1 意识表征，一种社会行为

关于社会意识表征的研究，最早源于迪尔凯姆（Durkheim）[①]的社会学对集体意识表征概念的探讨。在欧洲，首先是认知社会学和社会心理学开始研究社会意识表征问题，它们创立了"法国"的社会意识表征理论，努力探究社会意识表征的构成，以及它的发展、衰微直至消亡的机制。莫斯科维奇（Moscovici）专门研究各种理论（一般的、理科的或政治的）如何在某一特定的文化环境里传播，如何在传播的过程中转变，如何影响个人的解读以及他们和世界的关系。

自上个世纪60年代起，莫斯科维奇关于精神分析社会意识表征的研究成果成为社会科学工作者的必备参考。与此同时，社会科学的研究者们也在积极地创建更有活力的理论框架，以便能够理解和描述社会成员自己赋予语言的意义和这些语言在社会中的地位。意识表征成了一个被普遍接受的知识体系，该体系又受到它所处的历史和社会环境的影响：

> 社会意识表征是一种价值、概念和实践体系，负有双重使命。首先是建立一种秩序，让个体能够在社会和物质的环境中找到自己的定位并最终能够主导这个环境。第二点是保证社群成员之间的交流。（Moscovici，1984：10—11）

由此可见，意识表征从本质上讲是社会性的，意思是说话语者/社会人要借助一些共同的标准框架，就像用于阅读理解的表格那样，来解释周边的世界并赋予它意义，也是为了自己在其中的定位。正是这些被广泛传播的社会价值观，通常就是规定性标准的化身，建构和组织了说话者信赖且有归属感的世界，它们同时打开了一片实用知识的天地，一个"值得期待的愿景"，一个实验和行动的空间。

我们说意识表征具有社会性，意味着承认它们的建构、传播、调整和改变的方式。这些方式都是集体性的，因为一切都是通过同一社群内个体之间的互动进行的。这些互动在论战的时候表现得最充分，它鼓励人们阐明各自的观点和主张并接受考证。意识表征在很多方面发挥着作

[①] 也译作爱米尔·涂尔干（Émile Durkheim），法国社会学家（1858—1917）。——译者注

用，比如在教授和传播知识的过程中，在确定身份认同和社会归属感的时候，等等。研究意识表征会涉猎许多其他学科领域，如认知心理学、社会学、人类学、自然和社会逻辑学等。若德莱（Jodelet）说：

> 社会意识表征和它所表征的客体是一种"象征化"的关系，因为它替代客体；它们还是一种"诠释"的关系，因为它赋予客体意义。这些意义是意识表征转化为"建构"主体和"表达"主体的结果。……但是，研究社会意识表征的独特之处在于它要将主体的社会文化归属感和参与纳入到分析意识表征的进程中。（Jodelet, 1989: 61）

因此，意识表征一词用于社会科学研究时在许多方面发挥了作用，其中主要包括以社会、社群和个人为聚焦点的研究。研究社会意识表征除了发展前景广阔以外，它的另一个特点在于同时努力分析话语者/社会人的社会文化参与及归属感，以及"背景"对于决定他们的社会文化参与及归属感产生的影响。若德莱（1989：60）用三个问句概括了意识表征研究工作的与众不同："谁知道又是从哪里知道的？我们知道什么且是如何知道的？我们知道关于什么及其影响如何？"

2.2 意识形态和社会想象

如果把社会意识表征看作是一个背景化的系统，这就意味着是在宏观社会学的层面上考量意识表征和传说、意识形态和想象之间的关系（Boyer, 2003）。"意识形态"一词诞生于1796年，这应该归功于德斯蒂·德特拉西伯爵（Comte Destutt de Tracy）[①]及奥特伊俱乐部（Cercle d'Auteuil）的创造，他们用这个术语表示努力将"思想科学"理论化。

> 知道我们的思想是怎样产生的，这是懂得如何传播这些思想的根本所在，这样的艺术就是语法学；这也是懂得如何将这些思想组合在一起，使之涌现出全新的真理的根本所在，这样的技巧就是逻辑学；这还是懂得如何教授和传播真理

[①] 又名Antoine Louis Claude（1754.7—1836.3），法国自由主义经济学家。——译者注

的根本所在，这样的能力就是教导；这又是懂得如何培养人的习性的根本所在，这样的水平就是教育；这更是懂得如何认清并节制我们欲望的根本所在，这样更为重要的本领就是道德；最后，也是最重要的一门艺术的根本是知道如何调节社会，让生活在其中的人能够从自己的同类那里得到的帮助最多，感到的不便最少。这最后一种艺术要想获得成功，所有其他艺术必须加入并发挥作用。（Destutt de Tracy,《论思考能力》，1796）

语言意识形态可以指说话人自己对语言始终保持的各种信仰的总称，用于据理说明或解释自己看待语言的方式，包括对语言的价值和用途的看法。从这个意义上讲，语言意识形态构成了一个对世界"最终"的诠释系统，该系统使现有的社会秩序合法化，并且通过创立行为的模式和规范，帮助维持权力的不对称关系。在社会想象方面，意识形态发挥其再现功能，将模式具体化，而这样的模式将渐渐地使现有的社会行为变得合情合理（Ricœur, 1997）。里克尔（Ricœur）尤其看重想象力，将之视为探索未知的一种能力和重构人类经验意义的地方。他的这一观点深受埃德蒙·胡塞尔（Edmund Husserl）的现象学和马克斯·韦伯（Max Weber）的社会学的影响。里克尔认为，"实现了背景化"的想象能够催生新的参考标准，能够引导对意义的解释和理解。想象在话语和习俗中产生，因而成为人的行动能力的重要组成部分。总而言之，想象是集体生活的组成部分，它通过意识形态和空想表达出来（Foessel & Lamouche, 2007）。

由此可见，语言意识形态不仅牵涉语言，而且也反映我们对语言和民族身份认同关系的种种看法。这些看法尤其通过主流的社会化模式，如宗教礼仪和学校得以与时俱进。因此，研究意识形态可以使我们更好地理解文化模式，而文化模式影响人的语言和社会行为，正如社会历史进程把族群、国家和超国家紧紧地联系在一起，进而使某些语言实践比其他语言实践更具有社会历史价值。关于意识形态研究的最新动向是在思考社会权力的功能的同时，开始分析意识形态的建构作用，而不再关注何为错误、何为幻想等一些概念。今天，社会、经济和政治的变化促进了多元语言思想的发展并推动了它在全社会的推广。这样的变化清楚地揭示了社会权力与建构意识形态之间的联系，与此同时，彻底改变着不同族群之间的历史权力关系，并催生了有关语言和多样性的新价值观和新的意识形态。

3. 表述意识表征的话语

如果说对意识形态的研究让我们在微观社会学和社会心理学层面认识了社会发展的动力结构以及决定社会发展原动力的博弈，那么意识表征、态度和行为举止三者之间的关系则是研究的主要对象。虽然说意识表征决定不了行为举止，甚至也不一定能够反映行为举止，但两者之间的关系密不可分。这样的视角驱使我们要特别关注规范、集体和个人的参照对象，以及分层在互动中发生的种种变化进程。

3.1 意识表征之间相互作用的动力

要从两个方面理解意识表征用言语表达的意义，一是它的内容，二是它在互动中显示的动态性、进行性，并且经过了谈判协商。尤里·温迪施（Uli Windisch）[1]提醒我们，社会语言学和话语分析法已经表明，思维形式和讲话者的语言表达形式关系非常紧密（Windisch, 1989: 191）。他从广泛的语料中（500多封写给瑞士法语区的多家日报的读者来信和50多次长时间的访谈记录）搜集了排外的言论进行研究，结果发现，这些言论有三种基本的措辞，从而构成了一种典型的解释——谴责社会现象的论证结构，进而凸显出话语方式在改变社会矛盾的进程中发挥的重要作用：

　　事情应该是这样的
　　[绝大部分外来移民应该回到他们自己的国家]
　　可事情没有按照它本来应该的那样发生（这是因为……）

---

[1] 瑞士社会学家（1946—）。——译者注

［外来移民不想回他们的国家，因为他们在这里能挣更多的钱］

这事情应该是这样的（不管怎么说）

［不管怎么说，他们还是应该回到自己的国家去］

温迪施认为，强调社会意识表征是在互动中生成的，意在突出意识表征的动态性，具有不稳定、可变和多变的特点，还在于强调意识表征在日常话语中产生的持久的重构社会现实的影响（Windisch，1989：195）。另外，强调社会意识表征是在互动中生成的，这也更贴近"互动者"他们自己的实实在在的行为举止（Windisch，1989：197），他们是社会现实的建造者和改变者（Windisch，1989：200）。

表述意识表征的这些话语可能形式多种多样。建立和改变意识表征需要话语，意识表征的存在和消亡也有赖于话语，所以话语分析必须面对的难题之一是如何确定意识表征的每一次作用的性质。我们先从区分预设的话语句子和新设的话语句子开始。引用格言或谚语是典型的预设话语句子，它们有时可能变成发言时的一句口头禅，与说话人自己毫无关系。有些程式化的句式和陈词滥调也属于预设话语句子。相反地，新设的话语句子则是说话人在一个具体语境下（之后会有所脱离），针对对话人努力表达的相应的言语。布瓦耶（Boyer，2003）提醒我们注意，有些词语在一个族群的某些历史时期可能被赋予"种族的社会文化意义"，比如foulard（头巾），本意为衣着，无文化所指，而今却有了宗教的象征意义，不同的族群解读各异。

这些区分在社会语言学调研获得的数据里显得特别重要，调研的形式为访谈。访谈对象的程式化语言和访谈者的笔录是分不开的，但访谈人和访谈对象之间的平衡却是多变而且是很不相同的。

3.2 社会意识表征存在于话语中并通过话语体现

本章的作者认为，一种社会意识表征就是一个微观理论，用于快速解读一个无穷尽的被视为性质相同的现象整体。社会意识表征存在于话语中并通过话语体现。正是在话语中并通过话语，社会意识表征得以构建、改变和传播。正是在话语中并通过话语，社会意识表征得以在一个族群里扩散并通行。所谓通行，不一定指族群的每一个成员都完全接受，而是说他们都承认这一意识表征，都理解它并在某个特定的时间，向某个特定的族群宣讲它的意义。从这个意义上说，社会意识表征为一个族群的成员提供了一种初始默契的保障。这之后，族群的成员可以不完全赞同或接受它的内容。因此，我们这里也应该区分两类不同的社会意识表征：一类是来自原籍文化的"预设"的社会意识表征，它已融入同一文化族群的每一个成员的心中；另一类叫"建构中"的社会意识表征，即在表达的同时被建构的意识表征，比如，一场辩论会中的辩手，他们在表述的同时也在建构自己的意识表征。话语可以显示说话人各种各样居间的立场，比如一个说话人当他讲出一句预设的句子时，同时个人与之保持一定的距离。因此，我们还应该区分标识性的意识表征和"使用中"的意识表征，前者既是人们汲取知识的宝库，又是族群的标志；后者则是在话语互动中可以谈判协商的（Py，2000）。

最后，我们还应该对社会意识表征进行另一种区分：一类经常被叫作"直觉元语言活动"意识表征，意指陈述当中的意识表征，另一类是关于语言或言语的意识表征，这当中，语言或言语作为意识表征的客体，有了一个（暂时）稳定下来的身份认同，例如："法语是一门逻辑语言，德语是一门具体实在的语言"，等等。

态度和意识表征非常相近。它们也为发表有关语言的话语提供助推力，对意识表征产生影响，比如，用作说明意识表征或者解释意识表征的动因。反之亦然，如果喜欢英语，或者喜欢盎格鲁-撒克逊的生活方式，这种态度肯定有助于学习英语，而且由此也会产生对英语积极的意识表征，会说"英语是一门简单好学的语言"。欧洲很多阶层的人对"无合法居留证件者"表现出的不屑（这是一种婉转的说法），多半与他们看不上那些偷渡客说的语言不无关系。

社会意识表征是文化的不可或缺的组成部分，所以它事实上成为一种界面，联结着个人及其所属族群，也就是建立个人与集体的关系。个人可以保持他的自由，因为他可以知道一种信仰，但可以不信奉它。意识表征可以仅仅是对一种文化事实的简单了解。但是，如果个人加入其中，这就表明他已成为该文化族群的一员。所以说区分一般了解与加入其中，这为个人的自由开辟了空间。例如，作为一个族群的成员，他发言时可以承认在他的族群里，语言就是一种词汇组装。我不赞同他的这一观点，但我可以用它来解答某些关于语言的论说。不过，我更愿意把语言看作是一种总的资源，使我能够与一定数量的人进行互动交流。

4. 语言的社会意识表征与多元语言思想

语言交流的复杂性促进了对建构国家语言意识形态的研究，也推动了在这些建构中其他语言的地位问题的研究和对多语言意义的研究。以上三类研究都没有忘记与之相关的权力因素的影响和相关的社会习惯做法。布朗谢（Blanchet，2007）因此以埃德加·莫兰（Edgar Morin）创立的关于复杂性的理论模式为指导（即词源学上的complexus，意为"合成在一起的"），强调指出，语言是在对某些社会习惯做法和某些社会意识表征进行一定理解的基础上建构起来的抽象符号。布朗谢认为，社会意识表征是组成一个复杂系统的三个支点之一，他说："语言是一个复杂的系统，它在螺旋式的三个支点的互动进程中脱颖而出，这三个支点分别是社会习惯做法、社会意识表征和社会政治制度化。这个复杂的语言系统根据时间、空间、社会成员的组织构造、语言使用者之间的互动，以及它自身的活力与其他新兴系统之间的互动，呈螺旋式铺展开来。"（Blanchet，2007：263 & 265）就此而言，研究意识表征即是打开了观察社会变化的一扇窗户，使我们能够关注社会的总体和局部环境，知道对话各方在这种环境下是如何调用和配置各种宝库中的资源，并在历史和时间的平台上商议这些资源的特殊价值。要知道，这历史和时间的平台已融进集体记忆里，通过一个全部制度化的传动装置和一个共有的知识宝库世代相传，家庭、学校、协会、教会等是这台传动装置的部件。

在对社会意识表征展开研究的众多课题中，我们选定了以下3个主攻方向：

第一，关于社会意识表征的奠基性话语和现行的语言意识形态，比如，我们将研究语言和民族二项共生的缘起及演变。毫无疑问，这在很多国家和地区是不一样的，随手拈来的例子就有法国、吉布提共和国，还有瑞士的各个州或西班牙的许多地区等。在这些地方，对于母语、外语、第二语言、官方语言和少数民族语言的区分意义非凡。同样，关于双语共存、法语国家和地区，以及语言多样性的话语也从不绝于耳，而且这些区分和话语都被深深地打上了复杂的社会历史的烙印，从中可以看出，有的语言成为民族团结和社会和谐的黏合剂，有的语言则相反，成为民族矛盾和社会冲突的策源地。

第二，语言政策以及有关语言地位和语言动态的法规政令，其中包括政界人物、语言学家和教育工作者联合采取的内容广泛的行动，如讨论和认定新词、术语、语言变体、借词、语言的女性化、语言的拼写，以及外语学习等。

上述两个主要研究方向正在得到落实，其途径和手段有政府对语言采取的官方的有着强力推动色彩的行动，有下发的规定性文件，也有国家和超国家语言政策机构发表的文字和数字阅读材料，以及地方机构提供的解释性辅导资料等。另外还有国家颁布的语言政令、学校规章，以及历史学家、语言学家、教学法专家、作家和新闻媒体的共同努力等。一句话，上述两类重点研究得到了所有相关单位和个人的大力支持。只要有可能和有能力，他们都愿意充当建立在语言基础上的社会关系的观察者和建设者。

第三，社会各界有识之士发表的关于语言和语言学习的普通论说，包括课堂话语和研究课堂教学的言论。这里所说的社会各界人士尤其指家长、教师和学生，不分年龄，也没有背景的限制。

这里，我们不妨举例说明。在很多文化中广泛存在着一种信仰，认为学习一门语言主要是学习它的词汇，甚至无视句法和语用学的存在。这样一种信仰将影响到第二语言的学习。比如，有人相信学习第二语言就是多记词汇，所以学习第二语言在很大程度上被认定是在第一语言词汇的基础上添加对等的第二语言的词汇。这里所谓的"对等"，其实是根据两个单词之间的关系认定的，如同初级的双语词典里一个单词是另一个单词的翻译那样。这一理念尤其体现在那些传统的用于记忆的词汇表上。

以上这些思考为我们提供了一些答案，但同时引发出更多的新的问题。例如，我们能在多大程度上在有关语言的话语中并通过有关语言的话语辨别意识表征和态度？又怎样辨别？又如，我们如何避免基于真正的语言经历发出的思考被那些无个性的、程式化的和说话人说过之后可以不承担任何责任的陈词滥调所替代？要知道，这样替代的结果将误导研究者和对话者。再如，我们该用什么标准又怎样去评估和描述一个具体的意识表征或态度对教学进程（教与学）的影响？还有，一种意识表征与我们认为非常重要的一项得体的语言行为准则相符（相左）时，这会有助于（妨碍）学生学会这一得体的语言行为吗？或者反过来说，我们难道不应该接受人本来就生活在矛盾之中这样的思想吗？

是否最好直接去影响学生和教师的意识表征？让他们每个人有可能和有责任建构并改进他们自己的元语言意识表征，这难道不更好吗？

关于语言的说法有什么话语价值和意识形态意义呢？这些言论讲的都是显而易见的普通事情吗（如"拼写错误证明语言没有掌握好"）？或者我们还应该区分，比如他们的说辞有无论证价值（"我学英语是因为它很实用"或者"我学意大利语，因为这是但丁的语言"）、身份认同价值（"法语是一门清楚的语言"）或者起规范作用的价值（为捍卫语言自由的原则规定的政策条文）？

对个人来说，多种语言相互沟通的局面以及由此产生或者说重组的多语言化现实已经成为解释性流动的关键所在，也是再解释和再调适的关键所在。个人必须审时度势地重新设计被生活改变了的个人和社会的模式。意识表征因此成为用话语模式建构自己的社会偏好的关键资源。话语是产生社会意识表征的理想之地，也是在社会意识表征的张力和矛盾中局部地、因地制宜调整它的内容、价值、演进和变化的理想场所。

奠基性的话语与语言意识形态：社会和学校的语言规划

皮埃尔·马蒂内
法国巴黎第八大学

克里斯托夫·波特芬
法国巴黎第三大学

徐艳、傅荣 译

关于语言的概述

语言在话语中既是一个问题，又是一种权力、一种资源。全世界正在使用的语言及其变种数以千计，它们难以同存共处，以至于有学者称之为"语言战争"（Calvet，1999），以至于我们同时看到，语言各自的价值在语言市场上（Bourdieu，1982）随着历史演变跌宕起伏。一个世界性的说法便是18世纪的欧洲流行法语，更让人们认为法语是世界通用语，随后法语即被蒸蒸日上的美式英语取代。俄语曾经通行东欧，之后却是民族主义的话语东山再起，使古老的东欧帝国的各种语言重新获得了各自的哪怕是非常有限的地位。塞尔维亚语和克罗地亚语从此不会被同时教授了吗？不管语言学上这两种语言如何分类，上述情况有时还真出现了。语言变成了每一个个体人的"一项不可转让的权利"，并经常成为民族国家的构成元素。不过，语言同时也是一种资源、一个族群的凝合剂，因为语言在不能使交流扩大时，它甚至可能成为"身份认同的符号"，成为衡量歧视与否的试金石，成为社群主义的武器。

但是，在一切正常的情况下，语言需要规划什么呢？我们认为，人类的语言拥有权力，拥有经济、宗教和文化的权力，人类的语言好比狐狸，一旦自由地放入家禽饲养场，就会对场里同样自由的母鸡带来什么后果呢？母鸡将会被吃掉。因此，在多语言环境下，政治，即政府机构部门有义务对正在使用的语言进行调控和保护。语言规划正是这种调控意愿的实施手段。

语言规划的第一步就是亮明自己的语言意识形态。很多国家在这方面做得不够透明，但理由五花八门。比如法国，直到1992年，在一位部长的积极活动下，法语才终于被定性为"共和国语言"。

从历史的角度看，我们今天正经历"语言意识"的更新和对语言态度的澄清。比如，欧盟已经下定决心解决少数族群语言问题，并采取了多项他们期望是决定性的举措，以保证各方（不仅包括欧盟国家和地区，还包括无特定国籍的游牧群体，如罗姆人）享有自由选择语言的权利。还有，全球化的问题非常尖锐。

我们需要重新审视一些关键概念，如学校和媒体使用的语言之"标准"（norme）、"语料库"（corpus）和"身份"（status）、语言和族群的关系、在各种各样的社会交际行为中语言的选择，等等。移民申请国籍，召开市政会议，公共部门招聘，道路标识，机器的使用说明等，这些都涉及语言的选择。我们的生活、媒体环境，如同教育领域和职场，无处不是语言意识形态的秀场。

双语/多语教育是否可能？我们通过观察发现，除非条件特别成熟，这种情况比较少见，实现社会层面的双语化非常困难。隐性的或是公开的双语共存，但其中一个社会政治地位较低，这种现象倒是比较常见。我们现在还远远没有达到能够让日内瓦法语区的人和巴塞尔日耳曼语区的人互通语言的境地。如果通过语言传播能够促成一种共享的知识，使一个扩大了的共同体更加团结，这已经是非常令人满意了。要把这种群体共有的知识转化为一种权力并非完全没有可能。一个在法国鲜有人用的语言，或者是非洲某个部族的语言虽然都是一种语言系统，但它们在社会竞争中难以获得被充分使用的机会，甚至根本就没有机会。这些语言若在将来没有慢慢消亡的话，那已是一种万幸。让知识拥有权力，这是一项长期而艰辛的工程。

在所有这些命题面前，语言学，也就是语言学家，不论是描写语言学家,还是语用语言学家、社会语言学家,或是人类语言文化学家都是社会人,他们的话语和其他人的话语是一样的吗?我们认为,语言学家负有特殊的责任。唯有他们发表的客观、理性和科学的言论能够为决策者(英文的policy-makers①所指更贴切)指点迷津。于是,语言学作为一门"人文社会科学",发挥着干预的功能,而且将不会主动放弃这一角色。语言之所以成为语言,是因为在这之前已经有个体的人在说这门语言并谈论它。②

资料1

布列塔尼语,法国的语言

数年来,法国实行布列塔尼语教学的双语学校不断与政府抗争,捍卫自己对双语教育的选择,学校以《欧洲地方语言或少数族群语言宪章》为武器,明确地将这场斗争融入欧洲语言运动的洪流中。正是在这场运动中,2002年9月在瓦讷镇(Vannes)举行了一次示威游行。如下面照片所示:(Christophe Portefin, 2002)

---

① 意为"政策的制定者"。——译者注。
② 此话的言外之意是,语言学是一门人文科学,所以从事语言学研究首先要关注说语言和探究语言的人。——译者注

资料2

吉布提的多语言形态：索马里语/阿法尔语/法语/阿拉伯语

吉布提广播—电视台（RTD）每天播放使用各种语言的节目，节目涵盖多种文化。如以下资料所示：

节目名称：大事记（Gros Plan）
2005—60分钟
节目类型：时政新闻
使用语言：法语
主持人：Saleh Ismaël

节目主题：

该时政节目双月播出，节目引发了吉布提民众关于各类社会经济问题的大讨论。栏目同时也提供民生方面的信息。

"大事记"主要由新闻报道和现场辩论两部分组成，后者每期邀请一位政界嘉宾和一位与新闻主题相关的社会部门高级主管参加。

未来，"大事记"将推出一个以总统选举为主题的新版块。

节目名称：Mataaru
2005—60分钟
节目类型：社会问题辩论
使用语言：阿法尔语
主持人：Alwan Yaye Ahwan

Mataaru一词的意思为"不变更居住地的人"，即"定居的人"。

该档教育类节目以阿法尔语播出，诠释"由漂移不定到定居"的生活方式，常探讨定居生活与移动生活的对立性。

与游客和游牧民族不同，喜爱定居生活的Mataaru人非常珍视其现有的习惯和社会生活，舍不得放弃。

> 通过多少有点强行的且强有力的规划行动，语言政策会产生截然不同的效果。法国布列塔尼语的现状和吉布提索马里语/阿法尔语/法语/阿拉伯语多语融合形态这两个例子让我们看到了这一点。

布列塔尼语：法国的一种语言

在法国，布列塔尼语和其他一些语言被统称为"法国的语言"（langues de France）。更准确地说，这是在法国本土使用的一种地区语言。从这个意义上说，它属于少数族群语言类（langues minoritaires）。这类语言种类繁多，据1999年《塞尔基格里尼报告》（Rapport Cerquiglini）[①]的统计，法国共有75种少数族群语言。与这些语言相对的，是通用语法语。想要了解法国地区语言和少数族群语言的现状，应先知道法国现行语言政策的由来。法语首先在16、18世纪，通过语法学家和法兰西科学院的努力，得以标准化及纯正化。从法国大革命起，法语便是法兰西民族团结的象征。在巴雷尔（Barère）[②]和格雷瓜尔神父（Abbé Grégoire）[③]的推动下，法国大革命的领导者将法语规定为国家语言和教育用语，把在法国使用的其他语言定性为方言或地方语言。这项语言政策因为有不断出台的法律和法令保驾护航，所以在整个19、20世纪期间得以严格执行，从而封杀了除法语以外的所有其他在法国使用的语言。

直到1951年，戴克索纳法（loi Deixonne）颁布，国家教育部方才允许教授地方语言。之后，获准解冻的语言及其相关权利日益增多，直

---

① 报告全名为《法国的语言》(Langues de France)，由法国著名语言学家贝尔纳·塞尔基格里尼（Bernard Cerquiglini）教授主持编写，显示了法国境内少数族群语言的整体状况。报告于1999年4月提交法国教育部。——译者注

② 贝尔特朗·巴雷尔（Bertrand Barère）(1755—1841)，法国大革命时期热月党人和原公安委员会委员。——译者注

③ 葛雷瓜瓦神父，全名亨利·葛雷古瓦（Henri Grégoire）(1750—1831)，毕生为实现公民权利和宗教信仰权利而奋斗，1988年12月其遗骨被移入法国先贤祠。——译者注

到1992年欧洲理事会通过了《欧洲地方语言或少数族群语言宪章》。出于保护"国家语言"的本能反应,法国议会没有批准该宪章。不仅如此,法国还在欧洲《语言宪章》签署的前五个月,对1958年宪法进行了修改,将法语正式规定为"共和国语言"。两年后,法国又颁布图邦法(loi Toubon),最终确立了法国的法语保护政策,保护其不受外国语言的威胁。

在布列塔尼,自1977年以来,一些法语—布列塔尼语双语学校开始大力发展布列塔尼语这一(濒危)语言的教学,不仅体现在课时对等上,而且还采用全程布列塔尼语的"浸入式"教学法(该教学法2002年被叫停)。尽管这种(法语为主,地方语为辅的)双语形势对布列塔尼语非常不利,2003—2004学年度仍有31000名学生选择学习该语言。长期以来,以Diwan和Div Yezh为代表的布列塔尼地区的一些社团为争取国家承认他们的特殊性和语言权利,进行着不懈的斗争。另一方面,社会民众也通过签署宪章——Ya d'ar Brezhoneg(向布列塔尼语说"是"),表达了在私营企业和行政机构中推广布列塔尼语的决心。这些企业和机关单位采用各种方式,积极参与振兴、规划和强化布列塔尼语的活动,比如在室内外张贴双语宣传广告(推广宣传度接近Fishman量表2—3等级,1991/1993)。

当然,地区语言学术委员会的成立,以及2006年参议院投票通过的《欧洲地方自治宪章》等举措显示国家放宽了对地区的限制,从此地方语言的教学管理权下放到大区。可以说,在布列塔尼,只有依靠地方议员的介入,并与各类社团协同合作,才能保证布列塔尼语的教学持久进行,这主要是因为在反对社群主义的浪潮下,国家在思想上始终将捍卫法语和法国利益放在首位。正是在这一意识形态作用下,2005年,法国在颁布的《关于未来学校的发展定位及教学大纲法》中规定,地方性语言和文化的教学只能在相关语言的使用地区进行。

吉布提共和国的多语融合形态

吉布提位于被称为"非洲之角"的东非顶端①，国土面积23,000平方公里。历史上，吉布提一直是一个多语言多种文化交融的地区。这里既"本地化"又"开放化"，过客的传说和文学作品的描述又为她赋予了一层神秘色彩。当然，这里也是一个生存条件异常艰苦的地方，人类居住环境脆弱。今天的吉布提还被视为名副其实的具有语言优势的国家。1977年独立以来，国家实行的重大指导性政策促成了这一优势。所谓"本地化"，指的是国家内部有点像佛教所说的"诸元混杂"。形形色色的文化、文学和人文思想汇聚于此，并寻找着平衡。城市努力实现对这些各具特色的元素的最佳管控，让它们学习共存。这是殖民时代未能实现、甚至是长期拒绝实现的。这里必须特别概括一提的重大变化是，吉布提人不论在经济和司法领域，抑或是在宗教和哲学领域，都显示出一种本着务实的精神，吸纳他人最优秀成果的强大的融合能力。

但是，作为一个过境中转国和贸易中心，吉布提与外界交往一直处于一种压力之中。它所处的地理和地缘文化位置，它扮演的"非洲门户"的角色（拥有吉布提—埃塞俄比亚铁路和数个深水港），使得吉布提具有很强的发展潜力，同时又立足于本地区，推动着东非大陆传统文化与现代文化的交融。吉布提所处环境错综复杂，领土边界和意识形态势力范围在重新"洗牌"：索马里、伊斯兰阿拉伯世界、埃塞俄比亚、西方世界，以及中国、日本等在该区域都有一定的影响。在这个需要经常重新定位的相会之地，法语成为一个至关重要的存在因素。在东非和红海地区，吉布提是唯一除了两种国家语言——索马里语和阿法尔语，还将法语和阿拉伯语作为官方语言的国家。当然，它对其他语言，如英语，也表现出了浓厚的兴趣。

随着教育的普及，入学儿童数量的不断增加，教师们发现法语的整体水平有所下降，这是实际情况。不过，入学后，在接受了几年以第二外

---

① 应为"东非沿岸"，原文表述有误。——译者注

语进行的教育后，吉布提学生会成为个体的双语者。当然，在吉布提，除了文化素质非常高的家庭，一般学习者不太可能形成复合型双语能力（bilinguisme composé），即两种语言并行独立、水平相当，且语言间转换自如。不平衡的双语能力（bilinguisme déséquilibré）比较更能够反映该国双语人的语言状况，因为转换语言能力的高低随所涉及的语言类型，即当地语（国家语言）或法语（官方语言）而有所变化。目前，国家语言在吉布提教育领域使用依然不多，但已经取得了长足的进步。比如，吉布提调查研究中心（CERD）围绕学校使用当地语言问题进行了一系列研究工作；又如，在小学推行地方语教学试点；还有，将国家语言学纳入一所年轻大学的课程大纲，最终的愿景是对干部和教师进行总体的社会语言学培训。吉布提虽然在教育领域起步晚于非洲其他一些国家，但它却成功地将自身的语言多元化特点转化为面向未来的积极因素，而没有成为一个不团结的死结。譬如，从吉布提通往亚的斯亚贝巴的主干公路上，沿途随处可见奥罗莫语和阿姆哈拉语。又如，吉布提和相距并不十分遥远的也门、迪拜，用阿拉伯语搭起一座沟通的桥梁。此外，吉布提国内有独立的新闻出版业，可在全国发行所有语种的刊物，即使其中一些语种的刊物使用的语言文字尚不为人所熟悉，但只要有读者需求，就要坚持发行。媒体也成为国家语言政策的支持力量，譬如，吉布提同时拥有四家新闻台，分别使用上述提到的四种语言，即索马里语、阿法尔语、法语和阿拉伯语进行播报，节目每晚播出，时间长度一致；同时，电台大力增加多语类节目，尤其是戏剧类节目。总而言之，吉布提社会堪称语言多样性的典范，体现了对各种文化遗产一视同仁的精神和向世界开放的态度。

多元语言空间：城市话语

克洛迪娜·布鲁瓦
瑞士弗里堡大学

贝尔纳·皮
瑞士纳沙泰尔大学

徐艳、傅荣 译

语言接触空间

在瑞士，宪法规定国家同时拥有四种国家语言，这在某种程度上保证了瑞士国民使用单一语言的权利，这是一种悖论。不过，在实际生活中，相当多的瑞士人多少有过频繁使用多种语言的经历，并且能够至少使用另一种国家语言进行交流，能够使用英语的人也越来越多。另外，瑞士20%的民众为外国侨民，这极大地丰富了瑞士的语言马赛克。瑞士人共同的、也是他们最为熟悉的多语经历是在学校，因为瑞士所有州都规定，学生必须学习第二种国家语言和英语。不过，在瑞士的社会生活中，还有其他各种各样的机会能够通过语言间的接触，提供学校体制以外的语言学习条件，主要有：

——单语州之间的交流，这些州的行政区域划界恰好和语言区域分界相一致，譬如，德语区的巴塞尔城市州（canton de Bâle）和与其毗邻的法语区汝拉州（canton du Jura）。

——双语或多语州、区或市镇内部不同语言群体间的交流。这些群体通过自身的语言，在实际生活、意识形态和认知体系领域中发生着关系，由此体现各自特性。

——在不具备固定、正式政治身份的使用外语的独立小型单位中。

譬如：驻外企业、由持非当地官方语言的人士所组成的协会，使用多种语言的家庭。

——一些社会关系网，其中的合作者属于两个或多个不同的语言群体。

——因培训、工作等原因迁徙到其他地方居住。

——一些跨地区或全国性会议，参会人员讲不同语言，交流时秉承"使用各自语言，语言规范，力求易懂并理解他人语言"之原则。

——因实习、交流、度假等原因进行的短期旅行。

语言区域似乎都有各自的文化倾向性，尤其是政治文化倾向。我们通常认为，说德语的瑞士人一般比较保守，喜欢独处，比拉丁语系的人更关注政治决策的实际效用，而讲法语的罗曼瑞士人则相反，显得更开放，但很重视意识形态方面的事情。但无论如何，语言本身不是一个决定性的要素，因为瑞士的所有语言区在文化和政治方面远未实现同一性。但是，反过来，语言若作为社会表征（représentation sociale），那就有决定性意义了。比如，在不同语言的地区间，尤其存在着很多相互的刻板印象。以Röstigraben（fossé de rösti）一词为例，该词集中体现了瑞士德语区和法语区间的差异，这些差异有的确有其事，有的却属主观臆测[①]。

城市，语言的交流和学习场所

我们倾向于过分强调学校在语言知识建构方面的作用，当然，也经常以此为由抱怨学校教育的不足。不过，一些研究成果表明，我们在前面列数的其他交流场所也可以成为重要的语言学习环境（Porquier & Py, 2004）。其实，最常见的语言学习方式应该是混合式的，校内校外兼有。

---

① Röstigraben是瑞士德语，由Rösti和graben两部分组成。graben表示"鸿沟、差距"，Rösti意为"烤土豆片、煎土豆饼"，这是瑞士德语区的一道特色菜，以土豆为主料，鸡蛋、肉类等为配料。这道菜的烹调方法和具体选料随地区饮食习惯而有些许变化。瑞士法语区的人套用法语rideau de fer（铁幕）的结构，发明了rideau de rösti（土豆饼幕）一词，有时也用fossé de rösti（土豆饼的鸿沟），专门用来表示瑞士法语区和德语区之间的代沟。——译者注

其中，学校负责进行预备教育，唤醒人们对言语的感知，提高对语言的敏感性。学校教育在于通过讲授词汇、语法和基本的语言交际能力，打牢基础。通过分析瑞士的比尔和弗里堡两个双语城市，我们可以观察并证实以上两种语言学习模式的互补性。社会、政治、职场和文化生活为人们提供了长期的、深度各异的语言沉浸机会。换言之，学校教育正规、有期限，校外教育非正规、无限期，两种模式互为衔接。这种混合式语言学习的趋势再次对语言教学提出了质疑。在学校看来，自己理所应当只对教学大纲规定的知识体系负责，因此，对于在其管辖范围外发生及完成的学习目标，采取不闻不问的态度。但是，当下亟待解决的问题是：如何将校内学习的语言能力与校外习得的语言能力相互衔接起来？

若想实际地解决这个问题，必须满足以下条件：

——实现两个培养模式的互认，承认两种模式下获得的语言能力和价值同等重要；

——了解两种模式下学生获得的语言能力（这并非易事，因为缺乏相关数据，也受现有的学习理论的限制）；

——彻底摒弃语言纯洁主义，因为它将学生课堂学习的知识和课外实际应用的情况混为一谈；取而代之的是承认语言有偏差、有变异。原则上，这是一种开放的心态，接受任何阐释性的语言表达，不管它是否符合语言规范。语言纯洁主义对在学校体制外获得的绝大多数知识都持排斥态度，认为这些知识来自学生既有语言的干扰，带有地方性色彩，庸俗而且是错误的。

至于文化的差异，在一般言论中，主要指出现的误解和刻板印象。鉴于这类误解和刻板印象导致的交际故障几乎防不胜防，所以最好的办法就是提高学生对"误解"和"刻板印象"两个概念本身的认识，以便采取相应的对策。EOLE教学法为我们解决因语言表征和对语言的态度引发的问题提供了很多可能，使用《欧洲语言学习档案手册》和《欧洲语言共同参考框架》也可帮助我们更好地把握学生在上学前、就读期间和毕业之后学习语言文化的经历。使用多种语言的城市通过它共享的空间，使语言间的接触变得频繁而密集，这些既是语言学习的机会，也是开展语言研究的机遇。

资料1

比尔（Biel/Bienne）火车站

资料2

比尔（Biel/Bienne）市内用双语标注的指示牌

资料3

弗里堡（Fribourg/Freiburg）城市入口处的指示牌

资料4

弗里堡《自由报》(*La Liberté*)，2004年8月30日

（报纸内容翻译：为在瑞士德语区开展工作，本协会计划聘用双语女助理一名，该助理需以德语为母语，并能使用法语熟练进行交谈及写作，年龄在20至30岁之间，拥有商业头脑。聘用日期自2004年10月1日起，也可根据具体情况协商而定。请将您的应聘信件手写，并与其他必需材料寄往以下地址。）

资料5

在比尔进行的采访录音选段①

录音选段1

A 那么……你认为……，在比尔说一口标准的德语没什么大作用？

B 没有，一点儿作用都没有。好吧，说一点儿作用都没有，有点夸张。但正宗的德语在这里反正不受欢迎，也不被接受。而且，这会造成了人与人之间的隔阂，非常大的隔阂，因为人们总是会想"du sprichst besser deutsch als wir"（你德语说得比我们强）……

录音选段2

Y 啊，我以前是德语无用论者，对德语一无所知，而且就是因为德语差，我高中都没过，又重修了。哎，那时候真是很惨……

X 可是，当您刚开始学德语的时候，您的当地话应该已经说得比较成形吧？

Y 啊，是啊……

X 您觉得，会说地方话对学习德语有帮助吗？

Y 没有，我倒觉得是个障碍。当然，我不知道如果我不会说地方话会怎么样。但反正我从来没觉得当地话对我学德语有用，因为使用的词汇不一样，而且，语法方面一点儿作用都没有。我的意思是，在语法方面，瑞士德语对学习标准德语一点儿帮助都没有，嗯，我的意思是，瑞士德语里有些配合现象，和标准德语的用法不一样，所以，至少对于我来说，地方话对学德语没帮助……我没说这是一种障碍，但反正没什么帮助……

---

① 采访使用的语言是法语。——译者注

公开宣示双语主义：承认双语的象征意义

我们复制的材料在上文的方框里都有解读。双语指示牌提供的信息其实不多，因为任何一个瑞士人原则上都知道Biel是Bienne的德语写法，反之则是法语写法。Freiburg和Fribourg也是如此。但是，面对Römerstrasse和Route des Romains①时，双语言指示牌多一点儿信息就重要了，因为对一个稍微了解另一种语言的人来说，肯定明白这是指同一个去向，但并非所有人都能一目了然。事实上，这些双语指示牌更有一种象征意义，表明这座城市是双语城市并广而告之。上文的街道名Römerstrasse和Route des Romains用双语就是为了避免让人觉得那只是一个简单的标签，没有任何指称意义。实践中，比尔和弗里堡这两个瑞士最重要的双语城市采取了因地制宜的双语措施。在比尔，几乎所有场合都用两种语言，而在弗里堡，则是有选择性地部分使用双语。比如，该市的火车站名只用法语，另外只有二十二条街道和广场名使用了双语。

弗里堡日报《自由报》刊登的招聘广告显示，招聘方本来就知道会说双语的人不是来自法语人群，就是德语人群，非此即彼，不会有第三种双语群体，所以广告词要么用法语，要么是德语。这表明即便是在多语环境中，我们也难免没有单一语言的思维定势，总是觉得第二种语言是对第一种语言的补充，而没有意识到它们本来就是一体的，不分伯仲。招聘广告都用法语，这意味着读者主要是会说法语的日耳曼语人群。广告形式必定要跟其内容相一致，因此广告本身便成了一种语言测试。在这里，双语被视为一种"能力"，而指示牌上的双语首先意味着对双语主义的"认同"。

总体而言，在弗里堡，德语给法语留有更多的空间，德语的《弗里堡新闻》会刊登法语广告，法语的《自由报》也拥有日耳曼语系的双语读者群。访谈结果清楚地显示，人们既看重语言知识的实用性，也没有忽视语言的身份认同价值。很多受访者似乎觉得实用性和身份认同比遵守语言规范更重要。这种趋向虽然有待验证，但肯定有助于人们对语言多样性持开放态度，这又和多语言主义的发展息息相关。

---

① 该词的意思为"罗马人的道路"。德语Römer和法语Romains表示"罗马人"，德语strasse和法语route表示"道路"。——译者注

意识表征与双语共存：族群的想象与社会语言学的意识表征

卡门·阿伦–加拉瓦托、亨利·布瓦耶
法国蒙彼利埃第三大学

克洛迪娜·布鲁瓦
瑞士弗里堡大学

傅楠欣　译

双语共存的社会意义

我们将在本文回顾关于双语共存概念的几个理论模式，这些模式用于描写（也可能用于改写）两种或多种语言相互接触交流的情形（Boyer，2005）。

1. 第一个需要研究的理论模式是普西卡里（Psichari）在19世纪末到20世纪前30年创建的。普西卡里运用双语共存的概念分析了19世纪的希腊社会语言学状况。那时，希腊有两种不同的希腊语处在相互竞争中，一个叫katharevoussa，是希腊的知识阶层的语言，只用于文学领域；另一个叫demotiki，是希腊民众的语言，通用的语言。普西卡里是介入性语言学家兼作家，他赞同普及使用demotiki这一希腊民众的语言。"双语共存"不等于是"社会实行双语制"，希腊的情况正说明双语共存是一种双语冲突的状态。普西卡里鼓吹颠覆人们赋予的这两个相互竞争语言的不同价值，也就是要在希腊这一语言族群内彻底改变人们对这两个不同语言的意识表征。

2. 我们可以吸纳弗格森（Ferguson）和费希曼（Fishman）的观

点，即便在弗格森（1995）看来，"双语共存"表示两个不同语言变体同在的关系，一个高级一点儿（High），用于写作、教学和宗教事务，另一个低级一点儿（Low），主要用于口语，但它们属于同一种语言，相当于传统阿拉伯语和方言阿拉伯语之间的关系。费希曼则将双语共存的含义扩展到在同一个语言族群内两种语言使用功能的不同分配，威望高、声誉好的一定是那个高级语言变体。在弗格森和费希曼的这一理论模式下，双语共存是一种双语互认的状况，也就是两种不同语言，或者是同一种语言的两种变体共存，按照社会功能互补，从而保证了体系的稳定。

3. 第三种模式可以视作前一种模式的变种，但这是一种非常解放的变种，这就是瑞士社会语言学派吕迪（Lüdi）和皮（Py）创建的"双语共存意象模式"，他们特别强调外语交际环境下的"合作"策略，比如移民，因此认为交际各方已有的社会语言意识表征在管理语言接触和交流当中是一个重要的因素（Lüdi & Py, 2002）。

4. 加泰罗尼亚-奥克社会语言学流派在好几个方面反对前述两个流派的观点，因为这些所谓"边缘"的和"土生土长"的语言学家，如生活在西班牙加泰罗尼亚的语言学家和生活在法国奥克语地区的语言学家，提出要对自己深入其中的语言环境进行深度研究和分析。他们认为，只要有双语共存，就必定有竞争和竞赛，最终就会有"冲突"，将是"主导语言"和"被主导语言"之间的冲突。双语共存不会是平衡的，也不可能持久，冲突是它的动力所在。有冲突，就有"进退两难"：要么主导语言继续垄断下去，这样的话，它将逐渐地、肯定地取代非主导语言；要么非主导语言的族群将奋起抵抗这"死亡"的宿命，通过积极的行动并借助政府的语言政策，为谋求非主导语言在社会上的"正常"使用和发展，即"正常化"而斗争。但要达到此目的，首先要"规范"非主导语言，也就是说非主导语言的全体成员必须接受一种语言的规约，即标准化，这样大家才会写、学，并在媒体上使用这门语言。

该模式的一个重要贡献在于它特别强调要重视人对语言的"意识形态"、"成见"和"态度"（Ninyoles, 1971; Gardy & Lafont, 1981;

Lafont, 1997),我们可以将之统称为人对现有语言的"族群想象"。比如，对于占主导地位的A语言，人们的族群想象肯定是非常正面和积极的：结交社会的正统语言、现代性语言、代表科技进步的语言，也是获得社会升迁的语言，等等。对于非主导的B语言，人们的族群想象则是一种矛盾的思维定势：代表根基的语言、心灵深处的语言、反映自己特质的语言，但同时又是乡村的语言、没有文化的语言和过去的语言。由此产生的语言态度也是十分矛盾的：纯化、理想化、偶像化，同时谴责、自我中伤和负罪感。由此被引发的下游的"舆情"通过对语言问题的话语，表达出对B语言的总体否定，下游还有一些"行为"可以理解为对失势语言的补偿，类似一种"治疗性陪护"，如用怀古的民俗替代非主导语言，或者是保留一种纯象征性的纪念。但由此引发的另一个更为重要的主要行为是，人们在家里不再延用B语言。这显然是目前正在进行中的语言替代的主要标记。然而，对意识形态化了的双语共存的理解以及多少有些前卫的"替换"诊断有可能成为一种战斗的、唯意志的"集体反对双语共存冲突"步骤的开始。在这场斗争中，语言族群诚然拥有最后的决定权，但对积极参与其中的社会语言学家来说，社会语言学首先是一种摆脱束缚的武器，其次是动员人们行动起来的号角，为了让至今依然处于被垄断地位的语言实现"正常化"。

资料1和2选自西班牙加利西亚区

资料1

《加利西亚邮报》，1991年8月23日，读者来信

亲爱的先生：

你们在渐渐地接受用加利西亚语写的文章和新闻。请你们有所节制，因为不然的话，你们将失去所有的读者。……请你们用世界性语言卡斯蒂利亚语，我们得无限感谢上帝让它成为我们的官方语言，请你们无论如何停止用加利西亚语写任何东西，因为那样的话，要么我们根本不懂，要么我们根本就不想看，因为不深刻了解卡斯蒂利亚语的加利西亚是一个迷途的民族、孤立的民族和没有未来的民族。……请你们不要让卡斯蒂利亚语消失在遗忘中，更不要让它成为加利西亚的第二语言，

因为这不仅隔离了我们，而且对加利西亚之外的所有西班牙人来说，不管是游客还是朝圣者，都将是交流上的灾难。

　　顺致

敬意

D. H., A Coruna

（原文译自卡斯蒂利亚语）

资料2

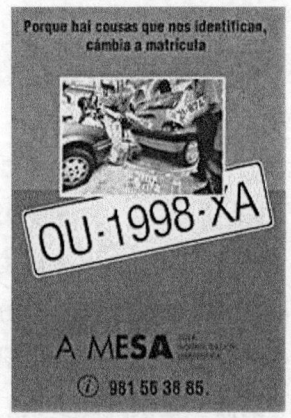

"因为有些东西涉及我们的身份认同，请把你的车牌换掉。"

资料3和4选自瑞士德语区

资料3

"亲爱的爸爸妈妈……等、看、听、开步走"

（这是当年瑞士公共教育部发给学生家长的信息传单。请注意，随着今天标准德语在学校的加强，情况已经改变。）

资料4

"意识到一种真正的语言局限，但也可能是智力的局限，因为这些讨人喜欢的地方话语在乡村词汇里是那么的丰富，却不是表达思想的精致工具。"（Pilet, J., *L'Hébdo*, 19 janvier 2006, p. 36）

双语共存与语言正常化：西班牙加利西亚区的个案研究

为了理解加利西亚的社会语言学形势，必须简要回顾一下加利西亚语的历史。由于历史的原因，在中世纪当时只有加利西亚葡萄牙语的情况下，加利西亚语曾经是辉煌的文学语言，曾经被广泛用于所有领域。这之后，从15世纪开始，加利西亚语开始衰微，与此同时，加利西亚和独立了的葡萄牙发生关系决裂，所以卡斯蒂利亚语开始在全加利西亚普及并慢慢地被认同为贵族的语言和中产阶级的语言，而加利西亚语一直是农民的语言，并且最终丧失了文明语言的地位（从此让位于卡斯蒂利亚语）。当然，加利西亚语几个世纪以来，直到今天依然是该地区使用的主要语言，但是其社会地位始终很低，使用范围也一直限于民众底层和农民阶层，因而总与贫穷和无知形影相随。随着1981年加利西亚获得自治区域地位后，特别是两年后开始实施语言正常化法律以来，加利西亚语逐步获得一定的尊严和社会的认可，许多交际领域开始"正常使用"加利西亚语，尽管在其他一些方面还是卡斯蒂利亚语的一统天下。

如果说在1980年之前，我们可以说加利西亚的社会语言冲突涉及的是一种"高级"的语言（卡斯蒂利亚语）和一个"低级"的语言（加利西亚语），那么正式承认加利西亚语的官方地位和实施（非常有限）语言正常化法律后，该地区的社会语言形势反而变得更加复杂了。加利西亚语内部已经形成语言变体的双语共存现象，认为某一类方言更粗俗更乡土，另一类方言更纯更温和，等等。加利西亚语和卡斯蒂利亚语各自不同的方言之间也出现了双语共存的问题，有的方言被认为是高雅的，有的则受到谴责；卡斯蒂利亚语又分标准卡斯蒂利亚语（但在本地区不常用）和新近实现了卡斯蒂利亚化的地方阶层的地区卡斯蒂利亚语；加利西亚语则分成大众化的加利西亚语（使用范围最广，却名声最差，最受谴责）和标准的加利西亚语（很少人用，且意识形态上民族主义情绪浓厚）。另有新一代加利西亚人讲所谓的"卡斯塔波语"（castrapo）和"新的加利西亚城市语"（novo galego urbano）。

在加利西亚社会语言学的版图上，意识表征是一个关键要素，特别是关于乡村和城镇的文化内涵意义，前者指没有文化和过去，后者指文化和现代。多年来，意识表征和人的思维定势阻碍了加利西亚语的正常化，因为大多数决策者既没有动力，一般也不支持加利西亚语的正常化，他们感到整个公民社会的压力还不够强大，人们已经习惯于讲卡斯蒂利亚语，而且感到很满足和舒服，这样的双语共存其实主要在排斥加利西亚语。但是，很多活动分子和一些社会团体，如"争取语言正常化协会"（Mesa pola Normalizacion Linguistica，简称A Mesa）纷纷起来斗争，要求实施和遵守加利西亚的语言正常化法，形势已经慢慢发生了变化。

此外，要实现加利西亚语的正常化，首先就要求实现该语言的规范化。加利西亚的语言正常化法正式确认了加利西亚语的规范，但有人觉得这个规范跟卡斯蒂利亚语过于接近，他们主张加利西亚语明确融入葡萄牙语圈，可见该法并没有平息支持和反对一方之间的争执。

上文方框内的两份资料介绍了加利西亚语的正常化进程。第一份资料反映了当地民众比较强烈地反对加利西亚语的正常化。第二份资料是一个信息记事板的最后一页，展示了"争取语言正常化协会"（A Mesa）为支持用加利西亚语Ourense命名地名而开展的活动，该地名用卡斯蒂利亚语则为Orense。特别引人注目的是，他们呼吁在汽车牌照上用能够表达加利西亚人身份的OU，取代卡斯蒂利亚语的OR。

双语共存与身份认同：瑞士德语区的个案研究

在瑞士，"德语方言"是一个统一的名称，指瑞士德语区境内外讲的各种德语。但是，方言这一词语在奥地利和德国的语境中则有着和瑞士德语区完全不同的理解。瑞士德语区实行的是一种"普及性"（généralisé）和广泛的"意向性"（consensuelle）双语共存政策，他们将德语方言通常叫作Mundart（德语口语），或者Schzertütsch，将标准德语通常叫作Schriftdeutsch（德语笔语）。虽然方言在奥地利和德国处于衰退之中，这跟在所有工业化国家一样，比如意大利，但在瑞士却比较稳定，甚至还有发展之势。瑞士德语区和奥地利及德国的另一个不同在于，瑞士德语区的标准德语和德语方言在发音和词汇上基本属于两个不同的变体，当地居民必须做出选择，而在奥地利和德国，规范标准的德语和方言德语在发音和词汇上是一个连续统。这几年TIC技术的发展使人们更多地用方言记录非正式的和私密的信息。所以说，除了口语性/书写性以外，研究者还可从正式性和私密性的视角探讨方言的使用现象。

大约在1900年，有观察家曾经预言德语方言将在瑞士德语区衰退并最终消亡。这种预判压根儿没有考虑到20世纪人类的发展史。为了表明与德国及其语言政策划清界限，瑞士曾经鼓励使用方言德语，当时人们称这一做法是一种心理的防卫和强化瑞士的国家身份认同。有些人甚至致力于将德语方言标准化，另一些人则告诫切勿将瑞士德语区"荷兰化"[1]。这场运动在1960年代末得到进一步发展，使用方言在当时成为反对刚刚起步的全球化的标志性行动，也被视为是对自己民族根基的尊重和对民族身份认同的诉求，同时还是为了和权力做斗争。

尽管瑞士德语和标准德语这样的双语共存属于弗格森1959年设计的典型模式，但瑞士的这种双语共存与弗格森的诸多观点还是不尽相同，比如，瑞士的双语共存不分语言的高低，亦无语言名声好坏的差异。以下是瑞士方言德语最主要的特性及使用状况：

——没有任何代际断裂，也就是说瑞士人从小就会瑞士德语；

——瑞士德语区城乡通用瑞士德语；

---

[1] 这里指荷兰语的一种演变模式：随着荷兰社会的发展，荷兰语渐渐地脱离了日耳曼语族。——译者注

——不分社会阶层和职场领域；

——继承传统，面向未来；

——用于所有谈话主题；

——有时也用于写私人信件、明信片、电邮、博客、短信，年轻人特别喜欢这样做；

——以前属于标准德语独占的领域，如媒体、学校和教会等，现在偶见方言德语染指。

我们切莫忘记瑞士是一个通用4种语言的国家！最严峻的其实是瑞士德语和瑞士法语的冲突，瑞士法语人对它们的双语共存多半持否定态度。瑞士法语区的居民因为已经没有了自己的方言，所以从小学3年级开始要学习标准德语，俗称"正确德语"，他们时常感到不满的是，德语方言在他们的社会生活、职场领域、文化方面，直至政治和教育战线占比太重。在他们看来，方言代表着"民族身份认同的内敛"，必将导致瑞士的孤立，比如，1992年，瑞士拒绝加入欧洲经济圈。

近年来，瑞士的很多德语州市从幼儿园就开始宣传一些旨在推广使用标准德语的国家条例、指令和建议。政府态度急转的主要原因有：PISA提供的调查结果表明学生的学习效果平平，外来移民孩子的涌入，一些经济和文化的因素。

本文方框内提供的资料3是1994年瑞士德语区在小学散发的宣传交通规则的小册子，用的是方言德语，若在今天，肯定要用标准德语。资料4节选自当地的一家日报发表的文章，此类否定瑞士德语方言的文章在瑞士法语区已是老生常谈。

语言与身份认同：学习者、家长和教师的观点

迪亚娜·达格奈斯、琼·贝农、凯伦·图希
加拿大温哥华西蒙弗雷泽大学

邦尼·诺顿
加拿大不列颠哥伦比亚大学

傅楠欣　译

语言，社会和身份认同的一项实践活动

语言不仅是一个语言系统，也是一项复杂的社会实践活动，说话者藉此构建自己的身份认同。所以，语言和身份认同之间的关系从此引发了教师、科研人员和理论学者对教育的兴趣。几十年来，身份认同理论的发展对现代主义提出了质疑。现代主义认为，人的个性特征一旦形成便亘古难移。社会人为了表明自己所属的族群，会交替使用相应的语言及其变体。他们是如何实现这种转换的呢？互动社会语言学对此进行了研究。在社会心理学上，人们提出社会身份认同这一概念是为了说明个人怎样在社会群体中定位自己。这一概念后来发展到包含人种语言学的身份认同问题，用于解释语言如何界定人与社会群体的归属感。在文化研究领域，霍兰德（Holland）、拉西科特（Lachicotte）、斯金纳（Skinner）和凯恩等（Cain）（1998）从动态建构复数的"我"这一视角对人的身份认同问题进行了探讨，认为复数的"我"会随着不同语境和情境而改变："即使已有身份认同，或者正在形成，它们都是未完成式，都是在构建中"（p. vi）。在教育界，诺顿（Norton，2000）通过研究扩大的社会语境下的权力动力学，阐明了身份建构和语言学习之间错综复杂的关系。权力动力学引导学习者

的语言投资,也影响人们如何将他们视为合法的语言操作者(Bourdieu, 2001)。布尔迪厄的理论为教育学研究者提供了宝贵的理论分析框架,因为布尔迪厄解释了为什么有些社会族群的人必须比其他社会族群的人投入更多精力和策略去获得生存所需的语言和社会资源。

加拿大教育学者对儿童和成人语言学习者、多语言学生的家长和讲不同母语的教师进行了关于身份建构的研究,提出身份认同是一个话语的、动态的过程,还有可能是一个矛盾的过程。下面四个案例将具体展示加拿大教育学学者的做法。通过课堂观察,我们可以看到教师如何根据不同的语言能力要素评估学生的语言水平。这些评估辅以学生间的对子评价构成学生的在校身份认同。特别需要指出的是,能够在特定的对子小组里与同学融洽相处,教师的认可度高,以及在课堂上的文明礼貌表现等,这些都使孩子们获得希望的身份认同。这样的身份认同反过来又提高了他们作为班上积极分子的合法性,进而能够在其所属的群体获得语言资源,这对学习语言是至关重要的。针对成人学习者的调研结果显示,身份认同的改变对促使个人参加社群活动的作用非常大,部分原因在于活动的结构本身,是发生在工作领域之外还是之内,也在于学习者为了在同事面前获得希望的身份认同所采取的行动。对多语家庭的访谈结果则表明,父母在家里决定讲何种语言和他们为子女在学校选择的课程其实是一种身份认同的表达形式,也是一种策略选择,旨在充分利用多语言资源,使他们的孩子比其他人的子女更占优势。对讲不同母语的教师进行的调研显示,校方对于哪些是受就业市场欢迎的少数族群语言享有绝对的话语权,他们对教师在工作中如何选择彰显自己的语言身份认同影响巨大。

案例1

现场记录的典型的课堂交流片段

哈维和小组的同伴在上色。一个孩子动了铅笔,哈维够不着了,他于是长时间地说着让人听不明白的话(我想,不单是我不懂,其他孩子也不明白)。哈维说:/swɛts/。(我想意思是"stretch"[拉长])。

爱德华：（大笑，嘲讽式的）垃圾？

哈维：（两次）我没说垃圾，我说的是/swɛts/（生气和受挫的样子）

在场的其他孩子大笑起来，把铅笔推得更远。我无法再做旁观者了，因此我说，"我想哈维是想要铅笔。哈维，你能说请您把铅笔递给我，好吗？"他照做了。他们把铅笔还回来，但是哈维走了。

爱德华：我不喜欢哈维。

案例2

与爱娃的访谈

比如昨天，我们出门的时候，经理（她只比我大一岁）对我说：你不上班的时候跟上班的时候真的显得不一样。因为我上班时（做的是苦差事），我不知道，可能跟在这里就是不一样吧。

……　……

又如，我们有半个小时的休息时间。有时我尝试着说说话。例如，他们在谈论加拿大，讲他们喜欢这里什么，讲他们喜欢去的地方，等等。然后，我就和他们讲欧洲的生活是什么样的。他们然后就开始问我很多问题。

案例3

与家长的访谈

迈克：我们认为，她必须学习三到四门语言，而不只是一门。这里大多数孩子只懂得一种语言。他们的英语很棒，确实，但是，他们仅知道这些。

莱克：因为在新加坡，她很可能必须讲中文、马来语和彭加比语。

史密斯先生：今天的世界充满了竞争，学会几种语言是很有用的，尤其是英语和法语。在就业市场上生存这些必不可少……我们不知道未来我的孩子会在哪里生活。可能他们不会呆在加拿大，他们可能会到他们想去的任何地方。

> **案例4**
>
> 与教师的访谈
>
> 作为印加人，能够讲这种语言，这是我获得这份工作的优势所在。因为在这所学校有很多印加人。我想这是我获得这份工作的最大的原因吧。我开始当老师的时候，有人说：你有一个明显的优势，因为你是中国人。但对于这一点，我觉得我虽然是少数族裔，但我不会说中国话，这是我的最大障碍。甚至我写求职信时都不提及任何关于我是中国人的信息。

语言，身份认同和学习

上述的个案一是对加拿大温哥华的6名英语二语学习者开展的人种志研究。图希（Toohey，2000）分析了学习者身份认同对语言学习的影响。小男孩哈维在学校被认定为二语学习者，因为他在上幼儿园时英语流利，但跟他的来自新加坡的移民父母一样有口音。他父母说，哈维不会讲中文。入校几个月来，哈维在与班上的对子小组学习中遇到了身份认同问题，导致他无法跟同学在一起玩游戏，也用不上班里的硬件资源。与此同时，大家通过观察发现，哈维的英语退步了。年初入校的一个小女孩跟哈维同班同学，是英语初学者，在班上基本上不说话。但她却是一个受欢迎的游戏玩伴，会跟同学相处，所以每每参与他们想象出来的游戏。一年来，她的英语进步很大。这两个例子说明孩子表现出的身份认同将影响对他与讲英语的人的交流，因此，也会对他的语言能力的发展产生影响。

个案二是对移民到加拿大多伦多的5名妇女开展的纵向研究。诺顿（2000）观察的爱娃是一位女性英语学习者，她成功地通过交谈进入了她工作单位的英语社交圈子，这促进了她的语言学习。在这家名叫Munchies的快餐店里，员工的岗位都是差别化地预先定好的，像洗地板、丢空瓶子等活计从来都是分派给移民工、新手和学英语的人。爱娃就被分配干这类差事，这不利于她和顾客或同事交谈，也限制她说话的机会。不过，这家餐馆的员工在工作时能够分工协作，在每个月的外出活动时也能够在一起合作分享。在这些外出活动中，爱娃得以走出她的工作环境，她的青春和魅力作为象征性的资源，使其身价倍增，她不再被看作"愚笨的家伙"，只配干那种"最下等活"的人。不在班上的时候，爱娃的同事给予她的身份认同便发生了改变，变得复杂起来。值得一提的是，在这一身份建构的过程中，爱娃没有消极地等待工作环境发生有利于为她增加讲英语机会的转变。她就在工作岗位上行动，抓机会听其同事如何与顾客交谈，主动参加社会交际，并出乎意料地为餐馆的全面运营做出了贡献。爱娃也讲述了她是如何争取说话空间的，就是向她的工友讲她自己的故事和经历。因此，通过改变工作中的语言实践环境和获得希冀的"欧洲"身份认同，爱娃得以更大范围地进入职场的英语交际圈，这也为她增加了许多学习英语的机会。

语言，身份认同和权力

个案三是在加拿大温哥华针对几个多语家庭进行的人种志研究。达格奈斯（Dagenais，2003）分析了移民家庭在语言和教育方面所做的个人努力。这些家庭在家里仍旧使用他们自己的语言，与此同时，他们在学校为孩子选择了法语沉浸式双语课程。这些家长根据自己的移民生活经验和多语交际的切身体会，选择了跨国教育的思路，以便子女们在全球化背景下，从一个地方移民到另一个地方时，拥有求生所必备的语言与社会资本。这些移民家长的谈话表明，他们在语言和教育方面的言行说明他们希望他们的孩子将来成为多语人，这样才能进入超国界的社会交际圈。但是，加拿大的这些移民家长目前尚不具备足以引人重视的物质和社会条件，所以，他们全力保障他们的子女学习在加拿大和国际市场有用的语言，以便他们将来能够在加拿大和国际上立命安身。但是，后来的一项研究表明，这些孩子的在校经历显示，他们的语言能力认可度并不高。教师只重视学校开设的语言课教学，却很少关注学生已有的多语能力，对他们的身份认同更是仁者见仁智者见智。

个案四是关于语言和就业关系的研究，访谈对象是加拿大温哥华的25位华裔教师和20位彭加比裔教师。结果表明，不少教师认为他们有比较好的语言水平，能够帮助学习困难的少数裔族学生。较少有教师认为他们有足够的读写能力可以为学生家长翻译学校寄给他们的信件。但是，彭加比裔的教师则向校方表示他们有较好的彭加比语水平。华裔教师觉得，会中文就应该有很好的读写能力，所以他们不敢妄称自己懂中文。上述两个不同族裔的人之所以有这些不同的感知，是因为其中包含着历史、政治、文化和宗教等因素。求职面试的时候，雇主拥有极大的话语导向权，他们常会问应聘者："你会讲你的本族语吗？"。面对这样的提问，彭加比裔的教师觉得这是展现自己能力的机会，而华裔教师一般不敢回答。

校方有时故意不谈与种族相关联的话题，觉得这些话题比较微妙，所以主要讲语言的事情，他们是想让有些教师有一点儿话语权，可是有些教师在这种情况下却完全不知所措。校方与其制造新的不平等的话语权力关系，不如创建一个更平等的教育环境，将语言作为众多资源之一，由不同族裔的教师带给学生。教师和校方领导若能更好地理解权力和特权的概念，他们会有更充分的准备帮助学生。

通常的观点：教师和学生对外语学习中语言接触之认识

玛蒂娜·马基约-拉鲁
法国普瓦捷大学

马里内特·马泰
法国格勒诺布尔第三大学

傅楠欣 译

关于语言的话语构建

人类思维的一大特点是将感知的现实世界分门别类。我们认为，世界上有语言这是显而易见的，我们还理所当然地认为，日语是一种完全不同于法语的语言，而法语和意大利语则相差无几。这种以明显特征作为区分的做法不仅为普通的说话人所接受，也是语言教师和语言学家赞同的。

现代语言学的诞生源于索绪尔，特别是因为他把语言看作是一个"相互支撑的系统"。我们对此不是一直未有异议吗？因此，对结构语言学家来说，语言就是系统，德语语言系统不同于英语语言系统，留尼旺的克里奥尔语系统不同于法语系统。语言被看作是"内在相互依存的自主性实体"（叶尔姆斯列夫［Hjelmslev］），所以各个语言之间是相互分离的。即便最近20多年来，很多语言学家已经开始批评将语言视为一个静态和同质的封闭系统，但这种观念还是在很多话语中若隐若现。许多人认为，语言之间进行接触就会产生混杂，就会克里奥尔化，就会出现短路，就会……这些都是我们应该尽可能避免的现象，因为这将威胁到文化的完整性和特殊性，将使人们失去方位标，社会失去规范。

然而，西留斯（Sirius）认为，不能确定地球上的语言——被听成是人类为了交际而用嘴巴有节奏地组织起来的不同的音——不是一个封闭的连续统，人可以在其中毫无知觉地从一种语言转向另一种语言（再说，索绪尔也早讲过，语言之间没有天然的边界）。在加拿大阿卡迪地区讲的西亚克语（le chiac）为我们提供了何为连续统的最好佐证，但也向我们有力地证明，这种语言难以命名，因此很难将其归类为一种新的语言。有学者把它看作是一种变体语言（那是法语或者英语的变体吗？），或者是一种"正在成为自主语言"的方言，因为它在结构上不同于法语和英语，比较特殊。另有一些人则将西亚克语提升到民族身份认同的象征，这在热拉尔德·勒布朗（Gérald Leblanc）的诗歌里和法朗士·戴格勒（France Daigle）的小说中都有所体现。

西亚克语是一种混合语的样板。语码替换是一个主要的现象，它与两种语言进行接触的环境密切相关。这种现象在双语者身上经常有，不论他说的是哪两种语言，这一普遍性特征充分表明，语言活动既可以在语言间进行，也能在语言内完成。这些基于混合和替换的变体语言可能对照鲜明，但差别细微。

> **节选1**
>
> 以下各例节选自一项关于不同语境下（安道尔、意大利奥斯塔河谷地区、瑞士德语区和瑞士法语区，项目号FNRS12-50777.97）的双语和语言学习之表征的研究（参见Py，2000）。
>
> 借词：一种损失还是一种资源？
>
> 两个讲加泰罗尼亚语的人很快表明了他们对借词现象的不同态度：第一位认为，借词有可能使本来的语言丢失词汇；第二位则肯定了借词在文化和语义上的附加值作用。
>
> 033 An, p. 3 (...) sí però amb reserves em això . però potser és una qüestió molt personal de que aeh:: a mi l'alarma una mica que se'm desperta és que. aeh: que agafis paraules que ja tens en la teva llengua però que . et vagis

*agafant d'una altra llengua . I que finalment pues acabem dient tots "buzón".
Acabem tots amb una sèrie de paraules que ja existien en català.*

O57, Rf, p4 (...) I llavors utilitzes les altres paraules ja amb intenció d'utilitzar-les no perquè no tens la la paraula en catala I agafes "buzón" . sino perquè tu en aquell moment vols utilitzar aquella expressió per donar més èmfasis al que estàs dient

节选2

德语难学

　　这是一段访谈录。M表示意大利语教师，B德语教师，Enq调研员。

Enq:是的，这的确是大家对德语的看法，不管怎样，德语挺难学的。

M:没错。

Enq:但都说意大利语好学……

B:是的。

M:但随着一步步深入，这门语言要求学生更仔细致一点儿，否则就会变成一个大大咧咧的人。

B:就像英语一样。

M:完全对，像英语一样，进入第二阶段后，德语学习变得更细，更微妙。

节选3

语言：好朋友还是坏朋友？

　　访谈录。L德语教师，C意大利语教师，N英语教师。

C:语言是好朋友，但也是有那个，嗯……（G咳了一下）X（B清了清嗓子），嗯，我学语言的时候，老师总是告诉我要当心假朋友。（压低声音）但我特别强调还是好朋友多。

L:（大笑）

C:因为意大利语和法语中有很多（假朋友）。

L:是的，有很多假朋友。

Enq:因为假朋友见多了，就忘了还有真朋友。

> L：（大笑）
> C：是啊，我们都忘了还有很多好朋友呢，对吧？（大笑）
> Enq：现在大家谁都不信了（大笑）……
> C：嗯……嗯，（压低声音）我们其实特别愿意既和好朋友也和坏朋友一起共事。

易学的语言或难学的语言

在教学上，语言是自主和独立的，这似乎应该是首要的认识前提，即便很多教师可能还没有意识到这一点，更不会主动提出。关于这个问题，也许需要证实教师对语言变体一无所知和只知道按照统一标准行事，这在多大程度上与学校的"主心骨"作用不无干系，因为学校是"立规矩"和"格式化"的地方。在这一框架下，我们可以理解正规的语言教学是引导学生用他们已知的语言（出发语）和他们要学的语言建立联系，以此监控相互的干扰，主要方法是利用两种语言的并合与分离程序，这是两个相反但是互补的程序。比如，法语学生学德语或英语时会经常听到老师说："这个不难学，这跟法语一样"；或者相反，"请注意，这跟法语不同"。这种将难学的语言（比如德语对于说法语的人）和好学的语言（如英语或意大利语）相对照的做法经常被操这些语言的教师所诟病，认为这是一种误导。他们强调指出，这些语言好学，但要学好就难了。事实上，要想学透，任何语言都是难的，不论它和我们的出发语有多么的相近。

话语的环境

对语言远和近的意识表征解读总是要考虑它们陈述的环境，因为"觉得"近可能是好些因素作用的结果，而这些因素跟语言毫无关系。所以，即便在地理上十分毗连的欧洲各国，以斯堪的纳维亚语为例，假定挪威人和瑞典人或丹麦人讲各自的语言，相互却能够理解，那只能是因为这三种斯堪的纳维亚语具有同样的合法性。这种对他者语言的可接受性在安道尔公国显得不那么强烈，那里同时使用加泰罗尼亚语、法语、西班牙语和葡萄牙语等四种罗曼语言。在这一非常明显的多语环境下，人们对当地居民的语言能力做了一次摸底，结果却令人惊讶地发现，懂葡萄牙语的人口比例很低，一个可能的原因或许是这门语言跟劳动阶层结盟较紧导致声望不高：葡萄牙语在安道尔的地位就像西班牙语在美国的地位。

根据业内相关学者的论述，用于划分语言远近的标准可以从语音、形态句法和语义等几个方面考虑，语用学和诗律学的标准比较少见。词汇是语言冰山最突出的一角，所以最经常成为语言教学计划的重要内容，当中也包括语言间的远近问题。最常讨论的共同话题始终是词汇上的"假朋友"。

判定语言远近的标准是什么？

判断语言远近，通常会根据感知到的语言形式之间或大或小的透明度，虽然这种透明度从来不是已定的，而通常是相对的，所以难以确定范围。现有语言不论多么久远，都有共同的源头，这是一个重要的相似点。所以，很多讲法语的人说他们多少懂一点儿意大利语或西班牙语，但这远非普遍的情况。一个学了一门罗曼语和一门日耳曼语的韩国女学生告诉我们，她觉得波兰语（斯拉夫语族）跟这两种印欧语系的语言很像，因此觉得不难学。说话人和任何一种现有的语言都会运用借词机制，这也是促成两种民族语言相互接近，甚至融合的因素。

因此，理性的做法应该是用建设性的眼光看待语言的远近问题，而不是相反，将二者完全对立起来，非此即彼。应该由说话人或学习者根据他们先前的语言学习经验来做出最终的判断。在教学上，我们也可就语言文化的远近距离问题展开研究。例如，针对学法语的中国学生，惯常的做法就是要给他们强调这种距离的重要性。这里，笔者联想到他们曾经说过，法语的限定词很难学，而这一点恰恰是我们的很多语言教材很少讲解的（参见罗贝尔〈2005〉对《新无国界法语》教材的评论）。但是，上述做法忽略了另一个事实，那就是大多数学法语的中国学生之前都学过英语。所以在这里，在教学上处理法语和汉语的距离问题时，不能不考虑英语发挥的中介作用。由此可见，在不同的语境下，语言的远近问题不能再看作是一种二元对立的关系，而应该使实实在在相遇在一起的语言实现多元联合。

课堂话语和关于课堂的话语：教师的意识表征及教学实践

马加里达·坎布拉
西班牙巴塞罗那大学

马里萨·卡瓦利
意大利瓦尔多斯特地区教育研究院

傅楠欣　译

学校：实施语言政策的地方

任何语言政策都赋予学校一个重要的角色：要么简单传达和翻印语言政策，要么彻底改变师生的语言习惯，但这样做的效果取决于说话人是否真的改变了惯常的做法，如果真是那样，将是权力关系作用的结果（Bourdieu, 1982）。由此可见，学校远非一个"中立"之地，它必须把体制内的意识形态以及政府当局的指示精神当作工作的出发点，同时不能忘记社会的意识形态和诉求，另外还要吸纳、引导并推动发展每天在校工作和学习的师生员工的思想意识及观念（Cavalli et al., 2003）。

课堂可以代表一个多语言的社群，它就是"业已成形"的多语言主义的接受地，在这里，各种语言、语言变体和语级成为学生初始的语言宝库，得到合法使用，并成为大家观察和思考的对象。因此，学生们会说的所有语言，包括他们在话语交流中遗留下来的语码替换痕迹，都在班上获得了一定的合法性（和合法化），而且都以一定的方式发挥积极作用，为帮助学生建构多语言和多文化能力奠定基础。从本质上讲，学生的多语言和多文化能力是不平衡的、多元的、不全面的，非对称的、渐进的和可塑的（Coste，Moore & Zarate，1998）。然而，我们经常看到的情况却是在课堂上（事实上的多语课堂），多语言化看上去似乎都知道，却没有被承认。

作为文化载体的语言课堂：多语言实践及其图解形式

　　语言实践、在时间和空间上参与活动的形式，以及价值观和象征符号等都属于课堂文化。课堂文化的背后是更加广泛的社会文化。课堂文化使活动的参与者自行组织起来，使他们的活动成为有意义的活动，也使参与的学生获得所在团队的身份认同。学生的多语特性要求活动的形式更加开放，这将给予学生更重要的地位，比如，让他们轮流扮演和补充角色，开展元语言思考，学习论证、管理和实施任务等。值得大家共享的不仅是学生的各类不同的语言和认知资源，还有他们各色各样的人生经历。有必要采用跨语言教学法（interdidactique），这是欧洲联盟倡导的一种"整体论概念"，可以满足同一班级里不同国籍学生的需求。对于这些学生来说，他们所要学习的语言可能在其生活的环境里无人使用，也可能有人使用，可能和他们已经会的语言比较接近，也可能比较遥远，可能用作表明自己的身份认同，也可能仅仅出于交际的需要。

　　替换语码是课堂话语中最常见的现象，用于应对师生语言能力的不对称，因此是一种实现相互理解的手段。这也是说话人一种特殊能力的体现，表明他知道若想收到某种交际成效，应该选择使用哪种语言，或者应该用哪种语言替换。在课堂上替换语言有各种功能（Cambra，2003）：方便理解和遣词造句；突出语句的不同层级；加强元语言和元认知活动；强调人际关系和情感活动，等等。在多语教育环境下，也包括非语言专业的教育，区分宏观的语言替换和微观的语言替换很重要（Gajo，2001）。前者指教师已计划进行语言替换，之后要与学生协商一致；后者指对计划之外课堂上临时出现的情况的管控。

　　教师使用图解的形式向学生说明他们将要完成的任务的复杂性，这不仅便于讲明任务的背景和指导学生随后的行动，还有助于管控学生在完成任务中遇到的难题（Cambra，2003）。研究者应对教师这种图解方式的重要性给予足够的认识，因为教师将要据此评估他们的教学、他们的决策、他们和学生的互动言行，以及为学生设计的模块化教学活动。这些图解模式有些部分是传承来的，已经形成定势并为圈内人所共有，但同时又是个人的独创和不断变化的。它们生于社会交往的过程中，地域色彩鲜明，自成体系，并且频繁地用在教员的论文和行动中。

教师的个人生活经历对他们设计的图解模式影响很大。这些经历一方面包括他们的教育文化和教学传统，对语言的理解，使用的教材和接受的培训；另一方面包括他们对语言学发展史、互动教学和语言习得等方方面面关系的了解，当然还包括他们个人的从教经验。但是，如果培训只满足于传授陈述性和程序性知识，而不真正考虑受训对象这一代表性的基层，那么这样的培训对由此产生的抵触情绪不会有什么消除效果。培训和科研都应该在教师的参与下启动打破和重构各种意识表征系统的进程，因为多语言教育的形势要求我们必须努力创新。

以下两个方面特别需要在专任语言教师的参与下对意识表征展开深入的研究。

多语言教学法需要非语言学科的加入

外语教学理念发生的最主要的变化是语言教学除了要学习语言外，把语言由学习的对象转变成为一种学习的工具。这种变化驱使人们必须对如下议题展开思考：a）任何语言工具的横向性特征，以及它在认知过程中的重要作用；b）在学习那些具有学校固有特点的课程中，第二或第三语言结合着第一语言能够对建构概念发挥的作用；c）双语或多语言教学引发的语言教学，特别是语言教师身份认同的变化；d）必须打破所有语言（第一语言、第二语言、第三语言，等等）教学之间的条块分割，以及语言教学和非语言教学之间的界限，建立必要的跨学科和超学科的合作模式。

多语言表达

通过课堂观察发现，学生接受或者拒绝教师替换语言的情形很多

(Py，2004)。教师一会儿反对微观的语言替换，一会儿又加以提倡，这让学生实在无所适从。不过，教师也越来越多地采用宏观的语言替换，这是在有选择地、理性地和有效地运用一种多语教学模式。这要求教师把语言课堂看作是一个多语平台，在这里，可以用单一语言或者双语，语言替换也是合法的补充资源。

资料1

关于何谓尊重学生的出身和身份认同的学校语言政策，受访者在这里谈了他的理解和感受。

268H la . la politica linguistica dev'essere (...) RITAGLIATA sulle esigenze&sui problemi dei RAGAZZI (...) che sono i figli degli emigrati che han lavorato per l'autostrada/ e che si sono insediati lì/ io devo tener CONTO/ io non mi posso PERMETTERE/ per esempio\ di fare delle politiche linguistiche sia sul francoprovenzale che sul francese che NEGHINO/ a quelle persone\ lì il DIRITTO di ACQUISIRE . elementi . nel di euh elementi linguistici di&di&di: . innovativi di: di avanzamento&di&di miglioramento&di arricchimento nel campo francese\ e delle altre lingue\ MA stando ATTENTI ai punti di partenza\ . non facendo una politica diciamo così di/ . . euh: euh . uniforme per tu- uguale per tutti\ come invece è stato fatto\ [...]

(Corpus IRRSAE-repr/OPINVdA/ 10.11.99)

资料2

加泰罗尼亚一所乡村学校的女教师希拉解释说，在这里，外国孩子的加泰罗尼亚语讲得都很好，但是，走出校门后，这里的规矩是加泰罗尼亚语要让位于卡斯蒂利亚语，所以在社会上，加泰罗尼亚语的使用情况跟在学校是完全相反的。在学校，大家可以互相学习，语言学得好就能用得好。

在杂货店，老板娘用卡斯蒂利亚语问一个来买东西的印度裔小男孩："还要别的什么吗？"小男孩想在货架上找糖给老板娘看。这时，女教师走进小店，也来购物。小男孩用加泰罗尼亚语问她："糖用加泰罗尼亚语怎么说？"女教师理所当然地也用加泰罗尼亚语回答道："你去跟老板娘说sucre，她会懂的。"老板娘惊讶道："怎么？他会加泰罗尼亚语？"

为了让孩子们在校外也能够说加泰罗尼亚语（这成了女教师的繁重工作），女教师到村里的三家商店游说，要求今后孩子之间，以及孩子很商家之间讲话用加泰罗尼亚语，但商家可继续用卡斯蒂亚利语和孩子的父母交流。

资料3

在欢迎新生的课堂上，女教师（P）帮助同学们准备一份用加泰罗尼亚语写的关于如何叠纸飞机的说明书。

P: *ja pots posar què? (...)*

MA: *ja pode::m finit*

P: *com?*

MA: *finit*

P: *finit no/ aquí no/ ja podem què?(...)*

GR: *ja podem::* **despegar** *(=décoller)*

P: *m:: un avió | aquests no despeguen | perquè no estan a terra/ i ademés despegar*

DE: *ja pode::m volar (...)*

(Corpus PLURAL.OBS-AAPRIM-ESTER-ODG2004)

资料4

一位历史教师（以下简称EH）和一位法语教师（以下简称EF），一起上一堂课，内容是以二战的一首游击队的歌曲《你好漂亮》为素材，让学生讲述他们对抵抗运动的最初的意识表征。

13 EH：比如，地中海典型的植物，沿地中海边生长的植物，是什么？意大利语叫什么？

13 CL la macchia

133 EH：La macchia是什么？

146A：树的总称。

147EH：对，是树的总称。

148EF：对。

149EH：也包括

150A：灌木丛

151EH：包括小灌木丛什么的，也叫丛林。

152EF：嗯，我们来看看它的定义。弗朗塞斯卡，请你读一下。（弗朗塞斯卡在查法语的"丛林"）

153F：她念道（意大利语）：darsiallamacchia.

154EF：darsiallamacchia.

155F：[&organizzazione clandestina di resistenza durante la seconda guerra mondiale. diventare partigiano andare nella resistenza andare in montagna

156EF：你们看，我在字典里找到多少信息！

(Corpus IRREVDA_MONTEMILUS3_2005)

资料5

以下是一名教师讲述他在瑞士瓦尔多斯特区这个双语和多语教育环境下，用法语教专业课的过程中产生的一些想法。

246S [...] è stato per me euh . più seRENo euh . l'insegnamento/ perché ho accettato da subito l'idea che/ se proprio ero in difficoltà/ potevo ricorrere tranquillamente a un'altra lingua/ perché il mio obiettivo principale in quella sede/ era veicolare dei contenuti

247D dei concetti

248S co- costruire delle competenze negli alunni/ e non era soltanto la costruzione di una lingua perfetta\ e anzi lo: sforzo di usare un'altra lingua era proprio trasmettere . un messaggio ai ragazzi l'idea che l'insegnante di italiano/ che USA il francese/ è per loro . un messaggio fortissimo\ perché . dice/ questo qui che dovrebbe parlare solo in italiano/ parla anche in francese\ ed è il miglior messaggio che possa arrivare loro per superare euh i . i timori di esprimersi in una lingua\ se qualcuno li ha\

(Corpus IRRSAE-repr/FORM-LING-VdA/23.12.99)

学校将通过制定培养方案、教学大纲和课程设置等手段，具体落实语言规划以及确定实施语言和文化多元化的方式方法。在这方面，根据不同情况，学校享有很不一样的自主权。学校也是社会习俗的缩影。在这里，社会族群的游戏规则及价值观被体验着、质疑着，也被充分利用着。在这里，学生和语言的关系，同时包括和学校的关系得以建立。

社会有其固有的特点，但它与学校之间应该存在协调一致性和连续性，其重要意义不亚于在今天越来越多语言和多文化的"杂交"社会的背景下，实行保护少数族群语言的政策。这表明有必要采取语言教育政策层面的措施，这些措施对管控上述问题的复杂性非常灵敏，可通过适应每个微社会特有需求的方式加以灵活挖掘利用（参见资料1）。寻求学校的行为，比如学校的教育宗旨与社会实际语言所需相一致，这其实有时是比较明显矛盾的，因为当社会的大环境不是那么完全支持语言学习的时候，要在这样的社会环境下让在学校教授的语言用作社会交际的工具，学校做什么努力都可能是无效的。（参见资料2）。

在具体的每一个班级，为了规定师生的权利和义务，教师和学生之间显性地或者隐性地订立了合作协议。在语言班上，师生约定的是语言替换契约，即：学生可以使用或者被认定为可以使用哪几种语言？学生可以要求教师明确说明契约中的规定条款，也可与教师讨价还价，协商规定条款。教师可根据班级的具体情况及其制定的目标，提出如下建议：a) 上课优先使用目的语（单一语言模式），b) 在交际遇到困难时，可以临时使用出发语（这属于微观的语言替换，目的在于为保证交际顺利提供临时的方便，或者是像资料3显示的那样，教师乘机帮助学生重新组织中介语），c) 交替使用两种语言（双语模式）（参见资料4），学生可自行选择其中一种。

有些双语或多语学校，例如瑞士瓦尔多坦的爱弥儿双语学校，规定课堂上可以交替使用两种语言，以便学习非语言类的专业。这么做的目的不仅是为了让学生学好语言，也是为了让他们更好地掌握专业概念（参见资料4）。交替使用语言对专业教师来说也不失为是消除其潜在的语言不安全感的一种最佳选择：这样，他不经意间成了"另一类"出色的模范学生和教学相长的样板，激励着他的学生也像他那样不怕困难，敢冒风险（参见资料5）。他用这种方式帮助学生消除恐惧心理和担心。

争鸣

克莱尔·克拉姆契
美国加利福尼亚大学伯克利分校

傅楠欣 译

我讲法语,但在美国教德语和外语教学法,我的这一身份让我可以同时从英语话语者和法语话语者的角度写这篇争鸣。

致法语读者

研究社会意识表征,这要求我们不仅要关注学习者说和写语言的方式,还要关注他们思考问题的方式和他们想象目的语国家及其人的方式,比如:他们标志性的社会文化价值观、世界观,以及按照他们的常规可以获得的身份认同和经济、社会与文化利益。研究社会意识表征,还要求我们有意愿去帮助学习者(移民或者欧盟国家的人)获得掌握语言所需的资源。这些经济的、象征性的和关于身份认同的资源对欧洲的对外法语学习者和澳大利亚与北美的二语英语学习者都是至关重要的。在英语国家,教师们努力地去理解和影响学习者的态度、信仰及话语建构,一句话,就是学习者的意识表征,目的是为了帮助他们学习,帮助他们以后顺利融入接收国的社会。世界其他国家的英语教师也很关注他们的学生是如何看待英语的,还想知道他们对与使用英语相关联的生活方式和身份认同等问题的看法。

"第二语言"不等于是"外语",虽然有时一个词包含了这两个意思,如"对外法语"(Français langue étrangère)。第二语言,如作为第二语言的英语（English as a Second Language，简称ESL）和作为外语的德语（Deutsch alsFremdsprache，简称DaF），用于帮助外国人顺利融入一个国家族群，因此需要学习者积极投身于目的语国家的文化及生活；而外语，如在法国或德国教授的对外英语（English as a Foreign Language，简称EFL）或在德国和美国教授的法语，用于满足一个国家的居民在想去他国工作、旅行或生活的时候产生的各种需求，学习者并不因此需要融入他国的社会生活。在英语国家的外语教学中，到目前为止，本章所说的社会意识表征尚未成为教师眼下关注的对象。关于语言学习的论说主要是心理语言学或二语习得理论，它们传统上就将认知与社会完全分离开来，虽然最近十年来，维果茨基倡导的社会文化论推动了语言习得与社会认知理论的结合。尽管人们都知道学习者之间的互动和学习者与操本族语者之间的互动，以及他们在交际意思上的谈判协商将促进语言学习，但在从事外语教学的英语教师的心目中，语言学习及教学法始终不过是学习者脑子里的那点事情，不过是课堂上的那些东西，或者不过是电脑屏幕上的那点内容。

在为数不多的学外语的英语中学生当中（美国只有8%，澳大利亚13%），很少有人得空去或者打算去国外生活。由于外语通常是任选课，所以大多数学生选择学习一门外语是为了在自己的教育档案里加盖一个象征性的证章，或者是为了以后方便找工作，或者完全是因为小班上课，一般互动氛围好，玩得很开心。学生对目的语文化的社会意识表征最经常地基于一种文化概念，如具有异国风情或民族特色的生活方式、目的语国家民众的日常生活习俗和心态等，这些都不同于英美国家，但都被认为是自然而然的事情。这一态度在美国国家意识形态（美国是多元文化的大熔炉）的影响下得到强化，也就是，虽然美国人/社会人讲各种语言，他们的日常生活习俗也是五花八门，但归根结底，他们对世界的社会意识表征是完全相同的，即人们都用英语思考和说话。必须指出的是，近几年来，美国人的这一观念越来越脱离当今外语课堂的实际，因为拥有多语言和多文化的学生数量越来越多。很多来到美国的移民拒绝放弃他们的语言，有的则希望继续学习他们祖先的语言，有的则为自己会多种语言引以为豪，但他们又都没有因此不努力提高自己的英语水平，这些都是英语世界可能享有多样化的社会意识表征的保障。

致英语读者

作为一名美国的语言教师，我的第一反应就是，在多语背景下思考二语习得问题怎能没有社会意识表征这一有用的概念，但我不确定是否真正理解它的含义。这首先驱使我尝试着将它与本章各篇论文作者提出的各种相关概念串联起来看，如态度、信仰、刻板印象、参考框架、内涵意义（参见第二和第三篇文章）、社会规范（第二篇文章）、价值观（第三篇文章）、话语构建（第五篇文章）、范畴和范畴化（第六篇文章）、图解，等等。这些概念能够让社会人理解环境，采取适当的行动，管理冲突（第七篇文章）。我尝试着梳理这些概念，因为它们在法语和英语中好像指的不是同一个学科领域。在英语里，态度、信仰和刻板印象是从事教育或社会心理学研究的学者熟悉的术语；图解是人工智能和心理语言学界众所周知的概念；范畴化、内涵意义和话语建构源于认知语言学、社会语言学和话语分析；规范和价值观则是社会学家和人类学家的行话。但是，所有这些概念都不能完全表达英语的"意识表征"（representation）一词。

与学科界限区分不同相比，法语和英语在意识表征这一概念上的差异却是最根本的。在英语世界，意识表征恰恰不是指行为举止或社会习俗。这个词让人联想到心灵感应结构、图解，或者是纯粹的认知学上的预期框架，语言学家试图把它们用来研究谈话者的言语和非言语行为。他们通过分析心灵感应过程留下的语言痕迹，能够获得说话人表达时头脑中想到的一切，即是他的意识表征。与之形成对照的是，法语的社会意识表征包括了思想、行动、知识、社会习俗和言行举止。它既是心灵感应结构，也是社会习俗。法语的这一词语构成了，也有条理地表达了本章各位作者所提出的论说，意思上更符合皮埃尔·布尔迪厄和米歇尔·福柯的社会文化理论，也与詹姆斯·吉（James Gee）和诺曼·费尔克拉夫（Norman Fairclough）的教育语言学理论相吻合。事实上，法语的解释在这里更接近詹姆斯·吉所说的大写的"Discourse"（语篇）

即"一种行为、互动、评价、思考、信仰和表达的方式,也经常是阅读和写作那些被特定人群认同为专门例示的一种方式(Gee,1990,XIX)"。很多英语的语言教师愿意把这一切归并于"文化"之下。

但是,讲英语的读者一般不会想让自己变成社会语言学家,正像詹姆斯·吉不会要求自己去理解二语习得一样。一般来说,人们都认为与外语教学研究领域相关的学科既不是社会语言学,也不是社会心理学,而是心理语言学。为了尽力弥合认知和文化在语言应用上的鸿沟,应用语言学家们努力地研究认知语言学的语言相对性问题和人类语言学中的话语分析问题。有些研究语言发展的学者则求助于维果茨基的社会文化理论或者跨文化语言学习理论,后者在欧洲和澳大利亚人气正旺。

介于两者之间

当我按照本书作者的意图,也就是以一种超然于欧洲和美国的陈述视角写这篇争鸣文章时,我发现,尽管欧洲和美国的社会及教育背景不尽相同,但大西洋两岸的教师和学生如果能够理解法语的"社会意识表征"这个概念一定是有好处的。很少有教师和他们的学生一起公开地讨论他们对目的语的臆断以及目的语的内涵意义,还有他们对目的语文化及其代表人物的偏见,他们也不在一起谈论学习这门语言会给学生带来什么样的名利双收。不论在欧洲还是在美国,重要的是不仅要理解他者,即对方操本族语的人,还要理解语言是怎样影响他们的成年人和青少年的,以及他们自己又是如何熟练地运用他们掌握的语言,包括个人习惯语和社会习语去改变人的行为进展。很少有学生认识到他们作为非本族语话语者,对一种语言的生死存亡,对它的发展、使用和它的符号学潜能所发挥的作用。面对电视、媒体、政治说教、学校和互联网每天强加给他们的那些说辞和社会意识表征,他们觉得无能为力。外语学习,因为它会带来文化失重、冲突和新发现,所以才是最适用于质疑这些社会意识表征,并赋予学生认为缺少的话语行动的力量的一门课程。如果说社会意识表征真是"社会契约"的话(参见本章第一篇文章和本书第一章的争鸣文章),那么它需要一种行动的力量,这正是本章的前提之一，该力量源自对观念的理解能力，而观念既培养他者，也造就自我。

　　如果按照英语的理解，文化是通过语言、手势、视觉和音乐等各种各样的象征系统将现实世界符号化的话（这是本章多次讲到的话题），那么每一个操本族语或非本族语者/社会人的话语活动都是对目的语文化的建构、解构和重构，也是对学习者自身文化和目的语教师的文化的建构、解构和重构。本章第五篇论文讲的是身份认同的建构问题吗？这个术语现在变得很时髦，几乎取代了文化。应该说这一术语有一层更本质的内涵，比"文化"一词更加直截了当地关联到个人。但是，假如心理治疗师替代教师，这个词在语言教学上就有危险。作为跨越欧美两方的比较超脱的对话人，我更喜欢用"陈述定位"（法语：positionnement énonciatif）或"主观定位"（英语：subjet-position）这样比较谦虚的词语，这会让说话人重拾尊严，用奥斯汀的"述行性"（performativité）观点说，还可让社会人重新激活英语里所说的那种"能动作用"（agency）。

　　能动，或者叫"行动的力量"（puissance d'agir），是朱迪斯·巴特勒（Judith Butler）在其著作《煽情演说——述行语的策略》（1977）（*Excitable Speech. A politics of the performative*）里提出来的，法语译为《语言的力量——述行语的策略》（2004）。巴特勒以约翰·奥斯汀的语言学理论《说就是做》（*Quand dire, c'est faire*）为指导，同时借用雅克·德里达（Jacques Derrida）的可反复性（itérabilité）论说，说明使用他人话语时必然要重复他人的话语，但使用者同时赋予了它不一样的含义。我们在陈述外国人的一种观点的同时，又出乎意料，甚至意想不到地丰富着他的观点的含义，我们从本章介绍的相关资料中可见一斑。

　　若说陈述主体和述行性，必定要说选择二字。语言选择和社会意识表征相伴而生："说话"（parole）既是一定的，又是自由的，既是社会的，也是个体的，是语言存在主义最理想的立身之处，在我们多语言和多文化的今天，语言教师和学生都需要它。通过多语言教学法学会把玩意义的多重性，可使学生摆脱生于其中的那个语言的羁绊，可使他们敞开胸怀和思想接纳他们可能永远想象不到的社会意识表征。

参考书目

引言

ABRIC, J.-Cl. (dir.) (1994). *Pratiques sociales et représentations*. Paris : Presses universitaires de France.

BLANCHET, P. (2007). « Quels linguistes parlent de quoi, à qui, quand, comment et pourquoi ? Pour un débat épistémologique sur l'étude des phénomènes linguistiques ». In P. Blanchet, L.-J. Calvet & D. de Robillard *Un siècle après le Cours de Saussure. La Linguistique en question*. Carnets d'Atelier en Sociolinguistique. Paris : L'Harmattan, pp. 229–294.

BOYER, H. (2003). *De l'autre côté du discours. Recherches sur le fonctionnement des représentations communautaires*. Paris : L'Harmattan.

DURKHEIM, E. (1898). *Représentations individuelles et représentations collectives*. Coll. Les classiques des Sciences Sociales, accessible en ligne : http://classiques.uqac.ca/classiques/Durkheim_emile/Socio_et_philo/ch_1_representations/representations.html

FOESSEL, M. & LAMOUCHE, F. (éds.) (2007). *Paul Ricœur. Textes choisis*. Paris : Éditions du Seuil, Coll. Points-Essais.

JODELET, D. (éd.) (1989). *Les Représentations sociales*. Paris : Presses Universitaires de France.

MOORE, D. (éd.) (2001). *Les Représentations des langues et de leur apprentissage*. Paris : Didier, Coll. Essais.

MOSCOVICI, S. (1984). « Préface ». In C. Herzlich (éd.), *Santé et Maladie. Analyse d'une représentation sociale*. Paris : Mouton.

PY, B. (éd.) (2000). « Analyse conversationnelle et représentations sociales. Unité et diversité de l'image du bilinguisme ». In *Travaux Neuchâtelois de*

Linguistiques (TRANEL), n° 32.

PY, B. (2004). « Pour une approche linguistique des représentations sociales », In *Langages*, n° 154, pp. 6–19.

RICŒUR, P. (1997). *L'Idéologie et l'Utopie*. Paris : Seuil, Coll. La couleur des idées. (*Lectures on Ideology and Utopia*. New York : Columbia University Press, 1986)

WINDISCH, U. (1989). « Représentations sociales, sociologie et sociolinguistique. L'exemple du raisonnement et du parler quotidien ». In D. Jodelet (éd.), *Les Représentations sociales*. Paris : Presses Universitaires de France, pp. 187–201.

奠基性的话语与语言意识形态：社会和学校的语言规划

BOURDIEU, P. (1982). *Ce que parler veut dire. L'économie des échanges linguistiques*. Paris : Fayard.

CALVET, L.-J. (1987). *La Guerre des langues et les Politiques linguistiques*. Paris : Payot.

CALVET, L.-J. (1999). *Pour une écologie des langues du monde*. Paris : Plon.

CERQUIGLINI, B. (1999). *Les Langues de France*. Rapport au ministre de l'Éducation nationale, de la Recherche et de la Technologie, et à la ministre de la Culture et de la Communication.

DUMONT, P. & MAURER, B. (1995). *Sociolinguistique du français en Afrique francophone*. Paris : Celf/Aupelf.

FISHMAN, J. (1991). *Reversing language Shift : Theory and Practice of Assistance to Threatened Languages*. Clevedon : Multilingual Matters.

FISHMAN, J. (1993 / 1997). *Reversing language Shift*. Derrick Sharp : Stanford University.

FISHMAN, J. (2001). *Can Threatened Languages Be Saved ?* Clevedon : Multilingual Matters.

Loi N° 1–46 du 11 janvier 1951 dite « Loi Deixonne ». Charte européenne des langues régionales ou minoritaires du 05 novembre 1992, Union européenne et Conseil de l'Europe.

MARTINEZ, P. (dir.) (2002). *Le Français langue seconde. Curriculum et *apprentissage*. Paris : Maisonneuve & Larose.

多元语言空间：城市话语

GAUTHIER, C. & JEANNERET, T. (éds.) (2000). « Français langue étrangère en milieu homoglotte et alloglotte : Quels enseignements pour quelles pratiques effectives, quelles pratiques effectives après quels enseignements ? ». In *Bulletin suisse de linguistique appliquée*, n° 71.

KOLDE, G. (1981). *Sprachkontakte in gemischtsprachigen Städten. Vergleichende Untersuchungen über Voraussetzungen und Formen sprachlicher Interaktion verschiedensprachiger Jugendlicher in den Schweizer Städten*. Biel/Bienne und Fribourg/Freiburg i. Ue. Wiesbaden : Steiner.

LÜDI, G. & PY, B. (éds.) (1995). *Changement de langage et langage du changement. Aspects de la migration interne en Suisse*. Lausanne : L'Age d'Homme.

PORQUIER, R. & PY, B. (2004). *Apprentissage d'une langue étrangère : contextes et discours*. Paris : Didier, Coll. *Crédif/Essais*.

RASH, F. (2002). « The German-Romance language borders in Switzerland ». In J. Treffers-Daller *et al.* (éds.), *Language contact at the Romance-Germanic language borders*. Clevedon : Multilingual Matters, pp. 112–136.

ROOS, E. *et al.* (2003). *Integration an Kultur- und Sprachgrenzen. Tagungsbericht zum Kolloquium. Intégration aux frontières culturelles et linguistiques*. Actes du colloque, Biel/Bienne, Forum du bilinguisme/für die Zweisprachigkeit.

意识表征与双语共存：族群的想象与社会语言学的意识表征

ALÉN GARABATO, C. & RODRÍGUEZ YÁÑEZ, X.P. (dirs.) (2000). « Le galicien et la sociolinguistique galicienne à la conquête de la reconnaissance sociale ». In *Lengas*, n° 46.

BOYER, H. (2005). « Représentations linguistiques et idéologisation des conflits diglossiques ». In *Images et Dynamiques de la langue*, textes présentés et coordonnés par Liliane Jagueneau. Paris : L'Harmattan, pp. 13–25.

FERGUSON, C. A. (1959). « Diglossia ». In *Word*, XV.

GARDY, P. & LAFONT, R. (1981), « La diglossie comme conflit : l'exemple occitan ». In *Langages*, n° 61, pp. 75–91.

LAFONT, R. (1997). *Quarante ans de sociolinguistique à la périphérie*. Paris : L'Harmattan.

LÜDI, G. & PY, B. (2002). *Être bilingue*. Berne : Peter Lang.

NINYOLES, R.L. (1971). *Idioma i prejudici*. Valencia : Eliseu Climent.

RASH, F. (1998). *The German language in Switzerland. Multilingualism, Diglossia and Variation*. Berne : Peter Lang.

语言与身份认同：学习者、家长和教师的观点

BEYNON, J., ILIEVA, R., DICHUPA, M., & HIRJI, S. (2003). « Do you know your language ? : How teachers of Punjabi and Chinese ancestries construct their family languages in their personal and professional lives ». In *Journal of Language, Identity and Education*, 2 (1), pp. 1–27.

BOURDIEU, P. (2001). *Langage et Pouvoir symbolique*. Paris : Éditions du Seuil.

DAGENAIS, D. (2003). « Accessing imagined communities through multilingualism and immersion education ». In *Journal of Language, Identity and Education*, 2 (4), pp. 269–283.

HOLLAND, D., LACHICOTTE, W., SKINNER, D. & CAIN, C. (1998). *Identity and agency in cultural worlds*. Cambridge, MA : Harvard University Press.

NORTON, B. (2000). *Identity and language learning : Gender, ethnicity and educational change*. Harlow, England : Pearson Education.

TOOHEY, K. (2000). *Learning English at school : Identity, social relations and classroom practice*. Clevedon : Multilingual Matters.

通常的观点：教师和学生对外语学习中语言接触之认识

BERRENDONNER, A., LE GUERN, M. & PUECH, G. (1983). *Principes de grammaire polylectale*. Lyon : PUL.

DAIGLE, F. (2001). *Un fin passage, roman*. Cap-Saint-Ignace (Québec) : les Éditions du Boréal.

LEBLANC, G. (1995). *Éloge du chiac, poésie*. Moncton : Éditions Perce-neige.

PERROT, M.-E. (2001). « Bilinguisme en situation minoritaire et contact de langues : l'exemple du chiac », In *Faits de langue*, n° 18 « Langues de diaspora, langues en contact », pp. 129–137.

PY, B. (éd.) (2000). « Analyse conversationnelle et représentations sociales. Unité et diversité de l'image du bilinguisme ». In *Travaux neuchâtelois de linguistiques* (TRANEL), n° 32.

ROBERT, J.-M. (2005). « Distance linguistique et didactiques européennes ». In *Passages de Paris. Revue scientifique de l'Association des chercheurs et étudiants Brésiliens en France*, n° 1. (www.apebfr.org/passagesdeparis/edition1/dossier.html).

课堂话语和关于课堂的话语：教师的意识表征及教学实践

BOURDIEU, P. (1982). *Ce que parler veut dire – L'économie des échanges linguistiques*. Paris : Fayard.

CAMBRA, M. (2003). *Une approche ethnographique de la classe de langue*. Paris : Didier.

CAVALLI, M., COLETTA, D., GAJO, L., MATTHEY, M. & SERRA, C. (2003). *Langues, bilinguisme et représentations sociales au Val d'Aoste – Rapport de recherche, Introduction* de B. PY. Aoste : IRRE-VDA.

COSTE, D., MOORE, D. & ZARATE, G. (1998). « Compétence plurilingue et pluriculturelle ». In *Apprentissage et usage des langues dans le cadre européen. Le Français dans le monde, Recherches et applications*. Hachette Edicef / Éditions du Conseil de l'Europe, numéro spécial, pp. 8–67.

GAJO, L. (2001). *Immersion, Bilinguisme et Interaction en classe*. Paris : Didier.

PY, B. (2004). « Pour une approche linguistique des représentations sociales ». In *Langages*, n° 154, 6–19.

争鸣

GEE, J. (1990). *Social Linguistics and Literacies. Ideology in Discourses*. New York : Falmer Press.

第七章

机构与权力

约瑟夫·罗比安科
澳大利亚墨尔本大学

达尼埃尔·韦罗尼克
法国马赛第一大学,巴黎第三大学

引言：机构与权力

约瑟夫·罗比安科
澳大利亚墨尔本大学

达尼埃尔·韦罗尼克
法国马赛第一大学，巴黎第三大学

李晓光 译

现如今，交际和语言被广泛认为具有语境化和可测量的特性，因此，权力、机构身份、社会地位等概念应该被纳入关于外语教学的讨论中。

本章旨在通过对语言教学法、多语言和多文化的思考来探究机构问题，与"历史、教学实践及模式"一章中关于书面读写能力政策一节联系紧密，同时也与"归属感与社会关系构建"一章有较大关联。人口移徙是本章的中心议题之一，这使得本章与"自我与语言"一章也存在联系。本章还涉及群体、互动关系等主题，探讨语言意识形态及语言表征问题，这又使本章与"从学习者到话语者/社会人"、"关于语言及其社会意识表征的论说"两章内容相关联。

1. 语言教学和文化教学中的语境与机构

1.1 全新的交际方法

语境，是指一切围绕语言的文化和意识形态结构、意向性、话语体裁、权力对比，以及语言的各种机构载体等。将这一概念纳入教学法讨论中意味着人们以一种更接近交际本质属性的方式思考语言教学法。近年来，语言学家和语言哲学家懂得通过概念化的工具来更加确切地理解和描述交际活动的本质，其结果就是原先被视为随机分布的不同语言，如今被公认为有规律地分布于各地，与当地的社会文化、经济、意识形态结构息息相关。一旦人们能够细致认真地实地分析、理解交际行为，那么，语言与话语的关系，传统的描写语言学和规范语言学提出的那种理想化的语言形式与实际所言、所写或以其他方式表达的交际内容之间的关系就将变得非常清晰了。教学法领域的变化亦如此鲜明：过去被认为是偶然所致、不重要或缺乏系统性的东西，现在变成了切题和井然有序的内容。

在新观念——将言语视为交际活动的影响下，外语教学法产生了至少以下几方面的变化：

——向移民或原住民等群体教授国语（标准语言）时，充分考虑其中牵涉的公民身份的重要性，以及国家标准语言和学习者母语在公共场所的使用问题。

——将行业、机构、职业等特定领域的惯例和规定作为常识性知识教授，使学习者的双语能力既能够帮助其获取优势语言的文化，又不损害其母语。

——教授国语的同时，发展学习者自己语言的口笔头表达能力（国语的非标准变体形式或国语以外的其他语言，移民语言或原住民语言），并传授该语言的经典阅读文本、重要的不同体裁和文学等，使学习者具备双语的书面能力。

——向所有学习者（不论其属于多数群体还是少数群体）教授优势语言、战略语言或者主导语言。

1.2　国家与教育规划

学校及其教育系统是学习者次级社会化的主要场所（Watson-Gegeo，2004），学校还负责传播公民规范和准则，这些都是语言教学法所要达到的目标，同样适用于外国语言与文化的教学。因此，我们应该通过分析机构、学校等教育单位所传播的话语类型来进一步研究这些机构。以法国的学校教育系统为例：法国境内存在多种语言，19世纪末以来，学校教育一直是加强法语国语地位的主要途径之一，成效显著。然而，从20世纪中叶开始，法国一些多语地区内出现的抵制活动，跨国移居者的涌入，以及后来欧盟、欧洲理事会等欧洲机构的支持等，都促进了地方语言和外国移民所讲语言的传播和推广。

尽管学校教育拥有悠久的历史，且常常是独立与自由的同义词，各国的教育体系却是不同的。若教学计划由政府部门决定和监督，该教育体系的合法性显然来自国家。即使在那些由半自主的宗教机构或家长机构承担教育事务的社会里，国家依然会对考试和学位认证进行监督，或通过其他手段对教学体系和私立学校的运作进行审查与管理。国家有时直接参与教育，有时则通过投资、规定各类许可条件等方式间接参与。在法国，这一情况不甚明显，因为虽然法国教会在殖民地的法语化和地方方言的推广中起过主导作用，但在法国本土的教育领域中，其影响力因法国的世俗化特性而被大大削弱。

对教育规划在教学中的作用的研究被称为"教育语言学"（Spolsky，1978；Lo Bianco，2007），指的是将显性语言学知识应用于教学与学习中。显性语言学知识起初源于形式语言学脱离语境的教学，但近年来，这一知识逐渐扩展，结合了语境、机构和社会环境等因素。所以，最近几十年间，侧重心理学、偏个人化、基于形式语言学的教育语言学范式彻底被更注重语境的建构主义范式所取代，而社会标准、情境、背景、可变性、共同建构等概念占据了核心地位。

2. 学校体系、多语言和多文化

对继承语言、地区性语言以及外国劳工语言的包容，既是政治问题，同时也是推动多语言和多文化发展的主要因素之一，与机构、公民社会乃至国家密切相关。对法国而言，还包括给予或者说恢复法国海外省和海外领地语言，如克里奥尔语、海地语，以及新喀利多尼亚的喀纳克语等应有的地位。与传统意义上的外语相比，这些语言以及法国本土的移民语言具有下述三个基本特点。

2.1 学校体系与移民语言

首先，法国海外省语言和法国本土的移民语言拥有地方语言环境，也拥有支持其代际相传的机构。外语的情况则大不相同，其支持机构大多位于语言对象国。以法国的阿拉伯语教学为例：一种情形是作为外语，学习者为法语学生；另一种情形是作为社群语言或移民语言，学习者是阿拉伯语或法语学生。两种情形具有以下三个主要不同点：

——第一种情况中，语言的身份认同和情感内涵对学习者来说很大程度上是不存在的。而第二种情况中，学习者已经会说或能听懂阿拉伯语，学习主要是为了改进和完善，他们对这门语言有着较深厚的感情，该语言是其身份的组成要素。

——除了身份认同和情感因素上的不同，还存在语言实际使用上的不同。前一种情形中，阿拉伯语对学习者而言是远方的外国人使用的语言。后一种情形中，阿拉伯语是学习者所属社群的语言，这意味着他们可以通过非正式的学习掌握和巩固该语言，甚至可以保留非标准乃至受批判的语言形式与规则。

——最后，还存在一个机制上的根本差别。第一种情况下，阿拉伯语对学习者来说是远方国度的语言，学习者难以进入学校学习。而第二种情形中，学习者参与到这些在法国境内的机构当中。这些机构很可能是变化发展的，体现了其原有的阿拉伯背景和法国环境的混杂与融合。而双语混合的社会文化现实还体现在交际形式当中：语码转换或者双语交际，抑或是多语交际，因此，学生们的听力理解能力往往优于阅读能力。

2.2　学校体系与地方多语环境

当然，这只是一个部分假设的例子，用以强调机构、社会背景和民族间关系对外语教学法的直接影响。其实，"外语教学法"这个词语本身现在已不足以描述地方多语环境。

克里奥尔语和法国海外省、海外领地语言的教学与上述例子有相似的情形，同时又更为复杂。在这些地区，尤其是在新喀里多尼亚，复杂之处在于地方语言本身的地位就是争议的对象，这与它们的政治地位有关。在新喀里多尼亚，《马提尼翁协定》中的一些条款承认其地方语言的地位并将其纳入学校教育中，并且支持新喀里多尼亚未来通过投票实现独立。以上因素使当地语言的作用越来越重要，因为它们有可能成为独立政治体的官方语言，而学习掌握这些语言与法国本土移民掌握双语相比，或者与学习了一门外语的法国公民相比，则具有了另一种价值。

3. 全球化、国家机构及跨国家组织机构：多元语言思想、语言政策，以及社会主体的实践

3.1 语言政策案例研究

本章将围绕广泛的语言政策问题阐述机构与多元语言思想的关系。首先，会多种语言的学生所在的学校对语言和文化多样性是比较包容的。在"学生与学校语言的政策：少数族群语言/国家语言"一节中，洛朗·皮雷恩（Laurent Puren，留尼旺大学）和陈明草（Thao Tran Minh，巴黎第三大学）通过法国模式指出并强调了次级社会化（学校教育）的特殊功能，而这种法国模式是在中央集权体制下思考公民身份的背景中发展起来的，有着漫长的历史。在法国，尽管近年来有些改变，学校总体仍倾向于忽视语言和文化的多样性，甚至对此持怀疑态度。

从跨国家的视角看，这些问题依然是模糊不清的。关于这一点，我们可以引用达尼埃尔·韦罗尼克（Daniel Véronique，马赛第一大学和巴黎第三大学）的"跨国语言空间的机制化：社会语言学的现实和语言政策"一文。作者在文中仔细研究了法语在当今世界语言生态环境中的处境和发展状况。语际翻译的角色与作用一直是语言政策和多元语言思想的一个基本部分。在"作为机制的翻译：遗产与实践"一文中，约瑟夫·罗比安科（Joseph Lo Bianco，墨尔本大学）用大量篇幅对意义在不同语言之间传递的方式进行了梳理和回顾。

与法语相比，英语创造了另一种类型的跨国家空间。徐碧美（香港大学）的"全球化和语言的悖论：英语的角色"一文为我们介绍了英语作为教育语言在亚洲大学的使用情况。国家政策以及民众利益都促进了英语地位的普遍强化。在"团结与权力：国家语言的合法化"一节中，安杰拉·钦科塔（Angela Cincotta，澳大利亚国立大学）解释了老挝的语言和政策问题。老挝曾是法国殖民地，有着多语传统。和许多其他新

独立的国家一样，老挝正在确定其国家官方语言（相当于少数民族语言）作为学校教育语言的合法性。

欧洲理事会作为一个跨国家或者说超国家机构，为我们提供了另一个国际语言政策的范例。苏格兰语言教学与研究信息中心（Scottish Centre for Information on Language Teaching and Research）、欧洲理事会的乔安娜·麦克帕克（Joanna Mcpake）撰文阐述了欧洲理事会的VALEUR项目，全称为"Valuing all Languages in Europe"（提升欧洲所有语言的价值）。她的文章与徐碧美的文章有相近之处，处理的都是跨国家现象，同时与韦罗尼克的文章也有相通之处，涉及的均为国家以外的事实。当然，该文也有其独到之处：我们从中可以看出那些不因民族或历史原因与某一特定语言相关联的机构通常能以更加开放的态度对待语言多样性。而这些机构对待其他语言的态度与一个民族国家对待其他语言，甚至是对待本国少数民族语言的方式截然不同。

3.2 多元语言思想、社会与历史背景

本章反复强调机构和社会背景对多元语言思想起到的作用及其重要性。皮雷恩和陈明草介绍了学校如何通过语言措施帮助和促进移民儿童以及讲法国地方语言的群体融入法国社会。韦罗尼克的文章将讨论扩展到法国之外，探讨法语对于外国人和因其他缘由与法国相联系的人群（旧殖民地或被法语的魅力所吸引）的作用，以及这些联系如何将其他语言牵涉其中。

罗比安科的文章强调了翻译的重要性，介绍了与口头或笔头的语言转换（口译和笔译）相关的职业的发展。翻译活动如同语言教学法的兄弟，始终与之共同发展。

在由经济驱动的快速而深入的全球化背景下，英语向世界人口最密集地区的迅速扩张是现今多元语言思想的显著特点之一。从某些方面来看，我们可以将其与法语国家与地区共同体相比较，尽管英语的扩张并非某一个国家的语言政策使然。许多民族国家面临矛盾的处境，因为全球化好像离不开英语，而国家的发展又似乎应该转向其他语言。除了发达国家的高等教育以外，中小学的语言教育更多地起到了对语言标准化的肯定与认可作用。老挝的情况就是最好的例证，因为它展现了一个正

在摆脱政治上动荡的贫困社会是如何努力建设民族国家，制定和发展语言政策的。当然，在所有这些情形中，高等教育的核心作用不容忽视。

4. 多元语言思想与学科领域及其研究范式的变化

4.1 教育语言学与学校系统的快速变化

关于教育语言学和教育体制的研究，以及在其他学科领域进行的多元语言思想研究目前正经历着巨大的变化。首先，我们从非西方语言和教育的最新研究中（Lo Bianco，2007）可以发现，越来越多的语言已经成为研究对象，并为我们提供了不少教与学领域的通用理论。随着越来越多的非传统来源信息的出现，我们很可能需要重新思考教育学的既有定论。这其中主要涉及我们所说的书面读写能力和用以传播教育实践的媒体途径，不仅因为正在崛起且拥有越来越多社会权力的其他语言——尤其是中文——与法语和英语不同，不使用拉丁字母，还因为当今一切的语言教育，甚至整个学校机构和教育系统都随着信息、交流技术的发展而发生着剧烈的变化。语言与学习交汇的场所，学习者与操其所学语言者之间互动的方式，都是改变学科领域和相关科学的因素。最后，教育体系本身正快速变化着。许多学习者可以从横向的联系中，也就是说从同辈人身上学习到知识（也包括语言知识），而不需要成人的介入，不论是在初级社会化过程中（家庭）还是次级社会化过程中（学校）。

在本章，我们力图超越目前大部分著述涉猎的传统内容，即研究教育语言学在第一世界国家的应用，或者是教育语言学如何应用于后殖民时代促进民族语言发展的规划。我们选择新近独立的民族国家作为分析对象，研究他们如何效仿历史悠久的民族国家的进程，与此同时，后者又因为人口移居、超国家组织机构（如欧盟、欧洲理事会）以及经济全球化等跨国进程的影响呈现出越来越明显的多语化趋势。

4.2 全球化与新的研究范式的兴起

这是一个矛盾的现象，但解决方法并不难寻。欧盟各国响应VALEUR计划，按照欧盟指令承认原先为实现国家的同质化而被压制的语言，就是在对某些利益达成共识的基础上解决了该矛盾。这与全球化密不可分，因为全球化在语言层面也带来了巨大的影响。在经济因素决定教育决策的时代，这些国家民众高度发达的书面读写能力提升了国家的竞争力。

正如贝纳姆（Baynham，2003）强调指出的那样，研究成年人读写能力、双语教育和教育语言学其他领域的学者们需要处理的现有和潜在性问题远比相对保守的教育机构遇到和承认的问题要丰富和繁杂。这意味着研究与实践之间存在着鸿沟，尽管这不是教育语言学特有的情况，也非罕见状况，但在一定程度上仍表明了多语言是一个"实际存在"的现象，政府机构却迟迟未予重视。我们可以想象，政府机构将在中期面临更大的压力，迫使他们必须正视移民人口现状，承认原住民人群和地方群体，接受超国家语言，以及全球互联互通的交流对学校、课程大纲和评估带来的挑战。

4.3 多元语言思想：机构、权力与社会联系

社会学曾经面临的最大挑战是理清总的结构和它们在人们大脑中的意识表征之间的关系。对教学实践产生过影响的社会学理论化过程有很大一部分持太多的决定论，认为人类活动是预先由社会力量、物质条件和生物环境规定的。与之相反，理想化的理论模式恰恰倾向于忽视具有约束力的权力、机构、社会生活以及关系网络的作用。人的意志及活动与承继下来的社会习俗及社会结构的力量这两者之间存在着关联，它和先前就有并与人类相互作用的生活领域也有联系，几十年间，各个流派的社会学家致力于将这些联系具体化，使之具有可操作性。列夫·维果茨基（Vygotsky，1978 & 1986）的观点向前迈进了一大步，他没有将人的活动和具有决定性作用的结构对立起来[①]，调停的结构和社会行动属于

[①] 也就是说这两者不相互排斥，而处于共存之中。在维果茨基之前，社会学存在两种完全不同的倾向：一种认为，社会的一切均可用决定论来解释，因而不需要自由的创议；另一种观点认为，社会的一切由人的完全自由的行动来安排，不需要考虑社会结构的局限。——译者注

由话语建构和产生的实践世界。近来，语言被看作是与人的社会关系网络息息相关的交际活动（Bourdieu，1991），我们认为这在一定程度上揭示、展现了相应的历史、关系和象征。

　　本章的每篇文章都以各自独特的方式理解和阐述在变化着的机构权力框架下，既有结构与人类活动之间的关系。我们认为牢记一些外语教与学的特点是十分有用的。至于民族语言、翻译和传播全球化的语言，任何个人的行动都无法超越出版社系统、教育系统、中小学、大学等机构范围，因为它们都与个人所处的社会以及关系网络紧密相连。语言的教与学总是与一定的社会标签联系在一起（"外国的""少数的""世界性的"等等，这些修饰语体现了特定社会背景下的语言及其政治权力）。外语教学体现在学校、教室、课堂以及教师与学生的互动中。语境下的语言教育与学习表明，如果我们要真正理解潜在的或机制化的多语言现象，就必须将其中所有的复杂因素考虑在内。

跨国语言空间的机制化：社会语言学的现实和语言政策

达尼埃尔·韦罗尼克
法国马赛第一大学，巴黎第三大学

王吉会 译

19世纪的大殖民帝国进入20世纪之后，被以语言为基础的全球性联合组织取而代之。1931年诞生的英联邦汇聚了昔日大英帝国的53个成员国；1949年成立的西葡美洲教育、科学、文化国际组织拥有22个西班牙语成员国；法语国家与地区国际组织1970年异军突起，由63个国家和政府组成；而1966年成立的葡萄牙语国家共同体包括8个成员国；创建于1945年的阿拉伯国家联盟旗下则有着22个成员国。此类情况还可以列举很多。这些组织中每一个都有一段特殊的历史，我们希望通过研究法语国家与地区组织了解具有社会语言多样性的某一跨国语言空间形成的原因和动力。

"法语国家与地区"一词于1880年诞生于地理学家勒克吕（Reclus）的笔下。当时，法兰西帝国正处于扩张高峰，推行殖民文化（Reclus，1886）。在勒克吕看来，这是统计法兰西帝国人口的需要，因为当时法兰西帝国居民的法定身份有的是公民，有的是土著或臣民。奇怪的是，这一词汇在将近一个世纪后，也就是1962年，在非殖民化运动背景下和法兰西联盟（Union française，1946—1960）寿终正寝之时，又被塞内加尔总统桑戈尔（Senghor）、突尼斯总统布尔吉巴（Bourguiba）和尼日尔总统哈马尼·迪奥里（Hamani Diori）重新使用，而这些政治家们都主张与法国等原殖民国家建立新型的多边关系。该主张的支持者们欢迎采用"法语国家与地区"这个词倒不是因为它有什么特别的使用价值，而是因为它作为新词显得标新立异。但是，南半球国家的这一提议并未能立刻得到法国政府的赞同。

在此,我们要研究两个彼此联系的领域:法语国家和地区的领土及组织。通过考问法语和社会现实中使用的诸语言之间的关系,通过考察法语国家与地区国际组织在语言多样性方面的思想和实践,我们能够理解一个跨国语言空间机构化的形成过程。

法语国家和地区的空间

两次形式和内容皆不相同的殖民扩张促成法语在全世界的推广使用:第一次始于加拿大探险和1608年魁北克的建立,于旧制度下随着"七年战争"的停火(1763年)而结束;第二次肇始于1830年对阿尔及尔的征服,于20世纪初画上句号。这些地方有的法国人占绝大多数①,有的因为实行奴隶制和种植园制而人烟稀少,还有的地方则由少数法国人统治,他们通过协议殖民地从法国来到当地。历经400年,许多土地在不同时期相继被从祖国的怀抱分割出去。这些土地的命运各不相同,如加拿大和多米尼克于1763年成为英国的领土,路易斯安那于1803年被卖掉,还有一些地区于1960年脱离殖民统治。不过,这些地区多多少少还保留着昔日法国殖民时期的痕迹:建筑特点,城市组织,地名,文化习俗,以及法语的使用等。

法语推广政策

19世纪末,时值法国殖民运动蓬勃发展期间,法国的很多协会组织,如1860年成立的世界犹太人联盟(Alliance israélite universelle)、1883年成立的法语联盟(Alliance française),以及1902年成立的法国世俗使团(Mission laïque française)等,都将确保和维护法语在世界的传播当作自己的使命。在它们之前,早就有活跃于殖民地的宗教协会,如耶稣会教

---

① 这是法国当时实行的所谓"人口殖民"(colonnie de peuplement),即让很多法国人迁居当地,安家立业。——译者注

团（les Jésuites）、普洛埃尔梅尔修士会（les Frères de Ploërmel）和圣约瑟夫·德克吕尼修女会（les Sœurs de St Joseph de Cluny）等。法国历届政府对法语的推广也没有等闲视之，它于1921年设立了外交部法语教育国际推广事业处。当时的法国政府不单在法国本土，也在其海外殖民地国家大力投资教育，他们还非常重视培养当地精英人士的子女，这些人支持法国的做法。法国外交部在当地积极筹建法语小学、法语初中和法语高中，大多由法国外交部直接管理。

1945年，法国外交部成立文化关系总司（DGRC），替代原来的法语国际教育推广事业处。总司的任务是重建知识分子的交流渠道，满足法语教师日益增长的需求。法国还建立了一个文化联络网，这在世界上尚属首次。1967年，文化关系总司更名为文化科学技术合作总司（DGRCST），这是其职能的一次重大转变，特别是对科学技术领域而言。1999年，法国外交部新的改革又将文化科学技术合作总司改建为国际合作与发展总司（DGCID）。

自20世纪初叶以来，法国采取的政府强力推动法语国际推广的政策起到了在全世界加强、维护和传播法语的功效，法国中央政府的这一做法同时得到了各级地方政府及其机构的响应（参见法语联盟和路易斯安那州法语发展委员会的工作，CODOFIL，1970）。

殖民时期和后殖民时期法国及法国政府当局与殖民地地方语言之间的关系

整个19世纪，强大的法国殖民势力几乎没有给地方语言留下生存空间。让–达尔（Jean Dard）曾试图在塞内加尔的圣路易同时教授沃洛夫语（wolof）和法语，但很快就放弃了。在北非马格里布国家，学校使用阿拉伯语多少得到一点儿鼓励。直至20世纪，法兰西殖民帝国的教育政策才开始松动。这样，法国效仿多哥之前的殖民者的做法，同意用地方语言教学。1946—1960年间，殖民地的学校已非常接近法国本土的教育模式。20世纪60年代初期，这一将法语置于优先地位的法国教育模式被推广到刚刚独立的法属殖民地国家。塞古·杜尔（Sékou Touré）执政时期的几内亚是个例外，他

1958—1984年间实行多民族语言政策，这些语言也被用于教学。同样，独立后的阿尔及利亚1964年开始实行阿拉伯语化，后来突尼斯和摩洛哥两国纷纷仿效。2000年后，阿拉伯语、柏柏尔语和法语（占主要地位的外语）在马格里布国家形成了新的平衡。马达加斯加1972—1985年间在教育界推行马达加斯加语化，最终在教育系统重新确立了法语和马达加斯加语的新型关系。

今天，在许多法语国家和地区，地方语言和法语的教学各得其所，至少也处在试点阶段。这些国家除了上文提到的，还有马里、尼日尔和塞舌尔。

法语国家与地区国际组织（OIF）：跨国法语空间的逐步机制化

1962年，桑戈尔及其同事首先创议成立一个法语的国家与地区组织，这一动议其实源远流长，最早可追溯到1952年法语记者国际协会的成立，之后是1960年法语国家教育部长会议（CONFMEN）的成立。桑戈尔及政治家们提议成立法语国家与地区组织的3个内在含义是：第一，希望与法国建立一种有别于法兰西殖民帝国时代和法兰西同盟时代的多边关系；第二，确立语言上的身份认同和共有的社会与文化价值观；第三，寻求建立新型的多边关系。1970年成立的文化与技术合作署（ACCT）明确标志着法语国家与地区组织机制化的开端，但是直到1986年，该组织才在法国凡尔赛召开首届法语国家与地区首脑峰会，至此，具有政治色彩的法语国家与地区组织最终有了一个整体的架构。1997年，法语国家与地区组织峰会选举产生了秘书长，标志着该组织机制化的圆满收官。

不过，有几个典型的说法语的国家，如阿尔及利亚和以色列，却因为种种原因游离于法语国家与地区组织漫长的创建进程之外；而另外几个历史上与法语世界并无多少渊源的国家，如佛得角和摩尔多瓦，却迫不及待地加入这一组织。面对激烈竞争的人口语言形势，法国和法语国家与地区国际组织政治上主张建立语言伙伴关系，希望齐心协力着重在学校发展法语和各个国家的民族语言。进入21世纪以来，法语国家与地区国际组织变得更加活跃，基础更加广泛，突出的例证便是积极推动联合国教科文组织在2006年通过了关于文化多样性的国际公约。

> **塞内加尔共和国总统利奥波德·塞达尔·桑戈尔讲话节选：**
>
> 是法语将本次聚会的参与者团结在了一起。法语是实现平衡、和谐与进步的神奇工具，它服务于那些生来就向往友好相处、摒弃一切种族、信仰和意识形态偏见的人民。
>
> 这是怎样一个组织呢？关键在于将法语国家和地区组织起来，形成一个整体，逐步建立一个自由的文化共同体，为实现我们最宏伟的理想开辟无比广阔的前景。我们知道，合作是当今世界的一大主旋律，特别是在文化领域。因此，我们要创建的法语共同体将主要是一个最广泛意义上的文化共同体，其使命就是培养人和传递信息。
>
> …………
>
> 成立法语共同体可能是现代史上的一个创举，它表达了我们时代的一种需求。在这个时代，人类作为科技进步的推动者，而今却面临科技进步的威胁，所以她希望构建一种新的人道主义，一种能够适应人类自己和宇宙的人道主义。
>
> 以上是塞内加尔共和国总统利奥波德·塞达尔·桑戈尔1969年在尼亚美（Niamey）首届法语国家和地区会议上的讲话片段。他再次援引了他1962年完成的奠基之作《思想》中的一些语句，例如："法语国家和地区，就是遍天下的原汁原味的人道主义，这里汇聚着世界五大洲各民族沉睡的力量，它们在互为补充的热力下纷纷觉醒。"我们从中可以看出，创立法语国家与地区组织是世界全球化浪潮出现前的一个有思想和哲学意味的计划，同时还包含有具体的合作意愿。

> **2005年《法语国家与地区国际组织宪章》节录**
>
> **第一条　目标**
>
> 法语国家和地区国际组织充分意识到，共同的法语和共同的普世价值观将其成员国联系在了一起，它希望利用这些联系为和平、合作、团

> 结和可持续发展服务，所以特确立如下目标：帮助建立和发展民主，预防、管理并解决冲突，支持建设法制国家，保障人权；加强不同文化和文明的对话，通过相互了解拉近不同民族之间的距离，利用多边合作加强团结，发展彼此经济，促进教育和培训。……
>
> （来源：http://www.francophonie.org/Charte-de-la-Francophonie-html）
>
> 由此可见，该宪章第一条与桑戈尔总统的法语共同体的思路一脉相承，但更加细化，这是法语国家和地区近40年合作的成果。

法语国家和地区的领土，法语国家和地区的活力与全球化

法语和法国在今天依然密不可分，法语的身份认同似乎也依然与这个国家密不可分，所以人们至今使用"法国文学"，而实际上更准确地说应是"法语国家与地区文学"。法国对语言和教育的大力支持或许使法语国家与地区组织更加地与众不同。不过，虽然法国和法语国家与地区国际组织都在捍卫语言多元化的思想，但在推广法语政策方面，我们不应将法国和法语国家与地区国际组织混为一谈，因为后者毕竟只是一个协会性组织。

事实上的或者法律上的法语国家不全是法语国家与地区国际组织的成员国，该组织还包括一些历史上的非法语国家。后一点显现出法语国家与地区国际组织的非凡之处，这使它得以在全球化进程中于文化领域发挥自己特有的作用，比如保护法语国家和地区内濒临消亡的语言。法语国家与地区国际组织为我们提供了将全球语言空间实现机制化管理的范例。但从语言和哲学的层面看，该组织具有不少特殊性，这使它有别于其他世界性的语言联盟。

作为机制的翻译：遗产与实践

约瑟夫·罗比安科
澳大利亚墨尔本大学

英译法：加布里埃尔·瓦罗
法国凡尔赛圣康坦大学，法国国家科学研究中心

法译汉：王吉会

国际翻译家联合会（FIT）是面向职业笔译人员、口译人员和词汇研究人员的国际组织。自1953年创建以来，国际翻译家联合会就将9月30日（圣哲罗姆St Jérôme的生日）定为整个翻译行业的节日。1991年举行研讨会之际，国际翻译家联合会将这一天定为国际翻译日。

像圣哲罗姆这样一位隐士，一位脾气暴躁的宗教笔战者，凭什么能够获得后世如此之高的评价呢？人们想出了怎样的方法用一种语言翻译成另外一种语言的文字呢？哪些技术创新促进了翻译的演变呢？（Leighton，1990；Gentile, Ozolins & Vasilakakos，1996）

翻译理论，语言学习和专业性

圣哲罗姆约于公元340年出生在罗马人统治的达尔马提亚（Dalmatie），约公元420年卒于伯利恒，葬于罗马（Olin，1994）。他在罗马接受的是拉丁语和希腊语教育，掌握了阿拉米语（araméen）和希伯来语，后学习了古叙利亚语（syriaque）和阿拉伯语。他对语言学习的描述颇似一个老版本的学习手册。特别值得一提的是，圣哲罗姆作为翻译家，对翻译的程序和其中的问题进行过深入思考（Murphy，1952）。

尽管他的大部分著作为翻译作品，但也不乏"原创"。事实上，1600年前人们就和今天的译界一样，围绕原作与译作关系问题进行过激烈辩论（Leighton，1990）。圣哲罗姆主要凭借《通俗拉丁文本圣经》而谱写了自己光辉的一章。

圣哲罗姆的跨语言三角法（triangulation trans-langagière）建立在对具体的口译研究与持续观察的基础上，这使他成为一位非凡的译者。他的翻译理论也非常具有现代性，他特别重视避免因遵循源语的句法和风格而在译入语中堆砌出累赘的句子，他认为必须将意义传递到目的语中。他相信，译者除了传达意思外，还可利用文学风格和巧妙的文字处理，奉献出能够与原作媲美的译文。这一观点与当时的翻译标准相违背，当时的译界认为所有的文字，哪怕最小的语言单位，都是受到了神的启示，一篇译文注定是不完美的。圣哲罗姆的反对者圣奥古斯丁（St Augustin）认为原作具有权威性，任何译作都必须承认原作的优越性。在圣奥古斯丁看来，译者的工作就应该是逐字逐句地翻译无法比拟的原作，即便翻译的文字不自然，即便原作的深邃思想会被恣意简化，即便修辞显得非常贫乏。相反，圣哲罗姆原则上反对逐字逐句的翻译，主张把翻译建立在意义之上。

圣哲罗姆努力学习译出语言（古叙利亚语和阿拉伯语）与译入语言（拉丁语、希腊语和希伯来语），以便能够深入理解意义、事件及其含义，这使他坚信，翻译不是仿造。他反对圣奥古斯丁提出的逐字逐句忠实于原文，反对无条件地尊崇原文，他创造了以意义对意义的原则。圣哲罗姆的这一思想得益于他学过拉丁语的修辞学，同时也受到西塞罗（Cicéron）的影响，西塞罗要求新读者理解古文献时必须借助注解和评论。圣哲罗姆非常相信译入的语义资源。

国际翻译家联合会将"翻译中的著作权"确定为2003年国际研讨会的主题。著作权是一个复杂的概念，涉及法律、职业和思想等层面的内容，这些对译者来说非常重要。因为从法律上讲，著作权是为了保护原著；从职业上讲，著作权是对译者能力和自主权的认可；从思想上说，这事关有效保护的结果。

《翻译工作者宪章》提出的原则和理想对1976年联合国教科文组织

的《内罗毕建议》产生了影响（http://www.fit-ift.org/?p=252&lang=fr）。《内罗毕建议》旨在"合法保护翻译工作者及其译作"，以及翻译的职业地位。该建议宣称，人类冲突结束时就要开始谈判，公约和决议一般都需要翻译和翻译文本，谈判需要有资深的口译人员。

资料1

《翻译工作者宪章》节选

1. ……翻译……是一项日常的、通用的和必要的活动……现在必须将之视为一种完全不同的和自主的职业……

2. 翻译工作者必须始终承担翻译的责任……

3. 忠实于原文……是一种职业道德，也是一种法律责任……翻译必须忠实于原文，必须准确地反映原文的思想和形式。

4. 不应将忠实于原文的翻译和照搬原文的死译混为一谈……

5. 翻译……享有法律的保护……

6. 翻译工作者……将终身享有自己作为作者的权利……他的译作只要被公开使用，就必须清楚地、毫无歧义地署有译者的姓名……

资料2

这是美国杜克大学法语教授爱丽丝·卡普兰（Alice Kaplan）1993年出版的回忆录的封面，设计者为莫莉·伦达（Molly Renda）。封面展现的是美国军官在纽伦堡战后法庭上聆听同传翻译的场面。卡普兰的回忆录讲述了她和法语及其他语言的毕生联系，讲述了她的祖母对意第绪语①和希伯来语的迷恋，讲述了塞琳（Céline）卓越的文学才华以及可恶的反犹倾向。卡普兰还在这部回忆录里讲述了她在耶鲁大学完成的论文——论亲法西斯的知识分子，这是一项跨语言和知性的研究。

（来源：Alice Kaplan. *French Lessons. A memoir*. Chicago: Chicago U P, 1993.）

---

① 犹太人使用的一种国际语言。——译者注

口头翻译

口译人员进行的话语翻译与笔译同样重要。人类交际的三个共同特征都包含在口译之中：讲不同语言的人群、不同人群之间的交往、交流的意愿。口译、笔译和语言学习都离不开这三个要素。不能学习语言时，翻译就是必需的了。

直到20世纪初，法语在很长一段时期都是外交的参照语言。拿破仑失败之后，1815年召开的维也纳会议重新划分了欧洲各国的边界，但在力图限制法国的权力和领土的同时，维也纳和会仍然以法语为工作语言。相反，一个世纪之后的凡尔赛和会则采用了现代国际口译。与当年在维也纳的法语国家使团不同，英语国家代表团这次要求招募会讲士兵们语言的军官。因此，结束战争的同时，人们已在考虑如何组织谈判桌上的发言，这要求各方代表先讨论会议的口译问题。于是，为全体大会准备的面向众多听众的口译交传诞生了，应运而生的还有为代表团之间少数人的沟通所需要的近距离口译，以及获得认可的正式文献的翻译文本，也就是对各方都具有约束力的翻译文本。凡尔赛和会之后，其他的国际会议创建了另外的语言翻译机制。在国际联盟，非军事口译人员取代了原来的军人译员，从而催生了职业的翻译队伍，使翻译工作愈加精细，同时催生了强制性的翻译标准和规章，在口头翻译领域创造了口译这样一个新的职业。

冲突和毁灭性的战争给翻译职业带来了重大的技术革新：1946年，在由爱丽丝·卡普兰任法官主持的纽伦堡审判期间，新技术使口译人员和检察官、律师、证人，以及法官等实现了实质的分离，他们之间用无线电联系。译员坐在隔音的工作间，通过个人的耳机和麦克风与审判大厅保持连接，由此宣告同声传译的诞生。

对于大型的会议来说，同声传译远比交替传译重要，同传因此已经成为联合国和其他国际会议常用的翻译手段。今天，最完善的同声传译当推欧洲议会的多语言翻译。第三种口译模式叫作"联络翻译"（interprétariat de liaison），大多与移民问题密切相关，比较典型的是充当律师与其当事人的口译和医生与患者之间的翻译。

未来展望

口头翻译或许和人类语言一样历史悠久,笔头翻译则与文字一样古老。很多职业翻译人员都表示要争取这一职业得到应有的认可,因为他们一致感到这个职业没有被尊重。在圣哲罗姆进行翻译并提出翻译基本原则的时代,东地中海地区正是古代世界经济全球化的关键中枢,当时希腊的思辨、罗马的制度与法律以及犹太人的宗教彼此融合,形成了欧洲。如今,欧洲一步步超越了一个个国家的单一主权而走向一个新的世界全球化。

今天,全球化的浪潮、人口的流动与迁徙和超国家实体的涌现令翻译成为一项普遍的活动。一项跨欧洲的法律口译研究(Hertog,2001)显示,一个新的职业系统化已经形成。欧盟的赫罗齐厄斯计划(le projet Grotius)提出要"鼓励……在国际范围内为保证良好的翻译实践制定协调一致的标准和对等",该计划正是集中反映了人们对翻译的语用问题及解决方案的思考,这些都是圣哲罗姆当年探讨的课题。另外,该计划也提出了一系列始终具有现实意义的问题,如意义的等值、可接受的翻译行为、翻译行业管理机构的权威性、语言之间的异同,以及为解决现实问题需要革新的意愿,等等。

全球化和语言的悖论：英语的角色

徐碧美
中国香港大学

英译法：加布里埃尔·瓦罗
法国凡尔赛圣康坦大学，法国国家科学研究中心

法译汉：王吉会

为了应对全球化带来的迅猛变化，多个亚洲国家修订了他们的语言政策，以使自己的人民掌握英语这样一门世界性的语言，由此引发了许多语言方面的悖论。在有些国家，英语的推广使之相对于本民族的语言反而获得了合法的霸主地位，民族身份认同和文化传统因此受到了严峻挑战；而在另外一些国家，英语的传播造成了种族和社会分裂，有时甚至引起了对国家语言政治统治的反抗。

Action Plan to Cultivate "Japanese with English Abilities"

March 31, 2003

Ministry of Education, Culture, Sports, Science and Technology
http://www.mext.go.jp/english/topics/03072801.htm

How Good Is the Samsung Chairman's English?

A video clip of Samsung Group chairman Lee Kun-hee addressing the International Olympic Committee in halting English, which has been posted on the Chosun.com website, has set tongues wagging.

---

http://english.chosun.com/w21data/html/news/200707/200707130023.html①

Roh : English key to S. Korea's future

SEOUL, April 7 (UPI) – South Korean President Roh Moo-hyun says his country should focus on English proficiency to prepare for the future.

http://www.sciencedaily.com/upi/index.php?feed=TopNews&article=UPI-1-20070407-17550600-bc-skorea-english.xml

Making English Asia's own

Stories by TAN SHIOW CHIN and TAN EE LOO

A necessary skill, not an advantage – that is how some people perceive English today. The language is very much the lingua franca in Asia and essential to the region's growth.

Sunday June 17, 2007

http://thestar.com.my/education/story.asp?file=/2007/6/17/education/18008324

肩负民族使命的英语

在好几个亚洲国家,学习英语具有民族使命的色彩。受到成功申办2008年奥运会的鼓舞,中国最近宣布英语学习关系到整个民族的发展(Tsui & Tollefson, 2007)。日本的文部科学省制定了国家战略,以确保每位日本国民能够用英语进行社会交际,确保每位在职人员在本人工作环境能使用英语。在韩国,从20世纪90年代中期起,英语就成为教育改革的核心内容。马来西亚则宣布,整个国家的成功取决于国民的英语能力。

为了完成好这一使命,很多亚洲国家鼓励从小学一年级开始教授英

---

① 该网址以及下述两个网址均已失效,相关内容在网络上无法查到。——译者注

语，一些国家甚至努力使英语成为官方语言。这些措施引发了激烈的争论。在日本，2002年的一份承认英语为第二官方语言的建议遭到了强烈抵制，反对者担心此举会割断文化血脉、民族认同和使用日语的能力（Matsuur, Fujieda & Mahoney, 2004）。该建议终被放弃，但2005年，日本政府开设了100所"高级中学"，以英语为授课语言（Tsui & Tollefson, 2007）。1999年，韩国政府意将日语立为第二官方语言，韩国记者和大学界揭露说这是"日本殖民后的第二次危机"（Yim, 2003：43）。这一建议也被废止了，但韩国政府扩大了以英语授课的大学的规模，从2002年的不足10%增加到2006年的35%，预计2010年将达到60%（Lee, 2007）。2003年，马来西亚完全改变了关于母语的政策，决定再次将英语作为教学语言普及到全部基础教育阶段（Tsui & Tollefson, 2007），遭到了本国许多知识分子的反对。在中国，将英语作为授课语言还面临很多争议，但一些管理部门已然要求理工专业使用英语授课，而一些私立学校则从幼儿园就开始用英语教学。

在依然处于贫困和极度依赖国际援助的亚洲国家中，语言政策明显地偏向英语。在柬埔寨，英语取代了法语，成为该国的第一外语、教学语言和行政用语（Clayton, 2006）。在越南，国家公务员必须学习外语，特别是英语（Do, 2000）。在尼泊尔和孟加拉国，虽然文盲率始终居高不下，但英语却作为教学语言不断普及。在巴基斯坦，尽管该国的语言政策十分倾向支持其乌尔都语，但英语的官方语言地位没有动摇，而且还是巴国中学和大学的必修课程。虽然互联网目前尚属少数精英阶层的专利，但它的发展进一步促进了人们除了在学校正规学习以外接触和使用英语的机会（Tsui & Tollefson, 2007）。在这些国家，甚至在乡村地区，虽然外语教师严重匮乏，孩子们还是必须从小学一年级或三年级开始学习英语。

语言的悖论

上述语言的悖论如何解决呢？在中国，政治独立和经济自主被视为民族振兴的象征。最近几年来，全球化的一些潜在问题反而被中国用来作为对外开放的机遇。2005年3月推出的《学校英语教学新大纲》规定，英语教学的目的在于"理解中西方文化差异，促进爱国主义教育"。同样，在日本，全球化潜在的弊端也被用来重塑大和民族的身份认同。全球化被视为负面力量，造成了日本民众的痛苦（Tsui & Tollefson，2007），日本承认需要改革其经济，坚定地恪守文化独立与自主的理念，重申民族历史的延续性和文化的和谐性。文部科学省在国家规划中反复强调培养日本人民族认同的必要（Gottlieb & Chen，2001），"解构英语"成为增强日本民族情感的手段，即将英语视作一门技术工具，同时重申日本价值观和品质的独特性。

韩国高度依赖国际贸易，所以英语被视为韩国经济竞争力不可分割的元素。英语成为迫使国际社会重视韩国的工具，可以全面展示韩国看待问题的方式方法。英语因此被重新打造成韩国新的民族主义语言。

在马来西亚，人们不得不重新审视民族主义，以使英语融合进来，同时加强培育国民精神。昔日，民族语言帮助马来西亚统一了国家，但今天它已经无力保证马国经济的现代化，而英语却可以帮助马来西亚人捍卫自己的国家，因此，学习英语就是爱国。马来西亚国内编写的英语教材将培养学生全球化视野和提升民族自豪感置于同等重要的地位，他们的教材还包含有增强民族凝聚力、促进种族关系和谐发展，以及文化融合等内容（Tsui & Tollefson，2007）。

在新加坡，一方面要用英语建构国家身份认同，另一方面又要考虑种族身份认同与生俱来的传统文化和价值观。为了妥善处理这两者间的语言紧张关系，政府选择了妥协，主张"爱国人士"和"世界主义人士"相互尊重，鼓励国民保持高水平的英语能力，以便持续参与国际竞争，同时维护国家的多元文化遗产。新加坡鼓励大学生提高英语和民族语言双语的阅读和口头表达能力（同上）。

在孟加拉国、柬埔寨、尼泊尔、巴基斯坦和越南，英语的吸引力和英语教育导致了各种矛盾现象的出现。在这些国家，官方语言占主导地位，地方语言受排挤，国家官方语言的一家独大压迫着少数民族，因此，英语教育成为一种反对语言统治的形式，一种保护少数民族语言和文化及身份认同的方式。在此背景下，英语成为自由主义思想价值观和公民道德的载体，推动了对镇压政策的反抗（Rahman，2004）。

在经济比较发达的国家，构建民族身份认同遵循了相同的道路，那就是使英语霸权合法化。学习英语关乎国家的经济发展和民族使命，同时不能牺牲自己民族传统和文化的独特性和延续性。总之，为了解决语言的悖论问题，英语学习以不同方式得以工具化。在新兴国家，英语也被当作反对语言霸权和推动民主的资源。在未来几十年中，为解决语言矛盾所做的种种努力还将继续改变语言政策。

团结与权力：国家语言的合法化

安杰拉·钦科塔
澳大利亚国家大学

英译法：金辰玉
法国巴黎第三大学

法译汉：王吉会

上个世纪，随着现代民族国家的诞生，国境不是按种族，而是依照殖民的历史划定；同时因为经济和政治原因，各国间人口大量迁徙，这些都在世界范围内催生了以多种族和多语言为普遍特征的现代社会的出现。在这样一个语言和文化多样性的背景下，各国政府艰难地试图兼顾少数民族的权益和建立统一而多元的国家身份认同的需要。这些努力时常让人看出官方话语的矛盾：一方面声称要团结和平等，另一方面又宣布必须考虑多数族群的语言及文化的主导地位。老挝人民共和国的情况便是这一矛盾的真实写照。

老挝关于语言问题的总体政策文献节选

党中央关于新世纪少数民族问题的决议（1992年）

有关部门将研究使用老挝语字母的苗族和佧木族的书写系统，以使之在少数民族地区与老挝语及其字母一致（老挝人民革命党中央委员会政治局，1992；翻译：ILO 2000）。

第六个五年国民社会经济发展规划

支持和发展语言及书写文字/字母。在已经有民族文字/字母存在的地区的学校教授民族方言（规划与投资委员会，2006：100）。

> **全民教育：全国行动计划**
>
> 引入双语教学，特别是在小学一年级（教育部，2005：41）。
>
> **《教育法》**
>
> 老挝语和老挝文字是官方语言，也是所有学校及教育机构学习和授课使用的语言……根据实际情况并经政府批准后，可为学习之目的学习各种民族语言（教育部，2002：7；官方翻译）。

老挝案例

老挝拥有230个少数民族（ADB，2001：iii），所谓的多数民族佬族（lao）只占老挝总人口的30%左右，因此可以说老挝是一个典型的多民族、多语言的国家。老挝自1975年建立社会主义制度以来，国家就一直倡导各民族团结平等。但上述老挝的相关政策的文献还是显现出一些令人尴尬的矛盾：一些政策号召对少数民族的孩子进行双语教育，而另一些政策却在强化老挝语是唯一官方教学语言。这些显而易见的矛盾能够自圆其说吗？它们向我们透露了语言、权力和国家方面怎样的信号？

团结的华丽辞藻和权力的事实

老挝的总体政策文件号召进行双语教学，这可被解读为政府承诺实行民族平等的一种表示。的确，在1975年之后的文件中，人们不难看出老挝政府支持多民族性的力度似乎很大，"平等""团结"等字眼被慷慨地反复使用，老挝人也被称作"多民族的老挝人民"。从国家扶持少数民族语言的态度似乎表明政府在推进少数民族的权益，特别是支持母语教学。但这样的解读或许是一个错误。

事实上，正是这些宣称平等与民族团结的政府文件却同时在大谈少数民族"落后的传统"和"过时的、不适宜的、可批判的"习俗。政府的代表依然主要是佬族人，他们制定的政策自然有利于本族的社会经济和文化发展（参见Évrard，2006）。呼吁正式使用少数民族语言教学并不能反映当局民族平等的取向，相反，这只是一种词语上的粉饰：文字上很是吸引人，却常常是空话连篇。当局之所以这样讲，只是因为要承认少数民族并将他们从思想上融入国家，可以在表面上满足国际上支持人权事业的捐赠者们的要求。老挝政府目前在处理少数民族问题时的方法是佬族要占主导地位，在教育和全民教育第六个发展规划和提出反对双语学习的《教育法》中，政府的态度可见一斑（老挝教育部，2006）。但是，为什么要一边用华丽的词藻粉饰多民族团结，一边采取佬族为中心的政策呢？这一做法为什么会在三个文件中清楚地展现呢？

形式上的文件和应用性文件

1992年关于少数民族问题的政策和社会经济国家发展规划这两个文件都倡导教授双语，这是由老挝人民革命党高层正式制定的。这些文件主要是为政治目的而非实际目的而出台的，与其说是应用性文件，不如说是形式上的文件。文件制定了一种方法和几个目标，一方面展现了老挝共和国最高层的官方形象——老挝人民革命党希望展示的笼络人心的形象，这倒也不足为怪；另一方面让人全面地了解了每个部门实际的所作所为。这是教育部颁布的有预测性的一些文件（《教育法》和《教育发展纲要》），为教育立法提案提供了具体的指导。两个文件限制并忽视了用少数民族语言进行双语教学的可能性，公开提倡老挝文化和语言。另外一个关于全民教育的规划性文件也对双语教学采取了同样的反对态度。虽然在该文件中提及了"双语教学原则"，但并未特别讨论书写方面的双语计划，由于这个原因，教育部的人士将其解释为仅指口语（非正式）的双语教学。

合法的语言与国家

老挝的例子充分说明了在承认少数民族的权利（这里，权利通过一般政策性正式文件中的关于各民族大团结的冠冕之词体现出来）与塑造建立在多数民族文化和语言之上的统一民族认同二者之间的紧张关系。

这一目标通过正式的计划和推行作为唯一教学语言的老挝语（笔语）来实现。这是将少数民族新一代孩子从语言上融合到"占主体的"老挝文化之中的措施，其他措施也是为了将少数民族从经济、文化和语言方面都吸引到老挝社会中。

在关于教学语言方法论的辩论中，老挝鼓吹老挝族的语言占有优势，如果我们接受法国社会学家皮埃尔·布尔迪厄的象征资本理论，这一言论就不算什么惊人之语。老挝语能够在最大程度上在国家范围内带来社会机会和经济机会，这一经济价值被表达为教育政策和国家机构中的象征价值。之后，会造成对少数民族的"象征统治"。在城市的教育机构，老挝语的确获得了"最合法的语言"的地位，当少数民族进入教育场所后，他们便会跟着重复"合法性"的说法。不过，承认国家的这种统治并不意味着否认少数民族会通过各种创造性的方式反对多数民族文化和语言上的优势地位，也不意味着少数民族不会开辟自己的象征市场。

学生与学校的语言政策：少数族群语言/国家语言

洛朗·皮雷恩
法国留尼旺大学

陈明草
法国巴黎第三大学

王鲲 译

不论是单一民族国家如法国，还是联邦制国家如瑞士和印度，学校总是国家语言教育政策的载体，他们负责组织国家和联邦的语言教学，并且在可能的情况下，教授在其区域内使用的少数族群语言和原殖民地国的语言，这些语言的教学视同教授外语。这些语言教育政策的确立会受到诸多因素的影响，其中包括学校在相关社会构成中的历史、社会构成自身的历史，以及在经济和文化全球化背景下，语言社会构成与其他社会构成在地区层面形成的关系。我们不能否认的是，在每个所观察的社会整体中，学校的语言和权力问题，学校对某些类别学生的歧视问题，现当代都曾经出现过而且还在出现许多的反复。我们将以法国为例来说明这一点。

多语学校中的单一语言惯习（Gogolin，1994）

法国社会固有的语言多元化却长期受到学校的打压和排斥，因为从历史上来讲，学校作为灌输共和国意识形态的工具，一向都是为实现国家语言同质化服务的。通过研究法兰西民族国家19世纪末以来推行的针对本国或外国操外语的学生的语言教育政策，人们展示了法国强迫使用国家语言的过程和50年来学校对待多语言学生的态度变化。这一段历史研究配有访谈分析，是从巴黎大区的教师和学生中采集的，内容就是关于在法国学校教授学生原籍语言和文化的情况。

在阿尔萨斯和一部分洛林被并入普鲁士之后，第三共和国的学校在语言方面表现出了强烈的干预主义色彩。在朱尔·费里（Jules Ferry）主政教育部期间，面对语言上四分五裂的法国，政府将学校法语化列为教育的头等大事。1881年6月6日颁布的小学校规第14条明确要求"小学只用法语"。

正是在这一背景下，19世纪80年代期间，法国初等教育总督学伊雷内·卡雷（Irénée Carré）在布列塔尼试验了一种称作"妈妈法"的法语教学法，最主要的教学原则就是禁止学生使用母语。这个方法随后被冠名为"直接教学法"，推广到全法国不讲法语的地区及法属殖民地。有些小学教师不但禁止学生在教室里讲他们的家乡话，还用"记号"禁止这些学生在课间休息时说他们自己的语言。这种记号又称作"标识""符号""奖章"，甚至就叫"母牛"，是一种侮辱性的记号，专门用于惩罚那些被老师当场逮着讲母语的同学。教师给"犯了错"的学生挂上一个象征性的物品，如木鞋、木板等，直到该学生当场揭发其他同伴也犯了说母语的错误才能摘除招牌。全天中最后一个被挂牌的学生将因此受到处罚。1925年8月14日，法国教育部"关于地方语言"的通函认可了上述做法，直到二战结束，这项排斥地方语言的措施始终没有任何松动。

可与教育部上述通函相提并论的另一份政策性文件是1925年12月21日的教育部通函，这是三个系列通函中的第一个，三个通函都是关于组织外国学生学习其母语、用其母语进行和雇佣外籍教员进行该项教学的。这是法国政府为法国北部和东部波兰矿工的孩子上学采取的特别措施，除此之外，在第三共和国时期所有在法国境内的外国学生基本上和本国学生同等对待。不论上述哪种情形，教育机构的任务都是要将一个异质群体转化为同质群体，因为异质群体被视为民族统一性的潜在威胁。

从地区语言到移民语言,走向承认少数族群语言

20世纪下半叶的一个显著特点是,官方压制少数族群语言的态度在逐步改变。这首先表现在对地区语言方面。法国关于"地方语言及方言教学"的第51–46号法律,即所谓的"戴克索纳法"(loi Deixonne),实际上承认了巴斯克语、加泰罗尼亚语、奥克语和布列塔尼语的合法地位。这些语言在学校无足轻重,因为它们只作为选修课,每周一小时,而且还是在辅导课上。但这部法律却具有深远的象征意义,因为它为之后几十年法国在语言教育领域开展的重要立法和司法工作铺平了道路,其中包括1975年的"哈比法"(loi Haby)和1984年的"萨瓦利法"(loi Savary)的颁布。

在地区语言合法化的这一进程中,有三点值得一提:首先,地区语言教学得到了进一步的扩展,法国开始教授科西嘉语、阿尔萨斯/德语方言以及一些海外领地的语言,如塔希提语,还有西南太平洋群岛美拉尼西亚的多种语言,如阿杰语、德雷乌语、南哥纳语、白西语等,以及克里奥尔语;其次,创建了地区语言中学教师资格认证考试(CAPES);最后,学生可以享有相同学时的双语教育(法语/区域语言)。取得这些进展并非一帆风顺,曾遭遇各级政治领导人的阻力,下列3起事件足以说明问题:1992年6月,法国修宪,在其第二条特别增加了新款,明确"法语是共和国语言";1999年,法国议会拒绝批准签署《欧洲地方和少数族群语言公约》;2001年7月31日,法国政府颁布法令,允许公立学校开展浸入式地方语言教学,但这项法令却被法国最高行政法院于2002年宣判撤销。

从20世纪70年代开始,面对移民家庭的学生,法国采取的语言教育政策却与第三共和国时期的无差别化待遇大相径庭。在"尊重不同文化"和"差异化的权利"成为意识形态的背景下,法国教育机构开始按照"族群"划分学生(Henry-Lorcerie,1989:96),实施一些"针对特殊群体的教学项目"(Ragi,1997:189)。这种对待多元民族文化实行区别化和特殊化的管理模式推出了许多专门接受非法语国家的外国留学生的教学单位,如根据教育部1970年1月13日第IX70–37号通函设立

的"启蒙班"（CLIN）和根据教育部1973年9月25日第73-383号通函创立的"适应班"（CLAD）。另外，1973—1981年间，根据教育部1975年4月9日第75-148号通函，法国和葡萄牙、意大利、突尼斯、西班牙、摩洛哥、南斯拉夫、土耳其、阿尔及利亚等8个移民国家签署相关协议，使他们在法国上学的侨民子弟能够接受母语和本族文化教育（简称LCO）。"为了使所有孩子能够参与跨文化活动"，法国教育部1978年7月25日下发了关于"让所有移民子弟入学"的第78-238号通函，这样做使得所有就学者能够通过移民的孩子学习多语言和多文化知识与能力。

然而，我们不应该由此得出结论说，法国放弃了它的民族同化逻辑。上述各项法令和措施丝毫没有改变"对孩子的观点漠然视之的思维逻辑"（Henry-Lorcerie, 1984）。从今往后，一方面法国要求外来移民融入法国，另一方面又要充分发挥由移民语言构成的"民族语言宝库"的功用（Legendre, 2003：6），二者相互矛盾。

我们对法国19世纪末以来针对非法语学生的语言教育政策进行了简要回顾，可以得出一个结论：垂死的地区语言今天已不是共和国统一性的真正威胁，问题的焦点已经转向外来移民语言，集中反映着人们对保持国家统一和谐的许多担忧。

学生和教师对法国学校"学生原籍语言和文化"的看法调查

这些担忧是否有道理？为了回答这个问题，我们建议花点时间看看初高中教师的访谈，以及不讲法语的越南学生和安的列斯群岛学生的访谈。这些访谈完成于2003—2005年间，主题是巴黎地区法国学校"学生出生地语言和文化"。这是陈明草的博士论文的部分内容，他的论文题目是：《出生在法国的操外语的儿童的语言、身份和学校融入》（巴黎第三大学，DIFLE，导师：达尼埃尔·韦罗尼克）。

对教师的提问："在您的班里，您是否或者曾经与您学生的原有语言文化有接触？如果是，通过何种途径？"

——"没有，课上允许使用的语言是所有人能够听得懂的语言，这

是为了尊重他人。"（来提西亚）

——"没有，使用的是法语，否则会在校内受歧视。"（洛朗丝）

——"一直是法语，我认为这是一个对于多数人的礼貌问题。"（玛丽-皮埃尔）

——"偶尔的情况下更多地由学生们提及，像讲轶闻趣事那样，或者私下里以透露'小秘密'的形式。"（玛丽-皮埃尔）

——"对我来说，我其实主要是在和学生的父母接触时才会有点联系，因为他们说法语有困难，每当这时，孩子们就为我们当翻译了。"（韦罗尼克）

对学生的提问："您对您学校里进行原有语言文化教学是否支持？您是否会参加？"

——"不，我不喜欢我的同学在学校里学到克里奥尔语。我不希望所有人听得懂我的语言。"（AN，21岁）

——"不，我不会喜欢。克里奥尔语是一个通俗语言，是口语，是我们之间的语言，不是和大家交流用的。"（ON，19岁）

——"因为会容易得到好成绩，但是要看到时候的心情，因为要看这门课我是不是努力，我忙不忙，还有高考的时间安排。"（MCK，19岁）

——"嗯，我会想学，但是高考要是不考就不一定了（笑）"（KN，17岁）

——"在学校里啊，很好，这样周六就有空了。"（MN，9岁）

纵观上述问答，我们看到两个主要特点：

第一，尽管目前法国的社会语言环境和学校生源已经改变，师生仍然按照单一语言的思维定势考虑问题，跟法国教育体制的意识形态如出一辙。所以，教师只在非正式互动中，或者在课外和课间休息时才考虑接触学生的语言。教师也只有在和家长见面时才真正接触到学生的原有语言。然而，各类访谈或研究成果（Pasquis-Dumont, 1992；Puren, 2004）都表明，这些学生因为要努力地证明自己已经加入单一语言的主流，因为不想与众不同，更怕在同学面前"丢脸"，所以反感在学校或者当着老师的面用他们的家乡语言,哪怕是在和父母交谈。这就是说,操外语的学生会自觉地处理自己和语言的关系,遵守潜规则,即法语是唯一允许在学校使用的语言,法语是学校的语言。他们的其他问答是五花八门,有的压根儿就不在意自己原有的语言文化,有的则非常强烈地希望"找到自己的身份认同",还有的仅仅认为会自己家乡的语言只是"多了一技之长",但没有任何人质疑过学校的单一语言现状。在他们看来,关键是要实用。

第二,到目前为止,将学生的原有语言和文化引入法国学校的创议以失败告终。学生们给出的答案充分体现出困难之大。他们中的一些人,特别是来自安的列斯群岛的同学,会说当地的语言,似乎不相信学校有条件开设这门语言课程。大多数学生认为克里奥尔语是家里说的语言,是说会的,不是教会的。其他学生出于学习成绩的考虑,比如可以提高分数,表示愿意在学校学习自己的出生地语言和文化,这样还能代替原先周三和周六的课外学习课程,多出一点儿玩的时间。这项研究显示出在法国教育体制下,接二连三的语言政策是如何塑造学生的。

通过学校提升欧洲所有语言的价值：对现行和未来政策的检视

乔安娜·麦克帕克
英国苏格兰语言教学研究信息中心

英译法：金辰玉
巴黎第三大学

法译汉：王鲲

除了支持学校发展享有盛名的外语教学之外，决策者还如何支持发展多语言教学？教育者如何提高对族群语言的资源认识？教学大纲的制定者如何保证学生有能力发掘这些珍贵的语言资源？

从市场融入的角度讲，今天全球化最显著的特征就是巨大的人口流动（Castles & Miller，2003）。移民正在改变各地的教育体制，以至于对于所有学生来说，有效的学校教育需要越来越多的多语言教育政策的支撑。"族群语言"是一个通常用来指代多种语言类别的词汇，它包括移民语言、地方语言和符号语言。在许多国家，以人权和语言权的名义，人们对过去受忽视或者受压迫的语言的使用者给予认可。这种法律和政治上的认可对这些语言的教和学产生着影响。族群语言还包括那些"非本土"语言，这些语言只被那些暂居他乡或者漂流四方的流动的移民口头使用着。符号语言同样属于族群语言的一个类别。今天，很多国家都承认非口头交际行为的教育与文化意义。

教育者应当努力帮助学习者将自己的天赋与潜质变为资本。将族群语言看作是一种资源，这会驱使我们思考学习者的知识、文化、经济、公民和人的权利（Lo Bianco，2001）。如何能够在国家和超国家的层面达到这些如此宏伟的目标呢?

方向与目标

欧洲语言教育促进中心

…… ……

欧洲现代语言中心（CELV）的战略目标是帮助成员国实施有效的语言教学政策：

——在语言教与学方面突出实践性，

——促进语言教学领域里活跃分子的对话与交流，

——培养培训师，

——为本中心的相关研究和网络提供支持。

为了达到上述战略目标，本中心……提出了一系列的语言教育国际项目。

本中心基于欧洲理事会倡导的核心价值观，充分发挥其语言教育界排头兵角色的作用，甘愿充当语言教学改革的催化剂。

（来源：http://www.ecml.at/Aboutus/AboutUs-Overview/tabid/172/language/en-GB/Default.aspx）

《欧洲社会宪章》（ESC）

都灵，18.X.1961

…… ……

第19条："隶属于一个缔约国的移民工人及其家人在其他缔约国的领土上有权利受到保护和帮助"

（来源：http://www.coe.int/en/web/conventions/full-list/-/conventions/treaty/035）

> 《欧洲地方与少数族群语言宪章》(ECRML)
>
> 斯特拉斯堡，5.XI.1992
>
> 欧洲理事会成员缔约国承诺……（第三部分第八条"努力实现"）从学前到成年阶段的社区与志愿教育中，教授与支持地方和少数族群语言。
>
> （来源：http://www.coe.int/en/web/conventions/full-list/-/conventions/treaty/148）

"提升欧洲所有语言的价值"

这是欧洲现代语言中心（CELV）申请的一个项目，名为"提升欧洲所有语言的价值"（简称VALEUR），旨在以一种创新的方法努力回应欧洲族群语言的增长和使用这些语言的欧洲青年人的需求与呼声。

欧洲现代语言中心位于奥地利的格拉茨，资金来源项目为"维护社会和谐的语言政策：多语言多文化语境下的欧洲语言教学"，由欧洲理事会资助。该项目始于2004年，2007年10月完成。

欧洲现代语言中心申请VALEUR项目最初的理由是：一方面发现语言多样性是欧洲的一个宝贵优势，而另一方面，移民语言、非本地语言，如意第绪语和罗曼尼语的变体语等，以及符号语言没有像地方语言和少数族群语言那样得到应有的重视，在公立学校开设这些语言课程往往会招致反对意见。

欧洲现代语言中心的VALEUR项目采用的是融合性方法，因为他们发现欧洲族群语言的使用者有许多共同点，比如都赞成多语言化，同时又为自己的孩子选择学习哪种语言感到困惑。他们希望他们的孩子同时具备两种语言的基本能力，一种是他们自己的少数族群语言，另一门是欧洲的主流语言。

该项目安排学龄儿童学习少数族群语言，主要以识字为主，同时向他们介绍现有的学习语言的良好方法及案例。《欧洲地方与少数族群语言宪章》(ECRML)关注建立项目的标准模式。加入这个宪章的欧洲理事会成员国代表被邀请参加项目的工作坊，听取项目团队的论证以及要求资助参与国的理由。21个国家参加了该项目，他们为项目组提供了本国的语言使用状况和现有的语言教育资源信息，他们还就何谓好的语言学习方法及案例进行了讨论。

讨论的主要结果如下：21个国家使用了440种语言和18种符号语言，按照字母表顺序，从阿布隆语到祖鲁语，根据语言地域，从因纽特语到毛利语，或者从塔加洛语到盖丘亚语。这些官方数据似乎低估了实际数字。英国因其悠久的移民历史，统计到的少数族群语言数量最多，达300种。但新移民国家也报告了很高的语种数字，西班牙达到200多种少数族群语言，爱尔兰有160多种。使用最广的语言有波兰语和德语（17个国家）、法语、阿拉伯语、俄语（16个国家）、西班牙语和土耳其语（15个国家）、罗姆语（14个国家）、英语和汉语普通话（13个国家）。

语言支持政策方面，21国千差万别。在芬兰和匈牙利，对族群语言的支持被视为一项有前提条件的权利。在某一特定的区域，如果海外出生的孩子超过四个，且有学习同一种语言的需求，芬兰政府必须予以支持。最常见的做法就是支持学校在业余时间开设每周1—2小时的课程，或者开设周末班。在匈牙利，如果超过一千人要求学习一种语言，并且一个学校里有8个以上的孩子讲该种语言，且该语族可以被证明在匈牙利有一百年以上的历史，则当地政府必须提供相应的语言教育。目前在匈牙利可学习13种语言，其中包括波兰语、希腊语和保加利亚语。在其他国家，此类的语言服务由来源国提供。摩洛哥和葡萄牙驻西班牙的使馆分别提供阿拉伯语和葡萄牙语的课程，一般是在放学后或周末授课。这些课程由摩洛哥和葡萄牙招聘来的教师承担，按照来源国的教学大纲进行。

双语和三语班在增多。一些国家采用了本国语言和族群语言并授的模式。芬兰的一所学校有相当数量的爱沙尼亚人，于是，在爱沙尼亚政府的支持下，开设了爱沙尼亚语的课程。在布达佩斯，有一所汉语—匈牙利语双语学校，针对的是讲这两种语言的孩子。波兰用多个欧洲族群语言，如德语、匈牙利语和卡舒比语创立了双语课程。奥地利有一个三语学校，可用德语、意大利语和斯洛文尼亚语进行教学。

对于有些族群语言，特别是那些在读写方面历史比较短暂或者发生中断的语言，编写完善的教材成为当务之急。在亚美尼亚，人们将编写亚述语教材的任务交给了瑞典和伊拉克的专家，指望他们使这门在前苏联时期被禁止教授的语言起死回生。法国则在教材和教学法方面支持奥克语的发展。

欧洲理事会

语言多样化对于增进人与人之间的相互理解，对于培育公民民主意识和促进社会和谐都是十分重要的。欧洲所有语言都是平等的。这些是欧洲理事会非常重要的政治宣言（参见《欧洲文化公约》，1954：第二条，http://www.coe.int/en/web/conventions/full-list/-/conventions/treaty/018）。但是，后续的政策注解却给予了语言不同的地位。1992年通过的《欧洲地方与少数族群语言宪章》推动了从学龄前到成年的地方和少数族群语言教育，与此同时，《欧洲社会宪章》也规定了限制性条款：各签约国应"尽可能地促进和鼓励移民劳动者的孩子接受母语教育"（第19条）。近年来，语言多元化已经被视为一种能力，它包含语言学习者和使用者在不同时期、以不同目的和不同层次习得语言的经历（Beacco，2007），它鼓励人们摒弃将语言排列等次的做法，支持欧洲现代语言中心的VALEUR项目采用的融合性方法。

欧洲理事会不将自己的语言政策强加于各成员国，而是通过协商达成共识。关于"移民"语言问题，比较难以达成共识，因为移民在欧洲是一个敏感的议题，也因为欧洲内部和跨越洲界的流动会增加使用语言的种类，并由此扩大可利用的资源；另外，移民族群本身也仅仅是过渡性的或者会逐渐消失的。在英国出现的新的索马里群体，其语言是荷兰语或者丹麦语，因为他们由非洲流入欧洲后已经在欧洲内部迁徙过多次。今天的人群是流动和多语言的，这对建立在人口和语言极端稳定原则之上的教育服务模式提出了挑战。

知识是谋求政治变革的基本先决条件。一般来说，教师、课程设计者和教育者工作的教育体制其运行模式都是按照文化和语言极端同质化的原则进行的，而且也是以教育工作者和学习者共享同一个文化为前提的。而在当今世界，这样的思路已经越来越站不住脚了。类似欧洲现代语言中心的VALEUR项目就是为了打造一个更加完备的知识基础，这样才能为当代学生群体提供更加有创造性的答案，以应对族群语言多样性的挑战。

争鸣

萨米尔·马尔祖基
突尼斯马努巴大学，法语国家与地区国际组织

王鲲 译

  我是突尼斯学者，目前在法语国家与地区国际组织任职。我讲话的视角有些特殊，既是第三世界主义者和欧洲局外人，又是跨洲的邻居。

  我是法语教师，母语是阿拉伯语，我是一个标准的、阿卜杜勒-克比尔·哈提比（Abdelkhébir Khatibi）所说的"双语者—双舌人"，这就是我的根基，我的构成。因此，我和本章的主题有些距离，而且如果大家想到这一章的大多数论文先用英语写成，然后译成法语的，那我就更加的离题万里了。所以，我打算把本章提出的思考扩展到其他方面，当然，这些方面也是我们自然要讨论的，因为要知道，在我们正日益全球化的星球上，比如移民这样的问题已经使得阿拉伯语成为法国的主要语言之一。

  我的亲身经历告诉我，当然，这是明摆着的，在多语言和多文化空间的生成中，学校在相当程度上发挥着根本性的作用。在我的国家独立之际，我上学了，由于当时的政治决策者的选择，我在学校享受到了阿拉伯语和法语双语教育。如果我出生在埃及，则成了说英语的人。语言在不同教育体系中的地位表明每个国家语言多元性的构成，这种多元性不仅包括该国人民实际应用的语言，也包括那些立为目标，最终要掌握的语言。在当时的突尼斯，强迫性地并且是相对过早地让人们学习法语倒是使学习者获得一个"文化资本"。对这个国家过去五十年教育改革的分析显示，法语一直是必修语言，但在法语的教学中，文化的选择却摇摆不定，时而是法语文化，时而是本土文化。而这种摇摆不定正反映

出在前殖民地国家里始终伴随语言教学的关于身份认同的争论。

人类历史向我们展示了科学、文化、经济的发展通常有赖于对其他语言和文化的开放与并蓄，并反哺自己的文化。阿拉伯世界辉煌的时期正是它翻译了成千上万卷希腊和印度著作。

赛古·杜尔（Sékou Touré）的几内亚、马达加斯加和阿尔及利亚都曾非常重视他们的民族身份认同，这完全是合情合理的，所以他们在各自不同的年代犯了缺乏务实精神之大错，人为地削弱法语的地位和作用，而实际上他们当时却是最最需要的。在1950年代新独立的马格里布国家，发展的关键也与语言相联系。当时的政治决策者们认识到，在保护好本民族语言的同时，必须鼓励民众学会至少一门卓越的、能够直接帮助创造知识和技能的语言。不管他们的抉择是出于实用主义还是为了某种象征，抑或是蛊惑人心，这些国家都无一例外地实行了危险的平衡主义语言政策。他们当中最成功的，是那些跟自己的殖民历史或宗主国历史纠结最少的国家，这些国家因此面对殖民者占绝对优势的、卓越的语言最少有自卑情结；取得成功的还有那些居民语言同质性比较高的国家，如阿尔及利亚，各种形式的柏柏尔语悄无声息地让位给了统一全国人民的阿拉伯语。这使得柏柏尔人自己都不再愿意使用阿拉伯语，以至于今天我们看到一些柏柏尔人首领宁愿用法语对他们的选民讲话，以此表明与阿拉伯语统治的国家划清界限。

世界各地的语言纷争都有其重要的社会意义，归根到底就是权力之争，这已经是本章清楚地展现的内容。毛里塔尼亚将理科教学实行阿拉伯语化，这让同属一个国家、一种宗教的黑人群体感觉受到亏待，他们认为政府的这一做法是偏向阿拉伯穆斯林传统文化根深蒂固的摩尔人，但回归用法语教理工科则可使大家都能找到一点儿心理平衡。本章分析了亚洲国家的案例。这些国家采取的完全是实用主义政策，要么几乎只选择英语教育体制，要么相反，纯粹地辩称是为了保护本民族的语言。这是一种抉择，但我们可以打赌，套用蒙泰朗（Montherlant）[①]的话，"大

[①] 亨利·德·蒙泰朗（Henry de Montherlant，1895—1972），法国著名小说家、剧作家和诗人，法兰西学院院士，被誉为堪比普鲁斯特的20世纪最伟大作家之一。——译者注

幕后面一定会有眼泪"。语言的象征力量从来不可小觑，通常你把它扫地出门，它会从窗子回来。

制度是决定性的。一个国家整个的语言和文化现实都可以因为一部法律而改变，都可以因为一个政治决策者高涨的战斗精神而改变。突尼斯实现了双语，取得了一定的成功，实行阿拉伯语化的阿尔及利亚却明显失败了，其后果至今依然可见。然而这两个国家中，阿尔及利亚过去是最法语化的。在突尼斯，布尔吉巴总统选择了教育平民化，选择了全民教育，彻底改变了突尼斯的社会面貌和突尼斯人民的思想。

就每个国家所属的地理区域而言，教育首先是学习语言，然后才是学习其他学科，这是一件国家的事务；说是国家的事情，这是因为当国家将其承担的全民教育的使命委任于公立教育和私立教育的时候，国家理应对这些教育机构进行审批和评估，并应根据评估结果决定它们能否担当此重任。随着全球范围的为保护文化多样性而展开的斗争，另一场为保护教育的斗争也在酝酿之中，并且已经初见端倪，初具规模。这是一场反对教育商品化的斗争，或者说这场斗争是为了制定职业操守标准，以便国家将自己承担的教育角色部分地转让给社会性和经营性教育机构时能够有章可循。

从跨国界的角度看，区域性或国际性组织在推动发展多语言主义的进程中也扮演着重要的角色，尽管这些组织有时会接受任务，负责专门保护或者发展某一个语言。在波及全世界的全球化浪潮下，不同语言群体间的战术联盟已然形成，法语圈、西班牙语圈、阿拉伯语圈，所有这些语言群体都被全能的英语边缘化，正是它们的结盟催生了2006年联合国教科文组织《文化多样性公约》的问世，这个公约同时也是支持语言多样性的辩护书。这些联盟获得了属于不同语言群体的双语国家的支持。比如，我的国家突尼斯就是这样，它既是阿拉伯国家联盟的成员，也是文化技术合作署（ACCT）的创始国，该机构几经变化，最终成为现在的法语国家与地区国际组织（OIF）。

同样，考虑到效率和节约时间，越来越多的人希望使用一种大家都差不多能懂的通用语（lingua franca），或者是一种从长久计议人人都应该学会的语言。在这样一个现实面前，有人在国际组织发出了呼吁，要求遵守国际组织的规则，保持一定的语言平衡，即便不是所有语言之间的平衡，至少也要做到那几个主要的称之为国际语言之间的平衡。所以，为了相互鼓励尊重它们共有的语言，法语国家正在组织起来，迎接占主导地位甚至是绝对地位的英语的挑战，签署了关于在国际组织中使用法语的行动指南，并决心加以贯彻落实。

为了同样的目的，法语国家与地区国际组织组成了隶属于个各成员国的法语外交使团，法语既不是这些使团机构的母语，也非他们的通用语。约瑟夫·罗比安科（Joseph Lo Bianco）强调了语言发展当中翻译所起的重要作用。每个国际组织都要求翻译官方语言，这已成为我们时刻抵御语言单一化的标识性行为。

制度在人为地构建语言和文化的现实，至少它的意图在此。法语圈在1970年还是基于几个国家共用一种工作语言的事实，这些国家分布在非洲、阿拉伯世界、欧洲和美洲，有的曾经是法国的殖民地，他们那时已经开始组织起来，特别是创立了法语国家教育部长会议（CONFEMEN）。文化技术合作署（ACCT）先是一个多边合作机构，不久变为法语国家政府间机构（AIF），最后合并成为法语国家与地区国际组织（OIF）。该组织的最终成立不仅使法语圈这个事实在法律上有了合法性，也体现在国家间的常规合作中，它已经不是一个形同虚设的组织。制度化是人类需求的社会组织发展中的一个阶段。在法语国家中，我们能够看到这一制度化特征，比如，各成员国的公民社会、各类协会、各个团体和行业组织，各有各的诉求，但都主张法语国家结盟，并通过法语国家与地区国际组织，努力发展关系，希望通过这种关系在制度上被认可认同为法语大家庭的一员，但同时又尽可能地保留自己的运作空间和决策自由。

就像本章所显示的那样，我们的世界越来越多语言、多文化，而构成我们这个世界的各种机构，不论是国家发起的全国性机构，还是跨国组织起来的区域性或国际性机构，都必须顺应这个潮流，协商管理语言和文化多元化的后果和影响。在这一过程中，我们作为学者应该发挥自己的作用，本书就是一个例证。

参考书目

引言

BAYNHAM, M. (2003). « Adult Literacy ». In J. Bourne & E. Reid, *Language Education, World Yearbook of Education*. London : Kogan Page, pp. 109-127.

BOURDIEU, P. (1991). *Language and Symbolic Power* (trans. G. Raymond and M. Adamson). Cambridge, UK : Polity Press.

LO BIANCO, J. (2007). « Educational Linguistics and Education Systems ». In B. Spolsky & F. M. Hult (éds.), *The Handbook of Educational Linguistics*. Malden, MA : Blackwell Publishing.

SPOLSKY, B. (1978). *Educational Linguistics : An Introduction*. Rowley, MA : Newbury House.

VYGOSTKY, L.S. (1978). *Mind in Society, the Development of Higher Psychological Processes*. Cambridge, Mass : Harvard University Press.

VYGOTSKY, L.S. (1986). *Thought and Language*. Cambridge, Mass : MIT Press.

WATSON-GEGEO, K. A. (2004). « Mind, Language, and Epistemology : Toward a Language Socialization Paradigm for SLA ». In *The Modern Language Journal*, n° 88, iii, pp. 331-350.

跨国语言空间的机制化：社会语言学的现实和语言政策

LÉGER, J.-M. (1987). *La Francophonie : grand dessein, grande ambiguïté*. Montréal (Québec) : Hurtubise ; Paris : Nathan.

RECLUS, O. (1996). *France, Algérie et colonies*. Paris : Hachette. www.ladocumentationfrancaise.fr/dossiers/francophonie/onesime-reclus.shtml

作为机制的翻译：遗产与实践

GENTILE, A., OZOLINS, U. & VASILAKAKOS, M. (1996). *Liaison Interpreting*. Melbourne : Melbourne University Press.

HERTOG, E. (2001). *Aequitas. Access to Justice across Language and Culture in the EU*. Lessius Hogeschool : Antwerp JEROME (1933) *Select Letters of St. Jerome*, (trans. F. A. Wright). London : Heinemann.

LEIGHTON, L. (1990). *Translation as a Derived Art*. American Philosophical Society, 134 (4), pp. 445–454

MURPHY, F. (1952). *A monument to Saint Jerome : Some aspects of his life, works and influence*. New York : Sheed and Ward.

OLIN, J. (1994). *Erasmus, Utopia and the Jesuits : The Outreach of Humanism*. New York : Fordham University

全球化和语言的悖论：英语的角色

CLAYTON, T. (2006). *Language Choice in a Nation under Transition*. Berlin : Springer.

DO, H. T. (2000). « Foreign language education policy in Vietnam ». In J. Shaw, D. Lubelska & M. Noullet (éds.). *Partnership and Interaction : Proceedings of the fourth International Conference on Language and Development*. Bangkok, Thailand : Asian Institute of Technology.

GOTTLIEB, N. & CHEN, P. (2001). *Language Policy and Language Planning*. Richmond : Curzon.

LEE, B. J. (2007). English Orated Here. In *Newsweek*, pp. 34–35.

MATSUURA, H., FUJIEDA, M. & MAHONEY, S. (2004). The Officialization of English... in Japan. In *World Englishes*, 23 (3), pp. 471–487.

RAHMAN, T. (2004). *Denizens of Alien Worlds : education... in Pakistan*. Karachi : Oxford University Press.

TSUI, A. B. M. & TOLLEFSON, J. W. (éds.) (2007). *Language Policy, Culture, and Identity in Asian Contexts*. Mahwah, N. J. : Erlbaum.

YIM, S. (2003). *Globalization and National Identity : English ... in Korea*. Ph. D. dissertation, Steinhardt School of Education, New York University.

团结与权力：国家语言的合法化

ADB, State Planning Committee and National Statistics Centre (2001). *Participatory Poverty Assessment, Lao PDR*. Vientiane : Asian Development Bank.

BOURDIEU, P. (1977). « L'économie des échanges linguistiques ». In *Langue Française*, n°34, pp. 17–34.

BOURDIEU, P. (1982). *Ce que parler veut dire*. Paris : Fayard.

COMMITTEE FOR PLANNING AND INVESTMENT (2006). *National Socio-Economic Development Plan 2006—2010.* Vientiane : Committee for Planning and Investment.

ÉVRARD, O. (2006). *Chroniques des cendres : Anthropologie des sociétés khmou et dynamiques interethniques du Nord-Laos.* Paris : Institut de Recherche pour le Développement.

MINISTRY OF EDUCATION (2000/2002). *Education Law*. Vientiane : Ministry of Education.

MINISTRY OF EDUCATION (2005). *Education for All : National Plan of Action 2003—2015*. Bangkok : UNESCO.

MINISTRY OF EDUCATION (2006). *6th Five Year Plan of Education Development 2006—2010.* Vientiane : Ministry of Education.

POLITICAL BUREAU OF THE PARTY CENTRAL COMMITTEE (1992). *Resolution of the Party Central Committee Concerning Ethnic Affairs in the New Era.* Vientiane : Party Central Committee.

学生与学校的语言政策：少数族群语言/国家语言

GOGOLIN, I. (1994). *Der monolinguale Habitus der multilingualen Schule*. Münster, New York : Waxmann.

HENRY-LORCERIE, F. (1984). « Interculturel ou insertion : l'école française face au défi ». In *Grand Maghreb*, n° 32/34, 1er octobre, pp. 57–60.

HENRY-LORCERIE, F. (1989). « L'intégration scolaire des jeunes d'origine immigrée en France ». In L. Bernard (dir.), *Les Politiques d'intégration des jeunes issus de l'immigration. Situation française et comparaison européenne.* Paris : CIEMI / L'Harmattan, pp. 95–124.

LEGENDRE, J. (2003). *Pour que vivent les langues... : l'enseignement des langues étrangères face au défi de la diversification.* Rapport d'information fait au nom de la commission des Affaires culturelles sur l'enseignement des langues étrangères en France. Paris : Sénat. http://www.senat.fr/rap/r03-063/r03-0631.pdf

PASQUIS-DUMONT, F. (1992). « Les représentations de la langue et de la culture des élèves d'une Z.E.P. ». In *Le Français aujourd'hui*, n° 100, pp. 39-45.

PUREN, L. (2004). « L'école française face à l'enfant alloglotte. Contribution à l'étude des politiques linguistiques éducatives mises en œuvre à l'égard des minorités linguistiques scolarisées dans le système éducatif français du 19e siècle à nos jours ». Thèse de doctorat en Didactologie des Langues et des Cultures, Université Paris III.

RAGI, T. (1997). « L'enseignement des langues et des cultures d'origine : instrument d'intégration ou d'exclusion ? ». In M. Nadir & C. Claude (dirs), *Langue, école, identités*. Paris : L'Harmattan, pp. 185-209.

通过学校提升欧洲所有语言的价值：对现行和未来政策的检视

BEACCO, J.-C. (2007). *From Linguistic Diversity to Plurilingual Education: Guide for the Development of Language Education Policies in Europe*. Strasbourg : Council of Europe Language Policy Division.

CASTLES, S. & MILLER, M. J. (2003). *The Age of Migration*, 3rd Édition. Basingstoke and New York : Palgrave Macmillan.

LO BIANCO, J. (2001). *Language and Literacy Planning in Scotland*. Scottish Centre for Information on Language Teaching : University of Stirling.

第八章

历史、教学实践及模式

玛丽-克里斯蒂娜·科克-埃斯卡勒
荷兰乌特勒支大学

若埃尔·白乐桑
法国国立东方语言文化学院

引言：历史、教学实践及模式

玛丽-克里斯蒂娜·科克-埃斯卡勒
荷兰乌特勒支大学

李晓光 译

多语言教育具体表现为学习一门或多门外语或第二语言，历史上就曾对其进行过研究。作为其依托的教学法实践回答了关于目标功能和教授方法等问题，长期以来一直是人们探讨的主题之一。然而，19世纪后二十五年开始在欧洲建立起来的大学或职业学校在外语教师培训中常常忽视这一历史背景。另外，人们总是过于简单地认为在欧洲（近现代、文艺复兴及古典时代），"活"语言的教学模式都是从以拉丁语为代表的"死"语言（即绝迹语言）的教学中借鉴而来。

在欧洲，"外语教师"这一职业直到19世纪末20世纪初才被正式承认，但"语言教师"却是一门十分古老的职业。这一职业有其特定的时空、地理环境、政治及社会文化背景，是随着所教科目成为大学和人文科学学科而发展起来的。教学史因其社会政治意义正在被建构，而外国语言文化教师个人的历史正是教学史的重要组成部分。教学史从教学机构及其主体（即教师和学生）入手，考察和研究多语言的使用、社会文化功能及其表征（Frijhoff & Reboullet, 1998）。

1. 语言多样性及语言间关系研究

1.1 语言多样性与通用语言之幻想

长期以来，语言的多样性一直被认为是巴别塔诅咒的结果。人们总是期盼着产生一种世界通用语，从而方便不同民族间的友好交流。17世纪时，捷克教育家夸美纽斯（Comenius）认为通用语言不可能存在，所以主张接受语言的多样性并将多语言作为人类活动的遗产，打破巴别塔诅咒。J. 苏索·洛佩斯（J. Suso Lopez）向我们揭示了这一语言思想的现代性。

然而到了18世纪，法语成为欧洲精英阶层和外交语言之后，人们重提它的通用性问题。作为社会和政治的工具，拥有"通用语言"形象的法语体现了当时社会的权力关系。法语的这一"通用性"神话因里瓦罗尔[①]（Rivarol）1783年在柏林科学院大奖颁授仪式上的著名演讲而得以续写。之后，F. 布鲁诺（F. Brunot，1905—1979）发表的著作延续着法语的辉煌，而事实上，法语的影响力在当时已经开始衰弱（1905—1938）。有必要指出的是，"当时在法国以外使用法语的人群并不多，……而且他们所用的法语也并非大多数法国民众所讲的法语"（Frijhoff & Reboullet，1998：6）。

1.2 语言表征的规则和等级

根据不同的历史、地理背景，语言表征具有一定的规则和等级。比如，在近现代多语言并存的欧洲，法语一直占据主导地位，直到19世纪下半叶，其地位被英语所取代。皮埃尔·马兰（Pierre Marin）（阿姆斯特丹，1712：220—221）的《学习和使用法语和荷兰语的新方法》(*Nouvelle méthode pour apprendre les principes et l'usage de la langue françoise et hollandoise*) 中的一段对话即可证明这一点。这段对话为法语的通用性特征提供了论据：

    法语优于其他所有语言……
    她最能体现思维的顺序，丝毫没有含糊不清的地方……
    德语刚硬有力却过于严峻。
    西班牙语庄重严肃却不免臃肿繁冗。

[①] 安托万·里瓦罗尔（Antoine Rivarol，1753—1801）：法国政论家、新闻记者和讽刺诗人。——译者注

意大利语优美精致却有些绵软无力。

荷兰语丰富饱满却缺乏精炼。

法语恰好摒弃了各语言的缺点，而将其优点集于一身。

被称为"统治语言"确为实至名归。

王公贵族争相使用，并以此为耀。

19世纪时期，培养商人的学校里也教授这些语言，例如1846年成立于阿姆斯特丹的荷兰第一所高等商校将这些语言按其重要性进行了排序：法语、德语、英语、意大利语、瑞典语、丹麦语。这也揭示了当时经济关系中的等级（García，1996：330）。为了培养这些未来的商务旅行家，学校的多语教学还配备了六个语种的对话教材。如果说欧洲境内的语言拥有各自的形象，那么世界其他地区的语言亦如此。《波斯语法语对话》(*Dialogues persans-français*) 一书的前言"译者、商人以及旅行者必备"（Nicolas，1856，1869）有这样一句话："欧洲鲜有人知的波斯语，毫无疑问是公认的最美、最富有象征表达、最诗意的亚洲语言。"

因此，多语的用途和多语能力的习得需要从外语的形象、功能、供求等角度进行思考和探讨。

2．多语用途与语言学习实践

2.1 成为多语人有什么用？

学习外语的目的因时代和背景的不同而有所差异。外语可以是社会工具、职业工具、科学工具，甚至宗教工具，对多语能力的需求也具有这些特点。M. 科隆博·蒂梅利（M. Colombo Timelli）和N. 米内尔娃（N. Minerva）的研究指出，这种需求首先是实用性的，而多语教材能够帮助满足该需求。如果说16世纪以来，"语言的存在就是为了被使用"这一观点已被广泛接受的话（Minerva，1998），那么，人们对学说一门语言的用途仍不甚明了。与外国人对话交流的目的可以是实用性的，如外交、商贸、旅行，又如作为培养欧洲青年精英的"环游欧洲"项目。自古以来，权力机构一直需要"象胥""舌人""通事""译员"进行语言沟通和文化传递。与如今英语作为世界许多地区职业领域的沟通语言一样，法语也曾是贸易和商船队的通用语，例如北欧国家的中产阶级家庭会强制要求孩子学习法语。默利耶（Meurier）的《通俗用语：专门针对那些渴望读懂并能天真地讲法语和弗拉芒语的商贸人士》（*Deviz familiers, propres à tous marchands, désireux d'entendre bien lire, et naïvement parler françois et flamen*，1590）一书的名字就是很好的例证。语言教材的名字是探究多语用途的重要资料，因为书名常常反映了作者设想的读者群体。17世纪针对幼儿、女孩或者青少年的教材往往拥有比喻式的书名，如《孩子们的可爱小鹦鹉（法语荷兰语对照版）》（Meurier，1601），《小女孩的新花环，女孩对话、趣味对话学法语》（Z. Heyns，1653）。而19世纪成人语言教材的名字则较为平庸，多为多语对话指南（Nicolas，《波斯语法语对话》，1856，1869）。

2.2 教材的目的是什么？

教材往往是其作者教学法思想的体现。作者通常会在致读者词、前言或序言中介绍该教材，阐述教学理念以及对职业的思考。如果教师认为交际目标是最重要的，那么会倾向使用对话这一传统方法，该方法可以追溯到中世纪时期。19世纪末，直接教学法或者说直觉教学法在欧洲甚为流行，很长时间内被认为是重大革新，而事实上，该教学法与欧洲"活语言"教学的传统实践是一脉相承的。贝斯（Besse，2001）梳理了"西方主要的外语教学方法和技术"及理念。在思考"何为语言学习？"（Besse，1996）时，贝斯参考了前人的经验：拉丁语教师沃尔尼（Volney）（他于1795至1820年间将欧洲语言的字母系统应用到亚洲语言中）、卡巴尼斯（Cabanis）以及在18、19世纪产出众多语言教学法理论著述的其他语法学家、哲学家、教学法专家以及医生。在他们的教材中，教师就教学法方面可能涉及的问题给出了解答。因此，探索外语学习的最佳方法与下列问题相关：1）应不应该使用母语？2）是否应该教授语法，如果是，如何讲授？3）应着重学习语言符号本身还是着重学习语言的使用（即交际实践）？4）应根据内容的掌握还是根据学习状况把握学习进度，或者说如何循序渐进地教授，是一门语言接着一门语言还是多门语言同时教授？

前两个问题可以区别两种教学法。一种是双语教学法：使用母语，重点学习语言文字本身，这是一种书斋型教学法，或者叫应用理论型教学法，通过概念性的工具教授语法（"语法术"在19世纪成为了语言科学）。语法学习在古罗马教育家昆体良（Quintilien）的传统中是不可或缺的，而皮耶拉（Piélat）在1672至1673年间出版著作，用颇具象征意义的书名《反语法》（Antigrammaire）嘲弄了语法学习，有的作者或学习者甚至直接将语法弃而不学，下面这段为教学编写的对话中就体现了这一点："我想学法语。——你想学语法吗？——不想，只想学对话和商务信函写作。——那我为什么要学语法呢？"（Droz,《法语语言与对话教材》Méthode de langue et de conversation françaises, 1869—1870: 75）。另一种是单语教学法，该教学法的支持者认为语言如果通过翻译手段来学习则会丢失其精妙之处。佩希耶（Peschier）在其《巴黎漫谈录》（Causeries parisiennes, 1871）一书中就选择了单语教学法，目的是 "不损害拉封丹笔下独一无二的天真和纯粹，布瓦洛讽刺诗中细腻辛辣的笔调，歌德叙事诗里的奇幻色彩，彼得拉克抒情诗中那转瞬即逝的优雅以及拜伦诗歌中阴郁凄切的狂热与激情"。人们后来选择的单语教学法也同样适用于19世纪末发展起来的直接教学法以及后来跨文化视角下的现代教学法。

上文中的另外两个问题属于当今的教学法范畴。我们应该一门语言接着一门语言地教授还是几门语言同时教授？1世纪的昆体良以及16世纪的耶稣会士们主张平行教授希腊语和拉丁语，而17世纪的夸美纽斯则提倡一次学习一门语言，每门语言学习中积累的知识和经验可为后来的学习所用。那么，同一种学习方法可否套用在其他学习中？沃尔尼（Volney）准备去叙利亚旅行，想学习一些基础的阿拉伯语，他选择了荷兰莱顿的东方语言教师埃珀尼厄斯（Erpenius, 1584？—1624）的语法教材，结果被那些不熟悉的语法规则弄得晕头转向，于是沃尔尼得出结论说 "最好到对应的国家去，从当地人口中学习语言"（《欧洲语言字母系统》Alphabet européen, 1819, VIII: 96—97）。为数众多的教材声称可以根据商人们的需要助其掌握两门或者多门（甚至多达12门）语言。如贝尔莱蒙（Berlaimont, 1511）的《词汇》一书，最初为法语和荷兰语，后于1589年出版了八种语言版本，17世纪时又多次再版。这些几个世纪间数次再版的"双向语言"（Reboullet，1992）教材（如郝利邦德［Holyband］，莫热［Mauger］以及马兰的教材）有着共同的目标：使人们学习和掌握两门语言：法语、英语或法语、荷兰语。不管是事实还是广告式宣传，19世纪比贝尔斯泰茵·卡季米尔斯基（Biberstein Kazimirski）编著的带有语法和词汇的《法语波斯语对话》（*Dialogues français-persans*, Paris, Klincksieck, 1883）一书依然拥有这个目标，声称"既适用于打算去波斯旅游的法国人，也适用于想学习法语的波斯人"。

2.3　何种培训？

多语言还可应用于教育中。外语是个人教育与发展的一部分，尤其对于女性而言。A. 曼迪奇（A. Mandich）指出，女性被排除在古典语言教育之外，而从某种程度上说，她们在现代教育中处于优势地位。法语在近现代欧洲所发挥的社会文化功能需要与人文主义和启蒙时代的意识形态联系在一起进行研究。如果说法语因其在历史、地理、科学、哲学、文学等领域的贡献使人们的思想更为现代，并且法语学习不局限于书面文字，还包括口语表达，那么其他语言却仍停留在书面阶段。古典语言、拉丁语、希腊语便属于这种情况。在欧洲，从文艺复兴时期一直到20世纪，这些语言一直被当作"死语言"进行学习。对阿拉伯语（知识语言、伊斯兰教圣语）和汉语（语言承载着能够启发精神和智慧的全新知识）的学习也只限于书面文字。汉语这样的"殊远"语言长期以来只能通过书面形式进行了解，为此，B. 安雄（B. Allanic）对学习"殊远"语言带来的影响进行了研究。

渐渐地，外语教学成为一个学科的职业活动，语言教师成了一门职业，并由专门的培训和学位进行规范，外语则成为学校教育和学术研究的学科之一。欧洲在19世纪和20世纪实现了这一进程（首先在欧洲北部，之后在欧洲南部）。法国国立东方语言文化学院是这一领域的先驱，1843年便已开始教授汉语。

3. 文化模式及影响

3.1 教师模式

正如今天我们使用语言生平来描绘当代人的多语经历一样，我们可以研究历史上的语言教师的生平，并以多语言教育的视角研究其在当时背景下的教学实践。他们所使用的教学模式与其语言文化身份和教学背景密切相关。勒布莱（Reboullet）认为贝尔莱蒙和郝利邦德就是典型的例子，他们是16世纪末盎格鲁-撒克逊语的语言教师，是职业者；他们是教师、作者、译者、外交官、导游以及旅行者；他们本身就是多语言教育的载体，所采用的多语言教学法也与多语言教育的发展相一致。17、18世纪意大利的法语教师是上流社会文化的传播者、对话艺术大师、发音典范以及道德榜样。还有为数众多的家庭教师，他们具有多重身份并对其学生进行多语种教育，如18世纪末伦敦的英语、德语、意大利语和法语教师特奥菲勒·弗雷纳（Théophile Frêne）(Christ & Habler, 1994: 17—24)，对语言和文化均持对比分析的态度的马蒂亚斯·克莱默（Matthias Kramer, 1640—1730）(Mandich & Pellandra, 1991: 19—25)，以及19世纪著名的教材编写者们，他们在其教学实践和身份构建中融合了罗曼语与盎格鲁-撒克逊语（Minerva & Pellandra, 1993: 5—10）。Jacotot（1770—1838）则提出了一种无师自通的外语学习方法，他以《忒勒马科斯历险记》(*Télémaque*)这本集文化、道德教谕于一体的书籍（Minerva, 2003: 157—169）为材料，旨在通过其语言研究中的"普遍教学法"实现"智性解放"。

3.2 人的教育

塑造精神、开启知识之窗、传播文化理想，这些都是通过学习外语进行人的教育的好处。对语言的意识表征，以及这种表征在外国社会文化语境中的作用，会影响学生的学习态度。语言研究和多语言教育是欧洲启蒙时代意识形态的关键要素之一。18世纪有一位交游甚广的荷兰女贵族，名叫贝尔·冯·苏伦（Belle van Zuylen），又名伊莎贝尔·德沙里埃尔（Isabelle de Charrière），她在欧洲各地拥有别墅和城堡，经常来回居住。她的话恰恰证明了这一点，她用法语写道：

> 语言研究可以说是……实验形而上学最好的老师。……我始终坚信语言研究、人们对所言之物的关注以及欧洲北部语言（如德语）与南部语言（如拉丁语及其衍生语言法语、意大利语等）之间的对比，是所有精神活动中最能够塑造、拓展并磨砺精神的。（Isabelle de Charrière, lettre 860 à Henriette L'Hardy, 19 octobre 1792, OCIII, 425）

长期作为欧洲精英阶层语言的法语，在17世纪被用作教育和培养品行高尚的人，18世纪用于培养年轻贵族，19世纪用于教育未开化民族。我们可以思考和探究为这些不得不面对多语言与文化的群体提供的教学模式所取得的效果。19世纪，具有普世意图通过语言学习发展文化的模式通过法语教育机构（尤其是在地中海地区）传播开来。E. 阿尔戈（E. Argaud）和C. 科尔捷（C. Cortier）的研究表明，这些机构都具有政治色彩，是意识形态传播的驿站，尽管其中也包含了教学法思想。世界犹太人联盟（Alliance israélite universelle, 1860）、法语联盟（Alliance française, 1883）和法国世俗使团（Mission laïque française, 1902）等，都是建立在不同的先决条件和教学法策略基础上的多语言传播机构，不论是涉及作为统治语言及教育语言的法语的形象，还是涉及他者即学习者的语言和文化形象。这些机构在国外依然保持自己固有的社会文化关系模式，不做任何的调适。二战后，推广法语（作为外语）的政策中仍然保留了普遍主义教学法，因此受到了批判和质疑。

3.3 文化模式与身份构建

人们对他者以及语言文化模式的表征会导致其拒绝或接受多语言和多文化，而其中引起的身份认同的冲突应理解为在文化统治、政治统治（如凡尔赛时期的欧洲，奥斯曼帝国、中华帝国或者19至20世纪的殖民统治）背景下民众的亲外和/或排外态度。一些国家和政府因势利导，支持移居者由个人的身份认同冲突转向对移居所在国家的民族身份认同，如荷兰、意大利、土耳其。土耳其共和国在成立初期实施的文字改革对国家的民族身份认同产生了深刻的影响，突出地表明它决意学习西方模式，不仅在交际形式上，也在文字所承载的文化内容上实现了西化。H. 居文（H. Güven）称这走的是一条语言的政治工具化道路。

不论作为交际语言、教育语言还是知识语言，外语都是一种知识模式，与之相联系的是一个或近或远的，易理解或不易理解的（取决于其与已知世界的差异程度）知识世界。欧洲直到19世纪后期还主要在教授书面的汉语，而仅仅是汉字就呈现了一个截然不同的世界，一种不同的思维表征模式。那些全球性法语推广机构在传播法语的同时，也传播了政治和社会意识形态。土耳其通过文字改革使其语言接近西方语言形式，为文化内容的传播奠定了基础。由此看来，语言与文化的关系是一个根本的永恒的探讨话题。因此，我们不仅可以而且应该用历史的角度探讨交际能力、人（同时作为学习者和社会人）的发展以及文化身份等多语言教学法的核心问题。在多语言和多文化的欧洲，这些问题还直接关乎其政治目标：培养能够"在特定的文化环境中行动以及和他人进行互动"的社会人（Coste et al., 1997: 9）。

多样性的语言还是通用语言：夸美纽斯与"破除"巴别塔魔咒

哈维尔-苏索·洛佩斯
西班牙格拉纳达大学

张迎旋　译

　　从文艺复兴到17世纪，欧洲的通用语言体系最终没能避免土崩瓦解的命运，以下是四个同时推进的解体过程：
　　——拉丁语不再是通用语，不再是打开（希腊罗马）文化殿堂大门的钥匙，不再是所有的研究工作和知性（哲学）论坛的基石；
　　——希腊语被（重新）发掘出来，成为文化的补足语，而希伯来语（再次）引起世人的关注，成为宗教语言的代表；
　　——形形色色的方言获得了口笔语地位的认可；
　　——远征美洲和东印度后发现了世界上更多的口头语言。
　　见证这一历程的是17世纪的人道主义者和知识分子，他们既感到一丝不安，又抱有一线新的希望。基督教分裂为天主教和新教，宗教迫害、宗教战争、三十年战争……这些纷争已然撼动了对人的信仰。同时，一些预言家宣告世界末日即将到来，许多邪教宗派应运而生。在语言领域，巴别塔魔咒再次兴风作浪：语言的混乱局面正是社会和文明分崩离析的先兆。无论如何，"拉丁语不再是代表知识和权威的世界通用语，欧洲各个地方的语言得到了充分的认可，非欧洲地区的语言也获得了新发现，这些因素使人们相信人类能够改良和创造更适应时代需求的语言"（Robins，1976：119）。
　　夸美纽斯的语言思想正是这种希望萌发的基础之一。

夸美纽斯的语言思想（节选）：

假如只有一种语言，我们将会感到莫大的幸福！

我承认掌握几门语言并非是成为睿智的人所必经之路……事实上，正如在天堂里的情况一样，一个人倘若忽视五花八门的各种语言，只会说一门语言，这样并不妨碍其成为更幸福的人……

但就当今形势而言，学习多门语言势在必行，究其原因，有以下三点：

1）首先，有必要理解语言的学习是补救语言混乱局面所造成的各种伤害的济世良方……

2）其次，社会形势所逼。的确如此，总是有一些人，他们既不懂本国人民的语言，更不知邻国人们在说些什么，但他们不得不与这些人打交道，尤其是出于工作方面的需要……

3）第三个也是最后的原因是，语言的学习对于自身是不无裨益的，可以使人头脑更为聪慧（尤其是学习发展得更为完善的语言）。当神圣的智慧光芒依稀可见，扫除了我们面前的障碍，当我们和地球上不同国别的人们畅通无阻地交流时，不论这些人已亡故或是仍健在，我们都会感到无比惬意。（［1648］2005：111）

出现语言混乱的根源

……各种各样的语言诞生于巴别塔的脚下。但这是如何发生的呢？最普遍流传的观点是上帝创造了这一奇迹，把曾经仅有的一门语言分解成多种语言。因此，一旦分解成功，一个人掌握一门语言到了炉火纯青的地步，而另一个人对另一种语言驾轻就熟。每个人迁徙到新的居住地时都会把他的语言带到这个地方，并把语言传给后代……然而，对我而言，在巴别塔的脚下，除了语言混乱不堪什么也没发生，也就是说，是上帝让人脑遭遇了可怕的冲击。人好像被当头一棒，强烈的震荡使其忘记了自己具备说话的能力（或许忘记了现实，甚至忘记了自己）。同时，人变得无能为力，无所事事，在世上浑浑噩噩，自暴自弃。但人类好像走出了这段混沌期，重新学会了语言的连贯表达。随着时间的推移，人类重新掌握了语言能力，与此同时，人类开始四散分居。因为社会再次回归和平，所以当人类又开始思考时，语言便再次出现。因此，

> 随着谈判和交换的盛行，忘记的词语又回到了嘴边，废弃的表述规则又占据了主导地位……从人们分散居住开始，新的生活行为方式也催生了新的语言交流的形式。（[1648] 2005：55—56）
>
> 如果我的推论是正确的，巴比伦不是语言多样性的根源，而只是语言多样性的表现。由此可见，我们所知晓的各民族的口头语言，不是来自辛勤劳作就是源自漫不经心，换言之，不是有所作为的产品就是无所事事的产物。所有洞明世事的观察家都会用自身所亲历的情境来印证这一现象。（[1648] 2005：58）

对语言多样性的接纳意味着"巴别塔魔咒的解除"

夸美纽斯对自身所处时代的纷繁复杂的语言状况体察入微。他面对问题的方式从某种角度来看是完全现代的：在他看来，语言只有成为话语或口头表达时才算是真正存在，而不仅仅以语法形式存在，因为语法只不过是语言的抽象代表。语言是"一种理性产品……通过一系列衔接的音素为人们交流思想感情提供了可能性"（[1648] 2005：33）；语言是一种人类所特有的使用、生产和表现的过程。

夸美纽斯的语言思想根植于对语言多样性的超越和对巴别塔魔咒的解除。他认为上帝利用人类建造巴别塔之际将人类打入了混沌，但人类早已走出了混沌状态，如今各种语言发出了共同的呼声，这呼声代表人类理智（在圣灵和上帝引导下）的新意图，希望重新创造一种语言，即使这门语言不如当初那么完美，但至少具有这样的特点：有内在的相似性，并且和现实世界有机关联。所有的语言都具有活跃的理智表现，都值得信赖，对"教化"和完善的事业都是有一定重要价值的：对世界的理解（将事实"分类"）散布在所有语言内部，在所有语言的整体里才有可能"依稀看见神圣的智慧光芒"（[1648] 2005：111）散布其间。因此，所有的语言都在其结构中，都以其自身的方式来显示自然法则。

世界通用语应该是一门完美的语言

夸美纽斯将语言多样性视为不可回避的问题来加以接纳，他还逐一列举了学习语言的各种益处，正是因为认可学习语言的这些好处才使夸美纽斯对世界通用语言有一种非常独特的看法。对他而言，一门语言只有做到完美才能成为世界通用语。再造一门完美语言（参见Eco，1994）的事业占据了，或者说甚至困扰了当时许多人道主义者和哲学家（珂雪［Kircher］、培根［Bacon］、梅森［Mersenne］、达尔加诺［Dalgarno］、威尔金斯［Wilkins］、夸美纽斯本人、莱布尼茨［Leibnitz］……），因为这门语言要"有逻辑规则、简单、绝对、便于学习和使用"（Caravolas，1984：115）。这一现象归根结底是一种希望，意欲摆脱当时的语言分化状态，进而找到可以代替拉丁语的地方语言，也试图避免拉丁语本身的弊病（词与物的关系，语法内部的相似性问题，或者句法的结构松散），而所有这些意图使得再造语言的事业具有不同寻常的规模。世界通用语必须在知识、思想和理念的传输方面尽善尽美，词与物相吻合，每个语汇有唯一含义，不允许曲解甚至演绎，而且错误想法因为即刻就能被鉴别出来而无法形成。罗宾斯（Robins）指出这样的概念类似理性主义："人类思想的普遍结构的概念，或至少是文明人的思想，这种思想独立于任何一门特殊的语言，因而可以用世界通用语来表述，这样的概念或许对理性主义者而言是很自然的理念"（Robins，1976：123）。夸美纽斯本人也表达了对完美语言的憧憬，他意识到这项事业是不可能完成的，因此对这一理想进行了辩护，认为最好能对各门语言进行"精耕细作"，使之日臻完美。

普遍语法：对所有语言进行理性而全面的分析的框架

关于（完美的）世界通用语的争论再次触及思辨语法的重要主题：理性在语言中的地位。语言学的思想史学家（Robins，1976；Malmberg，1991）都强调说中世纪的模式主义语法和后来的唯理哲学语法（桑克托伊斯［Sanctius］、福修斯［Vossius］、奇欧皮厄斯

[Scioppius]、培根、康帕内拉[Campanella]、卡拉米厄尔[Caramuel]、朱安·维拉尔[Juan Villar]）没有延续关系，唯理哲学语法在波尔-罗瓦亚尔（Port-Royal, 1660）的《普遍语法》（*Grammaire générale*）一书中达到了巅峰。如果语言是上帝的恩赐，它通过内在的相似性，——如同其他上帝的创造物——显示了自然规律，那么由此可推论出来，世界上所有的语言都有一些共同的规律！夸美纽斯没有以直接的方式提出普遍语法的问题：他致力于特殊语法而不是哲学语法的研究。不过，他认为语法元语言和拉丁语的分析框架是可以供世界上的各种语言来借鉴的，因此，一旦习得这些知识，学习其他语言就易如反掌，因为只需再学习这门语言与众不同或独具特色的那部分内容即可（Caravolas, 1984：141—142）。

巴别塔魔咒的解除，语言多样性的认同，世界通用语的无法实现，"普遍语法"理念的渐成气候，将夸美纽斯的语言思想定位到现代性的坐标上。但是，世界通用语的意识（在这种情况下是法语）将在18世纪以猛烈的气势卷土重来（参照 Rivarol）：对于赞同这一观点的人们而言，需要确信法语具备必要的王牌以胜任这一殊荣。

通过范例教和学：16—19世纪国际交流的多语工具

玛丽亚·科隆博–蒂梅利
意大利米兰大学

纳迪亚·米内尔娃
罗马尼亚卡塔尼亚大学

张迎旋　译

多语言贯穿整个语言出版业，从字典到教材，从会话句型到旅游指南，不仅包含为语言教学和自学设计的图书，也包括无论是否公开表明以语言教育为目标的虚构的文学作品。这些出版物的共同特征是实践至上原则。多语言出版满足了近代初期大规模的社会新需求。从广义上说，这些教学工具的出版一方面足以估量欧洲语言的传播情况，另一方面也解决了现代语言传播的载体问题。

如果说语言多元化堪称历史长河中一个永恒主题的话，对于文化多元化，我们却不能妄下此断言，因为自16世纪以来，在西方文明中，正是所谓的语言中性观念成了无数多语言工具得以并存的根本理据。在18世纪和19世纪，多语言出版事业继续受到各种社会现象的影响，其中包括学校教育的大众化影响。文学被赋予了一个新的角色：文学作品通过模块化的改编，变成了名副其实的教材，人们可据此进行各种教学，比如，费纳隆（Fénelon）的《忒勒马科斯的历险记》(*Les Aventures de Télémaque*, 1699) 可用作学习好词佳句和道德规范；蒲柏（Pope）的《人论》(*Essai sur l'homme*) 用作培养人的思想，莫里哀的剧作则使人的谈话变得温文尔雅！于是教学形成了两种传统：一种是教学内容大多为主题词汇表和对话句型，实用和实践是其最主要的教学理念。《沃卡比利斯塔》[1]（*Vocabulista*）、《贝尔莱蒙》[2]（*Berlaimont*），以及根据让利斯夫人（Madame de Genlis）的《旅行者手册》（*Guide du voyageur*）编写的众多对话集等都是这一传统教学的样板教材。第二种传统也采用相同的范例学习法，但素材却是经典的文学篇章，不仅要教学生语言知识，还有育人的功能。在这一点上，多语言教材可保证受众范围更广。参见如下复印件：

资料1

《八种语言的字典……》，里昂，儒弗，1573年。

资料2

诺埃尔·贝尔莱蒙，《四种语言单词表》，鲁汶，德格哈乌，1556年

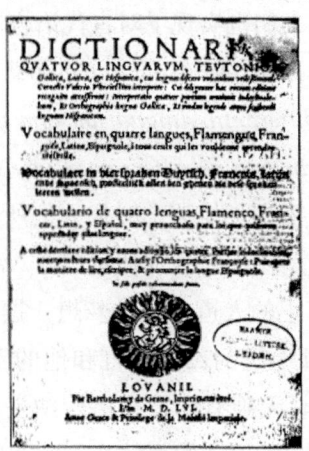

---

[1] 意为"词汇表"。——译者注
[2] 教材作者名。——译者注

> **资料3**
>
> 《〈忒勒马科斯的历险记〉六种语言对照》，巴黎，博德利，1852年
>
> | Les Aventures de Télémaque. Livre premier. | The Adventures of Telemachus. Book I. | Die Begebenheiten Telemach's. Erstes Buche. | Le Avventure di Telemaco. Libro primo. | Las Aventuras de Telémaco. Libro primero. | Aventuras de Telemaco. Livro primeiro. |
> |---|---|---|---|---|---|
> | Calypso ne pouvait se consoler du départ d'Ulysse. Dans sa douleur, elle se trouvait malheureuse d'être immortelle. Sa grotte ne résonnait plus de son chant... | The grief of Calypso for the departure of Ulysses would admit of no comfort; and she regretted her immortality, as that which could only perpetuate affliction, and aggravate calamity by despair: her grotto no more echoed with the music of her voice... | Kalypso war untröstlich über die Abreise des Ulysses. Im Gefühl ihres Schmerzes hielt sie es für ein Unglück, unsterblich zu sein. Ihre Grotte ertönte nicht mehr von ihren Gesänge... | Calipso non potéva consolársi délla partènza d'Ulisse. La di léi immortalità rendévala infelice nel suo dolore. La di léi grotta più non risonáva del dólce cánto délla súa voce... | Inconsolable estaba Calipso desde que la dejó Ulises: tal era su desconsuelo, que se tenia por disgraciada en ser inmortal. Ya no resonaba en su gruta el dolce eco de su voz... | Calypso vivia inconsolavel da ausência d'Ulysses: sua afflicção tornava-lhe pesada a immortalidade. Ja sua grutta não resoava com os suaves accentos de sua voz... |

《为欧洲而出版的书籍？》（Simonin，1982）

在16世纪，民族语言和文化得到了特别地推崇，各个相邻的语言共同体之间的交流越来越多地使用方言（拉丁语一度只能在小范围的学者圈子里保留其国际通用语的功能）。推动民族语言发展的因素很多：地理、政治、经济、宗教、战争等。虽然说这些因素都催生了学习民族语言的需求，但还有另外两个原因可以解释为什么当时的多语言活动生机勃勃：一是人们对文艺复兴以来的语言进行了深入的描述和比较研究；二是商旅路途中各种方言交汇。这些繁忙的多语言活动对现代语言表现出了浓厚的兴趣，当然人们也实现了对古代语言的"再征服"。

瑞士学者康拉德·格斯纳（Conrad Gessner）在其著作《密特里达梯》（*Mithridates. De differentiis linguarum tum ueterum, tum quae hodie apud diuersas nationes in toto orbe terrarum usu sunt... Zurich, Christoph Froschauer, 1555*）中，描写了他那个时代人们所知道的所有语言（大约130种，一部分古代语言，一部分现代语言）。密特里达梯神话和圣灵降临节一样，体现了真正的人道主义的梦想：据古人证实，密特里达梯不需要翻译，可用他领地里的22种语言和他的臣民交流（Auli Gellii, Noctes Atticaem XVII）。无独有偶，在格斯纳去世多年后的1605年，他的名字又出现在一本用11种语言编写的《卡勒班》①（*Calepin*）的书名页

---

① 该词后来成为一个普通名词，意为"词典"。——译者注

上（*Ambrosii Calepini Dictionarium undecim linguarum...* Conrado Gesnero auctore...，Basileae，per S. Hernricpetri）：需要指出的是，《卡勒班》是一部多语字典，用拉丁语查询并释义，面向受过良好教育的读者群，是词典编纂史上传播最广泛的经典著作。

"密特里达梯主义"（Simonin，1982：384）后来因此成了那个时代语言教学的标杆。16世纪似乎尚未意识到现代语言之间的力量对比关系，因为尽管像拉丁语、希腊语，以及后来各个不同时期的意大利语和法语等这些很有名气的语言和那些没有名气的语言之间的关系是不对等的，尽管那些使用广泛的语言和使用范围有限的语言之间的关系等级森严，但是，我们这里论及的多语工具却体现了对所有语言一视同仁的肯定态度。其实在西莫南看来，在16世纪，"尚无一种语言称霸欧洲"（1982：387）。

除了《卡勒班》以及类似性质的字典外，当时的欧洲还盛行编写一些用于国际交流的教材，教学对象为旅行者和商人，教学情境因此是非学院式的，教学方法最初是对比两种语言，后来发展到多种语言。这些教材其实都是词汇列表，与传统的《沃卡比利斯塔》教材一脉相承。我们把这些根据1477年的威尼斯-巴伐利亚语主题语汇集编纂而成的一系列教材统称为"词汇表教材"，1510年，这类教材又发展成为四种语言：拉丁语、意大利语、法语和德语。这些教材的演变历史很奇特（参见Rossebastiano，1984），它们的诞生最初是为了满足极少数人群的语言需求，因为在1477年，当地的通用语言是威尼斯语，巴伐利亚语才是专门的经商活动所必须学习的语言。但这些教材随后得到不断补充，最终成为用途相当广泛的手册，覆盖的地理区域和涉及的语言从东部的斯拉夫到西部的英格兰，从北部的德语区到南部的地中海盆地。《沃卡比利斯塔》教材因此成为名副其实的世界通用语言手册，一次发行8个语种，总计达到12种语言。这类教材得以盛行，首先是因为受众拥有同质的社会文化因子，其次应归功于16世纪欣欣向荣的出版业。当时的出版物不仅面向知识分子阶层，也面向其他形形色色的社会各个阶层。发行地域广泛说明了市场的需求，发行时间之长（1477—1652）又反过来证明了其效益之好。

《沃卡比利斯塔》提供了一个语汇表和许多短小的句子，有些句子被编成了小对话。该教材形式上简便实用（词汇分栏排列，小尺寸），内容上简单易学（均为日常话题，口语化的用语和措辞）。另外，有意思的是，语言学习的方法上采用了自然法和直接法，也就是完全的活学活用，没有任何的语法规则。教学对象是"在现实中的语言实践者"，即那些想学语言而又不需要去学校的商人、旅行者、工匠和妇女。这些人后来都成了"勤奋好学者和文学的业余爱好者"。希腊语排在词汇表的第一栏，但教材按照日常交际的需要，仍然以公用的语言为中心。另外，所有这类词汇表都一直保持着多语言的传统，典型的例子便是一本名为《9000常用词》的集子，用"8种语言和2种方言汇编"，号称"世界人手册"，能够满足日常生活、经商、旅行、法律咨询、军事、航海和酒店等行业之需。（Vanwyn，1841）

学习/教授语言的主干教材：对话集

《贝尔莱蒙》是最著名的对话集教材，其改编者采用了同样的逐步补充完善的策略，由最初的弗拉芒语和法语双语（安特卫普，约1530），增加到四种语言（鲁汶，1551），最后又增至八种语言（其实交替出现的语言为数更多），到1759年，相继在荷兰、法国、德国、瑞士、英国、意大利和波兰出版。

《贝尔莱蒙》和《沃卡比利斯塔》在以下方面有着惊人的相似：

——关于如何对待各语言，两者都主张同时掌握多门外语是必要的；

——关于语言的比较研究，两者都将语言的平等性视为公理，这样就不会对语言的可译性、不可译性和翻译的困难性产生任何质疑；

——在不同国家出版时，交替使用不同的语言，也就是以两栏的形式，分开排列所在国家语言和另一门商贸领域优先使用的语言，从而形成双语的教材，同时又是多语的工具；

——关于文化，两者都几乎没有涉及。

但是，《贝尔莱蒙》的特色是具有复杂的教学视域，它起初就是学校的课本，因为据说作者是"安特卫普的老师"。通过后来陆续的添加，这本教材的教科书特征更加明显：

——重视口头和书面交际（其中的对话、书信和合同范本等都是标准的语言模板）；

——为翻译而设计的字母表；

——有道德教化的内容。

除了以上基本的内容外，该教材还增加语音和拼写规则，以及1567年版的箴言和1577年的"良好学习方法论"。

编纂多语言对话这一传统源远流长：从古时拉丁语和希腊语双语的《艾尔姆内马达》（*Hermeneumata*），到中世纪的法英双语表达法，再到冉丽斯夫人（1799）编写的《旅行者手册，或对话、书信集——适用于在德国生活的法国人和在法国生活的德国人》①。后面这本书的文本用法文，同时附上德语译文做参照，后来再版时由法德双语连续增至3种、4种和6种语言，以适应市场的需求和当地的语言现实（参考Książeczka dla podróżnych的《旅行者手册：关于旅行和不同生活场景的最常用表达法》，用波兰语、德语、法语和意大利语写成，波兰弗罗茨瓦夫，德国科恩，1807）。在巴黎出版时（巴尔，1810）则是面向"派往国外的军人"、旅行者、艺术家和工匠；在佛罗伦萨出版（皮亚齐尼，1829）的目的在于"提供六种语言的惯用语和特殊句型"，还有"商务生活中随时都用得上的表达法和句子"（引自该书《前言》）。

通过文本学语言

16世纪也"创造"了多语言的文学文本。这里仅举一个例子便足以典型说明多语言文学文本的诞生历程：朱安·德弗劳斯（Juan de Flores）的作品Le Tractado a su amiga（15世纪末）原文版 → 翻译版

---

① 书名较长，这是当时的一种通用做法。——译者注

→ 双语版 → 多语版本。1521年有了第一个意大利语译本《奥雷利欧和伊莎贝拉》(*Aurelio et Isabella*)，1529年从意语转译成法语，叫《爱之审判》(*Jugement d'amour*)。从1530年到1555年，至少又有12个法语译本由意大利语翻译过去。1546年，出现了第二个法文译本《奥雷利欧和伊莎贝拉的故事》(*Histoire d'Aurelio et d'Isabelle*)。到16世纪后半叶，总计有15个意法双语版本、4个法西版本（不是最初的西班牙原文，而是从法文版本重译的新的西班牙语版本），1个法意英三语版本（伦敦，1586）和3个法意西英四语版本。

在16世纪，多语文学文本从未超过4种语言，读者多为希望提高语言水平的人。出版社（和出版地）往往也是出版双语和多语词典的地方。

毫无疑问，出版这样的多语种文学作品既非为了学习语言交际，亦非为了搞好基础教育，而是为了便于对两个、三个或四个译本进行比较研究。以《爱之审判》为例，这部从语言和地理意义上说畅销欧洲的爱情小说（西班牙语、意大利语、法语、荷兰语和英语）没有序言，没有任何用于教学的提示，也没有任何文化层面的解读。故事被认为发生在苏格兰，年代不确定，乡土风情尽在其中。

从编年史的角度看，多语小说的发展历程很短，但从语言角度看，它有别于词典：

双语字典 → 逐步添加成为多语字典

单语小说 → 双语小说 → 可能发展成为多语小说

18世纪和19世纪的"多语言文学"经历了同样的过程，但用于教学之后则采取了不同的策略。主要做法就是读经典：选择已经出版过多次的多语言文学作品，如蒲柏的《人论》英语、拉丁语、意大利语、法语和德语五种语言版本，目的是让学生熟知"尽可能多的各种语言，并通过学习语言获得有助于心灵和思想成长所最需要的知识。"（编者前言，斯特拉斯堡：König，1762）。另一个例子是莫里哀的剧作被用作学习会话的经典，1803年的三语版本在其前言中写道："出版（本书）是为了帮助学习者养成讲现代语言的良好习惯"（佩皮尼昂，J. Alzine印刷），1818年意大利出版的四语版本更明确地表示，特别是要让学生"熟悉现代欧洲的四种基本语言"（米兰：Giusti出版社）。倘若以传播的时间和空间为考量尺度，那么费讷隆的《忒勒马科斯历险记》则凭借它数不胜数的用于教学的单语和双语版本，成为和《沃卡比利斯塔》、《贝尔莱蒙》比肩的"通用"教材。这部作品最初用于培养皇亲贵族，不久因其具有普遍的教育、文化和伦理意义而很快成为大家学习的范本。

《忒勒马科斯历险记》被译成"欧洲最常用的6种语言"（法语、英语、德语、意大利语、西班牙语和葡萄牙语），数次再版，横扩开本，六栏并列。1837年版的出版商说："这样编排便于读者对照他想对照的语言。每一段或者说每一页都可作为各种语言的互译练习，因为与之相对的一栏便是答案。"其实，《忒勒马科斯历险记》很快成为"通用"教材一点儿都不奇怪，因为在这之前，该书已经在著名的雅克多（Jacotot）"通用教学法"中大显身手。它被逐行对译成很多版本，其中与法语对照的有英语、西班牙语、意大利语，拉丁语……整个19世纪，文学文本越来越明显地教学法化。文学著作得以身价百倍，主要归功于它风格上的与众不同，另外，还因为几代家庭教师将它用作学习法语的工具，而且很快成为学习其他语言，包括学习拉丁语和古希腊语的工具，出版社成百上千次的翻印证明了这一点。无论从哪个方面说，如语体风格、语言特色、道德教化、社会口碑和易于效仿等，《忒勒马科斯历险记》都是范本。《忒勒马科斯历险记》采用一整套可再生的公式化写作方法，充满范例性的格言、警句、论说、对话、叙事和描写，不可或缺的语言和文化内涵尽在其中，用之不竭。在范例教学法中，《忒勒马科斯历险记》集各种套路之大成，成为一个范本，一部塑造年轻人特有的教材。

现代性教育：妇女与外语的教/学

安娜·曼迪奇
意大利博洛尼亚大学

张迎旋 译

女性和外语的关系向来十分密切。最显而易见的就是出身优裕家庭的女性均能有条件接受良好的教育。担任教学工作的要么是女管家，要么是女家庭教师，她们往往是外国人，有时还会是修道院的修女。在她们的教导下，女孩子们学到了必要的知识，这对她们将来嫁到门当户对的夫婿家里的婚后生活是大有益处的。外语是这些知识中的一部分，直到19世纪，人们仍习惯于称这些知识的学习为"消遣活动"，学外语和学唱歌、学写诗、学作画一样，旨在让女性平添新的"知性美"。一旦嫁作人妇，受到良好教育的女性凭借着天赋和才学，可以游刃有余地胜任女主人的角色。众所周知，17世纪和18世纪的巴黎沙龙在整个欧洲的文化传播中扮演着重要角色，而主持这些沙龙的多位女士的芳名也是家喻户晓，她们才华横溢，妙语连珠，为沙龙增色不少。这一传统一直延续到法国大革命前夕，中间几乎没有明显的改变。大革命中的女杰罗兰夫人就是个典型的例子，她出身卑微（其父只是雕刻工匠），父亲无法让她接受良好的教育，她只好自学成才，充分发挥天分和"她对语言的爱好"，学习意大利语，而且她和后来的丈夫都喜爱意大利语，在两人的通信中旁征博引，至于英语："我学英文无师自通；我在伦敦曾听到人们说英语［……］；我阅读英文散文；现在该是学习英文诗歌的时候了……"（Mme Roland, lettre de 1789 in *Correspondance de Roland de la Plattière*, ms. BN）

19世纪下半叶，随着学校教育的普及，外语成为一门学科，与其他学科并举。但是在接下来差不多一个世纪里，男孩和女孩受到的教育是不平等的，两种性别，两类教育。旨在培养大学生的学校更重视古典知识和古典语言，希腊语和拉丁语，但这些学校往往是为男性设计，学生大多是男生。几乎在整个欧洲，到19世纪末女孩才能和男孩接受相同的教育。

现代语言的学习和古典语言的学习往往是冲突和对立的。为女生开设的中等教育的班级的目的是为她们能赢得"一纸婚约"，而远非帮助她们获得"真正的高等学位文凭"（Viala，1987：16）。因而至少直到19世纪结束，外语的学习一直被视为是一种娱乐，是美化、贵族化女人的一种手段，就如同各种艺术门类，但从未被当作是知识的学习，更谈不上是立足职场的本领了。

19世纪末和20世纪初意大利语案例

资料1

La legge non vieta alle donne l'accesso alle scuole secondarie e superiori e in libero paese ciò che la legge non vieta dovrebbe essere permesso; ed è quindi un diritto, mi pare, quello che affaccia ora mia figlia, al quale non si potrebbero mai contrapporre dei danni ipotetici, ma solamente quelli avvenuti e provati. (Raicich 1987 : 195)

资料2

La donna, [...] avendo minori bisogni dell'uomo, facilmente si accontenta di una modesta posizione e tutto il suo animo e il suo studio pone nel diventare eccellente nelle cose alle quali si applica. (Raicich 1989 : 167)

资料3

Le donne che fossero designate per la nomina, non potranno essere assunte in servizio che nei soli istituti [...] i quali abbiano sezioni esclusivamente per le femmine. (Bollettino Ufficiale Min. Pubblica Istruzione, 1903 : 1544)

> **资料4**
>
> Ma una questione di giustizia e di umanità si presenta subito per essere risoluta: la condizione diversa di fatto, in cui sono poste le insegnanti, in quanto alla pensione, rispetto ai loro colleghi maschi. [...] Le insegnanti fanno gli stessi studi, conseguono gli stessi titoli, sostengono gli stessi concorsi, insegnano le stesse materie con gli stessi programmi per lo stesso orario dei colleghi maschi : percepiscono gli stessi stipendi, pagano la stessa tassa di ricchezza mobile e, quel che più monta, rilasciano mese per mese la stessa quota per la pensione. A parità di uffici e di doveri non deve corrispondere parità di diritto? (Pétition présentée au ministre de l'Instruction publique, Bollettino Federazione Naz. Insegnanti scuole medie, 1902, n. 2)

> **资料5**
>
> La commissione finanziaria istituita dall'on. Ministro Orlando ha emesso il parere che le insegnanti di lingua francese presso le Scuole Normali femminili debbano insegnare in tutto il corso magistrale venendo munite, come di diritto e di ragione, del medesimo stipendio che godono i professori reggenti di francese delle RR. Scuole tecniche. (Boll. Di Fil. Moderna, 1905, n. 3, p. 65)

随着1861年意大利建国，语言教育逐渐制度化，语言教师的现代形象随之诞生。以往担任外语教师的常常是外国人，而且大部分为男性，从这一时期开始，现代语言教育在国家的组织下，由意大利公民承担。国家开始颁发一系列可以证明工作能力的证书，但还没有预见到职业培训的问题。

意大利的学校走精英路线，保留古典语言（拉丁语和希腊语）的至尊地位，摒弃现代语言的学习，将其纳入技术学院和女子职业学校中，大多数学生是接受学校教育的国民，绝大多数上学的女生在这类学校就读。长期以来，中等教育机构里唯一尊崇的语言是法语。德语和英语只在技术行业里教授，尤其是男性技术职业领域。后来法西斯当权期间试图推行改革，将其他语种的学习引进意大利的学校，但无果而终

(Mandich，2002：11—44）。

女性，在相当长的一段时期内，直到20世纪初，在学校的地位无足轻重：作为学生，鲜有人被高中录取，她们往往需要付出巨大的努力才能争取到资格的认可（"法律不禁止女性接受中等教育……"资料1）；而作为教师，她们只能给全是女生的班级上课，薪水比给男生班上课的男同事要低（"女性，与男性相比需求更小，所以较易满足于低微的地位……"资料2和3）。但是，女性不读高中，更不光顾高等教育机构。因此，对于她们而言，长期以来，获得资格认可和成为职业教师的机会微乎其微。

然而，即便学习时间短暂，女性们都有机会学法语。事实上，在所有的女子课堂中，法语是必授的课程，也有的课程是为了职业培训（职业学院）。正如我们所看到的，其他语言没有一门可以和法语并驾齐驱，英语和德语旨在技术学院中教授，直到很久以后进入高中的课堂（Mandich，2006：138）。因此，无论家境如何，女性都会掌握一门语言，并非实用，但可以让她在沙龙里崭露头角，或让她发展个人的业余爱好，或和其他知识一起束之高阁，以备不时之需……

女性从事现代语言的教学工作是比较早的（确切地说是法语，因为女性只能在女子课堂里授课，而在女子课堂唯一能够教授的是法语），1873年诞生了旨在培养女性进入师范院校的补课学校，但在待遇和就业方面，女性和男性的差别十分显著（资料4和5），这一问题只有在30多年后才找到妥善解决的办法。

1910年，首个现代文献学理学硕士（laurea in filologia moderna）诞生，旨在培养现代语言的教授。女性远远落后于男性同行：1902年，女生占高中总人数的比例只有2.5%，而要进入大学必须出示高中文凭。这一状况使提供给女性的社会重要职位或高教职位明显少于给男性提供的机会。直到20世纪50年代，首批女性才在大学的现代语言教育机构占据一席之地。

用学术的方法学习一种殊远语言：培养文人和笔语能力

贝尔纳·安雄
法国雷恩第二大学
傅荣、罗定蓉 译

  1814年，法兰西公学院开创了第一个"中文和塔塔尔满族语言及文化"课程，标志着法国正式开始中文公共教育。这比法国国立东方语言文化学院开设中文课程早了30年。如今将中文作为外语学习的人越来越多（2005学年，法国学习中文的中学生已超过一万人），与此相反，19世纪初期学习中文的非宗教人士很少。现在的学习者更多的是被中文口语实践所吸引，并不想要掌握中文书写或阅读。而在过去，人们学习中文的最初动机是想更好地了解中国文化并翻译中国的四书五经。传教士们则例外，因为他们出发前往亚洲之前，曾在巴黎外国传教会接受过系统的本土中文实践训练。出现这种状况的原因，一是中法两国之间的人员交流很少；二是在19世纪上半叶，研究东方国家和地区的学生很难找到就业的出路。第三个原因是当时的学者对东方那些遥远而古老的文明国度怀有极大的好奇心，想通过深入研究最古老的文献来追溯了解人类的最初历史。直到1822年商博良（Champollion）才终于破译了埃及象形文字。不过，法国皇家图书馆早在18世纪上半叶便自豪地拥有数千册中文书籍和手稿，只待有人能够进行解读。

  让-皮埃尔·阿贝乐-雷慕沙（Jean Pierre Abel-Rémusat，1788—1832）是法兰西公学院的第一位正式中文教师，他的生平传记最能反映中文在法国的初始教学状况。一些知识渊博、深居简出的汉学家不会讲中文，因为他们完全是靠书本学习的汉语，他们唯一的任务是培养笔头翻译家，教他们学习汉字、语法和文言文。在那些大家看来，文言文是唯一值得重视的语言，是打开高度文明的中原帝国大门的唯一的钥匙。

资料1

　　一本精妙的中国植物图集展现在雷慕沙的眼前，使他赞叹不已。雷慕沙认识其中的一些植物，但他很快就希望能够认全图集中的所有植物。刚开始这只是一种好奇心，后来变成了名副其实的最爱。每幅插图所配的这些谜一般的如此奇异的文字应该就是花的名称了，但怎样才能读懂呢？谁能解释呢？当时没有人能够读懂并解释，而要做到这一点，还需创造许多必不可少的基础条件……。（Landresse，1834：218—219）

资料2

　　从那以后，雷慕沙借助一些翻译成满文的中文词典，并通过反复对比原文和当时所能有的极少量翻译模糊且不准确的资料，最终确定了一些词语的含义，由此形成了一部临时的词汇手册。（Landresse，1834：222—223）

资料3

　　要想从这种人那里获得历史或文学方面的信息，这就好像在眼下的中国，人们希望从一个只会说康沃尔话的下布列塔尼人那里了解法国历史、希腊或拉丁文学一样困难。（Landresse，1834）

资料4

　　一个仅在书本上学习中文的人是绝不可能听懂一句中国话的。但只要给他一支笔，他就可以和一个中国人顺畅地交流，就像我们用笔和受过教育的聋哑人交谈那样。[……]这就是雷慕沙先生做的……，他跟四个中国人进行笔头交谈，表达优美、高雅，即使在中国，也会被认为是一流的文人或者院士。(《世界通报》[*Moniteur Universel*])①，1829年5月29日）

---

① 当时的法国官方报纸，创刊于1789年。——译者注

> **资料5**
>
> 　　不管是在巴黎，还是法国的其他地方，目前都找不出一个人能够完全胜任我们驻上海领事馆的翻译工作。（Bergère，1995：17）

> **资料6**
>
> 　　本课程的内容是教学生学习用目的语读、写、说，同时教授他们目的语国家的地缘政治、地缘经济和地理概况。（《法国国立东方语言文化学院重建令》：1869）

重汉学研究，轻口语学习

　　孩提时代非常爱好自然科学的雷慕沙1806年决定开始学习中文。那天，他参观了亚洲多种语言（中文、蒙文、满文等）书籍图书馆及珍品陈列室，看到了一本中国植物图集。这些展品由著名的收藏家特瑞桑（Tersan）神父收藏在布瓦（Bois）修道院（资料1）。由于当时尚未正式开设中文课，又没有专门的汉语教师指导，所以雷慕沙只能通过特瑞桑神父借给他的书籍自学中文，所以他不会讲汉语（资料2）。那时，《汉语口语语法》（*Grammaire du chinois parlé*）一书作者傅尔蒙（E. Fourmont，1683—1745）的最后一位汉语弟子不幸于1800年去世。

　　雷慕沙经常被尊称为汉学研究的鼻祖（汉学家和汉学一词在1842年被收入《法兰西学院词典》）。这是一位伟大的语言学家，通晓蒙文、满文和中文。他的丰富的著作证明了他的汉语书面语水平非常优秀，比如，他翻译了道教的一部经典著作《道德经》（1842），翻译了反映玄奘和尚西天取经的历程的《大唐西域记》（1853），他还是将中国小说《玉娇梨》（又名《两个表姐妹》，1826）翻译成法文的第一人。不过，虽然雷慕沙的文言文水平可堪比中国的文人，但他却是一个又聋又哑的学者，只能用毛笔，通过书写进行中文交流。1829年5月12日，他与当时在海外传教会接受培训的四位中国神学院学生会面交谈时便是如此情形（资料4）。

　　上文我们已经说过，雷慕沙不会讲中文是囿于他当时自身的学习条件，但同时也是因为这位汉语第一大家潜心研究的完全是最古老的过去（以巴黎皇家图书馆内数以千计的中文著作为代表，而他在1824年成为该馆东方文献手稿部的主任）。这位深居简出的大学问家，成天生活在书堆和文献手稿当中，对当时的中国和中国人毫无兴趣，乃至拒不相见一个当时少有的路过巴黎的中国游客，托词是这个人带给他的信息不会比书里的东西更多（资料3）。

作为中文教师，雷慕沙教给他的一小撮弟子主要是书本知识，唯一的目的就是培养译者，帮他翻译中国主要的经典著作和"中国思想"大家的代表作。如同19世纪初期其他外语的教学那样，中文教学采用的也是传统的语法翻译法，此法源自拉丁语和古希腊语的教学。雷慕沙上课使用的主要教材是1822年出版的《汉语语法基础》（*Éléments de la grammaire chinoise*），其方法完全是阅读文学节选和翻译。他教学生系统地学习汉字和词汇，特别强调词源和笔画，他还介绍汉语的语法机制，并且通过各类典型例句展示中文的语言结构。他每天阅读中文经典，这大概让他不断学到很多的汉语箴言警句，所以随着各部名著名篇的译出，雷慕沙时常在课堂上引用其中的语录。我们因此得到他的一个学生印证说，雷慕沙在1828年的课堂上，领着大家边读边讲了一整本文学著作，那是他刚翻译成法语的《玉娇梨》。

他的教学应该还算是成功的，因为他的学生朱利安[①]（S. Julien, 1797—1873）接替他在法兰西公学院的教职长达40年，并因此也成为翻译中国经典的著名人物。

19世纪70年代后，实用汉学登上舞台

不重视汉语口语和不关心当代中国现实的现象在法国一直持续到19世纪很晚的时期。尽管法国国立东方语言文化学院1843年就已经开设了中文课程，但当时开设的主要原因是为了使这所以培养东方语言口译人

---

① 又译为于连。——译者注

员为宗旨的学校更加名副其实，而且中文教师的岗位还是首先给了从事汉学研究的那些代表人物。这些大家也是足不出户，潜心研究东方古代文化，自己却从来没有去过亚洲。比如，巴赞（A. Bazin）在1843—1862年间任教于法国国立东方语言文化学院，S. 朱利安于1862—1873年间也在此任职，他还同时兼掌法兰西公学院的教鞭。

1835年，德国哲学家W. 冯·洪堡（W von Humboldt）对这些汉学家提出的批评准确地反映了整个19世纪上半叶欧洲的汉语教学状况，他说："我想这些学者几乎就是随意地忘记了汉语是一门说的语言，他们过度夸大笔语的重要性，似乎笔语就是语言的全部。"（Alleton, 1994: 260）

中国在"鸦片战争"中失败，致使其一些港口城市对外开放，法国外交也越来越多地涉及中国的事务。正是这些外在因素迫使19世纪的法国汉学家们最终开设了中文口语课程。道理很简单：口译人员严重匮乏。法国驻中国北京公使团的专员哥士奇（Kleczkowski）伯爵1854年写给法国外交部的一封信足以证明（资料5）。白吉尔（M-C. Bergère）也分析道："最早派驻中国的法国外交官和军官经常不得不依靠传教士，因为只有他们能够与当地民众和中国的官僚机构进行交流。"（Bergère, 1995: 16）

19世纪60年代末，为争夺法国国立东方语言文化学院的汉语教席，以S. 朱利安为代表的学术汉学家和以哥士奇伯爵为首的实用型汉学家展开了激烈的交锋（Rabut, 1995）。前者力图保住他们在法国国立东方语言文化学院的传统优势地位，后者则认为，不能只培养笔头翻译，也不能只培养中国文化的专家，要同时培养学生的口语实践能力，使他们能够与中国官员对话。这场斗争最终以哥士奇伯爵的胜利而告终。1869年，法国国立东方语言文化学院进行了一次全面改革，使学院重拾其初始的信念：为法国的"政治和商业"服务，培养口译人才。

自那时起直到20世纪30年代，口译教师先后走上法国国立东方语言文化学院的中文讲坛。随着该校汉语口语助教岗位的设置，汉语口语教学又迈入了一个新阶段。招聘汉语口语助教的工作起初很难，后来变得非常容易，这是因为19世纪70年代末，中国外交使团正式进驻巴黎。

通用性与文明的教化使命：语言传播的霸权模式

埃弗利娜·阿尔戈
法国国立东方语言文化学院

克洛德·科尔捷
法国国家教育研究所

傅荣、罗定蓉 译

法语是世界通用语言这一概念之所以被广泛接受，主要得益于法国大学在中世纪的影响和知识语言与乡土语言的竞争，当然，这也常与里瓦罗尔①（Rivarol，1783）的著名论说《论法语的通用性》不无关系（Fumaroli，1992）。16世纪，法语在图谋扩张到世界其他地区之前，不得不先在国内对付拉丁语的挑战（Ordonnance de Villers-Cotterêts，1539；Du Bellay，1549）。后来，它取代了拉丁语，成为欧洲精英阶层的语言，而将语言的通用性和文明的力量很快捆绑在一起，则是因为法兰西王室的兴旺发达。18世纪法国大革命的热情高涨，人类的一些理想写进了《人权宣言》（*Droits de l'Homme*），这又激发了人们的革命热情，法语的地位因此得到了进一步的强化，并促使人们开始创建可持续的国家象征，其中包括提出法语的通用性职能，许多作家和文人纷纷附和，认为法语具有这种天然的使命。这些理想和理念后来被自由共和党人全盘吸收，他们将19世纪的法国和欧洲变成了推动民族国家发展的基地，变成了各类重要社会组织和国

---

① 安托万·里瓦罗尔（Antoine Rivarol，1753—1801）：法国政论家、新闻记者和讽刺诗人。——译者注

际运动的中心,如共济会、圣西门主义、反奴隶制、社会主义、慈爱会,等等。他们一方面为扩大法国及法语在地中海地区和拉丁美洲法语精英阶层的影响与传播做出了贡献,另一方面也在"实现普世统治是文明国家的义务和白人的责任"的旗号下,支持法国对其他民族实行殖民统治(Renan,1871)。这方面的例证包括各种各样的"结盟"计划和讲话,还有那些担负法语教学使命的各种机构。它们和那些从事教学的宗教团体一起,标志着法国从第三共和国便建立了自己的语言和文化政策。这些机构和宗教团体有:创建于1860年的世界犹太人联盟、1883年成立的法语联盟和1902年诞生的法国世俗使团学协会等。这些宗教团体和非教会机构在欧洲人征服的区域内积极普及教育,同时千方百计地使法语成为通用语言,至少变成一种国际语言,充当"文明的助手"(Novicov,1907)。这些机构和团体在20世纪戴高乐的政治思想下又有了新的发展,因为戴高乐主张法国"有权利和义务在全球范围内行动"(De Gaulle,1970)。

然而,从18世纪开始,也就是在最多的人坚信法国文明最能代表普世性的时候,法国文明的普世性观念遭到了质疑。柏林科学院曾经组织竞赛,鼓励人们讨论法语的通用性问题(Brunot,1905—1979:VIII,864),德国甚至出现了一些激烈的批评声音。在那里,德语的文明概念必定包含种族和文化的因子,然后通过语言展现(Herder,1774;Fichte,Arndt,Humboldt),德国人提出这一文化观是为了反对将法国文明等同于普世文明。此后,地理学家、语言学家、人类学家和人种学家也发表研究论文,继续质疑语言的通用性。自20世纪上半叶开始,学者们主张审慎看待语言通用性这一概念,指出它与种族中心主义相关联(Leiris,1952—1966;Todorov,1989)。在一系列对法国不利的历史事件的影响下,如非殖民化运动、法兰西帝国的终结和二次世界大战期间德国占领带来的创伤等,还有,国际关系中出现了互利互惠的要求,这些因素驱使法国逐步调整她的雄心壮志,最终摒弃了那种"高卢中心主义的、帝国主义的和普世主义的民族主义民族观"(Nora,1993)。

从"法语联盟"到《法语世界》(FDLM)杂志的观点

我们乐于重温早在丰特努瓦(Fontenoy)①时期一些伟大的哲学家描述过的美梦:欧洲的所有民族将采用同一种语言,这一语言可以满足所有的憧憬,所有的需求,适用于各种各样的人群和风俗习惯。

这种语言,就应该是我们的语言,它是如此理性,既可以驾驭自己,也可以统帅他人。这应该是一个有天赋的民族的语言,仿佛重新点燃了熄灭的文明的火炬,用它照亮未来。这应该是一门和谐而明确的语言,人们可以充满兴趣和热情地去学习它。(C. Roy, *La langue française*, BAF, 41, 1891)

语言的统一总是会推动政治的联合。法国人努力将他们的语言变成欧洲的民族语言,他们实际上是在间接地为实现不同文明国家间的和睦相处做贡献。我们可以看到,法国人绝非在谋取一己私利,他们极力推广法语,其实是间接地在为我们人类的共同繁荣,为我们文明的进步而奋斗。(Novicow, BAF, 111, 1098)

法语的显著特点是诚实,是表达诚实的语言;是的,它精确、正直,这是一回事情;总之,法语是最人文的语言,因为人是我们的文明之本和文学服务的主要对象。(P. Deschanel, *Les destinées de notre langue*, BAF, 117, 1909)

推广我们语言的运动每年都在加速、完善和扩大。英语是各国人民间建立实用关系的语言,法语将是各国人民间建立精神和道德联系的语言,法语还是人类的思想和心灵的通用语言。

啊!法语,我们先辈的语言,我们母亲语言,她和英雄史诗《罗兰之歌》一同诞生,是圣女贞德的语言,是蒙田和拉

---

① 这里指法国历史上著名的丰特努瓦战役(1745)。此战是奥地利王位继承战争中法国的大捷之役,导致法国征服弗兰德斯,即今天的比利时,并使法国的政治、军事和国际地位在当时得到有力提升。——译者注

伯雷的不朽的译者，是十字军东征时期城堡的主宰语言，是宫廷的语言之王，是沙龙里的语言之尊，还是17和18世纪法国文人和科学家协会的语言之王后；……为了你的事业而奋斗，你最谦卑的信徒可以相信这不仅是造福法国，也是在造福全人类。（P. Foncin，BAF，117，1909）

似乎可以肯定的是，不论是法国的军事实力，还是法国的外交地位，他们即便是在占绝对优势的一些年代里，也从来没有能够在空间或者时间上测定出法国人光彩夺目的艺术和思想的边界。这就是我们看到的法兰西的普世使命。（FDLM 2/61）

法国文学……传向世界各地，因为它面向的就是普天下之大众。（FDLM 16/63）

这样，语言通用性这一思想开始是事实存在，后来成了法律，最后变成了一个稀里糊涂的大杂烩，里面混杂了民族主义、帝国主义和家长制，把我们的文化氛围污染了一个多世纪。（FDLM 77/70）

摒弃普遍主义的教学法……才是真正积极的反教条的教学法。（FDLM 113/75）

注：上文中的BAF指《"法语联盟"简报》（*Bulletin de l'Alliance française*），FDLM是法国期刊《法语世界》（*Le Français dans le monde*）。括号中的数据按顺序分别表示简报的刊号和出版年份。

法语作为外语和第二语言教学起初随着法国的殖民扩张而发展（Cortier，1998），之后又在非殖民化运动的浪潮中进一步地繁荣，这些都离不开语言的传播。由此可见，作为外语和第二语言的法语教学是一个对历史和政治高度敏感的领域，法国为之最早成立的相关机构，以及制定的相关政策和发表的相关讲话都足以证明这一点。法国"法语联盟"确信将来会有一场语言战争,他们还相信,制定抢占市场的语言和文化战略将极大地提升法国在经济和精神上的影响力,所以"法语联盟"在法语国家及地区内外积极行动起来,对内高举民族主义的旗帜,对外以法语国家与地区组织为依托,首先在法国的殖民地和保护国大力开展对外法语教学、二语教学和法语文化传播工作,随即扩大到欧洲和世界其他各地。他们组织召开国际年会,资助出版和传播专门的对外法语教学法及教材,首创针对外国大学生和教师的假期培训课程(1894)。他们还邀请杰出的语言学家和教学法专家,如后来写出鸿篇巨制《法语语言史》的费迪南·布鲁诺(Ferdinand Brunot),语音学家和负责文化课程的历史学家。"法语联盟"因此成为"法语国家与地区"的前哨,因为这一名称及其概念都是和"法语联盟"同时代产生的(Reclus,1886)。1900年,地理学家、"法语联盟"创始人丰桑(P. Foncin)主编出版了《法语世界》(*La Langue française dans le monde*),看标题就很鼓舞人心,以致后来的各种出版物都沿用此名称[①]。"法语联盟"创建人及其著名的领导者们通过发表文章,最先提出有必要实行互惠互利的办学政策。于是,联盟在世界各地设点,形成区域协会网络,它们接受当地国家法律的管辖,由当地讲法语或热爱法语的人担任联盟负责人。另外,"法语联盟"在当时法国殖民地国家工作的一些主管也对当地的语言和文化遗产表现出了浓厚的兴趣,如费代尔布(Faidherbe)在塞内加尔,马许埃尔(L. Machuel)在突尼斯,贝尔(P. Bert)和迪穆捷(G. Dumoutier)在越南东京地区等。他们在这些地区的努力方向得到了法国政府的完全认可,因为1902年法国为此创立了非教会法语教学协会。该团体所属中学后来培养出了众多地中海及东方国家的当地精英,这也得益于朱尔·费里(Jules Ferry)师范学校的开办,它培养出了"善于把握文化差异,并能够通过分析这些差异来组织自己教学的教师"。上面的这些观点后来在两次世界大战期间被冠以"殖民人道主义"的名号得以发挥:殖民化似乎不可避免,因为如果说西方文明已然暂时地超越了

[①] 最有代表性的当属以此名称创立的世界法语教学杂志《法语世界》,1961年创刊。——译者注

非西方文明，那么大家会认为"通过和我们接触与交流，这些沉睡百年的东方文明将重拾活力，谁都难预测欧洲与亚洲这两个同样令人赞赏但又品质差异巨大的民族通过联合、交流和竞争将推动文明取得多么奇妙的进步"（P. Bert）。于是，法语传播的这种霸权主义模式始终处在一种矛盾之中：一方面，法国渴望获得承认普世性，这是它完成教化全球所必需的，另一方面，法国又必须认识并承认其他文明的贡献。

1961年，法语教学期刊《法语世界》（*Le Français dans le monde*，简称FDLM）问世，这标志着对外法语教学的正式开端，也是戴高乐将军所期待的法国对外文化政策的新起点，因为他当时千方百计地要让法国恢复其在国际舞台上应有的地位。《法语世界》作为对外法语教学的标杆性杂志，面向所有教授对外法语和对外传播法语的人士，它在其创刊号的开篇致辞中公开宣示，要办成"天下最具通用性的杂志"。通常情况下，杂志的主编具有行政、政治或科学上的权威，所以他们笔下的所谓通用性显然是指法兰西民族及其文化的普世性。因此，该杂志也是在通过其发表的某些文章延续法国的整个一种传统或神话。但是，透过这本杂志，我们也看到有两类作者，他们不一定是同质的，也不平均，而是有着完全不同的观点和看法。有些作者看样子好像不会质疑普遍性或通用性词语里所包含的象征含义与价值。在他们眼里，法国的普世志向没有被质疑，它更像是一个显而易见的事实，一个万事开始的前提。在这个前提下，人们再去思考，思考将提醒人们记住法国普世志向的种种表现及内容。与之相反，其他一些作者则带有保留性地使用这一概念。他们如果还在用这个词语，那总是要努力地赋予它新的定义、新的内容，尤其要强调法语的交际工具功能。《法语世界》现在传播着另一种新的观点，即主张尊重差异，尊重学习者所在地及所属民族的现实，反对搞文化同化，认为这是为普遍主义鸣锣开道。外语教学法在人类学的影响下，成为一个重要的理论阵地，在这里，大家明确表示，介绍语言和文化时，不得有任何形式的等级区分或歧视。这样，对外法语教学界通过在《法语世界》杂志上组织外语教学法的讨论，对普世性及其相随的种族中心主义说不，从此走上了语言和文化多元化的道路。

语言的政治工具化：字母的拉丁化

哈尼菲·居文
土耳其多库兹爱吕尔大学

金小燕 译

语言的书写形式，作为语言文字记录及文化传承的手段，往往成为政治权力干预的对象，其演变也由政权所决定。查理曼大帝就是最著名的例子。他从中悟出教育和现代化是促进发展的一个关键的政治因素，于是引进了著名的"加洛林小写体"。在土耳其，1918年奥斯曼帝国崩溃，新生的年轻共和国进行了文字改革，并于1928年废除了传统的阿拉伯字母，改用拉丁字母，此举为共和国的建立奠定了一块基石。

土耳其人自公元10世纪左右皈依伊斯兰教之后，便采用阿拉伯字母书写，从而促进了两门语言的引入：神圣的语言——阿拉伯语，文学语言——波斯语，导致作为通俗语言的土耳其语逐渐被边缘化。奥斯曼帝国时期，奥斯曼语为官方书面语言，主要以土耳其语为基础，大量吸取阿拉伯语和波斯语词汇及句法，之后却与本土语言越来越脱节，最终变得截然不同。正如作家艾哈迈德·米塔特（Ahmet Mithat，1844—1912）于1881年在杂志《记忆》（*Dağarcık*）中所言，这门被称作"奥斯曼语"或"奥斯曼土耳其语"的语言，阿拉伯人不懂，波斯人不懂，土耳其人也不懂（Levend, 1973：125）。

19世纪，法国大革命和欧洲模式的影响始于1839年的奥斯曼帝国推行的行政改革（"御园敕令"，亦称作"坦齐马特"）。随着改革的进行，"帝国退出了它几世纪以来一直依存的文明圈，进入了曾经相冲突的另一个文明圈，并开放地接受其价值"（Tanpinar，1976：129）。1856年，革新敕令改革法令（Islahat Fermani）仿照西方模式确立了公民平等。从此，西方模式在伊斯坦布尔大肆流行。一些新颖的词汇，如文化（kültür）、文明（sivilizasyon）、社会（sosyete）等成为老百姓日常用语，并被新闻媒体和欧洲决定性革命后新兴的民用和军事学校采用。

整个19世纪，这些改革的影响逐渐渗透到土耳其社会及文化各个领域，预示着土耳其共和国政治改革的到来。其中，通过字母拉丁化进行的文字改革是一项象征性的举措，反映了土耳其政治变革的意愿，希望改变身份和文化，改变社会模式，尤其是改变政教关系。

文字的世俗化

首位提出文字系统需世俗化的是土耳其—阿塞拜疆籍一个通晓多种语言的剧作家费特—阿里·阿浑德—扎德（Feth-Ali Ahund-zâde，1812—1878）。他的两次提议都未被奥斯曼帝国当权者采纳（Bala，1964），尽管后者承认其意义。文字作为神圣的象征，使用"通俗的语言，也就是说众人理解的表达方式"来书写，正如阿里·苏阿维（Ali Süavi）于1867年在《信使》（Muhbir）中所提议，这种观点还难以被接受；之前，1862年，记者、作家及翻译家穆尼福·艾芬迪帕夏（Münif Efendi/Pacha）也曾在一个奥斯曼科学学会会议上表述了字母演变是可取的，并陈述了原因；法国记者米斯梅（Mismer）同样也赞成该观点（Levend，1973：115）。

20世纪初，一场关于语言与教育的论战展开了。这场"新语言"之争起因于1911年在希腊萨洛尼卡出版的《青年笔会》（Genç Kalemler）杂志。该杂志的出版也曾顾虑重重。伊斯坦布尔很快也加入论战，并传出穆罕默德·富阿特（Köprülüzade Mehmet Fuat）和亚库甫·卡德里（Yakup Kadri）诋毁的声音。巴尔干战争降低了争论的热度，但是新观念却随哲学家齐亚·戈卡尔普（Ziya Gökalp）的几篇论文深入人心，更因为它涉及全球各国所面临的语言的身份情感和民族意识的形成这些问题（Levend，1973：313—330）。

几乎整整一个世纪，文字系统变革始终是各种思考和讨论的焦点。土耳其共和国成立（1923）后不久，在穆斯塔法·凯末尔（Mustafa Kemal）领导下，实施了文字改革。正如拉莫内（Ramonet）指出，这场文字革命成为土耳其在西化道路上政治、社会以及身份深刻转型的最重要的里程碑之一（*Le Monde diplomatique*，2004年11月）：

> 从来没有其他任何国家愿意牺牲其文化的诸多基本方面，以维护它的欧洲身份。现代土耳其甚至放弃过去的文字（阿拉伯字母）而采用拉丁字母；其百姓不得不脱下传统服装换上西式衣裳；此外，受法国1905年法规启发，土耳其政教分离，不再奉伊斯兰教为国教。

资料1

> 我们必须选择起源于拉丁语的字母，废除阻碍我们融入西方文明的现存文字。我们的一切要向西方看齐，包括我们的服饰。我向您保证，未来这一切都将成为现实。
>
> （"在君主立宪制颁布前一年或两年"，凯末尔先生对保加利亚突厥语言专家伊凡·马诺洛夫如是说。Kaskati，1948）

资料2

> 有人说，我们的伊斯兰字符不够丰富，因此我们必须采用拉丁字母……采用拉丁字母可行吗？一旦采用，我们国家将陷入一片混沌。首先，我们图书馆里所有神圣的书籍、所有的历史书、成千上万的著作都是用现有语言编写而成。一旦我们采用这些截然不同的文字，重大的灾害将降临。我们等于给整个欧洲提供了一个有力的武器。他们将向整个伊斯兰世界宣布土耳其人采用了外国文字，并皈依了基督教。这就是我们的敌人邪恶的用意。
>
> 其次，拉丁语字母不能表达我们的语言。
>
> （"Latin harflerini kabul edemeyiz"这句话为土耳其语，意

思是"我们不能接受拉丁字母"。《卡拉贝基尔在希姆希尔》[Karabekir in Şimşir]，1992：57—58；原文于1923年3月5日发表在《民族主权》[Hâkimiyet-i Milliye]。)

资料3

亲爱的朋友们：首先，我想跟大家谈论一项使命。这项使命是所有发展的根基。那就是赋予我们伟大的土耳其人民一个实用的工具，消除文盲，帮助他们摆脱愚昧走出困境（持续掌声）。有了这个工具，伟大的土耳其民族才能快速崛起，远离无知。这个扫盲工具只能是拉丁化的土耳其字母。（鼓掌）……

先生们！随着土耳其字母的采用，一项重要的使命降临在我们身上，降临在每一个深爱着这个国家和对这个国家有担当的孩子身上。那就是在我们整个民族扫盲过程中，贡献和奉献自己的热情与爱心。不管是在私人生活还是公共生活中，我们每一个人都应该致力于帮助我们所遇到的不识字的国民学习新的文字，无论他们是男性还是女性。我们民族这古老的渴求将在几年内得以满足，一颗璀璨耀眼的太阳将在地平线上升起。（鼓掌）……

亲爱的朋友们！正是你们高尚的情操和不断奉献的精神，将使伟大的土耳其民族进入一个光明的世界。（喝彩声、雷鸣般的掌声经久不息）

（穆斯塔法·凯末尔1928年11月1日在国民议会上的演讲。《阿塔图尔克演讲与讲话集》[Atatürk'ün Söylev ve Demeçleri]，1945：341—346）

资料4

……土耳其民族保卫了它的国家，它至高无上的独立性要求它从外语的枷锁中解放出来。（凯末尔手写按语，日期为

1930年9月2日。《为了土耳其语》[Türk Dili için] 一书出版之际，写于其卷首背面，Maksudi, 1930?）

资料5

土耳其共和国力求成为西方文化与意识形态社会的一部分，不得不翻译西方著作，学习先进世界新旧思想，以世界观与世界敏感性来武装自己，增强自己的特性。这就需要我们进行全国大规模的翻译总动员。（教育部长于杰尔[Yücel]出席第一届出版大会开幕典礼时的发言节选，发表在《第一届土耳其出版大会：报告、建议与会议纪要》[Birinci Türk Neşriyat Kongresi : Raporlar Teklifler Müzakere Zabıtları], 1939: 12）

（系著者自土耳其语翻译成法文。）

19世纪的改革和工业化进程改变了欧洲。而对没有此经历的土耳其这样一个传统社会而言，文字体系的改革是其西化进程中至关重要的一步（资料1）。宗教信仰是土耳其人民唯一的身份归属感元素，放弃神圣的文字于个人而言即为生存危机，而且加剧了废除哈里发制度和宗教组织所产生的巨大的分裂和身份认同的混乱（1924）。这种身份建构的过程招致众人的反对。即使是精英，即使是穆斯塔法·凯末尔最亲密的伙伴也难以接受这种相异性与失根性。有些人甚至移居国外，以保持身份的完整性。因此，对卡齐姆·卡拉贝基尔（Kazim Karabekir）而言，改变文字是皈依基督教的象征，是对集体记忆的背叛（资料2）。

"拉丁化的新土耳其字母"承载着对未来的期望，并突出了身份的双重归属感：既是民族的又是西方的。这一颇具风险的创举需要最大的支持，即学校将识字率和教育相结合。新文字将"带领伟大的土耳其民族走出愚昧无知"。3个月的预热活动后，文字改革法令于1928年11月3日正式生效。公立学校的创建作为一项文明工程，旨在帮助16—45岁人群在学习新文字的同时，学习基础知识，如阅读、书写、计算和计量，以及学习现实生活中必需的卫生及公民教育（《关于国民学校的指示》[Millet Mektepleri Talimatnamesi], 1929）。穆斯塔法·凯末尔本人被认为是土耳其"启蒙"运动的"首席教师"（资料3）。

　　随后的语言政策更侧重于"词汇的民族化"。语言委员会在民间口语中寻找对应的纯土耳其语来替代阿拉伯语和波斯语借词。随着运动轰轰烈烈地展开，土耳其语言协会也于1932年顺势成立，并系统地进行了简化/纯化受外来元素"污染"的土耳其语。净化语言的热潮再次引起了社会精英的担忧与分歧。1946年土耳其过渡到多元化的民主后，纯化的热情慢慢减退，并在1980年的政变后随语言协会的关闭而消失殆尽。然而，相关的争论依然不绝于耳（资料4）。

　　之后，文化政策逐步协调一致。1929—1930学年，土耳其高中教学大纲中取消了阿拉伯语和波斯语的教学。将这两门语言替换为一门第二外语，即欧洲语言的意愿，一直持续到1933—1934学年（Yücel，1994：186）。1940—1941学年，各大高中学习欧洲模式，成立了古典院系，引进了拉丁语。西化道路上另一大步是在国家教育部主持下，动员翻译"世界经典著作"。二十年间翻译作品的数量高达947部，不包括再版的书籍。人们试图以此填补在教育和文化领域存在的巨大空白，满足新一代的阅读需求，呈现西方的文化遗产（资料5）。

　　通过语言进行身份的重新定义，从而实现一个传统宗教社会的民族的重新建构，这就是土耳其文字体系变革的政治焦点。而同时进行的语言改革和西方经典的翻译，则给后代提供了一个真正融入西方文化与适应欧洲身份的渠道。他们对旧文字一无所知，也就无法传承文化遗产。文字体系的改变反映了将身份的基本元素——宗教——替换为语言的意愿。如今已经赢得了这场赌注，尽管容易将政治与身份混淆，使得身份构建的进程减慢，甚至有时会导致进程中断。

争鸣

威廉·弗里霍夫
阿姆斯特丹自由大学

金小燕 译

语言的应激性

　　成为话语之前，语言是实用的。不涉及生成语法的语言争论时（乔姆斯基），历史学家的结论很明确：与其反复说某种现（预）存的语言有人实践，不如说实践产生语言。语言，每种语言，不管源自何处，不论其色彩或味道如何——首先是一种社会行为。因此，它拒绝任何抽象的滥用和反对任何一个群体、社区或国家的独占。语言并不能在一个社会或政治受控的理想国度中形成，不能通过预先建立语法体系形成，而是通过说、写、读等应激的行为，通过人与人接触的实际需求，通过讲话者的思维想象和社群的表象形成。所谓行为或实践，即历史、发展、扩张和收缩，是接受和拒绝，排斥和包容——所有这些既存在于语言建构和演变的过程中，也存在于讲这门语言的社群的政治和象征轨迹中，甚至存在于整个语言全景内。

　　在这方面，所有的语言都是平等的。没有任何语言可以声称在某一民族、国家或语言群体内比别的语言优越，或具有垄断性的威望。相反，语言的生命力恰恰是以它相对于其他语言而言具备的扩张能力和竞争力来衡量的，这也保证了语言的活力，逼迫它适应新形势的需求。适用于法语的也同样适用于其他任何一门语言。法语之所以征服了法国这片领土，是有着特殊的地缘政治、社会和文化等错综复杂的原因，绝不是因为法语有着得天独厚的优势和特点。语言的特性是历史发展的结果，而不是先于历史而存在。因此，人类社会努力想建立的语言等级制度是知识、政治、美学在历史洪流中操作的结果，从来不是不可逆的。例如，意大利语，在文艺复兴时期曾是银行业的国际通用语，最终却被英语取代。但意大利语却逐渐取代西班牙的文学语言地位，并获得国际认可。而与此同时，曾在巴洛克时期熠熠生辉的西班牙语，成为了国际殖民语言，承载一个文化帝国，在世界各地播撒它的价值。

丰富的多样性

在官方单语的大国，如法国和美国[①]，公共语言起着双核心的角色：既是民族共同体的官方语言，又是国际通信的首选语言。于是人们很容易忽视在大多数国家日常生活中语言多元化的现象无处不在。同样，民族共同体社会中，国内外流动人口的语言互相碰撞，官方的单一语言通常低估双语——荣幸地借用米歇尔·德塞尔托（Michel de Certeau）的话——在语言技能上的"偷猎"[②]。公共话语方面，在一个领土国家或权力领域内（如殖民帝国，金融、政治或文化帝国），单一语言的政治威力远胜过多元语言丰富文化的作用。这是事实，几世纪以来——在法国，自1539年维莱哥特雷法令（Ordonnance de Villers-Cotterêts）颁布后——西方国家政府强制规定一个统一的行政语言，既用以保证政府的良好秩序，又为促进国家领土的统一和民族的文化身份。当然，不可否认，不少竞争语言、次要语言、方言、地区方言、社会方言，以及或多或少国际化的专业行话（如"基础英语"，是对用于自然科学的英语的简化和形式化）仍然在国内外交流上发挥着重要的作用。

[①] 美国没有法定的官方语言，原文表述有误。——译者注
[②] 意为不正规的做法。——译者注

怀念单一语言

语言多元化并不能使人们忘记,在所有的起源神话中,天堂里只存在一种语言。共通语言分裂成多种语言,导致语言上的混乱,语言共通的丧失一直被视为社会和文化的一个重大灾难。对共通语言的怀念,是人类历史上最坚定不移的想法之一。巴别塔的故事实化了语言的分裂,并赋予了道德原因。因此,重建单一语言的愿望很少出现在功利性演讲中,相反却频繁地出现在道德演讲中。演讲者鼓吹人类文化美德,称之为"人类文明",鼓吹普遍的伦理道德准则,宣扬人权和语言互通共存。理想主义的演讲与现实世界格格不入,但却给语言帝国主义与语言霸权开辟了道路,以功利的实践、习俗、法律,有时甚至是暴力强制进行语言统治。古代,希腊语帝国主义和拉丁语帝国主义先后尝试重新建立单一语言。于是兴起保卫拉丁语运动,随后是保卫法语,现在是保卫作为国际科学界首选语言的英语,最后在媒体、流行文化、科技和新兴的数字世界悄然逼迫下,人人将掌握英语。英语的统治地位往往被视为或者被担心成为全球化必然和最终的结果。它自诩为象征参数的载体,代表着英语国家所宣传的自由、繁荣和民主。但在远东,英语的统治地位已经开始削弱。历史学家指出,随着美国在世界上的影响力的下降,美式英语可能走法语的老路。曾经被认为是终极通用语言的法语,因法国文明优越性意识形态的破灭和法国在国际舞台上的政治衰败,最终也不得不退位让贤。一个社群,想要保障其未来的发展前景,应该将其语言投资多元化,不仅关注即时的效益,同时也要观察将要产生的政治、经济和文化关系。不要忘了,一门外语有着自己的威信和跨国的效用,既能起象征作用,平衡国际文化,体现相关政治社群(民族、国家或单纯的领土)的形象、权力和感召力,又能在贸易中发挥实利功能。

通用愿望

与此同时,人们期望有一门众人普遍理解的世界语,保障文化传播,促进和平与繁荣。早在文艺复兴时期,人们就试图确定现存的哪门语言最具代表性，曾是天堂的语言——原语（lingua adamica）：希伯来语、汉语、德语，甚至荷兰语都榜上有名。让人想到乌托邦的研究促进了语言学的诞生，而后者却宣告探究失败：必须承认和接受语言不可避免的多样性（夸美纽斯）。单一语言的愿望于是转化为选择现有的语言作为这个文明世界的通用语。当然，这将是当今霸权国家的语言，是国际精英，世界富豪名流和各国公民都认可的语言。在近代，这就是法语。法国先后有三个梦想，体现了里瓦罗尔（Rivarol）所崇尚的语言通用的野心：普遍的君主制，革命的理想以及帝国统治。随后，其他国家接过了语言通用的火炬：殖民的卡斯蒂利亚语，19世纪的科学德语，不列颠帝国的凯旋英语，两次世界大战美语的扩张。随后，超级大国出现政治困境，语言帝国主义的文明扩张失败，处于大西洋世界文化风暴中心边缘的理想主义，往往为中欧国家，反而冷静下来，提出了创设新的通用语言，无关政治，如沃拉普克语（由德国牧师施莱尔［Schleyer］于1879年创建），或世界语（由波兰眼科医生柴门霍夫［Zamenhof］于1887年创立），或诺维亚语（由丹麦语言学家叶斯泊森［Jespersen］于1924年创造）。这些人造语言融合了现有语言的优点，致力于推动实际互通及各国人民之间全新的思想交流。世界语，连名字都表达着这个愿望，这就是最好的例子①。语言成为人类臻求完美的实验室。语言作为传递的媒介，既保障了人类的沟通，也带来很多误解，还代表着人类未尽的交流、相处，甚至融合的强烈意愿。

语言多元化的陷阱

尽管法语作为外语或第二外语取得了成功，却无法掩盖法语区存在的另一个语言多元化的现实：不管定居法国的移民愿不愿意在公共生活中采用法语作为第一语言，在私人领域或他们的种族社群中，他们仍然使用母语。虽然在法语区内部，法语为第一语言，但对他们而言，法语

---

① 世界语（esperanto）一词和拉丁语的sperare相关联，意为"希望"。

实际上是外语或第二语言，是一门融入社会的交际语，同时也是一门强加的语言，被迫使用。既然它绝不可能成为私人生活、宗教或亲友交流用语，它毋庸置疑地被视作外语。语言亲密关系之争揭示更深层次的斗争，是撕裂的身份认同之争，是同一个个体在敌对的有着对立利益关系的族群间的归属感之争。这一友化语言的进程需要一代甚至两代人的时间，关于这一点，千万不要因为这些非同一般的移民作家而抱太大的幻想。这些被媒体夸大宣扬的移民作家懂得将对象语转化为个人融入的武器。我们不能太天真单纯了。一如美式英语、汉语普通话或古典阿拉伯语都有自己特有的推广背景那样，法语推广运动也以一种强势的态度、文化异化的方式进行。熟悉的母语无可避免地受到威胁，异域语言的美丽和特性可能会加剧一种被异化的感觉。因此，主导语言，无论是官方要求或仅仅是被迫接受，都扮演着一个明显的政治角色。它确保了完整的公民身份，同时却痛苦地斩断了文化之根。千万不要天真地归因于爱语言或爱国，这对很多人来说，往往只不过是生存要求，是聪明的但却是谋求私利的决定，甚至只是耍耍把戏。

重视平时的语言上的精益求精

社会语言学让我们学会在多语环境下特别重视平时对语言的精益求精，同时重视平常的、无意识的自学。很多时候，我们尽可能设法应付，虽然犯点错误、产生误解、混淆同形异义词，和存在其他日常用语的问题。过去曾有数以百万计的妇女移民，有些是婚后随同丈夫，但更多的是没有任何婚约，仅仅为了摆脱贫困，为了找到一份体面的工作或者摆脱传统压迫的枷锁，不得不在充满敌意的语言世界里随机应变，虽然有时语言很难掌握。通过她们这样不自觉甚至故意的不同语言的组合，语言词汇悄然地逐渐丰富起来，出现了借词、新词组、自相矛盾的语法形式。非正规的语言形式，闯入日常现实，打破成规旧律，长此以往，语言真正丰富起来。同样，古典语言与活语言的分离也是种财富，前者系统且神圣，后者口语化，不规范，甚至变成特定群体的行话。法语国家以外的法语外语专家能比他们法国籍的同行更好地理解这点。那些重印甚至重印多达数十次的教科书，从郝利邦德（Holyband）和皮埃尔·马兰（Pierre Marin）到Méthode Assimil，或法语联盟的课程，都至少坚持主张即兴场景模拟对话。因为这是处理过的真实，避免了冲突和现实中的不确定性，同时使人产生直接接触法国文化的错觉。相比宗教色彩浓厚、官方、学院式的文化，这样的作品更能不知不觉地渗透法语社会与文化的面面观。这是最有效的，因为它通过比视觉想象力更强大的语言想象力进行，因为语言能够命名，给予定义并保存它呈现的画面形象，印记在那些教科书中。

参考书目

引言

BESSE, H. (1996). *Qu'est-ce qu'apprendre une langue ?* Documents SIHFLES, n° 17.

BESSE, H. (2001). *Propositions pour une typologie des méthodes de langues.* Documents SIHFLES, n° 26, pp. 120–168.

BRUNOT, F. (1905—1979). *Histoire de la langue française, des origines à 1900.* Paris : Colin.

CHRIST, H. & G. HAßLER. (éds.) (1994). *Regards sur l'histoire de l'enseignement des langues étrangères.* Documents SIHFLES, n° 14.

COSTE, D., MOORE, D. & ZARATE, G. (1998). *Compétence plurilingue et pluriculturelle.* Strasbourg : Conseil de l'Europe.

FRIJHOFF, W. (1991). « Le plurilinguisme des élites en Europe de l'Ancien Régime au début du XXe siècle ». In *Le français dans le monde, Recherches et applications,* pp. 120–129.

FRIJHOFF, W. & REBOULLET, A. (réd.) (1998). « Histoire de la diffusion et de l'enseignement du français dans le monde ». In *Le français dans le monde, Recherches et applications.*

GARCÍA-BASCUÑANA, J. (éd.) (1996). *L'« universalité » du français et sa présence dans la Péninsule ibérique.* Documents SIHFLES, n° 18.

MANDICH, A. M. & PELLANDRA, C. (éds.) (1991). *Pour une histoire de l'enseignement du français en Italie.* Documents SIHFLES, n° 8.

MINERVA, N. (éd.) (1998). *Les dialogues dans les enseignements linguistiques : profil historique.* Documents SIHFLES, n° 22.

MINERVA, N. (éd.) (2003). *Les Aventures de Télémaque : trois siècles d'enseignement du français*. Documents SIHFLES, n° 30–31.

MINERVA, N. & PELLANDRA, C. (éds.) (1993). *Pour une histoire de l'enseignement des langues étrangères : manuels et matériaux d'archives*. Documents SIHFLES, n° 12.

多样性的语言还是通用语言：夸美纽斯与"破除"巴别塔魔咒

CARAVOLAS, J. (1984). *Le Gutenberg de la didacographie, ou Comenius et l'enseignement des langues*. Montréal : Guérin.

COMENIUS, J. A. ([1648] 2005). *Novissima Linguarum Methodus. La toute nouvelle méthode des langues*. Genève-Paris : Droz.

ECO, U. (1994). *La Recherche de la langue parfaite dans la culture européenne*. Paris : Seuil.

MALMBEG, B. (1991). *Histoire de la linguistique*. Paris : PUF.

ROBINS, R.-H. ([1967] 1976). *Brève histoire de la linguistique. De Platon à Chomsky*. Paris : Seuil.

SALMON, V. (1979). *The Study of Language in the 17th Century England*. Amsterdam : Benjamins.

通过范例教和学：16—19世纪国际交流的多语工具

COLOMBO, T. M. (1998). « 1529, 1546, 1608 – ou l'évolution stylistique et syntaxique du *Jugement d'Amour* ». In *Problèmes de cohésion syntaxique de 1540 à 1720*. Limoges : Presses Universitaires de Limoges.

QUEMADA, B. (1967). *Les Dictionnaires du français moderne 1539–1863*. Paris : Didier.

ROSSEBASTIANO, B. A. (1984). *Antichi vocabolari plurilingui d'uso popolare: la tradizione del « Solenissimo Vochabuolista »*. Alessandria : Dell'Orso.

SIMONIN, M. (1982). « Des livres pour l'Europe ? Réflexions sur quelques ouvrages polyglottes (XVIᵉ–début XVIIᵉ siècle) ». In *La Conscience européenne*. Paris : E.N.S.J.F.

VERDEYEN, W. R. R. (1925—1935). *Colloquia et Dictionariolum septem linguarum*. Anvers : Uitgave van de Vereeniging der Antwerpsche Bibliophilen, n° 3.

现代性教育：妇女与外语的教/学

CAPITÁN DÍAZ, A. (2002). *Breve historia de la educación en Espaňna*. Madrid : Alianza Editorial.

CORTINA, R. & SAN ROMAN, S. (éd.) (2006). *Women and Teaching. Global Perspectives on the Feminization of a Profession*. New York : Palgrave.

CRAVERI, B. (2001). *La civiltà della conversazione*. Milano : Adelphi.

GANDOULY, J. (1997). *Pédagogie et enseignement en Allemagne de 1800 à 1945*. Strasbourg : P.U.

MANDICH, A M. (2002). *Insegnare il francese in Italia. Repertorio di manuali pubblicati in epoca fascista (1923—1943)*. Bologna : CLUEB.

MANDICH, A. M. (2006). « L'enseignement des langues modernes au féminin et au masculin. Les institutions scolaires en Italie aux XIXe et XXe siècles ». In *Para uma História do Ensino das Línguas e Literaturas : Estudos de género*, A.P.H.E.L.L.E. Actas do III Colóquio, pp. 127–147.

MAYEUR, F. (1979). *L'Éducation des filles en France au XIXe siècle*. Paris : Hachette.

OZOUF, M. (1982). *L'École, l'Église et la République*. Paris : Seuil.

PORCIANI, I. (dir.) (1987). *Le donne a scuola. L'educazione femminile nell'Italia dell'Ottocento*. Firenze : Il Sedicesimo.

RAICICH, M. (1987). *Verso la cultura superiore e le professioni*. In Porciani 1987, pp. 191–199.

RAICICH, M. (1989). *Liceo, università, professioni : un percorso difficile*. In Soldani, 1989, pp. 147–181.

SOLDANI, S. (dir.) (1989). *L'educazione delle donne. Scuole e modelli di vita femminile nell'Italia dell'Ottocento*. Milano : Angeli.

VIALA, R. (1987). *L'Enseignement secondaire de jeunes filles 1880–1940*. Sèvres : CIEP.

用学术的方法学习一种殊远语言：培养文人和笔语能力

ALLETON, V. (1994). « L'oubli de la langue et l''invention' de l'écriture chinoise en Europe ». In *Études chinoises*. Paris.

BERGERE, M.-C. & PINO, A. (éds.) (1995). *Un siècle d'enseignement du chinois à l'École des Langues Orientales*. Paris : L'Asiathèque.

DETRIE, M. (2004). *France-Chine, quand deux mondes se rencontrent*. Paris : Gallimard.

LANDRESSE (1834). « Notice sur les travaux de M Abel-Rémusat ». In *Journal asiatique*. Paris.

RABUT, I. (1995). « Un siècle d'enseignement du chinois aux Langues'O ». In M.-C. Bergere & A. Pino (éds.).

通用性与文明的教化使命：语言传播的霸权模式

ARGAUD, E. « L'enseignement de la civilisation : évolution et représentations dans le champ de la revue *Le Français dans le monde* (1961–1976) ». Thèse de doctorat : Université Paris III, Chapitre 8. *Histoires, pratiques et modèles*, pp. 433.

BRUNOT, F. (1905–1979). *Histoire de la langue française, des origines à 1900*. Paris : Colin.

CORTIER, C. (1998). *Institution de l'Alliance française et émergence de la francophonie. Politiques linguistiques et éducatives. 1880–1914*. Thèse de doctorat : Université Lyon 2.

DE GAULLE, C. (1970). *Mémoires d'espoir, le renouveau, 1958–1962*. Paris : Plon.

DU BELLAY, J. (1549). *Défense et illustration de la langue française*.

FUMAROLI, M. (1992). « Le génie de la langue française ». In P. Nora (dir.), *Les Lieux de mémoire, les France, conflit et partage*. Paris : Gallimard.

GIRARDET, R. (1991). « Paul Bert et la politique coloniale ». In L. Hamon (dir.), *Les Opportunistes. Les débuts de la République aux républicains*, Les entretiens d'Auxerre. Paris : Éditions de la Maison des Sciences de l'Homme, pp. 171–181.

HERDER, J. H. (1774). *Une autre philosophie de l'histoire pour contribuer à l'éducation de l'humanité, contribution à beaucoup de contributions du siècle*.

LEIRIS, M. (1983). *Cinq études d'ethnologie*, textes publiés de 1951 à 1966. Paris : Denoël Gonthier.

NORA, P. (1993). « La nation-mémoire ». In *Les Lieux de mémoire, II, La Nation, 3. La Gloire, Les mots*. Paris : Gallimard, pp. 657.

NOVICOW, J. (1907). *La Langue auxiliaire du groupe de civilisation européenne. Les chances du français.*

RENAN, E. (1871). *Dialogues philosophiques.*

RIVAROL, A. (1783). *Discours de l'Universalité de la langue française*, prononcé en 1783 devant l'Académie de Berlin, en réponse à un sujet proposé par la même Académie : « Qu'est-ce qui a rendu la langue française universelle ? Pourquoi mérite-t-elle cette prérogative ? Est-il à présumer qu'elle la conserve ? ».

SALON, A. (1983). *L'Action culturelle de la France dans le monde.* Paris : Nathan.

TODOROV, T. (1989). *Nous et les autres.* Paris : Seuil.

语言的政治工具化：字母的拉丁化

ARSAL, Maksudi Sadri. (1930?). *Türk Dili için.* Istanbul.

Atatürk'ün Söylev ve Demeçleri, vol. 1. (1945). Istanbul : Maarif Matbaası.

BALA. (1964). AHUNZADE Mirza Feth Ali, *Islam Ansiklopedisi* c 4, Istanbul : MEB (Milli Eğitim Bakanlığı), pp.577-581.

Birinci Türk Neşriyat Kongresi Raporlar Teklifler Müzakere Zabıtları. (1939).

KASKATI, Arif Necip. (1948). « *Atatürk'ün Selânik'teki Hülyaları* » (« Atatürk'e ait bir hatıra » konulu 1948-1949 Yunus Nadi ödülü münasebetiyle gönderilen 25 no'lu anı), In *Cumhuriyet Gazetesi*, 19.8.1948.

LEVEND, Agah Sirri. [(1949] 1973). *Türk Dilinde Gelişme ve Sadeleşme Evreleri.* Ankara, TDK.

Millet Mektepleri Talimatnamesi. (1929). Ankara, 22 Eylül : Türkiye Cumhuriyeti Maarif Vekaleti.

ŞIMŞIR, Bilal N. (1992). *Türk Yazı Devrimi.* Ankara, TTK.

TANPINAR, Ahmet Hamdi. ([1949] 1976). *XIX.Yüzyıl Türk Edebiyatı.* Istanbul : Çağlayan.

YÜCEL, Hasan Ali. (1994). *Türkiye'de Orta Öğretim.* Ankara : Türkiye Cumhuriyeti Kültür Bakanlığı Yayınları.

总 论

克莱尔·克拉姆契
美国加利福尼亚大学伯克利分校

达妮埃尔·莱维
意大利马切拉塔大学

热纳维耶芙·扎拉特
法国国立东方语言文化学院

傅荣 译

在这部《多元语言和多元文化教育思想引论》即将搁笔之际，我们认为有必要进一步明确指出它涉及的领域及其开放度；有必要进一步阐明我们所言"多元语言和多元文化教学法"之内涵；有必要将我们在讨论过程中涌现出的诸多新问题和新的争论加以归纳，还有必要考虑本书的网络化传播。

本书涉及的领域及其开放度

参与本书撰写的大多数作者多以解读社会现象的社会学和人类学为理论指导，因此本书的研究视角突出了外语教学法的社会、文化和政治层面。围绕终身学习和教学语言的思考传统上多在与教育相关的领域进行，而我们的思考发现了或者说建构了新的领域，满足了移动或者移民的经济、政治和学术的需求，也满足了促进人员自由流动的需求和那些被迫向欧洲国家，向美国或澳大利亚移民的要求。在这样的情形下，语言学习和教学不可能绝口不谈地缘政治以及民族身份认同的冲突问题，不可能不涉及地理上的改变、社会生活各方面的变化，以及人们的社会和文化意识表征（représentations）等问题，这些社会和文化意识表征通过语言学习者/说话者/社会人在他们使用语言的各式各样的语境中表现出来。语言学习和教学与学校、职业、国家，乃至国际紧密相连，这些单位或机构负责管理国家的和超国家的语言政策并提供资金支持。几个世纪以来，这些国家和超国家的组织建立并监控着外语教学法的理论与实践模式。

在本书中，我们着重从社会现象的层面讨论外语教学法。外语教学法先是被等同于文学教学，后又受制于语言学，一直与我们身边的社会文化生活相隔离。但是，语言学，包括各种形式的语言学，如心理语言学、社会语言学、语言人类学、教育语言学、生态语言学、篇章语言学等，和认知科学一样，都毫无疑问地会给外语教学法带来很多助益和启迪。外语教学法同样离不开文体学、话语分析和文本分析等学科的支持，否则就显得缺乏结构上的严密性。研究外语教学法，我们还应该读一点儿结构语言学、符号学和口笔语语用学方面的理论书籍，包括教育学和外语教学方法论也是不能省却的。我们这部《多元语言和多元文化教育思想引论》则从社会和文化意识表征出发，邀请读者就认知理论、语言学以及人类学之间的共轭关系展开讨论，也就是开展对扩大了内涵和外延的"外语教学法"讨论。本书的网络版则是这一讨论的延续。

网络版《多元语言和多元文化教育思想引论》：http://precis.berkeley.edu

本书网络版地址是：http://precis.berkeley.edu，这是一个网上互动平台，是对纸质版《多元语言和多元文化教育思想引论》的多媒体补充。这一部分由美国伯克利加利福尼亚大学伯克利语言研究中心的理查德·克恩教授（Richard Kern）主持完成，热纳维耶芙·扎拉特（Geneviève Zarate）、达妮埃尔·莱维（Danielle Lévy）和克莱尔·克拉姆契（Claire Kramsch）教授参与其中。这一部分主要由各种电子载体构成，包括视频、照片、图片、数据库和其他附件等，与全书的各个章节以及相关概念、案例、参考文献等形成链接。这种超文本结构有利于读者借助联想查阅主题和概念，而纸质版的《多元语言和多元文化教育思想引论》其宏观和微观条目是按照等级固定排序的。因此，在网上我们还可看到这本书的其他内容，如：

——教师和研究人员熟悉的关键词索引，这可帮助他们利用自己已经掌握的基本概念迅速浏览本书；

——用法语以外的语言撰写的微观小条目原文，纸质版中均为法语译文；

——补充的小条目，其中一些因为版面有限没有收录到纸质版的书里，另一些为今后有可能补充添加的小条目；

——论坛：读者和作者，以及读者之间可以就书中论及的主题展开对话。论坛里多种语言的参与说明一个道理，即多元语言和多元文化教学法不可能只用一种语言去思维。

从外语教学法到多元语言和文化能力教学法

"外语教学法"的终结点在哪里？"多元语言和文化能力教学法"从何处开始？

外语教学法这一术语传统上意指向只会讲一种母语（L1）的人教授某一外语的教学方法。外语教学，不论是对比法，还是比较法，或者是完全的浸入法，从时间顺序上看，毕竟属于第二语言教学，因此总会根据选择的不同教学法或多或少地考虑母语的因素。外语教学法直到今天都很少是多语言的，因为它本身就是由被认可的单一语言发展起来的（参见本书第一章的序言和第七章）。

多元语言和文化能力教学法不仅仅是教不会外语的人学会一种外语的方法，还是教人学会通过质疑历史背景，使外语教学法领域通用的那些概念多样化和相对化，比如：第一语言和第二语言、操本族语者和非本族语者、讲单一语言的人和讲双语或多语的人、国家的语言和文化、世界通用语、标准语言、口语和笔语，等等。多元语言能力教学法不仅要教学语言本身，还应将目的语置于其历史的相对坐标上，考察它在世纪长河中的传播政策。关于这一点，本书第八章是一个范例。多元文化能力教学法特别重视同一民族文化内的文化多样性，特别强调目的语国家和本国文化的历史相对性。

多元语言和文化能力教学法还必须在教学语言的同时，考虑目的语跟学习者个人及其个人圈子的联系（参见本书第二章），思考目的语和当地社会的关系（本书第四章），研究目的语面临的政治和意识形态的限制（参见本书第六章和第七章）。这些思考和研究可以在语言学的范畴内进行，也可以在语言学之外的领域展开（第五章）。例如，在学校从事外语教学，上述对教学法理论联系实际的思考和研究将引导教师透过目的语及其所承载的所谓"文化记忆"（第七章）去分析和解读当前的种种文化事件。倘若是在学校或者是在成人培训机构从事第二语言教学工作，所需的教学法本土化就是要求教师懂得整合学生的语言以及文化多样性的资源，就是要求教师不只使用目的语授课，还应将课堂上多种多样的语言化为一种成功的教学手段。

最后，多元语言能力教学法得以实施并能够持续发展，这需要不断地培训教师。学校的外语教师多为传统的文学或语言学出身，他们特别重视翻译，特别重视语言以及语言在目的语文化单一语境下的文学或交际功能。本书概述的多元语言能力教学法对那种只教语言和文学的外语教学提出了批评，它对从事母语教学的教师也将产生影响。

从多元语言和文化能力教学法到"多元语言和多元文化教学"

多元语言和多元文化教学可以比作多元语言能力教学法，它意指一种不同的学习语言和感受语言的方法。语言一直被视为一个物、一个客体，其结构、拼写、读音和使用等均服从于法兰西学院的规范，字典使之系统化，媒体使之标准化，学校则负责监督执行。如今这一状况已经改变。外语教学中，操本族语者的主导地位受到质疑（第四章），取而代之的是索绪尔的"话语"，也就是每一个说话人主体或参与教学互动的团体对"语言"的运用，包括教师的话语，都在教学互动中实现和产生。这样的话语是多元的，因为它出自成千上万的具有不同文化背景的操本族语和非本族语者之口，由他们制造、建构和改变，而他们各自拥有的文化本身又是混成的，多种多样的，多变的和时常更新的。话语是人的社会和文化意识表征的载体，人的社会和文化意识表征又与在时间和空间上或远或近的记忆地点密切相关，因此，不论从其语言的参考功能看，还是——甚至尤其是从社会语言学、语用学和逻辑推理的层面看，话语都是最典型的事实存在，我们必须认识到这一点。

因为学校是建立在同质的书面语言基础上的，所以学校传统上都将外语教学视为获取知识和技能的活动，如学会学习的能力、行事的能力，欣赏的能力、分门别类的能力和阐释的能力，等等。我们讲多元语言和多元文化，提出质疑的不是某一个统一和同质的语言体系，而是一种个人和集体的话语，我们讲多元语言和多元文化，其实就是巴赫金（Bakhtine）称作的"杂语性"（hétéroglossie），也就是多样性、变化、身份多变性和可能的冲突（第二和第三章）。面临的挑战恰恰在于要以多元语言思想的视角重新思考知识和技能的习得，因为多元语言思想反对的常常是国家强制的单一语言倾向，多元语言思想也反对学校传授知识的那种普遍化取向。问题绝不是要停止教授知识，而是要表明在不同的语言中，在不同模式下表述和传授的知识具有相对性。

多元语言思想还意味着表达方式和沟通方式可以有多种模式：口头的、类口头的、非口头的，或者是视觉的……（第五章），教育工作者不会忽略其中任何一种模式以及各式各样的构型。

新的问题，新的讨论

本书是第一次尝试开展跨学科的多元语言和多元文化的公开讨论，它的作者将这本书交给其他的教师和研究者，听取他们的意见。放眼国际，外语教学领域百家争鸣，参与其中的研究者经常用其他不同的语言思考问题，我们本想通过撰写此书试图加以梳理，却引发了很多新的问题，足以丰富今后的研究课题。比如，以下一些议论便是我们在撰写本书的过程中一直挥之不去的，这些议题本身就充满多元语言和多元文化的活力。

外语教学法的领域在欧洲、北美、大洋洲和亚洲是如何界定的？比如，当"外语教学法"在德语里称作"语言教学与学习研究"（Sprachlehr-

und lernforschung ），在意大利语中叫作"语言教学法"（glottodidattica），英语却为"应用语言学"（applied linguistics），或者"外语方法论"（foreign language methodology），甚至叫"二语习得"（second language acquisition）时，科学研究从中做出了什么特殊贡献？哪些单位在进行此类不同领域的研究？在不同国家的学术排名中，这些领域的研究享有什么样的学术声誉？大多数情况下，这些领域的研究能够同时与"大语种"和"小语种"教师的需求相契合。所谓"大语种"，指的是世界范围内广泛传播的语言；"小语种"则是少数民族国家要求加以保护的语言。那么，这些教师的需求又是怎样与他们所在单位的经济和政治利益相协调的呢？就像阿兰·图雷纳（Alain Touraine）说的那样：如何既超脱市场的管控，又不受同一语言群体的束缚（第七章）？

不论在语言学领域，还是在社会学领域，或是在外语教学法方面，任何生态学的观点都可能被指责缺乏社会和政治的责任心。以多元语言和多元文化的名义，人们不是在主张破除语言和文化的边界吗？人们不是在鼓吹可以无视语言规范以及特定社会中语言使用的约定俗成吗？人们又如何面对社会正义提出的诸多迫切需求呢？我们知道，孜孜以求社会正义的常常就是那些信奉多元语言和多元文化的人。

社会人/话语者这两个词本身已经含有"行动"的意思，那么这是什么性质的行动呢（第一章）？本书的大多数作者预先设想到，话语行为和社会行动之间、语言和用这门语言说话的人所拥有的文化记忆之间存在某种关系。但这是一种什么性质的关系呢？多元语言教学的目的是为了改变学习者的社会意识表征吗？如果是，学习者的社会意识表征又是怎样发展成行动的呢？如何实施多元语言和文化能力教学法，而又不至于使语言课程变成社会学、文化人类学课程，或者是历史课（第八章）？

在多元语言教学中，语言和文化的关系不再是"语言=文化"的方程式。那么，我们应该在多大程度上讲授某一特定本族语者族群的社会和文化意识表征呢？这个度很难把握，特别是在今天，本族语者这一概念越来越受到质疑的情况下（第四章）。

系统地开发利用学生讲的各种语言，将它们和目的语进行语法、词汇、文体、语用和语式的比较，这其实就是多元语言教学的基本原则。

多元语言教学还努力使目的语与学生所说的语言之间建立联系。过去，功能—意念法是一种双语对比教学法，尤其针对书面的第一语言和第二语言的对比教学。交际法更确切地说是一种用第二语言面向口语的单语教学法。近来的一些研究成果表明，外语课堂上呈现出各种各样的语言，这已引起大家的重视，并加以开发利用。另外，课堂上，教师和学生开始系统地接触和了解目的语的其他变异形式。

　　如何实施多元语言教学，但又不至于在课堂上过分频繁地替换语言并放任学生不严格遵守每个语言特有的规范？如果说一个会讲多种语言的人并不等于好几个只会一种语言的人之和，那么怎样培训某一特定语言的教师学会挖掘利用课堂上的多语言现象？语言替换一向被视为不好的做法，或者说是有缺陷的举动，所以通常进不了学校的大雅之堂，但我们还是看到课堂上有学生用他们懂的语言讲话（第二章）。现如今，全球化、互联网和全球化的传媒正在使语言、文化以及表达方式杂糅在一起，我们必须重新审视传统的单语外语教学法。本书开辟的网络平台是研究者和教师继续开展上述议题讨论的好去处。